"互联网+教育"的理论与实践系列教材

国家社会科学基金"十三五"规划2020年度教育学一般课题
"联通主义学习中群体协同知识创新研究"（课题批准号：BCA200092）。

在线课程设计与开发

丛书主编　陈明选
王志军　著

电子工业出版社
Publishing House of Electronics Industry
北京·BEIJING

内 容 简 介

在线课程设计与开发属于创新实践领域，本书以在线课程设计与开发的理念模型和过程模型为核心，用国际化视野观察，以理论指导实践为思路，在全面梳理在线课程发展历程、基本原理、理念模型与过程模型、设计案例的基础上，围绕在线课程的 8 个构成要素、设计与开发的 3 个阶段组织内容体系。本书包括发展历程篇、基本原理篇、理念模型与过程模型篇、设计案例篇、设计与开发篇 5 个篇章，其中设计与开发篇又分为前期总体规划、中期系统设计（上）、中期系统设计（下）、后期开发与评价。在学习活动组织方面，本书遵循设计思维指导项目化学习设计的原则，各部分都有配套的学习活动及其指导。本书旨在帮助学习者全面学习在线课程相关理论，通过深度参与学习活动，完成一门创新性在线课程的设计方案与样例开发，充分掌握在线课程设计与开发之"道"和"术"。

本书配有相关在线课程，读者可以登录中国大学 MOOC 平台，在搜索本书书名后按照提示信息参与课程的学习。本书既可作为高等院校教育技术学专业、互联网教育专业的教材和在线教育的研究资料，也可作为在线教育行业和企业培训领域的从业人员、一线教师等学习的参考资料。

未经许可，不得以任何方式复制或抄袭本书之部分或全部内容。
版权所有，侵权必究。

图书在版编目（CIP）数据

在线课程设计与开发 / 王志军著. —北京：电子工业出版社，2024.1
ISBN 978-7-121-47178-0
Ⅰ.①在… Ⅱ.①王… Ⅲ.①网络教学－课程设计 Ⅳ.①G434
中国国家版本馆CIP数据核字（2024）第012350号

责任编辑：刘　芳
印　　刷：三河市华成印务有限公司
装　　订：三河市华成印务有限公司
出版发行：电子工业出版社
　　　　　北京市海淀区万寿路 173 信箱　　邮编　100036
开　　本：787×1092　1/16　印张：21　字数：488 千字
版　　次：2024 年 1 月第 1 版
印　　次：2024 年 1 月第 1 次印刷
定　　价：79.80 元

凡所购买电子工业出版社图书有缺损问题，请向购买书店调换。若书店售缺，请与本社发行部联系，联系及邮购电话：(010) 88254888，88258888。
质量投诉请发邮件至 zlts@phei.com.cn，盗版侵权举报请发邮件至 dbqq@phei.com.cn。
本书咨询联系方式：(010) 88254507，liufang@phei.com.cn。

序

当今世界，网络联通社会，数字赋能万物。互联网、大数据、人工智能等新一代信息技术的飞速发展催生了数智化时代，深刻改变了人类的生活方式，教育呈现出人机交互高效便捷、学习环境立体智慧、学习资源丰富多样、学习手段个性智慧、学习内容跨科综合、育人目标素养为本的六大特征。习近平总书记指出："教育数字化是我国开辟教育发展新赛道和塑造教育发展新优势的重要突破口。"数字技术为教育创新路径、重塑形态、推动发展提供了新的机遇和挑战。"互联网+教育"是教育数字化转型的基本路径，是人类教育从二维空间向三维空间变革的历史进程，是教育理念重塑、教育结构重构、教学流程再造、教育手段创变的过程。

教育技术学专业作为教育数字化推进的重要支撑专业，如何回应时代的诉求、更新人才培养理念、创新人才培养模式、重构课程体系与教材体系，培养能够面向未来，引领教育数字化高质量发展的创新型人才，是时代赋予教育技术学专业的重大使命。如何培养适应数智化时代教育与技术深度融合的高素质复合型人才，是教育技术学专业发展面临的重大问题。

为满足"互联网+教育"实践发展需要，江南大学教育技术学专业作为首批国家级一流本科专业建设点，依托江苏省高校哲学社会科学重点研究基地——"互联网+教育"研究基地的学术文化优势，根据教育技术学专业跨学科综合的特征，以教育部新文科研究与改革实践项目《STEAM教育理念下多维融合、协同创新的教育技术学一流专业建设研究》为引领，积极推进"互联网+教育"背景下教育技术学人才培养改革，课程教学融合创新。项目团队基于互联网思维、学科融合的思想指导宏观培养目标；以理解性学习理念、联通主义来设计中观培养方案和微观课程教学，促进深度学习；通过创设物理环境与网络空间多维融合、协同创新的学习场域，促进教育与技术之间的深度融合。基于教育数字化转型的实践需要，构建了以核心素养为中心、能力培养为引领的产出导向型教育技术学专业人才培养体系，凝练出教育技术学专业核心素养，包括数字化学习设计与分析、数字资源开发与管理、信息科技教学与创新、数智技术与教育应用、数字化教学研究、终身学习与发展。教育技术学专业以核心素养为出发点，分析课程内容之间的内在逻辑关系，建立基础、主干和高级3个层次的课程群，具体包括教育技术基本理论课程群、信息技术教育应用课程群和数字化学习资源开发课程群，并组织编写教材和学习资源。

针对当前教育技术学专业教材内容体系陈旧，难以适应人才培养的现实需求，也为了让团队多年来在学术研究、人才培养、教学改革、课程建设和科学研究的成果能够转化为高质量的教材资源，发挥一流专业的引领与辐射作用，团队以国家一流本科专业建设为契机，策划了"'互联网+教育'的理论与实践系列教材"，在电子工业出版社的支持下陆续出版。该系列教材一共包括九部，既有能够反映当今先进学习科学与课程设计新理念、新方法的《在线课程设计与开发》（王志军教授著）、《教育大数据与学习分析》（牟智佳副教授著）、《学习科学与技术》（蔡慧英副教授著）、《数字教材开发》（权国龙副教授著）、《数字化转型时期的企业培训课程设计、开发与评价》（王志军教授、舒杭副教授著），也有介绍基于过程数据前沿研究方法的《数据循证的教育研究：方法与实操》（王靖教授著），还有能够反映新技术前沿的《面向师范生的 Python 编程导论》（钱逸舟副教授著）、《计算机网络技术实训教程——基于 Cisco Packet Tracer 和 eNSP》（王萌副教授编著）、《算法入门与实战—Python 描述》（田娜副教授著）。这九部教材体现了专业性、系统性、创新性和实用性，既有理论的高度，也有思考的深度，更有实践案例的指引。教材中渗透了项目化教学、案例教学、问题解决等教学方法，是教师们长期开展科学研究和教学探索的智慧成果，教材中倾注着他们辛勤的汗水，也透射出青年学者的不懈追求。作为看着他们一路成长的老教师和丛书主编，我倍感欣慰，感谢团队各位教师的辛勤付出！感谢电子工业出版社的鼎力支持！

本教材适合教育技术学专业的本科生、研究生选用，也可供行业内有一定基础的从业人员、管理者，以及一线教师和相关感兴趣的人员学习或参考。欢迎各兄弟高校积极选用本教材，共同推动数字化转型进程中教育技术人才培养的理论与实践创新，为我国教育数字化发展、教育强国建设，贡献专业的力量，培养更多优秀的人才。

江南大学　陈明选
2024 年 1 月 18 日

前言

随着技术的快速发展、国家教育数字化进程的推进，以及各种因素所带来的在线教育大爆发，在线教育已经成为整个教育体系的重要组成部分。在线学习因其时空的灵活性、获取资源的便捷性成为日益重要的学习方式，在线课程设计与开发也成为日益重要的创新实践领域和教育从业者需要掌握的一项基本能力。江南大学教育技术学专业在2016年修改人才培养计划时，顺应时代发展需要将该课程增列为大三的专业课程，这也是国内首次开设此门课程。

国际上在线教育已有30余年发展历史，以英国开放大学、加拿大阿萨巴斯卡大学等为代表的大批远程教育学校对在线课程设计与开发进行了长期的研究，拥有丰富的实践。一方面，我从2011年开始对cMOOC和联通主义进行研究，并且在加拿大阿萨巴斯卡大学参加高质量的在线学习实践活动，主导了多门在线课程设计与开发，我深刻地认识到在线课程本身的丰富性和多样性，以及设计与开发过程的专业性。同时，我看到国内近几年大量的个体、企业加入在线教育领域，面对用户的真实需求，基于"集体教研—实践探索—市场反馈—快速迭代"的逻辑开发了大量深受用户欢迎的课程。另一方面，由于高校领域xMOOC的快速发展，以及实践中缺乏对在线课程构成要素、设计与开发模式的系统性认识，导致人们经常把在线课程设计与开发看作简单的PPT设计及教学视频的拍摄与制作。特别是在MOOC建设过程中，在大批视频拍摄与制作公司的介入下，很多MOOC的设计与开发都处于一种由视频拍摄与制作公司主导的低水平状态，缺乏对在线学习规律的把握。

教育技术学专业的学生作为这一领域的主力军，既应该积极吸收当下一些企业的优秀在线教育产品设计与开发经验，又应该积极拥抱国际在线教育30余年发展的优秀理论成果，形成在线课程设计与开发的方法体系，用专业化的知识与能力来解决教育教学场景中的各种问题，引领和带动这一领域快速、符合规律地发展。但遗憾的是，目前国内外并没有这方面的高水平专业教材。

我自2008年开始在北京师范大学现代教育技术研究所攻读远程教育专业，有幸成为这一专业的第二届学生。2011年，我开始进入北京师范大学远程教育研究中心和加拿大阿萨巴斯卡大学远程教育研究中心攻读博士学位，并一直致力于这一领域的研究，积累了相关的研究成果。随着在线教育的快速发展，我一直有一种责任感和使命感，意识到应该积极地把这一领域的优秀研究成果转化为课程学习的教材，从而让更多的人加入这一领域，做专业化的在线教育。在此，特别感谢北京师范大学远程教育研究中心陈丽教授在全国首创远程教育这个专业及对我个人的指导,让我能够在这个领域持续深耕。2018年，我开始跟我的导师陈丽教授合作开展国内首门基于联通主义的在线开放课程"互联网+教育：理论与实践的对话"的设计。在设计过程中，我深刻地感受到在线课程设计与开发相关方法论和研究成果的缺乏，并努力把自己作为研究者与实践者积累的经验转化为可借鉴、可推广的方案。同时，我深刻地感受到设计理念不同所带来的在线课程设计思路和方法也完全不一样。

基于上述背景和动机，以及我们专业于2019年首次开设"在线课程设计与开发"这门课程的契机，我将国内外和自身在这一领域的研究成果与实践成果进行了系统化的梳理，并将其转化为课堂教学内容，以发展历程篇、基本原理篇、理念模型与过程模型篇、设计案例篇、设计与开发篇来建构课程的内容体系。由于在线教学中教与学相对时空分离，为了给学习者创设良好的学习环境，在线课程的设计与开发应做到以学习者为中心，紧扣学习者的需求，这样才能设计出给学习者带来良好体验的课程。同时，设计思维强调以用户为中心进行创新性设计，在实践过程中形成了一套系统化的理念、模式和方法体系，与在线课程设计与开发有天然紧密的联系。这一套方法体系可以有效地促进在线课程设计的落地。因此，在第一次课程教学的过程中，我就积极地融入设计思维，通过让学习者组建类似于真实情境中课程设计与开发的项目团队，深度扮演各种角色，合作完成一门课程的设计与开发。课程的学习活动按照"定义问题，汇聚灵感；构思方案，设计原型；迭代修订，输出制品；使用改进，演化发展"的逻辑进行系统的设计。希望学习者能够完整体验一门课程从选题、形成设计方案到设计样例开发的过程，从而获得在线课程设计与开发的真实经历和关键能力。

因此，这门课程于2019年春季学期在江南大学首次开设时，我就将设计思维深度融入课程的教学过程，对课程进行了系统化的设计，并且发表研究成果《设计思维指导下的创新型课程设计研究》一文。2019年秋季学期，江南大学开始给网络教育学院教育技术学专业的学生开设同名的课程。同时，基于课程前期的积淀与思考，成功申报2019年江苏省高等教育教改研究重点项目"'互联网+教育'背景下基于设计思维的课程设计与教学实践研究"（2019JSJG082），项目最终的成果得到了专家的高度赞赏。2020年，该课程成功申报江南大学精品在线开放课程建设项目"在线课程设计与开发"，在项目建设的过程中，有幸得到了北京师范大学远程教育研究中心陈丽教授和郑勤华教授、加拿大阿萨巴斯卡大学Terry Anderson教授、美国印第安纳大学Curt Bonk教授、北京交通大学网络教育学院徐玥副教授的大力支持，他们为课程贡献了原创性的研究成果，并且帮忙录制了课程的教学视频。课程于2020年年底在中国大学MOOC平台上线。在第二轮的教学过程中，依托中国大学MOOC平台上的课程，线上线下相融合教学的开展极大地提高了课程教学的效果及学习者输出设计方案与样例的质量。在2022年再次教授该课程时，受新冠疫情影响，我们只能采取线上教学，教学过程中采用了基于ClassIn的小组同步协作项目设计和基于中国大学 MOOC 的异步自主学习的模式。我们很欣喜地看到，学习者整体产出的课程设计方案与样例的质量越来越高。在教学过程中我们也积极地将这些成果转化为课程学习的资源，并同步更新到中国大学 MOOC 平台上，以供学习者学习。

同时，在大约 5 年的课程建设过程中，相关研究一直在同步开展，除了前文提到的省级重点教改项目，基于该课程的研究与建设，我指导了 3 个学年的作品设计（作者分别是郝露迪、程亮、王琦），5 篇本科毕业论文（作者分别是王芳影、雷杭姣、曾详攀、杨正火、林佳琦），4 篇硕士毕业论文（作者分别是刘璐、严亚玲、杨阳、陈超群），1 个校级大学生创新项目（负责人是韩露），主导了国内首门 cMOOC "互联网+教育：理论与实践的对话"多轮的设计与开发，并于 2022 年发表论文《在线课程设计与开发：要素、理念模型与过程模型》、2023 年发表论文《设计思维如何创新教学——项目化学习设计的视角》，同步的教材建设随着课程的建设在持续开展。经过 5 年的努力，本书终于成稿。

本书的编写坚持专业性、系统性、高阶性，面向教育技术学专业高年级学生，以及对在线教育有所思考并在该领域有一定经验的人。本书内容体系设计的逻辑在于帮助学习者树立系统性的、发展的在线课程观。通过基本原理的学习，使学习者了解在线课程设计与开发应该遵循的基本原理；通过理念模型与过程模型的学习，进一步提炼在线课程设计与开发的核心原理及应该遵循的基本步骤；通过设计案例的深度学习，使学习者理解如何做到以自身为中心及设计理念的选择对整个课程设计与开发的关键性作用，并了解企业相关优秀产品的具体设计。本书的设计与开发篇根据在线课程设计与开发的三阶段过程模型的逻辑展开，由于中期系统设计的要素比较多，因此按照设计的先后顺序分开呈现。整个内容的设计遵循国际化视野，以理论指导实践为思路，逐步引导学习者突破传统认知与思维的局限，通过案例的学习和自身的调研与反思，逐步打开学习者的视野和思维，逐步引导学习者开展在线课程设计与开发。

同时，本书遵循设计思维指导项目化学习设计的原则，各部分都有配套的学习活动及其指导。整体学习活动的链条包括团队组建、体验、反思、选题、总体设计、具体设计、原型与样例开发、修订、发布、完善。由于书稿的展开具有一定的逻辑性，因此团队组建放在了模块五，在实际教学的过程中，建议学习者刚开始进入课程学习时就组建一个项目化的团队，以便提前进入角色，更好地开展后续的学习活动，提升团队的紧密度和学习的效率。在前期对课程的改革实践中，我设计了一个与该课程配套的系统性学习活动设计方案（5 万多字），由于内容组织的需要与篇幅的限制，本书只呈现关键性活动。教师在实际教学的过程中，可以结合具体内容开展进一步的设计。

本书是集体智慧的结晶，既有笔者在该领域十几年的持续学习和研究成果的转化，又有大量的国际前沿研究成果。本书的设计案例部分，特别感谢北京师范大学远程教育研究中心陈丽教授、郑勤华教授，北京交通大学网络教育学院陈庚教授、徐玤副教授前期对英国开放大学课程深度研究的支持。在具体内容的编写过程中，特别感谢我的历届研究生做的大量工作。刘璐同学梳理了发展历程并对"互联网+教育：理论与实践的对话"课程设计进行了归纳，杨阳同学整理了基本原理和英国开放大学案例，严亚玲和余新宇同学对设计与开发篇内容进行了组织及整理，都书文同学对设计与开发部分相关工具进行了梳理，严亚玲同学对学习活动设计方案的编写做出了贡献，余新宇和虞天芸同学对在线课程评价参考指标进行了梳理，在最后成稿过程中，余新宇、虞天芸、滕志强、严亚玲参与了大量整理工作，他们的付出最终促使本书成稿。

与该课程配套的在线课程学习内容和资源的建设得到了北京师范大学远程教育研究中心陈丽教授、郑勤华教授，加拿大阿萨巴斯卡大学 Terry Anderson 教授，美国印第安纳大学 Curt Bonk 教授的大力支持；课程的开发得到了 2020 年江南大学精品在线开放课程建设项目的资助，同时得到了江南大学教育学院王均霞副教授、顾燕老师、刘学勤老师及 5 个参与毕业设计的学生和我的历届研究生的大力支持。在此特别感谢！

当然，我还要感谢历届学生贡献的优秀案例。感谢过去我所教授的教育技术学专业（师范）2016 级、2018 级、2019 级、2020 级 4 届学生在学习过程中的全情投入和深度参与，他们突破自身思维的局限，不但高质量地完成了方案设计和样例开发，而且在整个学习过程中所释放的热情、投入的努力、展现的幽默和感恩，让我感触颇深，并从中获得了更多完善教学与教材的灵感和动力。历届学生的优秀设计作品已经在附录 C 中列出了基本信息，系统的成果展现在中国大学 MOOC 平台的设计样例部分，并会逐步更新。前期的优秀样例可作为后来学习者良好的学习支架和优秀的指导。正是他们的贡献，让一个个方案和最终的样例得以高水平呈现。这就是生成性学习资源的价值和力量！

本书的出版得到了国家社会科学基金全国教育科学"十三五"规划 2020 年度国家级一般课题——"联通主义学习中群体协同知识创新研究"（BCA200092）的资助。在此深表感谢！

为了帮助各位老师更好地开展这门课程的教学，我们在中国大学 MOOC 平台上的同名课程将同步持续开设。各位老师在选用本书开展教学的过程中，建议充分结合中国大学 MOOC 平台上的内容，线上完成知识性内容的学习与初步互动，将更多的时间用于项目化实践，各位读者也可以线上学习课程。在使用本书的过程中如有任何意见与建议，欢迎反馈到我的邮箱（jnuwzj@jiangnan.edu.cn），以帮助持续优化与改进本书。

王志军
2023 年 4 月于江南大学

目录

课程概述 1

模块一 发展历程篇 9

主题一 什么是课程 10
一、课程的定义 10
二、在线课程的定义 12

主题二 国内在线课程的演变与发展 14
一、总体演变与发展 14
二、典型项目与实践 15
三、企业领域在线课程建设 17

主题三 国际在线课程的演变与发展 18
一、总体演变与发展 18
二、MOOC 的起源与发展 20
三、MOOC 的分类与设计理念分析 23

模块总结 27

模块二 基本原理篇 28

主题一 远程学习教学交互层次塔理论 29
一、理论介绍 29
二、指导意义 31

主题二 探究社区模型 32
一、理论介绍 32
二、指导意义 34

主题三 教与学再度整合理论 36
一、理论介绍 37
二、指导意义 38

模块总结 39

模块三　理念模型与过程模型篇 ... 41

主题一　构成要素与理念模型 ... 42
　　一、构成要素 ... 42
　　二、理念模型 ... 44

主题二　过程模型 ... 46
　　一、模型介绍 ... 46
　　二、前期总体规划 ... 48
　　三、中期系统设计 ... 50
　　四、后期开发与迭代 ... 54

模块总结 ... 55

模块四　设计案例篇 ... 57

主题一　英国开放大学本科课程"学术英语" ... 58
　　一、课程总体设计 ... 59
　　二、各要素具体设计 ... 62
　　三、课程设计特点总结 ... 69

主题二　英国开放大学研究生课程"在线学习专业化" ... 70
　　一、课程总体设计 ... 71
　　二、各要素具体设计 ... 71
　　三、课程设计特点总结 ... 79

主题三　cMOOC"互联网+教育：理论与实践的对话" ... 81
　　一、设计理念介绍 ... 82
　　二、课程介绍 ... 83
　　三、前期总体设计 ... 85
　　四、各要素具体设计 ... 90
　　五、课程设计迭代 ... 96
　　六、课程设计特点总结 ... 99

主题四　企业课程产品案例 ... 101
　　一、婷婷诗教 ... 101
　　二、火花思维课程 ... 103
　　三、多纳英语课程 ... 111

模块总结 ... 120

模块五　设计与开发篇——前期总体规划 ... 121

主题一　团队组建 ... 122
　　一、团队组成 ... 122
　　二、过程管理工具 ... 124

主题二　选题与用户分析..126
　　　　一、选题..127
　　　　二、用户分析..131
　　主题三　课程目标与内容体系设计..138
　　　　一、课程目标与学习目标制定..139
　　　　二、课程内容体系设计..142
　　主题四　设计理念选择..151
　　　　一、学习理论视角..151
　　　　二、学习方式视角..154
　　模块总结..156

模块六　设计与开发篇——中期系统设计（上）..........................158
　　主题一　平台与工具选择或设计..159
　　　　一、平台与工具选择的原则..160
　　　　二、数字布鲁姆分类法..164
　　　　三、技术工具交互性分析框架..165
　　　　四、学习环境交互性分析框架..167
　　主题二　学习资源设计..170
　　　　一、学习资源的交互性..170
　　　　二、学习资源的选择、设计与开发....................................172
　　　　三、学习资源的版权与核查..179
　　主题三　学习活动设计..181
　　　　一、学习活动的构成要素..182
　　　　二、不同类型学习活动的设计..183
　　　　三、学习活动的总体设计要点与具体设计策略................192
　　主题四　学习评价设计..196
　　　　一、评价理念选择与方案制定..196
　　　　二、评价方式与标准设计..201
　　　　三、学习反馈设计..205
　　　　四、在线学习评价设计策略与工具....................................207
　　模块总结..210

模块七　设计与开发篇——中期系统设计（下）..........................212
　　主题一　学习指导设计..213
　　　　一、课程整体导学设计..214
　　　　二、课程章节导学设计..219
　　　　三、学习活动参与指导设计..220

　　　　四、学习资源使用指导设计 220
　　主题二　学习支持服务设计 221
　　　　一、学习过程支持设计 223
　　　　二、学习技能支持设计 225
　　　　三、情感支持设计 226
　　　　四、管理支持设计 230
　　　　五、技术支持设计 232
　　主题三　动态视觉设计 236
　　　　一、学习内容的可视化表征 237
　　　　二、情境化学习代理或角色设计 239
　　　　三、课程的整体视觉效果设计和宣传可视化设计 240
　　模块总结 254

模块八　设计与开发篇——后期开发与评价 256
　　主题一　原型设计 257
　　　　一、原型设计工具 258
　　　　二、平台设计工具 258
　　　　三、网页设计工具 258
　　主题二　样例设计与系统性开发 262
　　　　一、内容与资源制作 262
　　　　二、直播教学 269
　　　　三、资源收集与管理 271
　　主题三　课程运营与管理 279
　　　　一、课程上线准备 280
　　　　二、课程运营与学习支持服务 281
　　　　三、课程更新与归档 285
　　主题四　在线课程设计与开发评价参考指标 288
　　　　一、国际在线课程评价参考指标 289
　　　　二、前期总体规划评价 292
　　　　三、中期系统设计评价 295
　　　　四、运营与管理评价 302
　　模块总结 304

附录A　课程体验与分析报告模板 305

附录B　课程设计报告模板 307

附录C　学生设计作品参考 308

参考文献 315

课程概述

课程定位

在线教育已有 30 余年的发展历史。以英国开放大学、加拿大阿萨巴斯卡大学等为代表的大批高校有丰富的在线课程设计与开发经验，并以过硬的在线学习质量赢得世界尊重。近年来，随着在线教育的快速普及，以及学习者对开放、灵活、个性化、终身化学习需求的增长，在线课程成为系统化学习的重要载体，其设计与开发成为重要的创新实践领域。我国大批实践者根据市场反馈，开发了大批深受用户欢迎的高质量在线课程。在线课程是在线教育的重要依托，在线课程设计与开发的能力既是教育技术学专业、互联网教育专业本科生和研究生的必备技能，也是在线教育从业者需要掌握的一项重要的创新实践能力。

本课程面向教育技术学专业高年级学生，以及对在线教育有所思考并在该领域有一定经验的人开设。在开展此课程学习之前，学习者应该已完成"教学系统设计""二维动画设计与制作""三维动画设计与制作""视频编辑与制作""在线教育原理"等相关基础课程的学习，或者已具备相应的能力。

本课程旨在帮助学习者充分打开在线课程设计与开发的视野和思维，在掌握在线课程设计与开发基本原理的基础之上，能够针对教育实践中可以用在线课程解决的问题，开展创新性课程设计，即让学习者能够突破对在线课程的认知局限，深刻认识在线课程设计与开发之"道"和"术"。

同时，在线课程设计与开发属于创新实践领域，设计思维的深度融入能够推动其创新，并真正把以学习者为中心的理念落实到具体要素的设计与开发细节中。因此，这门课程遵循设计思维指导项目化学习设计的原则，并贯穿课程始终。学习者要想深刻领悟在线课程设计与开发之"道"和"术"，对学习活动的参与比对学习内容的学习更重要，这一点需要在教学和学习过程中予以高度重视。

教育技术学是一门理论与实践相结合的应用型交叉学科，肩负着推动中国教育现代化和学习型社会建设的重要使命。在线课程设计与开发是一门极能体现教育技术学专业价值的课程，是落实课程目标，坚持立德树人的重要抓手。同时，该课程是一门设计类课程，这类课程除了涵盖基本的知识和能力目标，还突出科学思维方法、设计思维、批判性思维、创造性思维、科学精神的培养，注重提高学习者正确认识问题、分析问题和解决问题的能力，引导学习者深刻理解中华优秀传统文化的思想精华和时代价值，传承中华文脉，开展作品设计。我们在课程教学的过程中需要把握好这门课程在价值和思维层面的定位。

课程目标

课程目标包括知识与能力目标、价值与思维目标两部分。

知识与能力目标：

（1）了解国内外在线课程设计与开发的发展历程，掌握基本原理，形成以学习者为中心的参与型课程观；

（2）掌握在线课程的构成要素、设计理念与一般过程，以及系统化设计与开发方法；

（3）对在线课程的设计与开发形成国际化的认识，能用高品质案例指导自身设计；

（4）能针对特定的对象和问题开展在线课程的设计与开发；

（5）能利用设计思维，合作设计一门在线课程的系统性方案，并能基于一个知识点开发典型的样例。

价值与思维目标：

（1）引导学习者关注中国教育实践问题，理解在线课程在解决教育问题上的独特价值；

（2）提高对在线课程设计与开发专业性的认识和敬畏感，培养求真务实的精神，激发学习者对专业的兴趣；

（3）突出科学思维方法，培养学习者的设计思维、创造性思维，提高学习者正确认识问题、分析问题和解决问题的能力；

（4）通过角色扮演和项目化合作，培养学习者的合作意识与团队精神。

课程内容体系

课程面向的是教育技术学相关专业的本科生、研究生，以及行业内有一定基础的从业人员、管理者、一线教师和对此感兴趣的人员，并基于这类人员知识结构的完整性设计内容体系。

课程内容包括发展历程篇、基本原理篇、理念模型与过程模型篇、设计案例篇、设计与开发篇5个篇章，其中设计与开发篇又分为前期总体规划、中期系统设计（上）、中期系统设计（下）、后期开发与评价。课程内容的系统性非常强，前3个篇章主要介绍在线学习领域前沿的理论，让学习者能学到在线课程设计与开发之"道"；设计案例篇深入介绍国内外高质量的在线课程设计与开发的具体实例;设计与开发篇主要提供课程各要素具体设计的指导及可供参考的在线课程设计与开发质量检查表,让学习者掌握在线课程设计与开发之"术"。课程内容体系按照模块、主题两级展开,学习者需要完成以下各模块的学习。

- 模块一:发展历程篇

该模块对国内外在线课程的发展历程进行了介绍,其学习目的在于帮助学习者了解在线课程的发展与演变历程,了解在线课程未来发展趋势及其优势与创新之处,充分认识当前在线课程建设正在从资源型课程观走向参与型课程观,以及以学习者为中心的在线课程设计理念。

模块一包括3个主题:主题一对课程的定义和在线课程的定义进行了说明;主题二对国内在线课程建设的典型项目进行了介绍,梳理了国内在线课程的演变与发展;主题三梳理了国际在线课程的总体演变历程,着重对当前在线课程的起源、发展、实践进行了介绍。

- 模块二:基本原理篇

理论对实践具有直接的指导意义,该模块为在线课程设计与开发的基础,对"以学习者为中心"的3个远程学习理论进行了介绍,包括远程学习教学交互层次塔理论、探究社区模型、教与学再度整合理论。其学习目的在于帮助学习者理解在线学习过程及其影响因素,从宏观层面掌握在线课程各要素的设计与开发,开展符合规律的设计实践。

模块二包括3个主题:主题一对远程学习教学交互层次塔中3个层面的教学交互及其对在线课程设计的指导作用进行了介绍;主题二说明了探究社区中3种存在感的建立对在线学习的影响,并从存在感创设的视角给出了在线课程设计的建议;主题三揭示了在线学习"教与学相对时空分离"的本质及其产生的影响,并给出了促进教与学再度整合的策略和建议。

- 模块三:理念模型与过程模型篇

该模块为在线课程设计与开发的核心,对在线课程的构成要素进行了梳理,并提出了在线课程设计与开发的理念模型、过程模型,目的在于帮助学习者了解在线课程设计与开发的全过程、开展在线课程设计与开发的具体实践。

模块三包括2个主题:主题一介绍了在线课程的8个构成要素,包括学习目标、学习内容、学习资源、学习活动、学习评价、学习指导、学习支持、平台与工具,并提出在线课程设计与开发的理念模型,帮助指导在线课程的整体设计;为使理念模型可操作化,主题二进一步介绍了在线课程设计与开发的过程模型,从前期总体规划、中期系统设计、后期开发与迭代3个方面系统阐述了在线课程设计与开发的全过程。

- 模块四:设计案例篇

该模块中呈现了几个国内外典型的在线课程设计与开发实践案例,通过分析、挖掘这些在线课程背后所反映的优秀设计,帮助学习者了解当前国内外在线课程多样的设计形式,熟悉课程各要素的具体设计,为后续创新型在线课程设计提供参考。

模块四包括 4 个主题：主题一、主题二分别对英国开放大学本科课程"学术英语"与研究生课程"在线学习专业化"的具体设计进行了介绍；主题三对联通主义学习理论指导下的国内首门 cMOOC"互联网+教育：理论与实践的对话"的设计与迭代过程进行了系统性介绍；主题四选取了 3 个充分体现"以学习者为中心"的企业课程产品案例，分别为"婷婷诗教""火花思维课程""多纳英语课程"，对它们的设计特点进行了详细介绍。

- 模块五：设计与开发篇——前期总体规划

该模块是在线课程设计与开发实践的开始。该模块为在线课程设计与开发的前期总体规划部分，包括团队组建、选题与用户分析、课程目标与内容体系设计、设计理念选择 4 个环节。该模块主要向学习者介绍这 4 个环节的具体实践，并提供相关的指导策略，帮助学习者确定课程的总体规划，顺利启动在线课程的设计与开发。

模块五包括 4 个主题：主题一对在线课程设计与开发项目团队的各类角色与职责进行了介绍，并提供了团队设计过程管理工具；主题二介绍了"进行课程选题"和"开展学习者特征分析"的方法与工具；主题三说明了课程目标与学习目标的关系，提供了课程目标与学习目标的编写方法，并阐述了课程内容体系的设计方法，提供了课程具体内容的设计与排序方法；主题四从学习理论与学习方式两个视角提供了多种课程设计理念，并对其特征进行了说明。

- 模块六：设计与开发篇——中期系统设计（上）

该模块正式进入在线课程设计与开发实践的重点部分，围绕课程目标与设计理念，开展课程各要素的系统设计。该模块面向中期系统设计阶段的前半部分，重点介绍平台与工具选择或设计、学习资源设计、学习活动设计和学习评价设计 4 个部分，帮助学习者把握课程要素设计要点，并开展具体的设计实践。

模块六包括 4 个主题：主题一提供了 4 种在线课程平台与工具分析方法，分别为媒体选择的 SECTIONS 模型、数字布鲁姆分类法、技术工具交互性分析框架与学习环境交互性分析框架，帮助学习者选择或设计适用于其在线课程的平台与工具；主题二在介绍学习资源交互性分析框架的基础上，着重介绍了文本类、视频类、音频类学习资源的设计与开发技巧；主题三在介绍在线学习活动设计面临的挑战的基础上，对学习活动的构成要素及 3 种不同类型学习活动的作用和设计要点进行了说明，并归纳了在线学习活动的总体设计要点与具体设计策略；主题四从学习评价设计的 3 步，即评价理念选择与方案制定、评价方式与标准设计、学习反馈设计出发，结合案例，提供理论指导与方法建议。

- 模块七：设计与开发篇——中期系统设计（下）

该模块是中期系统设计阶段的后半部分，以上半部分的设计为基础，站在学习者的视角，对在线课程进行细化加工，主要包括学习指导设计、学习支持服务设计和动态视觉设计 3 个环节。

模块七包括 3 个主题：主题一从课程整体导学设计、课程章节导学设计、学习活动参与指导设计、学习资源使用指导设计 4 个方面，介绍了课程导学应包括的内容及设计要点；主题二从学习者在线学习过程中可能遇到的困难出发，介绍了在线课程中学习过程支持、学习技能支持、情感支持、管理支持和技术支持的设计；主题三从配色方案选择和模板设计、Logo 和封面设计、导航和界面设计、宣传方案可视化设计等方面，对在线课程中提升课程标识度、降低学习者认知负荷的动态视觉设计要点进行了介绍。

- 模块八：设计与开发篇——后期开发与评价

该模块面向在线课程设计与开发的后期开发与评价阶段，即课程的开发、实现，发布并运行课程，以及迭代更新、完善课程。该模块为学习者提供了大量设计与开发过程中会用到的工具，供其选用，同时提供了在线课程设计与开发评价参考指标，供学习者完成课程的评价与改进。

模块八包括 4 个主题：在主题一原型设计中，提供了课程原型设计工具、平台设计工具与网页设计工具；在主题二样例设计与系统性开发中，提供了内容与资源制作、直播教学、资源的收集与管理工具；在主题三课程运营与管理中，提供了课程上线准备、课程运营与学习支持服务、课程更新与归档的要点，并为学习者提供了自主学习和时间管理工具；在主题四在线课程设计与开发评价参考指标中，对国际上已有的典型在线课程评价参考指标进行了介绍，并为课程设计者与开发者提供了评价和反思课程设计与开发质量的支架。

课程编排特点

课程包括 8 个模块，各个模块主要由模块概述、模块学习目标、模块知识结构图、主题学习内容和学习活动、模块总结几个部分组成。

- 模块概述

课程由模块组成，各个模块开始都有模块概述，主要介绍该模块的学习内容。

- 模块学习目标

各个模块都设置了相应的学习目标，并以此指引模块内容的学习。

- 模块知识结构图

模块知识结构图可视化地呈现了相应模块各主题的内容。

- 主题学习内容和学习活动

  > 主题学习目标

  每个主题都配有学习目标，阐述该主题将要学习的内容与学习之后应达成的学习结果。

  > 学习内容

  模块以主题展开内容的学习，并且学习活动贯穿其中。

  > 学习活动

  学习活动是对学习方法和策略的指导与建议，包括活动序号、活动目标、活动内容等。

- 模块总结

此部分对模块的重点内容进行了总结，便于读者及时回顾并进行学习反思。

课程教学建议

这门课程的内容量比较大,如果纯粹采用讲授式教学,不但效果不理想,而且学习者的能力得不到锻炼与提升。我个人建议采用混合式教学方式,让知识性学习在课外完成,而设计工作在课堂中完成,将宝贵的课堂时间用于深度的师生互动和生生互动,使课堂价值和教学效果最大化。我们在中国大学 MOOC 平台上开发了同名的课程,这门课程每学期都会开设,且一次开放所有内容(事实证明这样做十分有效),同时在最后一个模块还会持续更新优秀的课程设计方案、设计汇报视频和设计感想等。实践表明,这些生成性资源与案例对新的学习者来说特别有用。欢迎各位老师基于该课程开展混合式教学实践。

在课程学习开展之初,可以让学习者按照在线课程设计与开发团队中的角色,成立项目组,并采用角色扮演的形式开展学习活动。本课程中学习活动的设计按照设计思维的"定义问题,汇聚灵感;构思方案,设计原型;迭代修订,输出制品;使用改进,演化发展"4 个阶段展开,旨在帮助学习者在学习中完成一个个学习任务,并最终形成系统性的在线课程设计与开发方案,以及形成一个知识点的设计样例来展示整个课程的设计与开发成果。特别需要注意的是,这里定义的问题是教育实践中的真问题,并且能够通过在线课程解决。因此,定义问题特别关键,建议采用体验、反思的逻辑来确定问题。体验即运用在线课程设计与开发的要素和过程模型,对已有的在线课程进行深度学习体验与分析,形成体验报告。同时,反思自己在在线学习中遇到的问题,并且思考应该如何优化。在了解当前在线课程建设的现状,并对已有课程形成相对充分的认识的基础上,用头脑风暴的方式,反思教育实践中存在的问题。根据以往的教学经验,学习者在完成课程体验汇报以后,一般需要用 6~8 课时才能够较好地定义问题。真实的问题定义会极大地激发学习者的学习兴趣与热情,让其能够真正投入真实的用户调研中,并带着使命感和责任感来开展课程设计,过程中也就能够体会到专业的意义与价值,因此定义问题至关重要。当然,6~8 课时只是一个大概的时间,实际上每个项目组的进程都不一样,有的进入角色快,有的则需要较长的时间,这些都不必太在意,关键是找准问题,过程中也可以充分融入 ChatGPT 等生成性人工智能工具,帮助学习者更快找准问题,确定选题。

根据笔者的本科教学改革经验与实践,建议本课程的学时为 48~64 课时(3~4 学分),按照 64 课时,设计思维指导下的学习活动规划如表 1 所示。

表 1 设计思维指导下的学习活动规划

设计思维阶段	理论学习（在线）	设计实践（课堂）	具体内容
1.定义问题，汇聚灵感（16 课时）	课程导学	导学	导学周：介绍课程的基本信息、课程目标与内容体系、设计理念、学习要求及评价方式
	什么是课程，国内外在线课程的发展历程	组建团队	讨论与组建团队：在课堂上讨论课程的定义，形成参与型课程观，课后组建课程团队

续表

设计思维阶段	理论学习（在线）	设计实践（课堂）	具体内容
1.定义问题，汇聚灵感（16课时）	在线课程的构成要素	体验	小组合作调研与体验：从学习者的视角出发选定一门在线课程调查、体验与分析，按照模板要求限时完成体验报告
		反思	讨论与反思：在课堂上讨论并分析在线课程的构成要素及其特点，课后项目组选定待分析的课程
	不同类型在线课程的设计特点	分享汇报	高质量调研小组汇报调查结果、学习体验与总结思考
	在线课程设计与开发的过程模型	课堂讨论与模型建构	检查基本原理学习情况，小组建构并讨论在线课程设计与开发流程
	在线课程选题与用户分析	选题调研与讨论	反思与调研当前教育实践中存在的问题；开展头脑风暴，讨论选题想法
		选题交流与深化	采用世界咖啡法，开展组间选题想法交流，提炼选题，与教师进行协商，完善、修订选题
2.构思方案，设计原型（20课时）	英国开放大学本科和研究生课程案例	目标确立	合作设计：确定课程目标，与教师交流，听取教师反馈
	cMOOC与企业案例	用户分析	合作设计：深入分析课程的学习者特征、初步开展内容体系设计，与教师交流，听取意见与反馈
	内容体系设计	内容体系设计	合作设计：深入开展内容体系设计，与教师协商
	设计理念选择	设计理念选择	选择设计理念，思考设计理念对课程设计的指导意义
	平台与工具选择	形成课程支持平台与工具方案	选择平台与工具，沟通总体设计方案，听取教师反馈
		分享交流	各项目组进行课程总体设计汇报，听取同伴与教师反馈
	学习资源设计、学习活动设计、学习评价设计、学习支持服务和学习指导设计	各要素初步设计	第一轮七要素的设计，讨论与教师反馈
		原型设计	开发原型，表达总体设计方案与设计细节
		原型设计交流与反馈	各组汇报设计，交流设计方案，明确下一阶段的设计任务
3.迭代修订，输出制品（16课时）	往届课程设计与开发优秀样例	学习目标的编写	结合确立的课程目标，进一步编写学习目标
		各要素设计迭代	各要素深度细化设计与整合
		样例开发	具体设计实现，落实样例开发，与教师交流和反馈
		迭代修订设计方案	结合样例开发过程，反思并修订设计方案
4.使用改进，演化发展（12课时）	往届课程设计与开发优秀样例	用户试用与反馈	试用周：寻找目标用户，进行课程体验，调查其满意度
		组间交流与反馈	采用世界咖啡法开展组间交流，给出同伴反馈意见
		教师交流与反馈	与教师单独交流，寻求专业反馈与修订意见
		结合反馈，改进设计	结合多样化反馈，再次修订设计方案与样例
		课程发布与汇报展示	小组抽签汇报方案与样例，完成学习评价和课程评价

课程评价方法建议

评价方法的变革是促进学习者深度参与学习的关键，评价应该能够反映及体现学习者个人和团队的独特贡献。本课程的评价方法建议如下。

1. 制定清晰且合理的作品评价标准，邀请教师、同伴等多主体共同评价

本课程学习者将生成丰富的创意作品，作品本身的系统性和迭代性很强，能够直接反映学习者的设计思维与开发能力，需要对其质量及新颖度等进行深度评价。因此，我们需要制定清晰且合理的作品评价标准，该标准应包括完整的评价维度、清晰的等级划分和说明，并让专业教师、同伴及学习者自己依据该标准对作品进行评价，保证评价的科学性和合理性。

2. 关注学习者的自我反思，并从个人和团队两个视角评价其发展与贡献

自我反思报告是我们深入了解学习者的设计经历、关键过程、贡献与成长、发现、感悟等众多细节的重要方式，因此在进行课程评价时需要关注学习者的自我反思。由于课程是以项目组的形式开展的深度协作学习，因此需要从个人和团队两个视角来对学习者的发展与贡献做出评价。

3. 面向教与学的全过程收集数据，运用混合方法评价学习者的发展与转变

为了系统、全面地评估课程实施的效果，为下一轮课程改进与完善做准备，需要面向教与学，尽可能全过程、多角度收集数据（过程性数据、结果性数据、反思性数据），并运用混合方法（如课堂观察、个人和团体反思、质性分析法等）对学习者高阶思维能力发展和态度认知转变情况进行分析与评价。

4. 将课程评价与专业竞赛融合，激发学习者的学习动机与热情

本课程具有高阶性和创新性，要求学习者基于现实问题，从在线课程设计与开发的视角提出解决方案，最终生成系统性方案与样例。因此，我们可以将本课程的评价与专业作品设计类竞赛相结合，形成相应的激励和奖励机制，促使学习者积极投入并激发其创作热情。2020年，受新冠疫情的影响，该课程的教学只能以在线的方式开展。为了激发学习者的热情，我们将课程的最终作品汇报改为在线课程创意设计大赛，结果学习者的作品达到了历届最高水平。经过后期调查我们发现，真实的选题、模拟真实场景的项目组形式、全开放的在线课程、往届样例呈现和竞赛的形式都极大地激发了学习者的学习动机与热情，保证了课程学习的质量。

模块一

发展历程篇

模块概述

在线课程作为在线学习的重要载体，其发展与远程教育或网络教育的发展紧密相关。本模块在探讨课程定义的基础上，对在线课程的定义和特点进行了界定。同时，本模块对国内外在线课程的演变与发展进行了介绍，并重点介绍了MOOC的发展脉络和创新点，有助于读者更好地把握未来在线课程设计与开发的趋势，在线课程建设从资源型课程观向参与型课程观的转变，以及在线课程的5个特征，为以学习者为中心的在线课程设计奠定基础。

模块学习目标

1. 能够理解并说出课程与在线课程的定义，以及在线课程的特征；
2. 了解国内外在线课程的发展脉络与趋势，树立参与型课程观；
3. 了解MOOC的发展脉络，深入认识其创新点，基于对不同类型MOOC特征的认识和理解，初步感知理念对课程设计与开发的重要性。

模块知识结构图

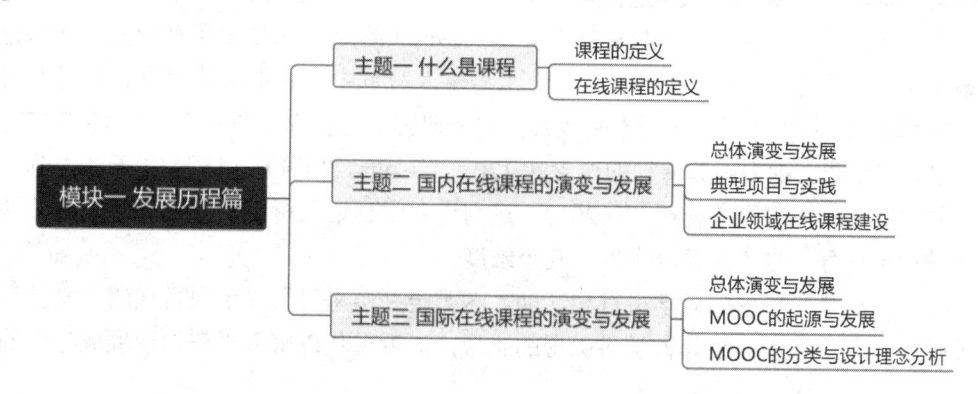

```
                          ┌─ 主题一 什么是课程 ─┬─ 课程的定义
                          │                    └─ 在线课程的定义
                          │
                          │                              ┌─ 总体演变与发展
模块一 发展历程篇 ─────────┼─ 主题二 国内在线课程的演变与发展 ─┼─ 典型项目与实践
                          │                              └─ 企业领域在线课程建设
                          │
                          │                              ┌─ 总体演变与发展
                          └─ 主题三 国际在线课程的演变与发展 ─┼─ MOOC的起源与发展
                                                         └─ MOOC的分类与设计理念分析
```

主题一　什么是课程

主题学习目标

1. 理解课程的定义，能够说出为什么要强调学习参与；
2. 能理解并说出在线课程的定义及其关键的5个特征。

一、课程的定义

要明确在线课程的定义，首先需要厘清"课程"的定义。作为教育运行的手段，课程在教育体系中始终处于核心地位。国内的词源可追溯到唐代孔颖达在为《诗经·小雅》中"奕奕寝庙，君子作之"一句注疏时，他认为"以教护课程，必君子监之，乃得依法制"。其意为对教育制度、教学课程的安排和执行，一定要有智慧、有德行的人来监管，这样才能够依照法度（正确之法和自然之法）来保持和执行。这里的课程有狭义和广义之分，狭义的课程是指具体一个人的整个学习和受教育的课程，或者一个人或一些人单独学习一门学科的课程；广义的课程是指一个社会、一个国家的教育体制和教学理念，也可以是具体的学科种类、课程编排等，这里的课程近乎教育的内涵。宋代的朱熹在《朱子全书·论学》中多次使用"课程"一词，如"宽着期限，紧着课程；小立课程，大作功夫"，其意为学业的进步是一个长期的过程，但要安排紧凑，且有严谨的学习计划；要阶段性地设置发展目标，下大功夫去实现和充实它。这里的课程是指课业发展的过程，也是个人学识增长的过程。

英语中的"Curriculum"和"Course"都翻译为课程。这和课程的词源有关，Curriculum一词来源于拉丁语"Currere"，意为像跑马道一样的东西，有"跑道"（Race-course）、"履历"之意。例如，派纳指出："课程来源于拉丁语'Currere'，意思是在跑道上跑。"另一位课程论专家蔡斯认为："'课程'一词来源于拉丁语词根，意思是'跑道'（Rac-course）。"根据这个词源，最常见的课程定义是"学习的进程"，简称学程。

英国哲学家、社会学家、教育家斯宾塞（1962）在《什么知识最有价值》这篇论文中最早提出"课程"一词，他将"课程"术语引入教育中，并很快被西方教育者普遍采用。20世纪以后，"课程"一词不断地被国内外研究者进行探讨与定义，在1987年有人统计过，在专业文献中有关课程的概念超120个（Colin，2004），但至今仍无法得到一个统一的答案。国内研究者杨明全（2012）运用谱系学话语分析的方法对现有主流的课程定义进行了划分，将其主要分为以下几个维度。

（1）课程是学校中的教学科目和活动。这类定义由来已久，中国古代的"六艺"和古希腊的"七艺"就已经具备学科课程的雏形，而近现代以来人类在知识领域划分的学科，成为学校课程的主要呈现形式。这种定义方式将学校课程表或培养计划上列出的科目视为"课程"，如语文、数学等。这类定义符合大部分人对"课程"的认知，十分容易被人们理解和接受。

（2）课程是学习者的经验和活动体验。支持这一定义的主要代表人物有美国教育家杜威（Dewey），美国课程论专家卡斯威尔（Caswel）、福谢依（Foshay）、凯利（Kelly）等。这类定义将学习者的经验和体验放在第一位，学习者在学习过程中获得的经验和实际体验构成了课程。

（3）课程是教育活动的计划与学习者的学习结果。这一定义体现了课程具有明确的规范性、计划性和结果导向。美国课程论专家泰勒（Tyler）提出的"课程开发的'目标模式'"，塔巴（Taba）提出的"课程是一种学习计划"，以及博比特（Bobbitt）等人所认同的"课程是教育者试图达到的一组教学目标或希望学习者取得的学习结果"，都是这一定义下的一些代表性观点。在此定义中，课程不代表学习者的学习经验，而是指学习过程中实施的活动计划、预期的学习结果和目标。

（4）课程是文本和复杂的会话。这一定义属于"新生代"，支持这一定义的代表人物是美国当代课程论专家派纳（Pinar）。在派纳的课程理论中，把课程作为复杂的会话是理解课程的前提。"会话"一词代表着一种"际遇"，以及"际遇"之后发生的事件。在学校和课堂情境中，教师、学生、知识处于一种复杂的互动之中，在这种"际遇"中会产生一定的教育意义。因此，"复杂的会话"既是过程，又是结果。

从上述对课程的讨论与分类可以看出，课程包括广义的学科导向的课程或学校层面的课程（Curriculum）和狭义的一门具体课程（Course）两个层面。显然，本书介绍的课程是狭义的课程。英国高等教育统计局从课程生命周期的角度对课程的定义进行了梳理，指出课程是指与一组明确的学习结果相关的学习参与（Engagement）（尤埃尔，2013）。我们认为，对"学习参与"的强调和突出，体现了对学习者的重视，是一种"以学习者为中心"的教育理念的体现。同时，根据对课程的词源的追踪，我们发现，如果将"课程"一词进行分解，"课"代表学习的内容与预期的结果，而"程"为"进程"和"过程"之意，即学习者参与学习的过程。当然，随着学习者的自主性日益增强和多样性特征的凸显，以及课程开放性的增强，课程对每个学习者而言，其学习结果不一定那么明确。因为在课程设计与开发阶段，学习的目标和结果是由教师或设计者所预设的，而最终的学习结果是学习者在参与学习的过程中逐步生成的，所以不宜采用"明确的"这种表述。因此，借鉴英国高等教育统计局的定义，我们将课程定义为与一组学习结果相关的学习参与。这种参与型课程观与杨明全所划分的各种课程类别中强调的"教学科目和活动""学习者的经验和活动体验""教育活动的计划与学习者的学习结果""文本和复杂的会话"等都需要学习者进入学习进程、参与学习活动、获得学习体验的表述保持高度一致。换言之，一门"课"，只有当学习者参与学习进程时，才能将其称之为"课程"，我们将这称为参与型课程观。

二、在线课程的定义

"在线课程"的前身是网络课程，我国官方最早对网络课程的界定源自教育部现代远程教育资源建设委员会颁布的《现代远程教育资源建设技术规范（试行）》。该规范指出，网络课程是通过网络表现的某学科的教学内容及实施的教学活动的总和（教育部，2000）。由于该定义过于宽泛，我国的武法提教授在 2006 年提出，网络课程是在课程论、学习论、教学论指导下，通过网络实施的以异步自主学习为主的课程，是为实现某学科领域的课程目标而设计的网络学习环境中教学内容和教学活动的总和。2012 年，随着国际大规模在线开放课程（MOOC）元年的到来，我国各大高校逐步开始 MOOC 的设计与开发。由于在线课程源自 MOOC，我们在一篇文章中专门对这一缩写所包含的 4 个词语进行了探讨（特里·安德森，王志军，2014），前文已经讨论了课程的定义，基于该文章，我们将在此对"在线"进行进一步的界定。

最初 Online Course 被翻译为网络课程，同时 Web-based Course 也被翻译为网络课程，随着 MOOC 的快速发展及在线教育的兴起，为了区别于以往资源型网络课程，Online Course 被翻译为在线课程。由于在线课程这个概念的广泛应用源自 MOOC，因此在深度探讨在线课程与网络课程的区别之前，我们先来看一下 MOOC 的创新点。前期研究发现，MOOC 的本质创新体现在两个方面：开放学习过程、可扩展性增强（王志军，陈丽，郑勤华，2014）。

第一，开放学习过程。虽然各种 MOOC 的开放程度有所不同，但开放学习过程是这些 MOOC 极其突出的共性。开放学习过程是 MOOC 在现有开放教育资源、开放精品课程的基础上一项十分重要的创新。其不但将优质的学习资源免费输送给学习者，而且通过学习活动的组织和管理、及时的学习支持和服务，让学习者按照一定的时间进度参与学习，推动有效学习的发生。这种学习过程的开放，将带来传统的课程资源建设思路和教师职能的转变。课程资源建设的重点不再是呈现内容，而是学习活动的设计；教师的职能不再是呈现内容，而是有效地组织、管理、支持和促进学习者的学习。相对于传统的网络课程，MOOC 第一次把学习的控制权交给了学习者，给了学习者充分发挥自身主观能动性的空间，这将带来学习方式与交互方式的重大改变，这种学习强调学习者的主体地位，强调充分发挥学习者与学习者互助的价值和作用。学习者与学习者之间的交互将受到高度重视，同伴互助的价值将得到充分挖掘。同时，学习过程的开放还支持学习者根据自己的需求选择学习内容，与不同的人进行互动，形成学习小组，建立自己的学习网络，充分满足学习者的个性化学习需求，从而促进真正个性化、按需学习时代的到来。

第二，可扩展性增强。大规模参与主要取决于课程的可扩展性，可扩展性是指课程可以扩展到足够多的用户数量，而不造成任何部分或学习活动体验的重大破坏（特里·安德森，王志军，2014）。虽然不同类型 MOOC 的可扩展性因其背后支撑的设计理念有所不同而存在差异，但是相对于传统的课程，它们都具有较强的可扩展性，这种可扩展性可以有效地保证容纳较多数量的用户参与学习，并且获得高质量的学习体验。优质的

MOOC将具有不同学习背景、文化背景、学习需求、学习偏好的学习者汇聚到一起，这将带来学习方式和交互方式的转变。尽管不同类型的MOOC对不同类型交互的重视程度有较大的差异，但不管是哪种MOOC，相对于传统的基于课堂、基于班级的交互，学习者的交互范围都打破了课程、班级和学校的限制，扩展到所有参与学习的学习者的网络中。交互范围的扩展增加了交互发生的机会，较强的可扩展性为大规模交互的开展提供了可能。MOOC大规模的学习参与和交互意味着大规模的数据处理与教育大数据时代的到来。这种大数据将有利于开展面向学习者和机构的数据的学习分析，这种专注于群体的行为特点而非个体的行为的学习分析将为基于数据的智能学习支持和智能决策支持提供重要的依据。不同类型的MOOC具有不同的特性，但是开放学习过程和大规模参与是这些MOOC的共同特征。其中，开放学习过程是大规模参与的前提，大规模参与是开放学习过程的主要目标。

从上述内容可以看出，不管是开放学习过程还是可扩展性增强，都强调学习者的学习参与，这与前文我们探讨的课程的定义相一致。同时，正是因为在线（Online）这种以现代信息网络技术为支撑的传播方式，才使得这两个特征成为可能。由于在线教育和在线学习资源已经扩展到包括从文本到视频、从录音到沉浸世界在内的多种多样的媒体中，因此在线并不固定或排除基于何种媒体的互动。

在线课程是一个以在线学习基本原理为基础，以现代信息网络技术为支撑，以课程目标为导向，与学习结果相关的、有组织的学习参与过程；它是一个完整的、逻辑和结构相对稳固的教育单元，具备独特的数字化培训与学习支持服务体系。在线课程具有以下几个特征。

1. 以在线学习基本原理为基础

在线学习与课堂面授式教学有着本质的不同，在线课程的设计与开发不是传统面授课程的"课堂搬家"，应遵循在线教学的基本规律，以在线学习基本原理为基础。

2. 以课程目标为导向

不管是归属于学校人才培养体系的一门课程，还是一个企业里面运作的一门课程，都有特定的目标，而课程里面对应的内容又有相关的学习目标，因此在课程设计过程中应该以课程目标为导向。

3. 强调学习过程与学习参与

前文提到课程之所以为课程，是因为其强调学习者的学习参与，强调学习过程的发生。在线学习尤其如此，课程建设者需要落实以学习者为中心的理念，开展课程各要素的设计，并且从学习者的学习过程及吸引学习者深度参与的视角开展课程设计。

4. 注重系统性

既然是课程，就应该是一个系统性的体系，而不是一个单一的知识点，因此课程的建设要注重系统性,要有对学习者的学习指导和引导,内容要有层级性,建议层层递进,以提升学习者的认知、思维能力。同时,课程应该基于在线学习基本原理和规律对各要素开展系统性设计。

5. 注重学习支持服务体系建构

远程教育的教学过程包括学习材料的设计与开发、学习支持服务两个阶段,但实际上在参与型课程中,基于具体课程的学习支持服务体系建构本身就是在线课程的一个重要方面,同时是当前在线学习中一个薄弱、需要加强的环节。高质量的学习支持服务体系是高质量在线学习实现的重要保障。

在这里我们先进行简要的介绍,在后面的章节中,将会对这些特征进行细致的阐述。

活动1　概念辨析

结合本主题的学习内容思考:TED视频、微课、MOOC、网络课件、精品课程、网易公开课等是否属于在线课程,为什么?

主题二　国内在线课程的演变与发展

主题学习目标

1. 能够历史地、发展地看待在线课程的演变过程;
2. 能够列举并描述至少2个国内典型的在线课程发展项目;
3. 能够清晰地描述为什么课程建设会从资源型课程观走向参与型课程观,以及未来我国在线课程的建设趋势。

一、总体演变与发展

在线教育的发展根植于远程教育的发展。我国在线课程的建设与现代远程教育的发展、国家课程建设政策推动及"互联网+教育"企业的推动紧密相关。在以电视、广播、卫星、光盘等单向传输电子信息时代,就有了在线课程的雏形。在双向交互的电子通信技术时代,尤其是以互联网为核心的信息技术时代,真正意义上的在线课程在远程教育领域开始出现。前期这类课程被称为网络课程,随着Web2.0、社会媒体、人工智能等技术的快速发展、学习理念的转变及MOOC的发展,在线课程逐渐取代网络课程,被大众所使用。一方面,远程教育领域开发了大量在线课程;另一方面,国家为了促进优质教育资源的共享,相继出台相关政策,推动在线课程建设的快速发展。2000年,中华人民共和国教育部高等教育司（以下简称"高教司"）下发《关于实施新世纪网络课程建设工程的通知》以推动网络课程建设，其建设重点为网络课件库、教学资源、案例库、试题库。2003年，教育部发布《国家精品课程建设工作实施办法》，并于2007年启动网络教育精品课程建设工作。同时，技术的发展也促使我国网络课程建设的模式发生了变化。2012年随着国际MOOC元年的到来，我国各大高校逐步开始MOOC设计与开发。2015年，《教育部关于加强高等学校在线开放课程建设应用与管理的意见》的发布，让在线课程正式取代网络课程进入大众视野，国家对课程建设提出了高阶性、创新性、挑战性的新要求。2019年，《教育部关于一流本科课程建设的实施意见》指出，要建设4000门左右国家级线上一流课程（国家精品在线开放课程）、6000门左右国家级线上线下混合式一流课程，该文件进一步推动了在线课程的建设。2020年，世界MOOC大会在清华大学召开，来自全球2000余家国际组织、政府机构、高校和在线教育机构的代表和嘉宾，以线上线下融合的方式参会，教育部时任部长陈宝生出席大会并做报告，我国在线课程建设已进入前所未有的战略机遇期。同时，在中小学领域，国家的农远工程项目、"教学点数字教育资源全覆盖"项目、"一师一优课、一课一名师"活动、微课大赛、"三个课堂"的应用，以及新冠疫情期间的"停课不停学"、教育部办公厅开展"基础教育精品课"遴选工作等也推动着在线课程建设的发展。近年来，大量的个体、企业也加入在线教育领域，他们基于"集体教研—实践探索—市场反馈—快速迭代"的逻辑开发了大量在线课程，并受到用户欢迎（具体见设计案例部分）。下面将结合一些典型项目与实践做具体的介绍。

二、典型项目与实践

（一）现代远程教育工程

受限于基础设施建设，我国的现代远程教育工程起步较晚。1995年，清华大学等10所高校共同承建了"中国教育和科研计算机网（CERNET）示范工程"项目，实现了校园网之间、国际学术计算机网络之间的互联和信息资源共享。1996年，清华大学时任校长王大中提出在中国发展现代远程教育，随后清华大学推出网上研究生进修课程。同年，教育部正式批准清华大学、北京邮电大学、浙江大学和湖南大学4所院校为国家现代远程教育第一批试点院校。1996年，我国首次出现了以101网校为代表的第一批远程教育网站。

以清华大学、北京邮电大学、浙江大学和湖南大学所实施的在线教育为代表，这一时期的在线课程以直播为主。清华大学通过卫星数字广播，将直播课堂、多媒体课件等放到校外教学站点，师生通过卫星构建的虚拟课堂及可视电话进行实时交流；北京邮电大学通过ATM宽带网络，将课程资源与数据实时传送到远端视听教室，学生还可以利用互联网非实时地查询学校的多媒体课件库；浙江大学的远程教学利用双向视频会议系统进行，该校还建立了远程教学网站，实现了课件点播、网上作业等功能，辅助学生进行在线学习；湖南大学与湖南省邮电管理局（现湖南省通信管理局）联合成立了湖南大学多媒体信息教育学院，学习者通过双向视频会议和拨号的方式进行学习。

（二）新世纪（21世纪）网络课程建设工程

为了加快现代远程教育网络资源建设步伐，支撑现代远程教育工程的开展，推动教育信息化建设，2000年5月，教育部启动"新世纪网络课程建设工程"，该工程计划用2年时间建设200门左右基础性网络课程，用于若干所大学网络教育学院的现代远程教育试点，校内和校际的网上选课及学分的认证，支持发达地区高等学校和西部地区高等学校通过网络教学进行对口支援。新世纪网络课程建设工程分3批实施，立项321个，共有83所高校参与第一、二批项目，先后从事开发的教师和技术人员超3380人。在这项工程中，我国建设了一大批早期的在线网络课程资源。本次网络课程建设的定位为精英教育，课程的体系结构与校内教育相同，这些课程在很大程度上是面授教育的辅助。该阶段的课程建设以文本为主，大多属于纸质教材的数字化，以及对应的案例库和试题库的构建。该阶段的课程缺乏设计，虽然采用了新的传播方式，但教学模式仍然陈旧，学习支持服务明显不足。

（三）国家精品课程建设

为了促进传统高校中优质教育资源的共享，2003年教育部发布《教育部关于启动高等学校教学质量与教学改革工程精品课程建设工作的通知》，启动了我国的精品课程建设项目。精品课程使用网络进行教学与管理，与课程相关的课件、授课录像、教学资料等要上传网络。教育部会对各省教育行政部门统一申报的课程进行评选，入选的课程将上传至中国高教精品课程网站，向全国高等学校免费开放，以实现优质教学资源共享。2007年，我国启动网络教育精品课程建设工作。

在这一阶段，由于技术的快速进步，媒体的表现形式变得多样，课程建设开始注重根据学科内容选择恰当的媒体形式和传播方式。主流的课程建设方式从基于流媒体的三分屏课件制作发展为演播室、虚拟演播室录制教学视频的模式。三分屏课件指的是把教授视频、课程PowerPoint课件（也有电子文档）、课程纲要3个部分录制下来，并通过网络进行播放的一种课件。2000年左右，中国人民大学、中央广播电视大学等学校推出了"三分屏"形式的流媒体课件。"三分屏"流媒体课件具有师生操作且使用便捷、教师讲解形象直观、能够营造课堂氛围的特点。同时，由于其具备制作成本低、制作速度快、技术简单等优势，一经推出就受到普遍的关注与支持，在当时成为网络课件的主流形式。随着技术的进一步发展，演播室和虚拟演播室因给人高端大气的视觉感受和自身美观的画面，逐渐受到教师们的青睐，越来越多的课程采用此类录制方式。

这一时期精品课程教学对象的定位明确，教育内容的适用性不断增强，但也存在许多问题。武法提教授（2006）认为，尽管经过了7年的发展，在线课程仍然是传统高校在网络上的扩展。在线教育的课程开发模式只是简单地照搬传统的课堂模式，并未结合在线学习的特点进行需求分析、课程设计和教学设计。

（四）在线开放课程建设

2012 年，我国众多知名高校、商业机构、风险投资家、媒体都加入 MOOC 的浪潮中，创建了大量的在线学习平台与在线课程。清华大学、北京大学、上海交通大学等知名高校相继带头建立了本校的 MOOC 平台。2013 年，清华大学研发的 MOOC 平台"学堂在线"启动。2014 年，网易与高等教育出版社合作推出"中国大学 MOOC"，目前已经与国内众多高校、机构达成合作。2015 年，教育部发布《教育部关于加强高等学校在线开放课程建设应用与管理的意见》，准备建设一批以大规模在线开放课程为代表、课程应用与教学服务相融通的优质在线开放课程，以及在线开放课程公共服务平台，并认定一批国家精品在线开放课程。如前所述，2019 年，《教育部关于一流本科课程建设的实施意见》的颁布进一步推动了在线课程的建设；2020 年，世界 MOOC 大会在清华大学召开，教育部时任部长陈宝生出席大会并做报告，我国在线课程建设已进入前所未有的战略机遇期。

三、企业领域在线课程建设

除了政府引领的高校类在线课程建设，多家教育机构、互联网公司也纷纷投身在线教育领域，推动我国在线课程建设百花齐放局面的出现。2013 年，在线教育行业创投热潮开启，大量资金和人才涌入，在线教育市场开始蓬勃发展（艾瑞咨询，2019）。新东方、好未来等教育机构为了拓展与升级业务，保障自身在教育行业的竞争力，通过自建与投资并购的方式加入在线教育。纯在线教育机构也不断涌现，如猿辅导、作业帮等。传统线下教育机构、人工智能科技公司、出版传媒公司、大型消费互联网公司、移动通信公司等在线教育市场的主要参与者在各个细分领域全面开花。这些企业与机构通过专门的手机 App、微信小程序、各类学习网站等发布课程，囊括早幼教、素质教育、高等教育、职业培训、语言培训等多种教育类型。商业资本的快速介入使得不同种类、不同学科、不同媒体呈现形式的新型在线课程快速涌现。

2020 年，受新冠疫情影响，中国在线教育市场发展迅猛。艾瑞咨询报告显示，中国在线教育的市场规模受新冠疫情正面刺激不断扩大。2020 年，在线教育融资金额高达1034 亿元。截至 2020 年 4 月 30 日，中国在线青少儿英语市场规模达 260 亿元，用户规模约 580 万人，市场渗透率达 22%。2021 年 7 月，中共中央办公厅、国务院办公厅印发《关于进一步减轻义务教育阶段学生作业负担和校外培训负担的意见》，明确指出要"坚持从严治理，全面规范校外培训行为"，强调"学科类培训机构一律不得上市融资，严禁资本化运作；上市公司不得通过股票市场融资投资学科类培训机构，不得通过发行股份或支付现金等方式购买学科类培训机构资产；外资不得通过兼并收购、委托经营、加盟连锁等方式控股或参股学科类培训机构"。一些学科类在线教育与培训机构消失，大批学科教学企业面临转型。

除了面向学前儿童、青少年、大学生等职前对象开发了大批的在线课程，同时随着终身学习时代的到来，大众的学习需求被激发，在大众教育、社会教育领域也涌现了大批主流平台和特色课程。除了常规的视频形式的课程，还有大量以音频为主要呈现形式的在线课程。听是一种传统的获取内容的方式。在需要解放眼睛的场景下，音频形式的课程属于刚需。传统的在线课程大多融合了视频、音频、图文等多种形式。近几年，主要提供在线音频内容及相关服务的网络音频行业发展迅猛，音频与知识结合的实质是互联网深入发展前提下的一种信息传播的发展趋势。很多主打音频内容的平台纷纷推出了知识型、学习型音频付费内容与付费课程，使音频课程成为特殊的在线课程。2016年12月3日，音频平台喜马拉雅发起了首届"123知识狂欢节"，通过秒杀、体验和优惠等方式推销平台的付费音频课程、节目和有声书，引发了大众对知识付费的广泛讨论。2018年，喜马拉雅开设了喜马拉雅大学，以喜马拉雅音频内容生态为载体，根据市场需求机动地培养人才。蜻蜓FM也推出了付费精品区，主打财经、历史等方面的音频付费内容。此外，知乎、果壳网这样的在线知识社区也分别推出了以语音为主要交流方式的有偿问答服务知乎Live和分答。致力于提供健身教学、骑行、交友及健身饮食指导、装备购买等一站式运动解决方案的Keep也开发了大量纯音频或视频类课程。2019年的一项中国网络音频用户偏爱的音频节目类型的调查显示，约19.3%的用户对教育类音频课程内容感兴趣（艾瑞咨询，2020）。

> **活动2　优秀的在线课程分享**
>
> 　　你在学习的过程中有没有遇到过优秀的在线课程？请在此分享，并从学习者的角度阐述为什么认为其是优秀的在线课程。

主题三　国际在线课程的演变与发展

主题学习目标

1. 了解国际在线课程的发展历程，把握国际在线课程的发展趋势；
2. 了解MOOC的发展背景和演变历程，能够说出MOOC产生的意义及其创新价值；
3. 说出3种不同类型MOOC的根本区别，理解理念对在线课程设计与开发的重要性。

一、总体演变与发展

　　国际在线课程的建设与在线教育的发展紧密相关，最早的在线教育实践可追溯到1960年的美国伊利诺伊大学。虽然当时还没有互联网，但该校的学生已开始在相互连接形成网络的计算机终端上学习。1968年，加拿大阿尔伯塔大学医学院推出了初级在线课程；1976年，英国开放大学开设了第一个在线教室。从20世纪70年代开始，由于电视、广播的兴起，英国开放大学首次采用电视、广播的方式进行教学，此事件被誉为"英国教育史上的一次伟大革新"。随后，世界各地出现了众多远程教育大学，如加拿大的阿萨巴斯卡大学（1970）、西班牙的国立远程教育大学（1972）及德国的哈根函授大学（1974）等。20世纪80年代，随着计算机及计算机网络的发展，国际上出现了众多基于互联网的教育创新（何克抗，1997）。1984年，多伦多大学开设了有史以来第一门完全在线的课程。在远程教育领域，1986年美国凤凰城大学成为世界上第一所推出完全在线教育的大学，提供学士和硕士学位课程（Sarkar，2020）。1989年，英国创建CTI（Computers in Teaching Initiative，计算机与教学创新）项目，通过计算机、多媒体与远程通信技术的结合（主要通过互联网）对英国高等院校的教学进行重大革新，实现对高等院校所有学科从教学模式、教学内容到教学组织形式的变革。1996年，欧洲共同体创建了师资培训网络（Telematics for Teacher Training）项目，该项目主要运用互联网来实现对中小学教师的培训。此外，还有一些学校开发了基于计算机的数字化学习（E-learning）课程，许多学校的图书馆已经可以接触到电子化学习资源。凤凰城大学推出第一个基于计算机的个人付费教学系统，该学校也成为美国第一所提供网络教学的大学。同时，国际上的远程教育学校成立了专门的课程设计与开发部门。例如，加拿大阿萨巴斯卡大学成立了专门的课程设计与开发中心（后更名为学习设计中心），由其负责课程设计与开发工作（王志军，闫洪新，2017）。英国开放大学采用课程组的形式推动课程的建设，精细化的课程设计为其高质量的教学实施与社会声誉提供了保障和支撑（王跃，2010）。英国开放大学在一项教学质量调查排行榜中位列第五，在牛津大学之上（丁兴富，谢洵，2006）。我们通过对英国开放大学和加拿大阿萨巴斯卡大学的课程进行调查发现，虽然它们开发了一批面向大众的视频类MOOC，但是其校内的大多数在线课程的学习内容呈现方式以文本为主，同时根据需要添加图像、音频、视频等多种媒体表现形式的学习资源。各项学习内容都会附加很多学习材料、详细的学习活动、作业说明和评价标准，学习者可以无障碍地参与课程学习。除了一开始的课程介绍，几乎不采用录教学视频这种形式，即使有视频，大多也是针对内容的科学演示，而非教学视频。

在高等教育领域，受网络资源整合与共享理念的影响，国际上的很多高校开始将优质的教学资源（教学课件、开源教学软件、教学内容）通过互联网免费同全世界共享，这些资源被用于教师的教学、学习者学习和研究领域。2001年，麻省理工学院（MIT）宣布正式推行"开放课件（Open Course Ware）运动"，计划用10年时间把麻省理工学院2000多门课程的教育资源发布到互联网上，人们可以免费获取（丁兴富，2004）。2005年6月，国际开放课件联盟（Open Course Ware Consortium，OCWC）成立，旨在促进正式和非正式学习教育资源的全球共享。在全球范围内包括哈佛大学、耶鲁大学、麻省理工学院等200多所高等教育机构和相关教育组织的联合体都参与其中，联合体机构汇总起来共为OCWC提供了超过20种语言环境下的过万门课程。国际上高等院校与组织开始了以视频教学为主的 MOOC 建设，并成为推动在线课程建设的重要力量。2013 年，加利福尼亚大学伯克利分校 MOOCLab 的课程主任阿曼多·福克斯（Armando Fox）教授率先提出 SPOC（Small Private Online Course，小规模限制性在线课程）概念，希望将优质的 MOOC 资源与课堂面对面教学有机结合起来，借以翻转课堂教学模式、变革教学结构、提高教学质量。

2020 年，新冠疫情席卷全球，国际上各大高校加大了在线课程的建设力度，并积极分享在线课程设计的最佳实践。在正式教育体系之外，国内外的在线教育企业也在建设与开发大量的在线课程。根据 Class Central 的统计数据，截至 2021 年年底，国际上已经有 950 所大学提供了 1.94 万门课程，1679 个微认证和 70 个基于 MOOC 的学位（Shah，2021）。同时，对 MOOC 教学视频的建设也成为研究者关注的重点。

亚利桑那大学提出 7 条最佳教学实践原则，包括建立教师存在、建立现实世界的联系、引导学习者适应在线课程、明确学习期望、选用与教学目标相符的学习材料、提供及时有效的课堂反馈、通过具有挑战性且与同伴交流的任务激发学习者的兴趣和提高学习者的参与度（2019）；迈阿密大学强调教师存在感的重要性，推出系列教程帮助教师理解在线教学中的角色及如何建立教师存在，并从课程设计、课前准备与课后反馈 3 个方面为教师提供指导（2020）；科罗拉多州立大学在改编和扩展《良好本科教学实践七原则》（1991）的基础上，提出适用于在线课程设计的 9 条原则，包括清楚地传达期望、建立课程规则、鼓励学习者与教师联系、鼓励学习者与同伴合作、鼓励主动学习、提供即时反馈、强调任务时间、尊重多样化的人才和学习方式、有效地利用技术（2022）；斯坦福大学整理了多种最佳在线教学实践形式，包括建立教师存在、创建支持性在线学习社区、制定课程规则、让学习者了解课程交流方式与课程学习时间、借助团队和个人的工作经验、设计同步和异步交互活动、在学期初寻求非正式反馈、准备激发讨论和反思的帖子、尽可能搜索并提供数字化的内容资源、将核心概念学习与定制化和个性化学习相结合、为课程设计一个好的结课活动（2022）；巴特勒大学为帮助教师和学习者更好地适应在线学习，提出建立良好在线礼仪的 10 个技巧（2022）。除此之外，在线教学平台 Canvas 也为教师提供了开设在线课程的指南，从平台使用、课程结构、学习目标制定、学习者期望确定、教学策略选择等方面为教师提供可供参考的操作建议（2022）。

由于 MOOC 是我国课程建设从网络课程走向在线课程的一个重要转折点，因此基于前期的研究（王志军，陈丽，郑勤华，2014），接下来将详细介绍和分析 MOOC 的起源与发展，并分析其特点，以帮助我们深刻认识和理解在线课程学习参与的特征，以及设计理念对课程设计的指导性作用。

二、MOOC 的起源与发展

MOOC 一词来源于 2008 年由乔治·西蒙斯（George Siemens）和斯蒂芬·唐斯（Stephen Downes）在马尼托巴大学开设的"联通主义和联通化知识"课程，该课程又称

CCK08。MOOC 是开放网络课程和大规模在线会议的出现所催生的。早在 CCK08 之前，亚历克·克洛斯（Alec Couros）的在线研究生课程"社会媒体与开放教育"和戴维·威利（David Wiley）的基于 Wiki 的课程"开放教育大纲导论"对乔治·西蒙斯和斯蒂芬·唐斯产生了较大的影响。这两门课程唤起了他们按照某种方式将校园外的人员加入课程学习，扩大课程的服务范围和辐射面的想法。此外，乔治·西蒙斯在讨论和传播联通主义学习理论的过程中，组织了一系列大规模的网上讨论会议，这些会议对所有人开放，会议开展过程中不仅使用同步交流工具，还使用了很多异步交流工具，如博客、Google 群组等。这些会议的成功使他们开始考虑持续时间更长、有更多人（包括企业人员）参与的会议的价值，并决定在麻省理工学院提出的开放学习内容的基础上，开放学习过程。于是，第一门 MOOC "联通主义和联通化知识"诞生了。戴夫·科米尔（Dave Cormier）和布莱恩·亚历山大（Bryan Alexander）将这种形式的课程称为"大规模开放网络课程"，缩写为 MOOC。

（一）第一门 MOOC 的设计与运行

斯蒂芬·唐斯在其文章《E-Learning 分代》中对第一门 MOOC 的设计和运行情况进行了介绍。"联通主义和联通化知识"是马尼托巴大学成人教育认证（CAE）中的一门课程，该课程与其他网络课程的不同之处在于在课程设计之初就决定采用联通主义的思想。但同时，这门课程又要适应传统教育机构的正式学习的需求，即课程有明确的开始时间和结束时间，且有较为固定的时间表，学习者可以注册课程并获得学分，既然涉及学分就应该对学习者的学习进行评价。

这门课程的设计与传统课程的设计有很大的不同，它以联通主义学习理论为指导，是开放的、分布的、学习者定义的、社会化的、复杂的。根据联通主义学习理论，知识存在于人与人的连接之中，学习就是发展和遍历这些连接，因此不能像传统课程设计那样只在学习管理系统中提供相应的内容就称为课程。这门课程没有让每个学习者都必须学习的核心内容，只是把"联通主义学习理论"作为主体内容，并且特意弱化了联通主义的核心论点。课程内容主要通过学习者在学习过程中的交互而逐渐生成。斯蒂芬·唐斯认为，当课程设计中不把一些权威的内容作为内容的时候，所有的东西都可以是潜在的内容，因此这些课程中往往具有充足的内容。在 CCK08 这门课程结束的时候，课程生成了非常丰富的内容，证实了斯蒂芬·唐斯这一观点。

因此，很多学习者抱怨内容太多，不知道如何开始学习。其实，这正是联通主义学习理论所强调的学习者的模式识别能力和创新能力，即联通主义学习是一种信息网络环境中复杂的学习，在这种学习中学习者应先学会如何选择学习内容。学习并不意味着记住或者重复某些内容，而是要求学习者在创建和分享内容的过程中，建立起自身知识背景、经验与学习内容之间的连接。因为每个参与者都有各自独特的视角，在课程学习中，学习者通过与其他参与者持续互动而将这些视角组合起来。

在没有核心学习内容、课程内容开放的情况下，如何保证学习的有效开展呢？该课程采用每周一个特定学习主题的形式来推动学习的开展。这种分主题的形式能够帮助参与者决定先看哪些材料，再看哪些材料，也避免了学习过程中不可控内容的生成。正是这种分主题的微小的结构保证了学习的有效开展和特定时间内生成的内容的一致性。

为了教授联通主义，乔治·西蒙斯和斯蒂芬·唐斯提出应该让学习者尽可能地将自己沉浸在联通主义的学习环境中。在学习过程中，不仅内容是开放的，学习环境也是开放的，因此每个学习者都不局限于某一固定的学习管理系统或网络教学平台，而是在自己熟悉的环境中（如博客、微博、论坛、Google 群组等）开展学习，在学习的过程中逐渐建立起这些学习环境之间的连接。每个学习者都有自己独特的学习空间，这些空间是他们网络身份构建并与外界互动和建立连接的重要节点。分布在这种开放的学习环境中的内容如何有效地联系起来呢？斯蒂芬·唐斯设计了 RSS 种子，并开发了 gRSShopper 工具，助力将这些分散在学习环境中的内容和进程进行组合。该课程标签为"#CCK08"，每个学习者在创建自己的内容或者发表观点时，只需要在标签中加入"#CCK08"，gRSShopper 就能够将这些内容聚合在一起，再以课程学习日报的形式呈现给学习者。基于该课程学习日报，每个学习者的下一步学习进程都存在着多种可能，学习者可根据自己的需要选择合适的学习方式和进程。

这门持续 14 个星期的课程有 2300 名学习者注册，其中有 170 名学习者创建了自己的博客，并且有 1870 名学习者订阅了课程学习日报（学习过程中生成的内容），学习者通过 Moodle 论坛、Google 群组、3 个独立的 Second Life 社区及其他方式参与学习。学习者不仅获得了建立不同的人和观点之间的连接的体验，还获得了建立不同的系统和空间之间的连接的体验。

随后，乔治·西蒙斯、斯蒂芬·唐斯、戴夫·科米尔、亚历克·克洛斯及其他联通主义学习理论的倡导者和追随者，以该课程为原型，基于联通主义学习理论开发了一系列 MOOC，如"个性化学习环境和知识 2010""未来教育 2010""移动 MOOC2010""教育技术专业社区开放课程""教育的变革 MOOC""教育的开放性""教育技术 MOOC""MOOC MOOC"等。2014 年，他们又推出了法语的"开放教育资源 MOOC"。其中，"联通主义与联通化知识"这门课程持续了 4 年（CCK08，CCK09，CCK11，CCK12）。

（二）商业机构与媒体的介入

乔治·西蒙斯和斯蒂芬·唐斯等所开发的 MOOC 一开始并没有引起广泛关注，媒体对此的报道非常少。2011 年 12 月，缩写词 MOOC 最先出现在美国《高等教育谏报》中，文章报道了斯坦福大学的塞巴斯蒂安·特龙（Sebastian Thrun）和彼得·诺维格（Peter Norvig）开设的课程"人工智能导论"（Introduction to Artificial Intelligence），该课程吸引了来自 190 多个国家的约 16 万名学习者注册。这门课程因参与人员众多，内容基于网络传输且允许所有人访问学习内容并参与学习过程，又被称为 MOOC。该事件在世界范围内引起了强烈的反响，MOOC 引起了商业机构、高校和媒体的普遍关注。大量的 MOOC 平台纷纷创建，到目前为止十分知名的机构与平台有 Coursera、Udacity、edX（原来的 MITx），此外还有 Udemy、P2PU、可汗学院、FutureLearn、Canvas、Class2Go 等。美国一大批知名高校也纷纷参与其中，如麻省理工学院、哈佛大学、斯坦福大学等。媒体对其进行了详细报道，并宣称 MOOC 将彻底变革高等教育。美国《时代周刊》将 2012 年称为"MOOC 之年"，从此以 MOOC 为代表的在线课程建设进入大发展阶段，并且出现了 SPOC 等各种形式的变体。

三、MOOC 的分类与设计理念分析

在 MOOC 的发展过程中，商业机构和高校所关注的 MOOC 与最初联通主义倡导者所开发的 MOOC 有很大的不同，克拉克·奎因（Clark Quinn）最先意识到这两种 MOOC 实践形式的差异，提出了两种 MOOC 模式——联通主义模式和斯坦福模式。他指出："联通主义模式的 MOOC 的社会交互性更强，学习开始于教师提供的内容，但是通过基于对话和社会媒体的参与者的贡献而得到发展；而斯坦福模式的 MOOC 的目标是确保给每个具有较强技术能力和访问网络能力的学习者提供高质量的学习体验。"这两种模式的 MOOC 分别被命名为 cMOOC 和 xMOOC。由于这种分类方式下二者的名字特别接近，而且从名字上并不能体现它们之间的差异，因此很容易混淆。

丽萨·慕·莱恩（Lisa M. Lane，2012）根据自身的实践与认识，将 MOOC 的实践形式分为基于网络的（Network-based）MOOC、基于任务的（Task-based）MOOC 和基于内容（Content-based）的 MOOC 3 种。相对于 cMOOC 和 xMOOC 的分类方式，这种分类方式更能够反映每种 MOOC 的实质特征，但是这种分类方式还是容易受到质疑，因为所有 MOOC 都是基于内容的。实际上，丽萨·慕·莱恩所说的基于网络的 MOOC 指的是以网络建立为核心目的的 MOOC，基于任务的 MOOC 指的是以任务完成为核心目的的 MOOC，而基于内容的 MOOC 指的是以内容传递为核心目的的 MOOC。因此，在本书中将它们分别修改为以网络建立为主的 MOOC（cMOOC）、以任务完成为主的 MOOC（sMOOC）和以内容传递为主的 MOOC（xMOOC）。在这 3 种 MOOC 中，以任务完成为主的 MOOC 受关注度比较低，发展也较为缓慢。

（一）以内容传递为主的 MOOC 的设计理念

这种 MOOC 是主流的 xMOOC，拥有巨大的注册量，以名校教师基于视频和文本的教学与网络化测试为主，是线性化的预设课程。这种 MOOC 相对于网络的建立或任务的完成，更强调对内容的学习，学习社区虽然可以促进学习者的参与和互动，但是作用不如另外两种 MOOC 突出。传统的形成性评价和总结性评价方式依然非常重要。这种模式的课程的完成率比较低，通常为 5%～10%。

根据三代远程教育教学法的划分（Anderson，Dron，2011），这种课程设计与实施的方法属于行为-认识主义教学法。被称为刺激-反应的行为主义学习理论认为学习就是对外部刺激做出反应的过程，即形成刺激和反应之间的联结，从而获得新经验的过程。记忆是重复的经验的连接线，转化发生在刺激和反应之间。由于行为主义学习理论将人的

学习等同于动物的学习，把学习过于简单化，因此受到了批判，认知主义学习应运而生。认知主义学习理论认为学习是学习者通过复杂的内部心理加工和认知操作，从而形成和改变自己内在的认知结构的过程。记忆主要帮助编码、存储和提取。转化的过程就是复制他人的认知结构的过程，其中以加涅的信息加工理论和九段教学事件最为典型。教学的目标是改变长时记忆，如果长时记忆没有发生改变，则没有学到任何东西。在这些课程的教学中，基于软件的评分测试就属于典型的以行为主义学习理论为基础的教学法。其直接的表现形式为通过计算机程序给学习者呈现选择题等刺激源，学习者通过选择答案对刺激源做出反应，当回答正确时通过一个回答正确的提示给予强化。其优势在于基于计算机程序教学可以让学习者不断参与学习，从而获得较高的分数。行为主义学习理论和认知主义学习理论的共同特点为强调知识的传递和接受，是一种基于内容的独立自主的学习。在实际教学中，这两种理论往往是结合在一起指导教学的，最典型的案例即先通过一般的或具体的案例激发学习者的兴趣、开展教学，再通过测试来强化知识的获得。这种课程的特点是成本很低，可扩展性非常强。这种教学方法对一些规则、概念、事实等记忆类知识的教学，在学习目标非常明确的情况下比较适用。

（二）以任务完成为主的 MOOC 的设计理念

基于任务的 MOOC 强调通过要求学习者完成相应的任务来获得对应的技能。典型的课程包括吉姆·顾卢姆（Jim Groom）在玛丽华盛顿大学开设的"数字故事讲述者社区"和丽萨·慕·莱恩等开设的"教师专业发展认证课程"。在这种课程中，学习是分布的，学习的形式多种多样。相对于 cMOOC 强调通过网络的建构来解决复杂问题，这种课程的难度和要求低一些，只要求学习者通过完成一定的任务来掌握相应的技能。学习者通过学习文本材料或者录制的视频材料等得到引导。课程的开展方式与基于网络的 MOOC 有点类似，每周都有不同的主题和任务，学习者通过作品设计、视频、音频等基于网络的手段来展现自己的能力。为了让学习者运用相应的技能，学习者需要完成一定数量的作业，但他们可自主选择想完成的作业及完成作业的方式。在这种 MOOC 中，社区非常关键，尤其是社区中的案例与协助。

以任务完成为主的 MOOC 混合了行为-认知主义学习理论和建构主义学习理论。它强调教学不是传输知识，而是帮助学习者建构知识。知识不但存在于个人的头脑中，而且具有社会性。学习是在社会和个人意义建构相互作用的过程中发生的，受个人参与、投入、社会和文化的影响。记忆主要是将先前的知识与当前的情境结合起来，转化发生在社会化的真实的学习情境中。社会交互是建构主义学习理论的典型特征，并且强调在真实的任务情境中来建构知识，学习者通过积极协商、合作、分享资源等完成任务，强调基于小组学习。建构主义学习理论流派众多，但其共同点在于都把学习定义为意义建构。个人建构主义强调个人意义的建构，社会建构主义强调利用社会情境进行社会意义的建构。不管是何种建构方式，都注重人的主体性、个体的差异性和人对知识的能动的加工。以建构主义学习理论为基础的教学方式是一种"以学习者为中心"的教学方式，是一种个性化的教学方式，而这种教学方式的不足之处在于需要教师和学习者投入相当多的时间。

（三）以网络建立为主的MOOC的设计理念

以网络建立为主的MOOC（cMOOC）即最初的联通主义倡导者以联通主义学习理论为指导开发的一系列MOOC。这种课程的学习给学习者充分的自主性，强调学习者自主决定如何参与，采用何种技术来建设学习空间和分享或生成学习内容。课程内容比较复杂、前沿，属于一种复杂的学习。课程是在学习的过程中由课程参与者（包括课程促进者和学习者）共同开发的。事先准备的材料只是学习和交互的触发点，课程中的很多内容需要在学习过程中逐渐生成，学习者可通过社会书签分享学习资源或者通过其他工具发表自己的观点。学习可以发生在任何一个平台中，而不再依托具体的学习管理系统或网络教学平台。这种MOOC鼓励学习者建设自己的学习空间，来自世界各地的学习者可以使用自己想用的软件来建立连接、分享内容、合作学习或者扩展个人网络或专业网络。交互尤其是社会交互是这种课程的核心，学习者通过交互建构自己的数字身份，贡献自己的智慧，通过持续不断的创新来推动课程的优化与发展，并不断发展自己的概念网络、技术网络和社会网络，注重问题解决和创新。课程通常以周为学习单位，每周基于特定的主题开展学习，从而保证大规模互动和参与，并开放所有的学习过程。这种课程没有非常确定的学习结果，通常也没有正式的评价。因为这种MOOC强调学习者根据自身实际需要和兴趣自主参与学习，所以不注重对学习者的评价。

联通主义学习理论是在网络技术快速发展、知识的半衰期缩短、知识的更新速度加快的时代背景下催生出的一种新的学习理论。该理论将学习视为连接的建立和网络的形成过程（Siemens，2005a）。联通主义学习理论对学习的认识主要体现在它的8个原则中（Siemens，2005b）：（1）学习和知识存在于多样性的观点之中；（2）学习是一个与特定的节点和信息资源建立连接的过程；（3）学习可能存在于非人的应用中；（4）学习的能力比当前所掌握的知识更加重要；（5）为了促进持续性学习，我们需要建立和维护连接；（6）发现领域、观点和概念之间的关系的能力是最核心的能力；（7）流通（准确的、最新的知识）是所有联通主义学习活动的目的；（8）决策本身就是一个学习的过程。随后又增加了5条原则（Downes，2017）对其进行补充，新增的5条原则为：在理解中，认知和情感的整合非常重要；学习的最终目的是锻炼学习者"做事情"的能力；学习发生在许多不同的方式中；个人学习和组织学习是一个整合的过程；学习不但是一个消化知识的过程，而且是一个创造知识的过程。

联通主义学习理论适用于复杂的学习和快速变化领域中的学习，以及具有多样化知识来源领域的学习。它是一种网络化、社会化、复杂学习环境中的学习。这种课程要求学习者具有较强的网络技术使用、信息筛选、自主学习、模式识别、社会交互、知识管理与创新能力。

（四）3 种 MOOC 的特征比较分析

如表 1.3.1 所示，3 种 MOOC 由于所依据的理论基础（设计理念）不同，因此它们所适应的重点目标、设计重点、结构化程度、交互情况、对学习者自主学习能力和高阶思维能力的要求、学习者对学习的控制、消耗的时间、学习输出等都存在差异（王志军，陈丽，郑勤华，2014）。

表 1.3.1 不同类型 MOOC 的特征比较

设计理念	行为-认知主义	社会-建构主义	联通主义
适应的重点目标	记忆、理解、应用	理解、应用、分析、评价	分析、评价、创造
典型课程	以内容传递为主的 MOOC（xMOOC）	以任务完成为主的 MOOC（sMOOC）	以网络建立为主的 MOOC（cMOOC）
设计重点	内容设计	任务情境设计，社区建构	交互引导，网络建构
结构化程度	高	中	低
交互情况	学习者和教师的交互少 学习者和学习者的交互少 学习者和内容的交互多 交互少且集中	学习者和教师的交互少 学习者和学习者的交互中等 学习者和内容的交互多 交互中等且分散	学习者和教师的交互少 学习者和学习者的交互多 学习者和内容的交互中等 交互多且非常分散
对学习者自主学习能力的要求	高	高	高
对学习者高阶思维能力的要求	低	中	高
学习者对学习的控制	低	高	高
消耗的时间	较少	一般	多
学习输出	少	中	多

MOOC 的产生并非偶然，具有时代背景。乔治·西蒙斯（2013）从联通主义的视角出发，指出"MOOC 是一个存在于可扩展的技术创新生态系统、新兴教育学和复杂的社会对教育的需要中的一个节点"。可以说，MOOC 是在学习者对知识需求的多样性提升，各种先进技术的可访问性提高，以及学习者的学习能力增强，而高校缺乏对这些变化的快速响应的情况下产生的。他建立了一个公式：

$$DK + T + L + (-)U = MOOC$$

其中，"DK"指对知识需求的多样性，"T"指各种先进技术，"L"指学习者的学习能力，"U"指缺乏高校对这些变化的快速响应（王志军，陈丽，郑勤华，2014）。

如前"在线课程的定义"部分所述，MOOC 的本质创新体现在两个方面：（1）开放学习过程；（2）可扩展性增强。开放学习过程与可扩展性增强是 MOOC 相对网络课程而言的两个重要创新（王志军等，2014），并且这两个创新都与学习者的学习参与情况紧密相关。

活动 3 MOOC 快速发展的原因

为什么斯坦福大学的 MOOC 能够快速发展？

模 块 总 结

在线课程是一个以在线学习基本原理为基础，以现代信息网络技术为支撑，以课程目标为导向，与学习结果相关的、有组织的学习参与过程；它是一个完整的、逻辑和结构相对稳固的教育单元，具备独特的数字化培训与学习支持服务体系。该定义强调以下特征：（1）以在线学习基本原理为基础；（2）以课程目标为导向；（3）强调学习过程与学习参与；（4）注重系统性；（5）注重学习支持服务体系建构。

从在线课程相关的实践历程可以看出，在线课程经历了从网络课程到在线课程的转变，这一转变实质为课程观和课程设计理念的转变。网络课程秉持以教为主的资源型课程观，是一种以教为中心或以教为主的教学设计，强调各类课件、视频、案例、试题库的设计与开发，对后期学习者的学习参与基本不关注或很少关注。在线课程的建设应遵循以"学"为中心的参与型课程观，主要围绕学习者的学习过程开展，需要遵循学习设计的理念，在课程设计与开发完成后，更加强调学习者的学习参与，以及对学习过程的支持。这也是 MOOC 区别于网络课程的重要特征。

随着人们认识的不断深入和技术的不断发展，在线课程的表现形态日益丰富，并且整个社会的课程建设理念从资源型课程观转向了参与型课程观。只有秉承参与型课程观，才能真正重视学习者的学习过程。因此，在在线课程的建设过程中，不但要深入把握在线学习的基本原理，而且要落实"以学习者为中心"的理念，站在学习者的角度思考学习过程中可能遇到的问题与困难，以更好地开展学习设计。同时，通过对不同类型的 MOOC 的特征进行分析我们发现，由于指导课程总体设计的理念不同，因此课程的总体设计存在很大的差异。

模块二

基本原理篇

模块概述

以学习者为中心是现代教育的基本理念，强调以人为本，其核心为以学习者为本，尊重学习者、方便学习者、发展学习者。以学习者为中心是远程教育的核心理念，也是远程教育实践的指导思想与出发点。虽然传统教育存在教师中心、学习者中心、教师主导学习者主体等争论，但国际远程教育界普遍强调"以学习者为中心"。由于远程教育教与学相对时空分离的本质，因此教与学相互作用的关系被弱化，有效学习难以发生。同时，学习者在远程学习过程中很容易注意力涣散、缺乏归属感、产生孤独感，甚至放弃学习。要确保高质量在线学习的发生，在线课程设计与开发人员要牢牢把握以学习者为中心的理念，充分开展学习者的特点和需求分析，并将其用于指导设计，为学习者创设适合在线学习的情境，帮助学习者克服困难、解决问题，促进学习者的深度参与。

本模块介绍的 3 个理论，即远程学习教学交互层次塔理论、探究社区模型、教与学再度整合理论，都是远程教育在"以学习者为中心"的理念下基于研究与实践生成的理论性研究成果。这些成果对在线课程的设计与开发具有重要的指导意义。本模块将对这些理论及其对在线课程设计与开发的指导意义进行概括性介绍，在后续的具体要素设计中将进一步详细展开。

模块学习目标

1. 基于 3 个理论的阐述，深度把握在线课程以学习者为中心的理念的落实；
2. 能够描绘远程学习教学交互层次塔理论，解释其 3 层交互的含义及相互作用关系，并说明其对在线课程设计与开发的指导意义；
3. 通过探究社区模型，理解在线课程中 3 种存在感创设的重要性，并把握相关的设计策略；

4. 通过学习教与学再度整合理论，理解如何做到以学习者为中心及相关理论对各要素设计的指导意义。

模块知识结构图

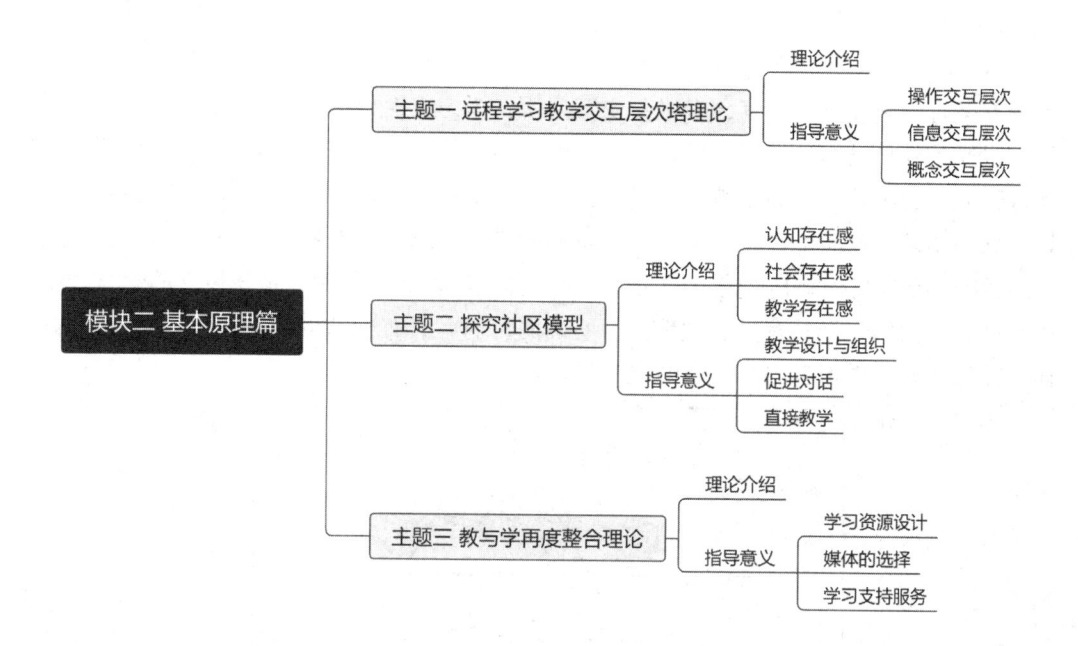

```
模块二 基本原理篇
├─ 主题一 远程学习教学交互层次塔理论
│   ├─ 理论介绍
│   └─ 指导意义
│       ├─ 操作交互层次
│       ├─ 信息交互层次
│       └─ 概念交互层次
├─ 主题二 探究社区模型
│   ├─ 理论介绍
│   │   ├─ 认知存在感
│   │   ├─ 社会存在感
│   │   └─ 教学存在感
│   └─ 指导意义
│       ├─ 教学设计与组织
│       ├─ 促进对话
│       └─ 直接教学
└─ 主题三 教与学再度整合理论
    ├─ 理论介绍
    └─ 指导意义
        ├─ 学习资源设计
        ├─ 媒体的选择
        └─ 学习支持服务
```

主题一　远程学习教学交互层次塔理论

主题学习目标

1. 能够描绘远程学习教学交互层次塔，并说明3层交互之间的关系；
2. 理解并能举例说明远程学习教学交互层次塔对在线课程各要素设计的指导意义。

一、理论介绍

远程教育中教与学相对时空分离的本质决定了以媒体为中介的教学交互是教与学再度整合的关键（基更，1997；陈丽，2011）。为区别于计算机、设计学等领域中的交互，陈丽（2004a）将远程学习中的交互命名为教学交互。教学交互是学习者与学习环境相互交流和相互作用，追求自我发展的过程，是教与学的过程属性（陈丽，王志军等，2016）。学习者是相互交流和相互作用的核心，既是教学交互的起点，也是归宿。因此，教学交互应建立在对学习者充分认识和尊重的基础上，贯彻"以学习者为中心"的理念。教学交互具有方向性，指向学习目标，任何偏离学习目标的努力都是无意义的，同时教学交互是一个复杂的学习支持的过程。

为了说明远程学习发生的过程，陈丽建构了远程学习教学交互层次塔（陈丽，2004b），如图 2.1.1 所示。远程学习中的教学交互按照从低级到高级、从简单到复杂可以分为操作交互、信息交互和概念交互 3 个层次。远程学习是由 3 个层次的教学交互共同作用完成的：（1）学习者与媒体界面的操作交互；（2）学习者与教学要素的信息交互；（3）学习者原有概念与新概念的交互。在操作交互层次，学习者对媒体的熟悉程度不仅会影响其在该层次的媒体技术的使用体验，还会影响其他层次的教学交互，甚至可能导致其他层次教学交互的失败，进而影响学习进程；在信息交互层次，学习者与教学要素的交互可以划分为学习者与教师、学习者、学习资源的交互，这些交互都以促进学习者的概念交互为目的；概念交互是其他交互的目的，可以体现学习者对关键原理与概念的理解程度。由此可见，教学交互具有多层次性、有明确的目的、具有外部可观察性、以学习者为主体，并且注重对学习者内在学习情况的检验。

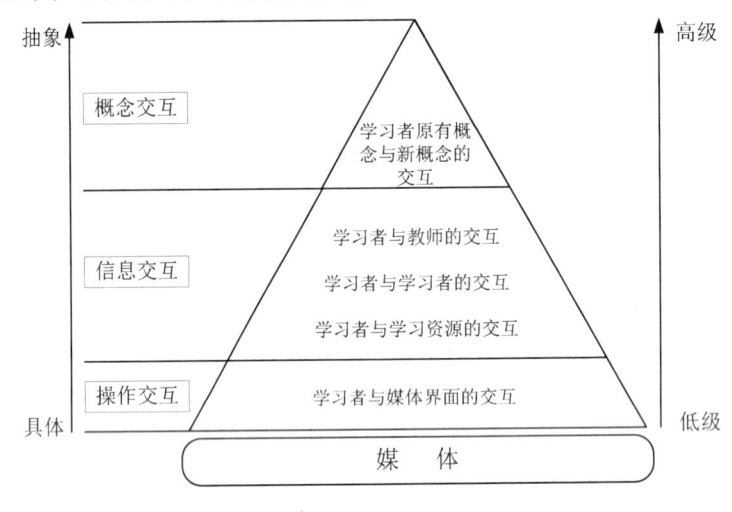

图 2.1.1 远程学习教学交互层次塔

在 3 个层次的交互中，操作交互是信息交互的基础，信息交互是概念交互的基础，概念交互是最高水平的交互。远程学习教学交互层次塔以媒体为平台，媒体是所有教学交互的载体，媒体的交互特性是所有教学交互的基础，并且 3 个层次的教学交互可能会在某一时刻同时发生，但是各个层次的教学交互对学习的意义是不同的，级别越高、越抽象的教学交互对学习目标的实现越关键。

远程学习教学交互层次塔为深入认识各种学习中的交互现象提供了理论框架，是教学交互的"元"理论。远程学习教学交互层次塔第一次用图示化的方式生动地揭示了远程学习是操作交互、信息交互和概念交互 3 个层次的交互共同作用的结果。概念交互是教学交互活动的起点和终点，信息交互是教学设计和教学实施水平的体现，操作交互是媒体界面交互性和学习者操作媒体熟练程度的综合体现，媒体是教学交互的平台。教学交互层次塔提供了促进远程学习的思路和途径：通过媒体功能的完善和对学习者的技术培训，可以提高操作交互的水平；通过精心设计学习活动和优质学习支持，可以提高信息交互的水平；通过概念交互，可以评价教学交互能否促进有意义学习。

> **活动 1　为什么说概念交互的发生最关键？**
>
> 请你结合自身学习经历谈一谈，为什么说概念交互的发生最关键。

二、指导意义

如前所述，远程学习教学交互层次塔揭示了远程学习是操作交互、信息交互和概念交互 3 个层次的教学交互共同作用的结果，揭示了远程学习发生的过程。它不仅揭示了在线课程设计与开发中交互设计的重要性，还为课程整体的交互设计指明了方向，即从简单到复杂、从具体到抽象。同时，3 个层次交互相互作用的关系也为在线课程整体设计与规划、各要素设计提供了指导。操作交互层次可指导平台与工具的选择，信息交互层次可指导学习资源、学习活动、学习支持服务的设计，概念交互层次可指导学习评价的设计。

（一）操作交互层次：指导平台与工具的选择

操作交互作为教学交互的基础，是学习者顺利开展在线学习的重要前提。学习者的操作交互水平将会对其他两个层次的交互产生影响。操作交互的水平与媒体本身的复杂度和界面形式有关，也与学习者对媒体界面的熟悉程度有关。因此，在进行在线课程的设计与开发时，相关人员应根据学习者的能力水平选择合适的平台与工具，改善媒体界面，增强交互性，同时对学习者进行及时的技术培训，从而提升其操作交互水平。

（二）信息交互层次：指导学习资源、学习活动、学习支持服务的设计

信息交互连接着操作交互和概念交互。信息交互的发生主要依赖学习活动设计，学习活动设计是远程学习、在线课程设计与开发的重要内容，也是促进深层次学习的关键（王志军，赵宏等，2017）。对学习活动的设计将直接影响学习者的学习效果，在线课程的设计与开发人员可以基于不同的信息交互类型，组织开展不同信息交互类型导向下的学习活动设计。同时，在线学习本质上是学习者与学习资源的交互，因此信息交互中 3 种类型的交互如何支持基础的操作交互和深层次的概念交互是在线课程中学习资源、学习活动、学习支持服务设计需要重点考虑的因素。

（三）概念交互层次：指导学习评价的设计

概念交互是其他教学交互的目的，也是教学交互能否促进有意义学习的关键。教学交互应该通过有效的信息交互来促进学习者对关键原理与概念的理解，即促进概念交互，只有概念交互才会产生真正意义上的学习。因此，信息交互应该以促进概念交互的发生为目的。我们对信息交互的评价应该通过看概念交互是否发生，是否越来越接近学习目标来进行，不能仅仅通过信息交互的程度来判断学习是否发生。在线课程的学习评价应该以学习者最终达到的交互深度及概念理解与概念生成的深度为导向，对概念交互的关注与评价是检验教学交互能否促进有意义学习的重点。因此，在线课程的设计与开发人员应该以提升学习者的概念交互水平为导向进行学习活动设计，并以概念交互水平或质量为依据开展学习评价。

主题二　探究社区模型

主题学习目标

1. 能够理解并描述探究社区模型的内涵及其对教育体验与批判性思维发展的重视；
2. 能够理解并说出 3 种存在感的内涵，把握其对在线课程设计的指导作用；
3. 能分别举 2～3 个例子说明 3 种存在感对在线课程设计与开发的指导作用。

一、理论介绍

为了系统地揭示在线探究社区影响学习者学习体验的因素，Garrison 等（1999）基于探究社区的实践与研究提出了探究社区模型（见图 2.2.1）。该模型指出，认知存在感、社会存在感、教学存在感是探究社区中影响学习者学习体验的 3 种因素。其中，认知存在感指探究社区任何特定情境中的参与者能够通过持续交流构建意义的程度；社会存在感指探究社区中的参与者使用交流媒介在社交和情感方面展示自己的能力，成为"真实"的人（具备完全人格）的体验；教学存在感指为了取得对个人有意义和有教育价值的学习结果，设计、促进和指导认知与社交过程所带来的体验。这 3 种存在感相互重叠，如果运作得当，则可以给学习者带来良好的学习体验。该模型从学习者的 3 种存在感的视角揭示了有效学习发生的本质特征，为相关研究与实践提供了独特的视角、方法，对混合式教学、在线学习和面授教学都具有深远的影响。虽然有研究者提出了第四种因素——情感存在感（Campbell，Clevland-Innes，2005），但是该模型的创建者认为社会存在感包含情感存在感。该模型提供了一种新的分析在线课程的视角——存在感设计是在线课程设计与开发的关键因素，各要素的设计要始终思考如何创造 3 种存在感，从而给学习者提供高质量的学习体验。

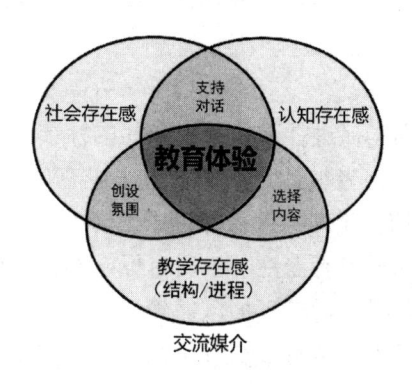

图 2.2.1 探究社区模型

（一）认知存在感

认知存在感是探究社区模型中最为基础的。认知存在感指向学习的目的和实际结果。认知存在感与批判性思维相关，且侧重高阶思维和高阶知识的获取与应用过程，而非个体具体的学习结果（Garrison et al., 2001）。基于这一认识，Garrison 等于 2007 年进一步提出实践探究模型。在模型中用触发事件、探索、整合、解决 4 个阶段描述了一般教学情境及特定网络学习情境中的认知存在感，并提出各阶段对应的具体指标，如表 2.2.1 所示。

表 2.2.1 实践探究模型的 4 个阶段及各阶段对应的具体指标

阶段	描述	指标
触发事件	召唤性的（引导性的）	认识问题；迷惑
探索	发问的（发散的）	发散；信息交换；建议；头脑风暴；直觉的跳跃
整合	尝试性的（汇聚的）	汇聚；综合；解释
解决	坚定的（推理的）	应用；检测；辩护

（二）社会存在感

相比于面对面的学习情境，以媒体为中介的在线学习让学习者无法以面对面的、可接触的直观形式建立社会关联并及时传达情绪，而这些关联的建立可以帮助学习者很快融入学习社区，支持其探究活动的开展。在这种情境下，社会存在感的建立就显得十分必要。社会存在感对学习者建立或形成批判性探究学习社区极其重要。

社会存在感作为探究社区模型中的要素之一，是协作和批判性对话的重要先决条件，该要素的良好建立将会促进认知存在感的持续发展。社会存在感包括个人情感表达、开放交流和富有凝聚力的反馈。个人情感表达指的是社区成员通过语言或肢体表达自我情感、进行自我披露等；开放交流指的是明确地提到他人的信息、积极提问、称赞他人及表示感谢或赞同；富有凝聚力的反馈指的是在提到某个小组的时候使用包含自己在内的话语等。这些指标为学习活动、学习支持服务的设计和课程的管理提供了支持。

（三）教学存在感

在在线学习环境中，为了促进社区参与者之间的社会与内容交互而创建社会存在感是非常重要的，但是单凭学习者彼此之间的交互很难有效地完成在线学习（Garrison et al.，2000）。这就意味着，探究学习社区虽然以学习者为中心，但是并非任由学习者在社区中任意发展，即为了保障学习者专注于学习目标，不分散精力或迷失方向，探究学习社区需要通过创设教学存在感来对交互加以保障。

教学存在感的意义在于不仅要形成交互平衡，还要与学习者一起对能否及时取得有价值的学习成果进行管理和监控。它是学习者满意度、感知学习与社区意识的重要决定因素。在批判性探究学习社区中，认知存在感、社会存在感的建立与教学存在感息息相关，甚至决定了教学存在感的创设。教学存在感包括教学设计与组织、促进对话、直接教学3个维度。

> **活动2　体现了3种存在感的学习经历分享**
>
> 在你的学习过程中，有哪些体现了3种存在感（认知存在感、社会存在感、教学存在感）的例子？请和同学分享。

二、指导意义

探究社区模型为我们提供了一种新的分析在线课程的视角，存在感的创设是在线课程设计与开发的关键，各要素的设计要始终思考如何给学习者创设好3种存在感，从而为学习者提供高质量的学习体验。基于探究社区模型中3种存在感之间的关系与各自发挥的作用，我们以教学存在感这一最直接体现教学属性的维度为导向，同时联合另外两种存在感，对教学存在感的3个维度进行讨论和总结。

（一）教学设计与组织

设计与组织高质量的在线学习比设计与组织传统课堂更为复杂和耗时。教学设计与组织是教学存在感创设过程中需要考虑的首要因素。学习情境的设计应该具有内在的灵活性与适应性，并且在线学习的过程会产生不确定因素，因此设计和再设计应贯穿在线课程设计、开发与教学实施的始终。从整体来看，在线课程应该确立清晰的目标（过程和内容）、选择媒体、解决技术上的问题、确认学习资源、组织个别化的和协作的学习活动、设计评价过程和工具、设定时间表（Garrison et al.，2007）。从教学存在感和认知存在感视角给予"教学设计与组织"的建议如表2.2.2所示。

表 2.2.2 从教学存在感和认知存在感视角给予"教学设计与组织"的建议

两种存在感视角	给予"教学设计与组织"的建议
教学存在感	教学设计与组织要让参与者： ➤ 产生信任感和受欢迎感； ➤ 产生对批判性探究学习社区的归属感； ➤ 产生控制感； ➤ 产生成就感； ➤ 积极主动地参与讨论； ➤ 喜欢谈话的语言风格和氛围； ➤ 具有质疑的态度
认知存在感	教学设计与组织的认知性存在议题包括： ➤ 评价认知发展和初始水平的知识； ➤ 课程的组织结构和局限； ➤ 选择适当的学习活动； ➤ 为反思提供时间； ➤ 整合小的讨论组和会谈； ➤ 提供机会，让学习者对批判性思维过程建模和反思； ➤ 设计高阶学习评价工具

（二）促进对话

对话（交互）是在线学习的核心，为了促进学习者深度学习，课程设计者需要精心营造交互氛围、设计学习活动引导。从认知存在感和社会存在感视角给予"促进对话"的建议如表 2.2.3 所示。

表 2.2.3 从认知存在感和社会存在感视角给予"促进对话"的建议

两种存在感视角	给予"促进对话"的建议
认知存在感	促进对话的认知性存在议题包括： ➤ 将讨论聚焦在主要议题上； ➤ 提供启发性问题； ➤ 识别来自回答的迷惑性问题； ➤ 质疑观点、促进反思； ➤ 协调但不公开指导讨论； ➤ 通过应用从理论上或他人角度检验想法； ➤ 当讨论接近尾声或已经达到目的的时候，转向下一个阶段； ➤ 帮助学习者培养元认知意识
社会存在感	促进对话对教师的要求： ➤ 当学习者参与讨论的时候要认可他们、鼓励他们； ➤ 在引导学习者讨论的时候要多给予鼓励、语气温和，具有随时帮助他们的意愿； ➤ 将自己定位为个性鲜明的教师，让学习者在一定程度上对你有所了解； ➤ 建议学习者每周至少登录平台 3 次； ➤ 鼓励学习者认可其他学习者做出的贡献； ➤ 当学习者发言时适时给予赞美； ➤ 在交流的时候采取合适的方式，不要太正式；

续表

两种存在感视角	给予"促进对话"的建议
社会存在感	➤ 鼓励"潜水者"参与； ➤ 表达感情但不要过于热情； ➤ 谨慎使用幽默的语言，至少彼此熟悉后再使用； ➤ 鼓励学习者在感到焦虑或矛盾的时候以电子邮件的方式告诉你

（三）直接教学

在直接教学中，尤其是当前流行的直播教学中，教师有责任为学习者提供知识和学习方法指导。从认知存在感和社会存在感视角给予"直接教学"的建议如表 2.2.4 所示。

表 2.2.4　从认知存在感和社会存在感视角给予"直接教学"的建议

两种存在感视角	给予"直接教学"的建议
认知存在感	直接教学的认知性存在议题包括： ➤ 提供多种观点和视角供学习者分析和讨论； ➤ 对探究直接做出反应并详细阐述； ➤ 要承认社会存在不确定性； ➤ 在观点之间建立联系； ➤ 构建概念框架； ➤ 总结讨论，推进学习； ➤ 总结并预告下一步的学习
社会存在感	直接教学对教师的要求： ➤ 调节但不主宰讨论方向； ➤ 诚恳地给予反馈； ➤ 及时纠正评论，有建设性地促进讨论； ➤ 乐于协商并给出理由； ➤ 高效而又隐秘地处理冲突

主题三　教与学再度整合理论

主题学习目标

1. 能够描述并举例说明教与学相对时空分离给在线学习带来的挑战，在线学习为何需要以学习者为中心；

2. 从课程设计的角度理解如何有效地促进教与学再度整合；

3. 能够从在线课程设计与开发的不同角度，提出 3 条以上整合"教"与"学"的有效策略。

一、理论介绍

在线学习作为一种特殊的学习形态，与口耳相传的面授有着本质的不同。这种不同表现在教师与学习者在时空上处于准分离的状态，即教与学的过程相对时空分离。这种分离弱化了师生之间的关联，削弱了教学与学习的效果，会带来一系列问题。基更（1997）为此提出了3个假设，具体如下。

（1）教与学的分离，削弱了学习者和教育机构之间的联系，而这可能会导致学习者中途退学。因此可以假设，接受远程教育的学习者倾向于脱离那些在教育行为再度整合方面没有取得令人满意的成果的机构。

（2）教与学的分离，削弱了教师和学习者之间的人际交流，而这会直接影响学习成果的质量。因此可以假设，在那些在教育行为再度整合方面没有取得令人满意的成果的机构中接受远程教育的学习者很难取得辉煌的成就。

（3）教与学的分离，使远程教育像其他非传统教育形式一样，从中获得的学位证书和毕业证书不被承认。因此可以假设，在那些在教育行为再度整合方面没有取得令人满意的成果的机构中，远程学习的地位会受到怀疑。

活动3　在线学习中的问题讨论

因为教与学相对时空分离，你在在线学习过程中遇到了什么问题和困难？

由于远程教育中师生时空分离，因此应该对跨越时空的教与学相互作用的情境加以重构，以此实现教与学再度整合。基更强调教与学再度整合应当通过交互来实现（1997）。由于远程学习以媒体为中介，因此以媒体为中介的教学交互是实现教与学再度整合的关键。基更从"课程""媒体""支持服务"3个方面提出了整合策略，如表2.3.1所示。

表2.3.1　促进教与学再度整合的3个方面

促进教与学再度整合的3个方面	策略
课程	➢ 课程的设计应该尽可能体现人际交流的特征； ➢ 教与学之间建立联系，使学习者按照教师引导的方向开展学习，避免学习方向偏离； ➢ 以媒体为中介
媒体	➢ 支持人际交互与双向通信； ➢ 媒体应该发挥促进学习资源与教学活动整合的桥梁作用
支持服务	➢ 采用基于媒体的双向通信来促进整合，持续提供学习支持； ➢ 通过交流激发学习者的学习热情，促使其产生愉快的情绪，帮助学习者建立归属感，激发其学习动机，给予学习者持续关注

二、指导意义

如前所述，在线课程已经从资源型课程观走向参与型课程观，媒体和支持服务本身就是课程的组成部分，因此基更提出的促进教与学再度整合的策略其实也是指导课程设计与开发的重要策略。以媒体为中介的教学交互是教与学再度整合的关键。在线教育的重要任务就是通过设计基于不同媒体的学习材料，促进学习者和学习内容的交互，并设计各种学习活动，使学习者能够按照预定的学习目标完成对学习材料的学习。教师精心设计和开发的、通过多种媒体呈现的学习材料与学习者的学习活动结合起来是整合过程的核心（基更，1997；陈丽，2011）。由于在线学习中学习者的能力水平、学习风格、背景等差异非常大，并且学习本身具有复杂性，因此设计合适的学习活动难度比较大，需要设计者对学习者、学习内容、媒体技术等有综合、准确的把握，既给学习者提供灵活的学习方式，又给予适当的激励、反馈和监控，以引导、促进其学习。基于此，如何将学习资源和学习活动进行有效结合成为在线教育中教与学再度整合的难点，也是在线课程设计与开发的难点。

同时，从教与学再度整合的视角，远程教育领域已有的大量理论积淀都可以为在线课程的设计与开发提供指导。

（一）学习资源设计

霍姆伯格（1983）针对远程学习中学习者因交互缺失而导致的高辍学率问题，提出了有指导的教学会谈理论。他指出，"教育是教育者与受教育者之间的交流，并且在大多数情况下是同伴间的交流。这种交流可以采用面对面交谈的形式，即使在无法进行真正对话的情况下，教育者也应该追求面对面对话的精神和氛围"。他认为，"内化对话"是一种有用的学习策略，将无法面对面的对话内化到课程中，让学习者在学习时有与支持组织和同伴进行模拟交流的感觉，这就是有指导的教学会谈。根据有指导的教学会谈理论设计学习材料，会对学习者的学习态度和成绩产生有利影响。学习者越依赖指导、支持和鼓励，这种有利影响就越大。良好的远程教育应具备有指导的教学会谈特性。这种教学会谈不仅是教与学的对话，还包括人际交互和情感交流，可以吸引学习者，激发其学习动机，从而促进学习。霍姆伯格还提出了6条具体原则：（1）易于访问的学习内容呈现，并且语言清晰，采用口语化表达，文字易读，信息密度适中；（2）给学习者明确的建议，包括该做什么和避免什么，需要特别注意和考虑什么，并给出理由；（3）鼓励大家交换意见并提议，判断什么是可以接受的，什么是可以拒绝的；（4）尝试让学习者在情感上参与进来，促使他们对主题或者问题产生兴趣；（5）具有个人风格，包括使用人称代词；（6）通过明确的陈述、恰当的排版，或者在录音、口语交流中讲话人的变化或停顿来确定主题的变化。有指导的教学会谈作为远程教育领域的经典理论，对在线课程的设计与开发具有非常重要的指导意义。在线课程中学习材料的设计应该遵循有指导的教学会谈理论，这不仅是"以学习者为中心"的理念的具体贯彻与落实，也是帮助学习者打造面对面的学习情境和进行情感交流的重要方式。

（二）媒体的选择

远程教育中以媒体为中介的教学交互是教与学再度整合的关键。在线学习基于在线学习环境而开展。媒体的选择是在线课程设计与开发的重要组成部分。托尼·贝茨提出用 ACTIONS 模型来指导远程教育领域媒体的选择。ACTIONS 代表技术的可获得性、成本、教学功能支持、交互、组织实施、新颖性、速度。后来，随着时代的发展，他又进一步将 ACTIONS 模型修改为 SECTIONS 模型。SECTIONS 代表学习者、易用性、成本、教学功能、交互、组织实施、人际网络、安全与隐私。在线课程设计与开发过程中选择媒体时可以参考这两个模型。相比较而言，SECTIONS 模型更重视各类媒体的易用性、网络的安全和隐私问题，以及学习过程中对人际网络的建构。

（三）学习支持服务

在远程教育中学习支持服务又称学习者支持服务。其目的是促进与支持学习者的高质量学习。从远程教育教学与管理的角度来说，最初西沃特（Sewart）提出的学习支持服务包括但不限于以下内容（1977）：（1）在学习中心的集体教学；（2）在学习中心或其他地方的个别辅导；（3）年度住宿学校（强制的或自愿的）；（4）学习或自助小组；（5）社会活动；（6）在学习中心的咨询答疑；（7）辅导教师和顾问人员的指导；（8）与辅导教师和顾问人员进行电话交流；（9）集体电话辅导；（10）广播辅导；（11）通过录音带进行"通信交流"；（12）计算机通信；（13）面向学习者的报纸。虽然随着技术的发展，学习支持服务的措施和手段发生了变化，但是西沃特提出的"保持对学习者的持续关注是学习支持服务的精髓"依然适用于在线课程设计与开发，尤其是学习支持服务的设计。在在线学习环境中，学习者不能像面授课堂中那样迅速反馈信息，也难以相互比较。如果学习者的自主学习能力不强，要想保障其在线学习的质量，就应当给予学习者持续关注。

模 块 总 结

理论是实践的基础，国际远程教育发展的过程中积累了大量的理论性成果，这些成果揭示的在线教育原理是在线课程设计与开发的基石。这些理论不但能帮我们深化对在线学习规律的认识，而且可以为在线课程的宏观设计与各要素的设计提供指导，从而帮我们在在线课程设计与开发的过程中，开展符合规律的实践，提升在线课程设计与开发的质量，给学习者提供良好的学习体验。

本模块主要介绍了远程教育领域的经典理论，即远程学习教学交互层次塔理论、探究社区模型、教与学再度整合理论，从教学交互、创设良好的在线学习体验、教与学的相对时空分离3个维度揭示了在线学习发生的过程及其影响因素。

根据远程学习教学交互层次塔理论，远程学习中的教学交互按照从低级到高级、从简单到复杂可分为操作交互、信息交互和概念交互。媒体是教学交互的平台，媒体界面的交互性和学习者操作媒体的熟练程度会影响操作交互，进而影响其他层次的教学交互；信息交互划分为学习者与教师的交互、学习者与学习者的交互、学习者与学习资源的交互，这些交互依赖学习资源和学习活动的设计，并以促进概念交互为目的；概念交互是最高水平的交互，体现学习者对关键原理与概念的理解，只有达成概念交互才会产生真正意义上的学习。因此，在在线课程设计与开发过程中，我们应该依据操作交互进行媒体的选择；依据信息交互的 3 种交互类型开展多样化的学习活动、学习资源设计，促进概念交互的发生；依据概念交互的水平或质量开展学习评价设计。

  探究社区模型揭示了在线探究社区中的学习发生过程，从认知存在感、社会存在感和教学存在感的视角揭示了有效学习发生的本质。认知存在感指探究社区任何特定情境中的参与者能够通过持续交流构建意义的程度，指向学习的目的与实际结果，强调高阶知识的获取与应用过程，包括触发事件、探索、整合、解决 4 个阶段；社会存在感指探究社区中的参与者使用交流媒介在社交和情感方面展示自己的能力，成为"真实"的人（具备完全人格）的体验，包括个人情感表达、开放交流和富有凝聚力的反馈，良好社会存在感的建立将帮助学习者快速融入学习社区、促进认知存在感的持续发展。教学存在感指为了取得对个人有意义和有教育价值的学习成果，设计、促进和指导认知与社交过程所带来的体验，包括教学设计与组织、促进对话、直接教学 3 个维度。这 3 种存在感之间相互重叠，如果运作得当，则可以给学习者带来良好的学习体验，我们可以以教学存在感这一最直接体现教学属性的维度为导向，同时联合另外两种存在感进行在线课程设计与开发。

  远程教育中教与学相对时空分离的本质决定了以媒体为中介的教学交互是教与学再度整合的关键。教与学再度整合理论解释了在线学习的本质，以及为何在线学习必须做到以学习者为中心。在教与学再度整合的过程中，将教师精心设计的学习材料和学习活动有效结合是难点。在在线课程设计与开发过程中，我们可以从"学习资源设计""媒体的选择""学习支持服务"3 个方面来促进教与学的再度整合，即根据有指导的教学会谈理论设计学习材料，参考 SECTIONS 模型进行媒体的选择，提供持续关注的学习支持服务。

模块三

理念模型与过程模型篇

💡 模块概述

在线课程究竟包括哪些构成要素？如何结合在线学习基本原理设计与开发具有良好学习体验和质量保障的在线课程？为了回答这些问题，我们开展了专门的研究（王志军，余新宇，2022），梳理了在线课程的构成要素，并以在线学习基本原理为基础，构建了在线课程设计与开发的理念模型。该理念模型坚持以学习者为中心，以目标为导向，综合考虑情境、交互和存在感3个方面的问题，围绕各要素开展系统性学习设计，揭示在线课程设计与开发过程中的设计方法和要点。同时，为使模型具有操作性，我们进一步构建了包括前期总体规划、中期系统设计、后期开发与迭代和多项具体任务的在线课程设计与开发过程模型，系统地解释了在线课程设计与开发的过程，指导在线课程设计与开发的具体实践落地。

📖 模块学习目标

1. 能说出在线课程8个构成要素的内涵，并将其运用于在线课程分析；
2. 能从学习设计的角度解释在线课程设计与开发理念模型的内涵，并描述其对在线课程设计与开发的指导意义；
3. 明确在线课程设计与开发的基本过程、3个阶段之间的逻辑关系与各阶段的设计重点；
4. 能基于理念模型与过程模型分析在线课程实践。

模块知识结构图

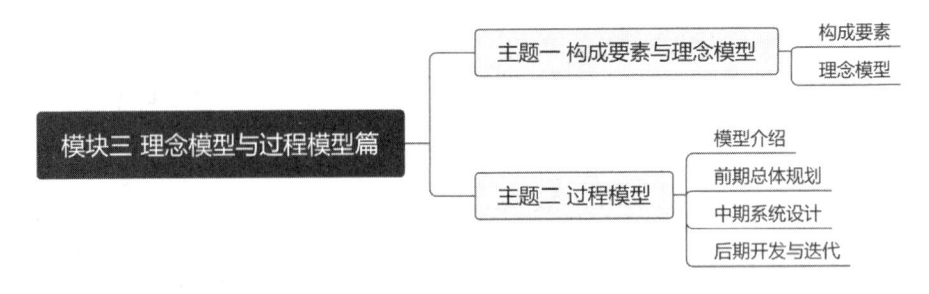

```
                          ┌─ 主题一 构成要素与理念模型 ─┬─ 构成要素
                          │                              └─ 理念模型
模块三 理念模型与过程模型篇 ┤
                          │                    ┌─ 模型介绍
                          │                    ├─ 前期总体规划
                          └─ 主题二 过程模型 ──┤
                                               ├─ 中期系统设计
                                               └─ 后期开发与迭代
```

主题一 构成要素与理念模型

主题学习目标

1. 能说出在线课程 8 个构成要素的内涵,并将其运用于在线课程分析;
2. 能从学习设计的角度解释在线课程设计与开发理念模型的内涵,并描述其对在线课程设计与开发的指导意义;
3. 运用理念模型分析实践中的在线课程在设计方面的优点和缺点。

一、构成要素

钟启泉(2007)提出课程包括课程目标、课程内容、学习活动、课程评价 4 个要素。由于在线课程通过媒体进行传播,教与学相对时空分离,因此对设计的要求很高,其构成要素需要根据在线学习的特点进行重构。武法提(2007)提出在线课程包括教学内容、教学活动、教学策略、学习支持、学习评价、学习资源 6 个构成要素。陈丽(2011)提出在线课程除了注重基本教学内容和支撑环境,还需要考虑远程学习者的特点,以及远程教育以学习者为中心,重视交互和支持服务、充分发挥技术和媒体优势的特点,因此网络课程的构成要素包括教学设计、学习活动、教学资源、学习支持、学习评价与反馈、技术手段。与前者相比,后者考虑了远程教育以学习者为中心的特点,用"学习活动"代替了"教学活动",同时考虑到远程学习中反馈的重要性,将"反馈"单独列出。从他们提出的在线课程的构成要素来看,后者试图结合远程教育的特点做一些调整,但还不够彻底。为了推动在线课程的建设并保证其质量,国内外都在致力于建立相关质量评价标准或指标体系,都重视学习目标、学习内容、学习材料、学习活动(互动、协作)、学习评价(反馈)、学习支持、媒体技术、可访问性等。加拿大阿萨巴斯卡大学提出,在线课程的设计与开发要根据特定的学习环境,围绕学习内容、学习结果、学习策略、学习评价 4 个方面进行,主要回答课程的内容是什么、想让学习者学到什么、用哪些活动来支持学习、如何评价学习等问题(王志军,闫洪新,2017)。笔者通过对英国开放大学和加拿大阿萨巴斯卡大学的在线课程进行调研发现，每门课程都会设计专门的学习指导手册。结合前文提出的在线课程的建设应遵循以"学"为中心的参与型课程观，主要围绕学习者的学习过程开展，需要遵循学习设计的理念，我们认为在线课程由学习目标、学习内容、学习资源、学习活动、学习评价、学习指导、学习支持、平台与工具 8 个核心要素构成（王志军，余新宇，2022）。

1．学习目标

学习目标指通过课程学习能够达成的目标，包括课程总体目标，以及针对具体学习内容、学习者的目标。二者是整体与部分的关系。在线课程的设计与开发应该发挥学习目标的引领与导向作用。

2．学习内容

学习内容指在学习过程中师生发生交互，促使学习者学习目标达成的信息与素材。学习内容是学习发生的根本，学习内容的设计与开发是在线课程设计与开发的起点和基础。

3．学习资源

学习资源指学习内容与其媒体表现形式相结合的产物，同一部分内容可以被设计与开发成文本、视频等各种类型的学习资源。学习资源的设计与开发是在线课程设计与开发的重点。

4．学习活动

学习活动指针对特定的学习目标，为促进学习者有效学习而搭设的支架，这些支架由若干学习步骤、互动方法等组成。在线学习活动包括活动目标、活动时间、活动步骤、活动反馈 4 个部分（王志军，赵宏等，2017）。学习活动的设计是在线课程设计与开发的关键，也是帮助学习者构建学习社区的重要方式。

5．学习评价

学习评价指在一定理论和方法的指导下，对学习者的学习过程、学习进展、学习结果进行观察、记录，并据此对学习效果进行分析鉴定和综合评判，对学习目标和过程进行反思的过程（王志军，陈丽，2017）。学习评价设计是激励学习者深度参与学习、保障在线学习质量的核心。

6．学习指导

学习指导指为了帮助学习者做好前期学习准备，帮助其无障碍地参与和投入学习过程而提供的指导。它是开始课程学习之前及学习过程中对学习者的引导、指导与建议，也是为学习者提供良好的学习体验、建立教学存在感的重要方式。

7. 学习支持

学习支持指为促进在线学习和个性化发展，在学习前、学习过程中和学习后对学习者个人及小组的认知、情感和系统需求做出响应的所有活动与元素（李爽，2021）。学习支持服务的设计与提供是当前在线课程建设的薄弱环节。

8. 平台与工具

平台与工具指在线课程设计与开发过程中的技术要素，目的是为课程与学习提供支持和运行环境。在"互联网+"时代，平台与工具日益灵活、开放，既包括各种学习管理系统、网络教学平台，也包括各种其他专用平台、社会媒体等。

> **活动 1　关系梳理**
>
> 在了解了在线课程的构成要素后，请结合你的学习经历，对以下两组概念进行关系梳理（可以使用韦恩图）。
> 1. 课程、网络课程、网络教学系统、网络课件、微课、MOOC。
> 2. 课程设计和教学设计。

二、理念模型

基于前文对在线学习基本原理和在线课程核心构成要素的分析与探讨，可以用图3.1.1所示的理念模型来表示在线课程设计与开发的核心指导思想。在线课程设计与开发应该遵循以学习者为中心的理念，坚持目标导向，围绕学习者的学习过程开展，从而实现各阶段、环节和要素间内在价值与逻辑统一，将学习目标融入各要素的具体设计中。同时，情境、交互和存在感是在线课程各要素设计与开发过程中应该协同考虑的3个因素，也是学习设计的3个方面，设计者需要从把握好学习节奏和创设良好学习体验的角度综合考虑、整体设计，并将其融入各要素的具体设计中。

图3.1.1　在线课程设计与开发理念模型

1. 目标导向

课程要以总体目标为指导，整体规划课程的设计方案。课程的总体目标决定了课程的定位与受众，进而也就决定了课程内容体系的设计及课程设计理念的选择，并最终影响其他要素的设计。目标导向是保持课程各阶段、环节和要素间的内在价值与逻辑统一的关键。

2. 学习设计

学习设计指站在学习者的角度设计其学习路径、节奏，核心是激发学习者的内在动机，让学习者沉浸在学习过程中，获得心流体验（金才兵等，2015）。一些学者认为，在线课程需要鼓励积极学习，支持多样化的人才参与和多种学习方式（Bonk et al., 2015），由于在线课程受众的多样性和丰富性，其设计应该遵循通用学习设计原则（CAST，2021），包括多种呈现方式、多种表达方式、多种投入方式，以满足不同学习者的需求（Trust，Pektas，2018）。美国亚利桑那大学开发的学习设计工具箱可以支持多层次的学习设计（Pilbeam，2020）。同时，设计思维有助于问题解决，与学习设计有天然紧密的联系，在学习设计过程中，设计者应该深度运用设计思维的理念、模式和方法，有意识地设计学习过程中的各要素与环节，通过构建一系列学习活动、学习资源和支持服务，为学习者提供高度参与、高度投入的学习情境，帮助学习者实现特定学习目标。此外，学习设计的前瞻性、迭代性是保证有效设计的关键。

3. 情境设计

通过情境设计促进学习者的学习和发展是建构主义学习理论的重要思想。在在线课程设计与开发过程中，设计者要努力为学习者创建和营造相关情境，以优化学习者的体验（王志军等，2018）。情境设计包括2个方面：在平台与工具选择方面，运用各种技术手段，帮助学习者打造良好的学习环境；在学习资源设计与开发方面，运用文字、图片描述应用场景，用视频、音频营造应用氛围，用增强现实、虚拟现实、生成式人工智能等新技术模拟应用场景等。同时，设计者在各种类型的学习材料的设计与开发过程中应有效地运用有指导的教学会谈理论，这也是情境设计的重要方式。

4. 交互设计

远程学习教学交互层次塔的层级关系为课程整体的交互设计指明了方向，即从简单到复杂、从具体到抽象。操作交互的支撑作用指导着课程设计，应该先帮助学习者解决各种媒体技术使用问题，同时基于上层次交互的需要，选择相应的平台与工具，以支撑课程的开展。信息交互的连接作用指导我们要将自主学习活动、师生交互活动和生生交互活动的设计相结合，分阶段用适度的活动促进深层次学习与概念交互（王志军，赵宏等，2017），同时注重学习资源的可选择、可控制、可编辑、可评价及模拟会谈、自动反馈、学习指导与情境再现等特性（王志军，陈丽等，2017）。概念交互指导学习评价的设计，即采用定量分析和定性分析相结合的方法，面向学习者的学习过程开展学习评价设计（王志军等，2018）。特里·安德森提出的等效交互原理（2003）也指导我们根据需要与成本，有所侧重地设计信息交互层次中的 3 种交互，在保障学习质量的同时降低设计与学习的成本。例如，以内容传递为主的 xMOOC 注重学习者与学习内容的交互，以网络建构为主的 cMOOC 注重学习者与学习者的交互（王志军，陈丽，2014），与这一原理高度吻合。设计者在交互设计中要灵活运用这一原理。

5. 存在感设计

存在感与交互关系非常紧密。有的研究者将二者对等，也有一些研究者将存在感作为交互的前提与动力。笔者认为二者的关系像生物学中的 DNA 双螺旋结构（王志军，2016），只是相较交互的客观性，存在感更关注学习者的体验与感受。研究发现，教学存在感和社会存在感会共同影响认知存在感（Shea，Bidjerano，2010）。相对于课堂教学中 3 种存在感都处于高水平，在线学习中的教学存在感和社会存在感常处于低水平，进而认知存在感的水平也较低，导致学习者的学习效果不尽如人意。因此，在线学习应该重视存在感的设计。探究社区模型中的 3 种存在感及其相互作用关系为存在感的设计指明了方向。这 3 种存在感的设计对学习者具有不同的作用，认知存在感的设计让学习者有获得感和成就感，社会存在感的设计让学习者有参与感和归属感，教学存在感的设计让学习者有支持感和动力感。在课程设计与开发过程中，设计者一方面要考虑认知存在感、教学存在感与社会存在感的设计；另一方面为了提升学习者的学习效率、降低学习成本，各要素的设计要尽量兼顾 2~3 种存在感的提升。

主题二　过程模型

主题学习目标

1. 明确在线课程设计与开发的基本过程、3 个阶段之间的逻辑关系与各阶段的设计重点；

2. 形成系统性的在线课程设计与开发观念，为系统性在线课程开发方案的设计奠定基础。

一、模型介绍

模型是帮助描述实体间关系的工具。人们通常用 ADDIE 模型[①]来衡量某个教学设计模型中是否包含教学设计的整个过程。教学设计模型一般包括直线式、曲线式、嵌套式、

---

① ADDIE 模型是一种常用的教学设计模型，由分析（Analysis）、设计（Design）、开发（Develop）、实施（Implement）、评估（Evaluate）5 个步骤组成。

并行式及螺旋式模型图。现有的经典的在线课程设计模型大多遵循 ADDIE 模型的设计思路，以线性模式为主要呈现方式，包括课程设计与开发 2 个部分。调查发现，ADDIE 模型是研究者和实践者常运用的在线课程设计与开发指导模型。研究者对 14 名设计与开发在线课程的高校教师进行调查发现，尽管他们没有采用专门的教学设计模式，但是其设计与开发过程都非常符合 ADDIE 模型的流程（Baldwin et al., 2018）；欧洲的 MOOC 质量参考框架也依托 ADDIE 模型建构（Stracke, 2019）；也有研究者将 ADDIE 模型和通用学习设计的原则融入在线课程的设计与开发过程（Trust, Pektas, 2018）。另外，企业界也在运用该模型指导培训课程的设计与开发（课思课程中心, 2018）。

ADDIE 模型是一个通用的模型，对在线课程设计与开发具有重要的参考价值。笔者根据 ADDIE 模型，基于前文提到的理念模型及对不同类型在线课程设计与开发的研究及实践，得出图 3.2.1 所示的在线课程设计与开发过程模型。该模型包括前期总体规划、中期系统设计、后期开发与迭代 3 个阶段，每个阶段都有具体的任务和工作流程。前期总体规划对中期系统设计至关重要。中期系统设计要紧扣前期设计的课程目标与内容体系、选择的设计理念，坚持目标导向，对课程各要素开展系统性设计。为了做到以学习者为中心，在前期总体规划阶段要开展深入的用户调研，在中期系统设计阶段要充分考虑用户的特征，在后期开发与迭代阶段要注重用户参与和反馈，最终实现用户参与的敏捷开发与迭代。各阶段的各项任务之间是一种相互支撑、持续互动的关系，即在设计与开发的过程中需要持续迭代改进，因此都是"双箭头"的关系。

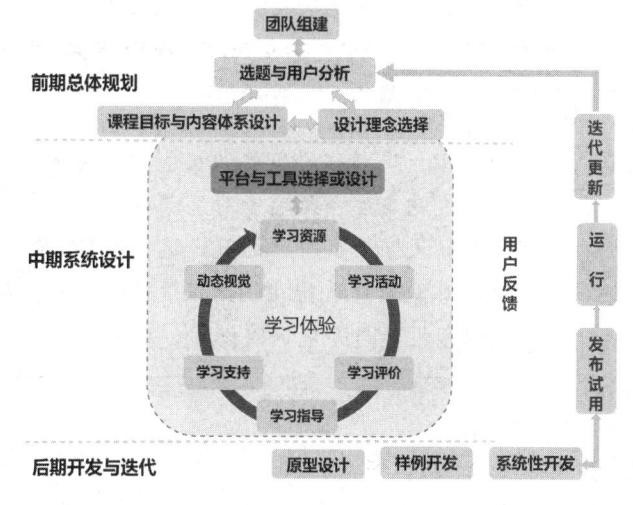

图 3.2.1　在线课程设计与开发过程模型

活动 2　在线课程体验与分析

活动目标：从用户角度出发思考问题，客观、批判地看待现有的在线课程的设计与运行情况，对在线课程的设计有自己的思考。

活动时间：大约 2 小时。

活动步骤：

步骤1：选择课程。

大家可以从以下平台中选择自己感兴趣的课程：中国大学MOOC、好大学在线、学堂在线、ewant、ShareCourse、宝宝巴士、火花思维、简小知、开课吧、网易云课堂等。

步骤2：开展在线课程体验与分析。

以在线课程的8个核心构成要素为分析维度，结合自身在学习过程中的真实感受，开展对在线课程的体验与分析（参考附录A"课程体验与分析报告模板"）。

工具与方法支持： 同理心地图，参考样例如下。

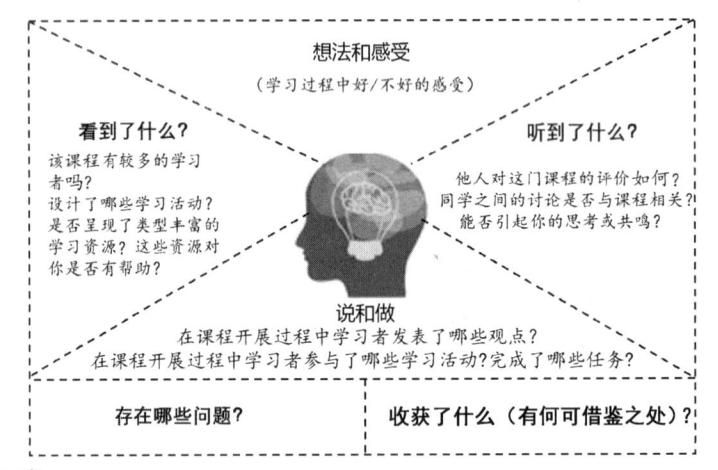

```
                        想法和感受
                  （学习过程中好/不好的感受）

   看到了什么?                              听到了什么?
  该课程有较多的学习                       他人对这门课程的评价如何?
  者吗?                                    同学之间的讨论是否与课程相关?
  设计了哪些学习活动?                      能否引起你的思考或共鸣?
  是否呈现了类型丰富的
  学习资源?这些资源对
  你是否有帮助?

                         说和做
              在课程开展过程中学习者发表了哪些观点?
         在课程开展过程中学习者参与了哪些学习活动?完成了哪些任务?

   存在哪些问题?                  收获了什么（有何可借鉴之处）?
```

活动反馈：

通过自身的真实体验与分析，从课程的各要素入手，对该课程的设计进行了细致的观察和分析，并站在学习者的角度，呈现了对该课程学习的感受及对该课程的评价。本次活动的目的在于帮助大家形成整体的设计观，并且能够以批判的眼光看待当前在线课程的设计情况，既能看到当前在线课程设计的优点，也能看到当前在线课程设计的不足，为后续课程设计与开发提供借鉴。

二、前期总体规划

前期总体规划主要包括团队（课程设计与开发团队）组建、选题与用户分析、课程目标与内容体系设计、设计理念选择4个部分。这个阶段对整体课程的设计非常关键，课程设计能否创新往往取决于这个阶段各项工作的完成情况。同时，这也是当前高校在线课程建设的薄弱环节。虽然以往的过程模型或多或少涉及前3个部分，但是很少有研究提及"设计理念选择"这一课程设计与开发的灵魂和创新的关键。

（一）团队组建

团队组建是在线课程建设的第一步。英国开放大学的课程组成员分工明确，包括 14 类人员；加拿大阿萨巴斯卡大学的在线课程设计与开发团队包括课程协调总监、学科教育专家、学习设计师、文字编辑、视觉设计师、网页开发员、IT 技术专家、版权官 8 类人员（王志军，闫洪新，2017）。笔者认为由于在线课程建设的精细度不同，团队可大可小。通常一个团队应该包括项目经理、课程内容专家、学习设计师、视觉设计师、技术专家、导学与学习支持服务设计师、用户 7 类人员。项目经理负责项目管理、推进，规划项目目标，制订项目推进计划，控制预算，促进内外部联系，控制进度，以确保项目顺利、高质量地完成。课程内容专家（通常也是主讲教师）主要负责课程内容体系设计，参与课程内容讲解、学习资源开发。学习设计师通常与课程内容专家密切协作，共同负责用户的需求分析及课程学习资源、学习活动与学习评价的总体规划，重点将理念落实到课程各要素的设计，确保学习效果最大化。视觉设计师负责课程媒体素材的开发、视觉效果设计，使课程有统一的视觉表现。技术专家为平台与工具选择或设计、视频和动画等制作提供技术支持。导学与学习支持服务设计师负责学习规划、学习指导、支持服务和评价反馈（李爽等，2021）。此外，用户是一个不可忽视的角色，目标用户的深度参与对落实以学习者为中心的设计理念至关重要。团队成员间是分工协作、有效协同的关系。

（二）选题与用户分析

为了让课程能够解决用户的实际问题并受到用户的欢迎，课程选题最好基于学习、生活、工作中的真实问题。良好的选题是课程设计成功的第一步。广泛的调研、充分的头脑风暴、深入的问题分析与讨论、精准的用户定位是选题的基础。当然，现实中也有传统选题方式，如将大学必修课制作成一门在线课程。无论怎样选题，都需要结合在线学习基本原理，以及课程所定位的学习者群体的特征，展开充分讨论，对课程进行重构。选题的完成意味着目标用户的确定，为了让课程切实满足学习者的需求，课程设计与开发团队需要对学习者的特征与关键需求进行深入的调查，给学习者画像，并在后期设计过程中，将其融入具体要素的设计。

（三）课程目标与内容体系设计

在线课程包括整体和部分 2 个层次的学习目标，在线课程设计与开发应该坚持"课程目标-学习目标"导向。课程目标决定着内容体系设计，学习目标决定着具体内容设计，二者具有内在逻辑与价值的一致性。目标的设计应该逐步递进，体现层级及对高阶思维和能力的培养。目标应该可测量、可评价、可达成，推荐使用美国亚利桑那大学开发的课程目标生成工具。相同设计理念指导下的同一门课程，课程目标不一样会导致课程定位的差异，从而影响课程的整体设计。例如，在"互联网+教育：理论与实践的对话"这一遵循联通主义学习理论的在线课程设计过程中，每一期的不同课程定位，决定了每一期课程设计的侧重点不同。

学习内容设计包括内容体系设计与具体内容设计 2 个方面。课程目标与设计理念决定着学习内容的设计。一方面，与课程目标一样，学习内容的设计也需要对用户开展充分的调研，课程目标的层级决定了学习内容的层级；另一方面，不同的设计理念对学习内容的精细化要求不同。例如，行为-认知主义指导下的学习内容的结构化程度比较高，体系相对完整，具体内容设计非常精细；而联通主义学习理论指导下的学习内容的结构化程度很低，学习内容的设计侧重内容体系（或主题）设计（王志军，陈丽，2014）。学习内容设计通常由课程内容专家与学习设计师共同完成。内容体系设计需要明确课程的重难点。学习内容设计通常采用直接引用、改编和新编 3 种方式。内容体系设计可以采用主题导向法、概念导向法、任务和目标导向法。内容体系设计实际上涉及学习者学习路径的规划。学习内容应该按照一定的逻辑来排序，如主题、年代、因果关系等。同时，具体内容设计应该遵循由易到难、由已知到未知、由特殊到一般、由具体到抽象的原则。此外，应该尽量做到内容可选，即给学习者提供选择的空间，让学习者根据自己的需要确定学习什么内容。同时，结合在线学习的需要，学习内容应该分模块呈现，即将其划分成 15～20 分钟可以完成的模块，降低学习者的认知负荷。

（四）设计理念选择

如前所述，设计理念选择是课程设计与开发的灵魂和创新的关键。设计理念选择直接决定了课程的整体设计思路及各要素的具体设计。在实践中，课程建设水平低、同质化现象突出的根本原因在于缺乏设计理念的突破与创新。在 MOOC 发展过程中，由于设计理念不同，导致不同类型的 MOOC 的目标定位、内容组织方式、资源开发方式、学习活动设计方式、学习评价方式、学习参与方式、交互方式等都存在较大的差异（王志军，陈丽，2014）。在课程设计与开发初期，我们需要根据课程的目标、内容、定位、成本等关键性信息来确定课程的设计理念。除行为-认知主义、社会-建构主义、联通主义这三大设计理念外，还有产出导向、问题引导、案例式、启发式、项目式、体验式、行动式等设计理念。设计理念选择会直接影响第二阶段各要素的具体设计，尤其是平台与工具选择或设计、学习资源设计、学习活动设计、学习评价设计。

三、中期系统设计

课程目标和设计理念共同指导与决定这个阶段的系统设计。由于不同的平台与工具对学习的支持存在差异，因此在开展各要素具体设计之前，首先要依据设计理念选择或设计平台与工具，然后根据在线课程设计与开发理念模型，对各要素开展详细的设计。其中，学习资源、学习活动和学习评价的设计是基础，在完成上述要素的设计后，再开展配套的学习指导、学习支持和动态视觉设计。

（一）平台与工具选择或设计

一方面，课程本身需要相关系统、平台与工具的支撑；另一方面，在课程学习过程中，学习者需要众多平台与工具来支持其学习。平台与工具的选择（这里仅介绍选择）实质上是课程承载环境与学习者学习环境的选择。学习管理系统一般会限制教师（或设计者）的自由（Baldwin et al., 2018），如果团队确定课程在某个现有平台上运行，就需要先专门研究平台，再开展课程设计。创新性课程设计一般会根据课程的需要与学习者的特征组合使用多类平台与工具或者专门开发平台与工具。例如，现有的 xMOOC 平台就不能支持 cMOOC 的开展，因此国内外的 cMOOC 建设都开发了专门的平台与工具。一批互联网教育企业会开发平台与工具，并搭配微信群的形式开展课程。英国开放大学的托尼·贝茨提出的 ACTIONS 模型和修改后的 SECTIONS 模型，对平台与工具的选择具有重要的指导意义。

（二）学习资源设计

学习资源设计目前关注最多的是教学视频的设计。随着 MOOC 的快速发展，国内外研究者对教学视频的设计开展了系列研究，并提出了众多设计原则（Koumi, 2015；Guo et al., 2014；Hibbert, 2014；李秋菊等, 2014），还有研究者对教学视频中教师是否出镜及其手势、目光的作用等开展了研究（杨九民等, 2022）。教学视频直观、形象、信息量大（王志军, 闫洪新, 2017），是一类重要的学习资源，但非唯一的学习资源，并且有很大的局限性。在远程教育领域，无论是英国开放大学还是加拿大阿萨巴斯卡大学，其学习资源中很少出现教学视频。除了最开始的课程介绍，几乎不采用录教学视频这种形式，即使有视频，大多也是对内容的科学演示，而非教学视频（王志军, 闫洪新, 2017）。学习资源设计应该根据具体学习内容的需要，采用文本、音频、视频、动画等呈现形式，并附加相关学习材料、适当的学习活动、作业说明和评价标准，让学习者无障碍地参与课程学习。在课程的整体设计中，设计者应根据学习目标和内容的需要灵活使用各种媒体，而非单纯录制教学视频。理查德·E.迈耶（2006）提出的多媒体学习设计的 12 条原则适用于学习资源的设计与开发。同时，在课程建设过程中也要特别重视开放教育资源的选用及生成性资源的积累与转化。生成性资源既包括课程直播中生成的录制资源，也包括学习者学习过程中生成的学习制品等。它可以有效地解决在线课程更新之后，静态预设资源学习参与不足的问题（郭晓珊等, 2017）。同时，由之前的学习者生成的学习制品转化而来的资源可以给予其他学习者直接的指导，这也是课程迭代和优化的重要方式。

（三）学习活动设计

学习活动设计是在线课程设计与开发的重要内容，也是促进深层次学习发生的关键，直接影响着在线学习者的学习效果（王楠, 2014）。课程设计理念的选择决定了学习活动的设计方式。例如，行为主义指导下的学习活动设计通常包括观看视频、完成测试、参与讨论等；而建构主义指导下的学习活动设计注重通过创设学习情境进行协同知识建构。学习活动通常包括自主学习活动、师生交互活动和生生交互活动3类（王志军，赵宏等，2017）。自主学习活动以学习者和学习资源的交互为主，这类学习活动的设计应该有效地融入提问、反思、重构、再创等学习策略，以促进学习者对学习内容的深加工。师生交互活动的设计主要在于重难点的讲解，学习动机的维持和激发，课程中要尽量营造开放氛围，鼓励学习者表达需求。在线课程中应该通过为学习者提供交互和合作机会来确保学习者获得高质量的在线学习体验（Hayden，2009），这也是给学习者创造社会存在感的重要方式。生生交互活动的设计要注重让每个学习者都参与和发声，承担相关责任，实现认知的协同。同时，每个学习活动都应该明确学习目标、参与时长、详细的活动步骤和建设性的活动反馈，从而帮助学习者事先规划好学习，无障碍地投入学习并获得及时的指导。在学习活动的整体设计与规划过程中，既要基于设计理念有效连接和整合各类学习活动，又要根据学习者的认知和学习节奏统筹规划所有学习活动，把控好学习者的学习节奏。值得一提的是，直播互动与研讨因易使学习者产生类似于面对面教学的高存在感，逐渐成为日益重要的学习活动。

（四）学习评价设计

学习评价设计是检测学习者学习效果、保证学习者深度参与和投入的重要手段。根据教学交互层次塔，学习评价实际上是对学习者概念交互水平的评价。学习评价设计通常包括3步：制定评价方案、设定评价方式与标准、给予评价反馈。我们需要根据课程设计理念与课程目标来综合制定评价方案，由于设计理念不同，评价方案会存在较大的差异。例如，行为-认知主义指导下的学习评价一般采用标准化测试方法，所涉及的问题一般有标准答案和采分点。社会-建构主义指导下的学习评价一般衡量学习者的知识建构水平，采用的是自我评价、同伴评价和教师评价相结合的评价方式；而联通主义指导下的学习评价包括个人和集体2个视角，评价维度包括网络的多样性、网络的参与度、网络的通达性、概念网络及教学交互所达到的层级（王志军，陈丽，2017）。在制定好评价方案后，需要设定评价方式与标准。其中，评价标准一般包括评价维度、能力水平、说明描述3个部分。高质量的评价标准应该包括2个或2个以上评价维度、3~5种能力水平和清晰且具有意义的说明描述。需要注意的是，反馈设计是学习评价设计的重要组成部分，在线学习中的反馈设计应该遵循三明治原则，即在肯定学习者的基础之上，指出问题并提供建设性意见，然后表示鼓励与期待，让反馈以一种学习者易于接受的方式提出。

（五）学习指导设计

高质量的在线课程一般都有体系化的学习指导设计，如前所述，英国开放大学和加拿大阿萨巴斯卡大学都会为每门课程设计专门的学习指导手册，帮助学习者做好准备，顺利开展学习。借助学习指导手册也是创建教学存在感的重要方式。学习指导设计得越详尽，给学习者的指导就越明确、具体，后期课程开展时的学习支持服务压力就越小。学习指导通常包括课程整体导学、课程模块或章节导学、学习活动参与指导及学习资源使用指导。其中，课程整体导学是对课程相关信息的概括性介绍，通常包括课程简介、教师简介、课程目标与内容介绍、学习安排介绍、学习要求和学习评价介绍、学习平台与工具介绍及整体学习指导等。课程模块或章节导学、学习活动参与指导及学习资源使用指导则是层层深入地帮助学习者了解课程模块或章节内容、做好学习参与准备，其核心都是为了促进学习者的学习。根据有指导的教学会谈原则，学习指导内容的编写应该尽可能使用第二人称，采用口语化的表达方式，给学习者提供类似教师在身旁的指导与体验，提升教学存在感。

（六）学习支持设计

研究者指出，学习支持设计包括辅导活动设计和促进学习者学习机制的设计。其中，辅导活动设计要注重整体辅导方案的设计、细化辅导活动的设计、学习追踪与分析；促进学习者学习机制的设计要注重动机激励机制与策略设计、学习支持资源设计、课程学习社区构建和促进学习反思等（李爽，2021）。Salmon 提出的在线学习和辅导五阶段模型是学习支持设计的重要指导模型。该模型指出，在线学习根据交互的多少，分为进入课程和激发动机、形成网络学习社区、信息交流、知识建构、自我发展 5 个阶段。每个阶段均包括在线辅导和技术支持 2 个方面的工作。例如，在进入课程和激发动机阶段，教师需要欢迎和鼓励学习者，同时需要为学习者提供平台登录和熟悉、硬软件使用和网络访问方面的技术支持。在形成网络学习社区阶段，教师需要为学习者提供搭建文化、社会和学习环境之间的桥梁方面的辅导，同时为学习者提供发送和接收信息方面的技术支持。学习支持设计需要预估学习者在不同学习阶段面临的问题，特别是一些关键时间点，如课程开展初期、第一次作业前、作业提交后、课程学习中间、测评前后等。同时，教师还应注重为学习者提供情感、在线学习技能等方面的支持。网络学习社区的设计是学习支持设计的重要内容，网络学习社区不仅可以营造集体学习的氛围，还可以充分调动学习者的积极性，发挥集体智慧的优势，帮助学习者解决问题。课程设计与开发过程中的学习支持设计是一种前置性预设计，在课程实施的过程中需要根据实际情况灵活调整。

（七）动态视觉设计

动态视觉设计包括整体视觉效果的设计，以及对一些复杂的、难以用文字或图片表达的信息的动态表征 2 个方面。因此，动态视觉设计有以下几个方面的作用：（1）让课程风格化、整体化，创造良好的视觉效果；（2）动态表征与可视化呈现内容，使学习者易于理解；（3）动态呈现内容，吸引学习者的注意力，防止认知疲劳；（4）课程宣传推广方案能够吸引学习者参与。对应的在线课程的动态视觉设计主要包括配色方案选择和模板设计、Logo 和封面设计、导航和界面设计、文本内容可视化设计、信息动态视觉设计、宣传方案可视化设计 6 个部分。配色方案选择和模板设计可以给学习者带来较为统一的视觉感受与体验，提升课程的质感和美感。Logo 和封面设计不仅能帮助学习者快速识别课程，还能传达课程设计理念。导航和界面设计可以促使学习者更加便捷地开展学习。文本内容可视化设计可以降低学习者的认知负荷，促进内容的理解，带来良好的学习体验。信息动态视觉设计旨在缓解视觉疲劳，吸引学习者的注意力，促进深层次信息加工。宣传方案可视化设计的核心在于吸引学习者关注课程并参与学习，扩大课程的受众范围。要想扩大课程的受众范围，提升参与量，课程设计与开发团队应注重课程宣传方案的设计。张贴海报、推送文章等都是有效的宣传方式，所有的设计都应帮助学习者快速获取课程关键信息并找到课程学习入口。

四、后期开发与迭代

第三阶段是课程开发与迭代，即将前期的设计方案落地，发布、运行课程，并在运行课程的过程中收集用户的反馈信息，形成迭代更新方案，不断完善和发展课程。这个阶段包括原型设计、样例开发、系统性开发、发布试用、运行、用户反馈和迭代更新。因为原型设计是设计的具体表现形式，本质上属于开发，因此归为第三阶段。原型设计、样例开发与系统性开发都应该重视用户参与，积极收集用户的反馈信息，真正做到以学习者为中心。同时，先设计原型、再开发样例的顺序可以根据需要灵活调整，努力优化课程整体的设计方案，有效地提高开发效率和质量。

版权问题是在线课程设计与开发过程中需要特别重视的问题。为了避免版权纠纷，在在线课程设计与开发过程中，除了引用开放教育资源，其他所有要素都应尽量自主设计。在课程发布之前，还需要有专门的编辑根据课程核查单对课程中所有的学习资源进行核查，主要核查课程中所有要素的规范性、可访问性、版权问题等，在确保没有问题后，再发布课程。在课程实施过程中，一方面要按照课程设计方案实施课程，提供对应的学习支持服务；另一方面要时刻监控课程的运行过程和学习者的学习情况，及时为学习者提供帮助。

在课程实施结束后，相关人员需要对所有课程材料进行归档，尤其是对课程运行中的数据和生成性资源进行归档，它们是优化和完善课程的重要素材。相关人员还可以利用课程平台开展自动化学习行为分析，收集学习者对课程学习资源与学习活动的评价和反馈，了解存在的问题，从而优化与完善课程，提升课程的质量。

活动 3　在线课程体验交流

活动目标：通过和他人交流在线课程学习体验，形成对在线课程设计更加全面、深入的认识，为后续在线课程的选题奠定基础。

活动时间：大约 90 分钟。

活动步骤：
步骤1：教师选出3～4份优秀的在线课程学习体验报告，对应小组在课上进行分享。

步骤2：各小组结合自己与他人的体验，交流对现有在线课程设计的看法。

活动反馈：
在线课程学习体验交流是能够开阔视野和发散思维的活动，通过和他人交流在线课程学习体验，我们会对当前在线课程设计有更加全面、深入的认识，这对后续在线课程的选题有帮助。

模 块 总 结

在线课程设计与开发属于创新实践领域，当前在线课程建设中，由于缺少对在线课程构成要素、在线学习基本原理的把握和系统性的理论研究，大多以经验探索为主，难以实现突破和创新。本模块在前两个模块梳理在线课程的定义、国内外在线课程的演变与发展、在线学习基本原理的基础上，明确了在线课程的构成要素，提出在线课程设计与开发理念模型与过程模型，以期为多样化的在线课程设计与开发实践提供理论指导。

在线课程包括学习目标、学习内容、学习资源、学习活动、学习评价、学习指导、学习支持、平台与工具8个构成要素。其中，学习目标对在线课程设计与开发起引领和导向的作用；学习内容是在线课程设计与开发的基础；学习资源是在线课程设计与开发的重点；学习活动是在线课程设计与开发的关键；学习评价是激励学习者深度参与学习、保障学习质量的核心；学习指导是为学习者提供良好的学习体验、建立教学存在感的重要方式；学习支持可以促进在线学习和个性化发展，但也是当前在线课程建设的薄弱环节，需重点关注；平台与工具则能支持教学与学习。

在线课程设计与开发的理念模型表明了在线课程设计与开发的核心指导思想，即遵循以学习者为中心的理念，坚持目标导向，综合考虑情境、交互和存在感3个方面，围绕各要素开展系统性的学习设计，从而实现各阶段、环节和要素间的内在价值与逻辑统一，为学习者开发体验良好的高质量在线课程。在线课程设计与开发过程模型将理念模型进一步操作化。在线课程设计与开发包括前期总体规划、中期系统设计、后期开发与迭代3个阶段。前期总体规划阶段主要包括团队组建、选题与用户分析、课程目标与内容体系设计、设计理念选择4个部分。其中，"设计理念选择"是课程设计与开发的灵魂，不仅统领各要素的设计，也是课程设计与开发走上创新之路的关键。在中期系统设计阶段，首先要依据设计理念选择或设计平台与工具，然后根据在线课程设计与开发理念模型，开展学习资源、学习活动和学习评价的设计，最后开展配套的学习指导、学习支持和动态视觉设计。后期开发与迭代主要将前期的设计方案落地，发布、运行课程，并在运行课程的过程中收集用户的反馈信息，形成迭代更新方案，不断完善和发展课程。在此阶段要注意课程的版权问题及课程实施结束后对所有课程材料进行归档。

在构成要素分析及理念模型与过程模型构建过程中，要想创新在线课程设计，需要注意以下几点：(1)根据实际问题进行课程选题；(2)深度融入设计思维，落实以学习者为中心的理念；(3)把握设计理念选择这一关键且统领各要素的设计；(4)基于在线课程设计与开发理念模型开展系统化的学习设计并进行快速迭代。同时，在线课程设计与开发的3个阶段和各要素的具体设计是相互支撑、融合的关系，最终呈现出来的课程应该是有机融合的整体。后续将以过程模型为框架，引导大家思考实践中的问题，开展创新性在线课程的设计与开发。

模块四

设计案例篇

模块概述

为了呈现国内外典型的在线课程设计与开发实践案例，为创新在线课程的设计与开发奠定基础，本模块将基于前文的要素框架，重点介绍几个典型的在线课程案例。英国开放大学作为远程教育领域的领头羊，特别重视在线课程的设计与开发，其相关的实践得到了研究者的普遍关注。本模块将基于北京交通大学网络教育学院和北京师范大学远程教育研究中心的研究成果[①]，系统地介绍英国开放大学本科课程"学术英语"和研究生课程"在线学习专业化"。同时，笔者基于自身的研究与实践，重点介绍国内首门cMOOC"互联网+教育：理论与实践的对话"。此外，国内高校和企业也设计与开发了大量优质的在线课程。本模块主要对这些研究、实践和业界在线课程产品进行分析，发掘这些案例背后的设计核心与关键点，以帮助学习者打开思路，突破思维局限，创新在线课程的设计。

模块学习目标

1. 对在线课程设计与开发形成国际化的视野和认识，体会在线课程设计与开发属于专业化的创新实践领域；
2. 深度体会在线课程如何做到以学习者为中心，在保持高质量、高要求的同时如何给学习者创造良好的学习体验；
3. 认识在线课程的多样性，打开思维，为在线课程的创新设计奠定基础；
4. 形成专业化的在线课程设计与开发观，体会教育技术学专业的价值。

---

① 在此特别感谢北京师范大学远程教育研究中心陈丽教授、郑勤华教授，以及北京交通大学网络教育学院陈庚教授、徐玎副教授给予的大量前期研究成果支持。

模块知识结构图

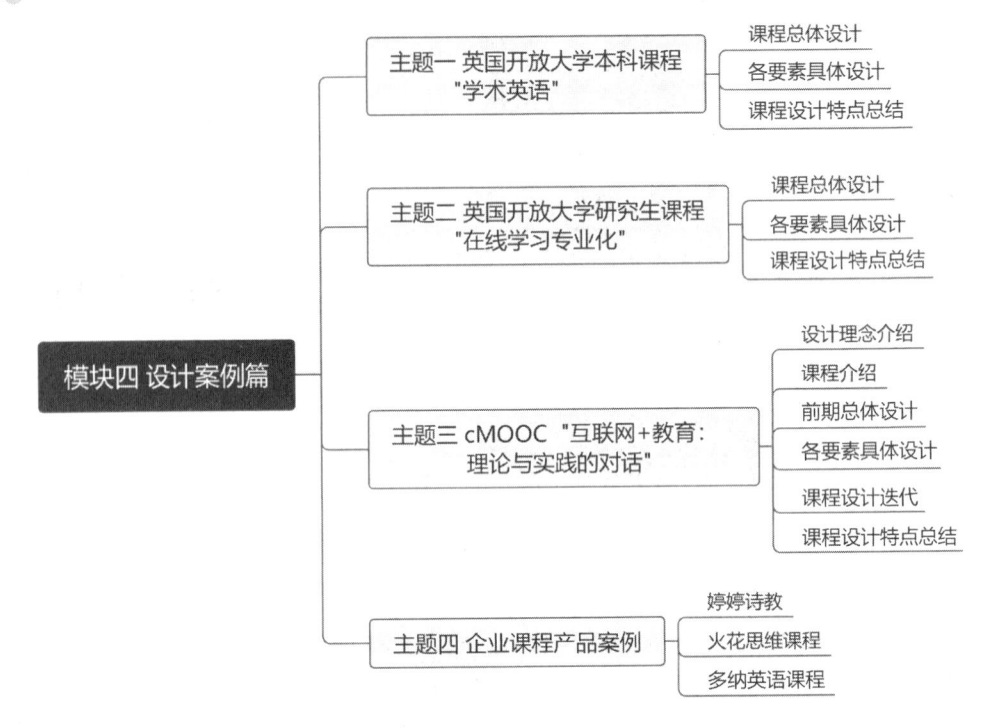

模块四 设计案例篇
- 主题一 英国开放大学本科课程"学术英语"
  - 课程总体设计
  - 各要素具体设计
  - 课程设计特点总结
- 主题二 英国开放大学研究生课程"在线学习专业化"
  - 课程总体设计
  - 各要素具体设计
  - 课程设计特点总结
- 主题三 cMOOC"互联网+教育：理论与实践的对话"
  - 设计理念介绍
  - 课程介绍
  - 前期总体设计
  - 各要素具体设计
  - 课程设计迭代
  - 课程设计特点总结
- 主题四 企业课程产品案例
  - 婷婷诗教
  - 火花思维课程
  - 多纳英语课程

主题一 英国开放大学本科课程"学术英语"

主题学习目标

1. 深度分析"学术英语"课程案例中各要素设计如何做到以学习者为中心；
2. 总结"学术英语"课程设计与开发的经验及对自己的启示。

北京交通大学徐玎等（2014）从学习过程的角度对英国开放大学（OU）的在线课程"学术英语"（English for Academic Purposes；课程编号为L185）进行了研究。该课程主要为利用英语开展学术研究的人员开设，目的在于提高相关人员在英语阅读与写作方面的能力。L185是英国开放大学本科层次的课程，课程级别为L1[①]，课程学分为30分，需要的学习时间大约是300小时（英国开放大学的课程学习时间与学分相对应，1分大概需要花费10小时的学习时间）。该课程的学习大约需要31周，学习者每周要花费10～

[①] 英国开放大学的课程级别分为本科Level1、Level2、Level3及硕士、博士5个级别，它们表示一门课程的难易程度，英国开放大学的每个学位的获取标准中对每个级别课程的学分有一定的要求。L185在标出英国开放大学课程级别的同时，也分别标出本课程在FHEQ（英国高等教育资格认证框架）和SCQF（苏格兰学分与资格认证框架）中对应的课程级别。这种对应关系为学生今后的学分积累与转移提供了便利。

12 小时学习，其中 7 小时用于在线课程学习，其余时间参与线上讨论。

一、课程总体设计

L185 是在线课程，采用自主学习为主教师辅导为辅的学习模式。课程采用以学习活动为中心的设计，学习者依托 Moodle 学习平台参与学习。课程设计了 5 项由教师批改的作业（其中 1 项为口头作业）和 1 次期末测评。课程按照 1∶21 的师生比配备辅导教师，辅导教师为学习者提供学习过程中包括在线辅导、作业批改、邮件答疑等在内的一站式支持服务。

（一）课程结构

L185 课程由模块、节和单元构成。

1. 模块

该课程有 5 个模块，每个模块都有对应的学习目标和学习要点。表 4.1.1 所示的模块包括 6 节：第 1~4 节是课程内容；第 5 节是对本模块学习内容的回顾和总结；第 6 节是作业周，学习者需要完成本模块的作业，没有实质性课程内容。

表 4.1.1　L185 的课程结构（以一个模块为例）

模块	节	学习周	内容
一	—	第 0 周	课程导学
模块一	第 1 节	第 1 周	课程内容
	第 2 节	第 2 周	
	第 3 节	第 3 周	
	第 4 节	第 4 周	
	第 5 节	第 5 周	对本模块学习内容的回顾和总结
	第 6 节	第 6 周	作业周

2. 节和单元

"节"的知识容量是按照一周完成一"节"的学习来安排的，每节都有学习目标和学习要点，并且细分为更小的单元，每个单元的学习通过相应的学习活动完成。

（二）课程学习节奏

为了让学习者尽快适应课程的学习情境，快速进入学习状态，并且能够按照课程步调开展适应性学习，获得良好的学习体验，该课程特别注重学习节奏的设计，从学习准备周、回顾周和作业周、在线辅导的时机、休息周 4 个方面对学习节奏进行了设计，各个方面都对应着特定的目的与重点，具体如下。

1. 学习准备周

学习准备周通常为正式开课前一周，并以"第0周"命名，这是为了让学习者在正式学习之前，在了解课程的整个框架和考核要求后，通过不同的媒体形式（文本、音频、视频）直观地了解课程结构和学习平台各个模块的功能。学习准备周具体包括3个部分。

（1）课程在线引导：用 flash 演示课程内容组成和课程各个模块的功能。

（2）开始学习：界面有课程主讲教师的欢迎视频，同时会介绍与本课程相关的文档和资料。

（3）软件操作指南：介绍在线辅导工具的安装和使用方法。

2. 回顾周和作业周

该课程一个模块包括6节，每节学习时间为一周。前4周是课程内容的学习；第5周是对本模块学习内容的回顾和总结；第6周是作业周，学习者有足够的时间来完成作业。模块一的学习进程安排如表 4.1.2 所示。

表 4.1.2　模块一的学习进程安排

模块	节	学习周	开始时间	内容
—	—	第0周	1月28日	课程导学
模块一	第1节	第1周	2月4日	文字与世界：在线学术英语学习
	第2节	第2周	2月11日	文字与世界：在大学阅读
	第3节	第3周	2月18日	文字与世界：探讨一个全球性问题
	第4节	第4周	2月25日	文字与世界：成为人类
	第5节	第5周	3月3日	对本模块学习内容的回顾和总结
	第6节	第6周	3月10日	作业周

3. 在线辅导的时机

该课程会在每个模块的学习过程中（学习者提交作业前）为学习者安排一次与本模块学习内容密切相关的在线辅导。

4. 休息周

该课程将第10周与第28周设为休息周，为学习者留出缓冲与放松时间。

（三）课程学习过程

如图 4.1.1 所示，学习的开展以课程内容为主体，学习者按照学习周的安排进行自主学习，完成课程中的多项学习活动，按时提交作业并获得辅导教师的反馈（作业评价）。如果学习者在学习过程中遇到了问题，可以通过发送电子邮件、打电话等方式与辅导教师、同伴或学习中心交互，从而获得支持服务，最终完成课程的学习。

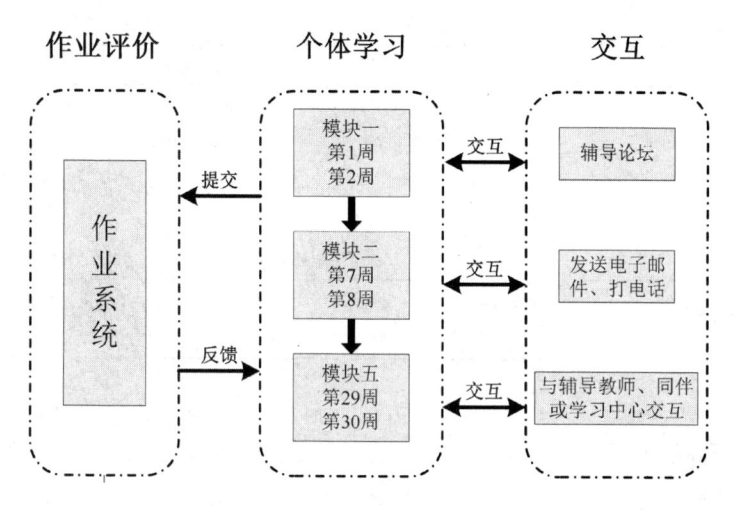

图 4.1.1 课程学习过程

（四）课程学习平台

该课程依托的是英国开放大学基于 Moodle 开发的定制化课程学习平台。该课程学习平台的功能如表 4.1.3 所示（陈庚，陈丽，郑勤华，2013）。同时，课程的运行还需要电子邮件、电话等工具的支持。

表 4.1.3 课程学习平台的功能

功能类别	具体功能
课程内容与学习资源	➢ 课程资源 ➢ 图书馆音频培训讲座 ➢ 扩展材料链接 ➢ 搜索功能 ➢ 课程地图 ➢ 术语表
学习者学习	➢ 基于"课程学习活动"的交互 ➢ 博客 ➢ 电子学习档案袋
交流与协作	➢ 论坛 ➢ 在线辅导/在线交流（音频会议） ➢ 学习小组 ➢ 电子邮件
作业与评价	➢ 作业评价标准、提交时间表 ➢ 网上提交作业 ➢ 网上作业接收及评价反馈

续表

功能类别	具体功能
教学管理	➢ 网上课程注册 ➢ 网上课程通知 ➢ 学习日历 ➢ 作业分数查询 ➢ 学习者中心：系统邮件
质量保证	➢ 问卷调查：课程评价、教师评价、作业反馈质量评价 ➢ 辅导教师的联系方式

二、各要素具体设计

（一）学习内容设计

这门课程以学习活动为中心开展设计，整个课程按照学习活动来组织，即学习内容融合在具体的学习活动中。课程结构和学习节奏体现了课程整体的组织形式，这里不再对学习内容的设计做详细的介绍。

（二）学习资源设计

L185 是完全的在线课程，相关的学习资源全部是网上的数字资源，包括学习平台上的课程资源和外部其他资源。课程学习资源设计非常注重一致性，课程中所有资源都围绕学习目标而设计。很多资源会在不同部分反复出现，具有连贯性和整体性。

学习平台上的课程资源以文本类资源为主，并嵌入了大量图表，以及少量音频类和视频类资源。文本类资源由课程组专门编写，通常采用对话式写作风格，语言通俗易懂，十分便于自学。同时，学习平台还会把以往学习者所做的符合要求但不一定最优秀的作业作为学习资源提供给学习者，这样既能帮助学习者理解相关要求、获得认同感，也有助于减轻学习者的压力。

视频类资源包括课程组自行开发的资源和链接的外部资源。学习平台只在学习者刚开始学习的时候提供以往学习者介绍如何适应在线学习及分享课程学习体会的视频类资源，以提高学习者对课程的认知并产生归属感。此外，在提交第一次作业之前，教师会录制一段指导学习者复习本周课程及做作业的情景视频，消除学习者第一次做作业的困惑。链接的外部资源一般是围绕课程目标精心挑选的来自 TED 等平台的高质量视频类资源。

音频类资源包括导学教师录制的课程介绍音频，以及课程开展过程中辅导教师录制的辅导音频。

此外，在外部资源方面，学习平台提供了在线音频会议系统、推荐的录音软件等工具的安装与使用指南。学习者还可以免费使用英国开放大学的在线数字图书馆资源、英文学习网站（如在线英语词典等），以及英语水平测试网站（如剑桥英语等级测试）等。

（三）学习活动设计

学习活动设计是该课程设计与开发的核心环节，学习活动设计遵循以下原则：（1）让学习者做；（2）促进学习者的学习；（3）帮助学习者达到学习目标；（4）提供良好的反馈（徐玲等，2014）。从课程学习地图可以看出，课程以学习活动来组织。该课程的每个模块都有必修核心活动和选修活动，具体的学习活动数量分布如表 4.1.4 所示。课程学习活动之间关系紧密，引导学习者一步步达到更高层级学习目标。课程包括 5 个模块，模块一和模块二的学习活动侧重学习"概念"的描述和"论据"的使用；模块三和模块四的学习活动侧重"数据"分析的规范、参考文献的使用标准和段落格式等；模块五的学习活动侧重完整学术文章的撰写要求。

表 4.1.4 课程具体的学习活动数量分布

模块	核心活动/项	选修活动/项
模块一	103	5
模块二	88	15
模块三	94	11
模块四	89	22
模块五	69	8

按照参与方式，这门课程的学习活动可以分为基于课程学习资源的自主学习活动和基于人际交流的社会交互活动。基于课程学习资源的自主学习活动包括阅读理解练习、匹配练习、单选和多选练习、重点词汇和语言的应用、日记写作等；基于人际交流的社会交互活动包括小组论坛讨论与评价、同步在线辅导和学习者自主组织在线讨论。

这门课程设计了一些小组论坛讨论与评价活动，要求学习者在完成学习以后积极参与交流活动，对他人提出的问题进行回复并评价他人的学习。例如，在学习如何用英语表述一些物体之后，会附加一项猜谜活动："请写一段对物体的描述文字，并发布到小组论坛，先不告诉同伴你描述的是什么，让他们猜一猜。"这门课程设计了 5 项辅导教师与学习者的同步在线辅导活动，辅导时间和讨论的主题在论坛中发布，同时会发送到每个人的邮箱；还设计了几项要求学习者自主组织在线讨论、协作完成相关任务的活动，活动结束后需要将活动成果发布到课程论坛中。

这门课程的每项学习活动都会提供具体、明确的学习指导与反馈。学习者每周 10~12 小时的学习时间，有一半时间用于参与学习活动。如图 4.1.2、图 4.1.3、图 4.1.4 所示，每项学习活动的设计都是为了促进学习者与学习内容的交互。

图 4.1.2　学习活动样例一

2.8 思考一下你到目前为止学到了什么

本节介绍了高效读者的概念。你可以阅读一位教师撰写的与该主题相关的文章。在这一节中,你可以了解到学术写作的一些特点。下项活动要求你回顾和反思到目前为止所阅读的有关学术阅读的内容,下项活动你将回顾你所读过的内容。

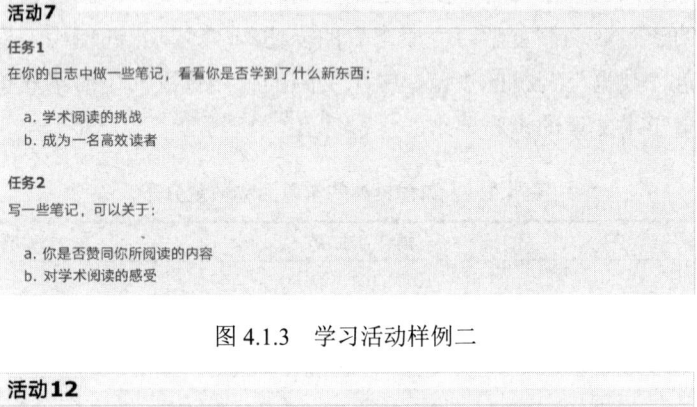

图 4.1.3　学习活动样例二

图 4.1.4　学习活动样例三

（四）学习评价设计

学习评价是远程教与学的重要环节，也是远程教育机构为学习者提供学习支持的重要组成部分（陈庚，陈丽，郑勤华，2013）。英国开放大学对学习者学习的评价是一种基于证据的评价，可分为形成性评价和总结性评价，形成性评价和总结性评价各占50%。形成性评价主要通过平时的作业来进行，包括5项教师批改的作业（其中1项为口头作业）；总结性评价主要是期末测评。课程评价指南包括"课程评价方式"和"作业评分标准"两部分。如表4.1.5所示，辅导教师借助详细的作业评分标准对作业进行批改，并给予非常详细的解释和建议。

表 4.1.5　课程评价方式

评价方式	作业	作业形式	评价所占比例	占总成绩的比例
形成性评价	TMA01	写作 200～400 字	5%	50%
	TMA02	写作 400 字	20%	
	TMA03	写作 600 字	25%	
	TMA04	写作 800 字	25%	
	TMA05	练习口语 3～5 分钟	25%	
总结性评价	EMA	论文写作 1000 字	100%	50%

课程作业有专门的提交系统，允许学习者提交草稿文件，在截止日期之前可以多次提交，提交完成以后会获得作业"收据"。如图4.1.5所示，作业有详细的评分标准。如图4.1.6所示，教师对作业的反馈包括作业批改与评价，作业批改非常认真、细致，图中下画线部分均为教师的反馈，教师会严格按照作业评分标准给学习者评分。

评分标准

等级		优秀（Very good）	好（Good）	良好（Satisfactory）
（100分）		22~25分	18~21分	14~17分
A：25分	原材料的使用：原材料中的信息是正确的，并适切于任务。	原材料中的所有相关信息都被正确选择、解释和迁移。原料件中的所有信息都被整合，没有抄袭，并进行适当的引用。	原材料中的几乎所有相关信息都被正确选择、解释和迁移。原材料中的几乎所有信息都被整合，没有抄袭，并进行恰当的引用。	原材料中的大部分相关信息都被正确选择、解释和迁移。原材料中的大部分信息已被整合，但有一些是抄袭的，进行较恰当的引用。
		22~25分	18~21分	14~17分
B：25分	文章的构思和展开：文章的构思和展开是明确的，并适切于任务。	文章的构思清晰、恰当。有一个清晰的引言，提供了文章的大纲，有一个与任务相关联的结论。文章的所有部分都是按高层次的概括（类别）和关键概念来组织的。文章中的所有信息都是有联系的。	文章的构思几乎所有部分都清晰、恰当。有一个清晰的引言，提供了文章的大纲，有一个与任务相联系的结论。几乎所有部分都是按高层次的概括（类别）和关键概念来组织的。文章中几乎所有的信息都是有联系的。	文章的构思大部分清晰、恰当。有一个基本清晰的引言，提供了文章的大纲，有一个基本清晰的结论。文章的大部分是按高层次的概括（类别）和关键概念来组织的。文章中的大部分信息都是有联系的。

图 4.1.5　作业评分标准样例（部分）

| 在线课程设计与开发 |

影响个人身份的因素

[关于学术写作风格的提示：在学术写作中，你应该使用第三人称（他/她/它/他们）而不是第一或第二人称，使你的文章形成非个人化的风格。我已经在文中将这些部分富示出来了。]

身份是一个群体的象征，在这个群体中，人们彼此分享相似的东西，但又与其他群体不同。当属于不同的群体时，我们有多种身份，它是社会的产物。[尝试使用相对的表述来连接句子中的观点]生活环境对人们的身份认同贡献很大，包括我们生活的地方及与周围人的关系。影响个人身份的主要因素被分类为**、关系和一些限制。[根据树状图，第一个因素是"代理权"，其中**是一个例子。]

[如果说"被分类为"，这表明它是被确定的分类，而它只是一个建议。试着用"保守表达"来代替类似于"可以被分类为"的表述。]

注：**为翻译时对特殊词汇的处理。

图 4.1.6　作业批改与评价样例

> **活动 1　在线学习过程中，详细的作业反馈有何价值**
>
> 作为一个在线学习者，英国开放大学本科课程"学术英语"的作业反馈给你带来了怎样的感受？在线学习中详细的作业反馈有何价值？

（五）学习指导设计

课程提供了专门的学习指导手册供学习者下载，学习者可以在课程学习之前详细了解课程基本信息，而且学习者在课程学习过程中，能够获得具体的帮助与指导。学习指导手册的内容结构如下：

（1）课程简介——主要包括课程的学习目标；

（2）课程内容——课程网站上提供的学习内容，以及额外的学习资料；

（3）课程辅导教师——告知学习者如何做自我介绍，并介绍课程的辅导教师团队；

（4）课程学习——课程的结构与学习资源；

（5）课程活动——在小组辅导论坛中贡献内容并开展合作学习、写日记、反馈及其他可选择的活动；

（6）你作为探索者的角色——提问；

（7）你的辅导教师组论坛（一门课程有多个辅导教师，不同的辅导教师负责不同的学习者）；

（8）学习评价——教师将会批改的作业，期末测评的方式。

课程还提供了专门的学习地图，以指导学习者参与学习。如图 4.1.7 所示，该学习地图按照课程开展的顺序呈现模块名称、各部分的核心目标、具体的活动目标，以及这项活动是必修的还是选修的等信息。

模块一 学习地图

节/模块	核心目标	核心活动	选修活动	活动目标
第1节 第2节	向你的辅导教师组介绍你自己	1		与其他学习者比较你的背景
		2		通过写笔记的方式草拟一个简短的自我介绍
		3		将你之前的学习经历与在线学习进行比较
		4		确定你的在线学习风格
		5		完善你的自我介绍,将它发布至辅导教师组论坛
模块一	一步一步地进行在线学习		1	看一看你处理信息的方式
		2		了解其他学习者对在线学习和远程学习的看法
		3		比较关于在线学习的观点并确定主要看法
		4		确定成功开展在线学习存在的挑战
		5		思考成为一名活跃的在线学习者的策略

图 4.1.7　学习地图

除了专门的学习指导手册,课程还开发了大量的多媒体学习指导材料,如在准备周以动画、教师录制的视频及文本的形式给学习者提供指导信息。同时,在学习者参与学习活动、做作业的过程中,会在特定的时间给学习者提供详细的指导。这些内容将结合具体要素的设计加以详细阐述。

(六)学习支持服务设计

除了优质的学习资源,高质量的学习支持服务也是必不可少的(徐玲等,2014)。这门课程并非从时间维度为学习者提供阶段性支持服务,而是基于服务提供方可以发挥的作用将学习支持服务划分为"普通(公共)的支持服务""嵌入平台和课程的支持服务""辅导教师的支持服务"3 种类型。如表 4.1.6 所示,各类学习支持服务具有不同的侧重点,对应着不同的服务提供方。课程学习支持服务提供方会以发送电子邮件的形式,或者借助课程平台上的模块功能为学习者提供课程基本信息、学习指导书等,还会以论坛交流、在线辅导等形式为学习者提供多样化的学习支持服务。

表 4.1.6　课程学习支持服务

类型	特点	服务提供方	主要形式	时间与持续周期
普通(公共)的支持服务	人际交互	英国开放大学公共服务机构	发送电子邮件	从课程开始前两个月一直持续到课程结束
嵌入平台和课程的支持服务	以人机交互为主、人际交互为辅	学习平台和在线课程	(1)面向所有学习者的支持服务(学习支持页面、帮助中心页面); (2)面向 L185 课程学习者的支持服务(课程基本信息、学习指导书、与课程相关的服务文件、学习进程表)	始终 课程运行周期内
辅导教师的支持服务	人际交互	辅导教师	(1)学术支持(作业批改与问题回答); (2)非学术支持(论坛交流、在线辅导)	课程运行周期内

1. 普通（公共的）的支持服务

这类服务需要由统一的公共服务机构（如学习中心的支持团队、学生会等）在课程开始之前以发送电子邮件的形式提供，旨在实现人际交互，帮助进入这一学习情境的学习者建立归属感。如表4.1.7所示，在课程开始前两个月，英国开放大学就开始通过电子邮件与学习者联系，这种联系一直持续到课程结束。

表 4.1.7 给学习者发送的部分电子邮件

电子邮件	时间	发件人	主要内容
1	11月24日（课程开始前两个月）	英国开放大学南部学习中心	（1）英国开放大学网站的登录用户名和密码； （2）熟悉学习平台的基本建议； （3）开课两周前应该做的事情； （4）英国开放大学南部学习中心的联系方式
2	12月4日	英国开放大学学生会	学生会的工作内容
3	12月5日	学习中心	提示为新生开设的平台已经开放，鼓励大家交流
4	12月14日	英国开放大学学生会	一个名为Pam的学习者（属于南部学习中心）通过学生会的平台发来联系的电子邮件
5	次年1月18日	学习中心	（1）提醒：辅导教师将会联系学习者 （2）辅导教师的联系方式 （3）社区相关介绍
6	其他时间	英国开放大学学生会	英国开放大学的一些社会活动邀请

2. 嵌入平台和课程的支持服务

1）面向所有学习者的支持服务

英国开放大学开发了学习支持页面和帮助中心页面，为所有学习者提供学习技能、学习策略等方面的学习支持服务。学习支持页面涵盖很多领域：新生入学、学习建议、职业咨询、残障人士服务、处理学习和工作的关系的策略等。例如，在新生入学模块提供了专门的学习准备核对清单（见图4.1.8），可以帮助学习者检查是否做好了准备；帮助中心页面主要包括与课程相关的服务文件。

2）面向L185课程学习者的支持服务

这类支持服务主要面向该课程的学习者，其中课程基本信息页面列出了学习者刚开始学习时希望了解的大部分信息，旨在向学习者提供"课程基本信息""学习指导书""与课程相关的服务文件""学习进程表"4个方面的服务，具体包括课程内容及学习记录、作业系统、作业分数、辅导教师信息、在线辅导、联系学习中心、课程简介等。有的支持服务甚至还为每个模块提供了学习地图，详细展示了每个模块的学习活动列表，学习者可以进行下载和打印，据此检查自己的学习进度。同时，课程平台会将和课程有关的支持服务集中呈现，从而为课程学习者提供更有针对性的服务。

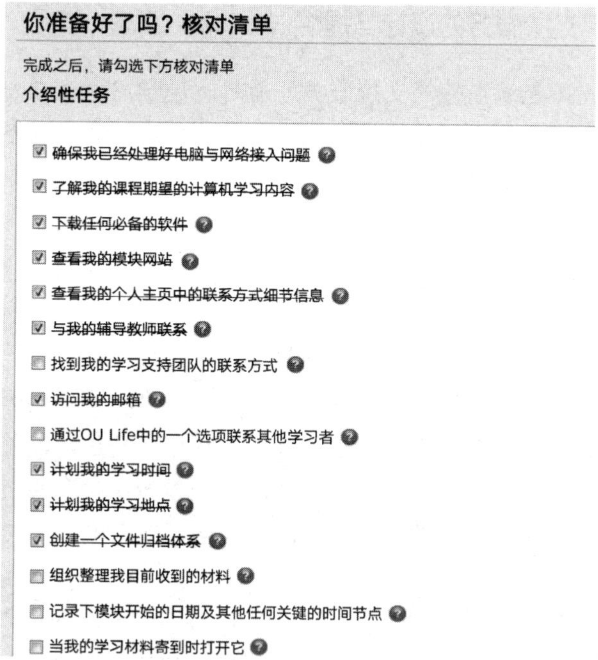

图 4.1.8　学习准备核对清单

3. 辅导教师的支持服务

辅导教师并不是对学习者全程的课程学习进行直接干预，而是在整个学习周期内为学习者提供学术支持与非学术支持，具体表现为随时关注并解决学习者遇到的问题，并通过论坛交流、在线辅导等方式实现与学习者的交互（徐琤等，2014）。

三、课程设计特点总结

基于对该在线课程构成要素的分析，可以发现设计与开发高质量的在线课程需要对课程结构、学习活动、学习评价、学习资源、学习支持服务等进行精心且统一的设计。具体来说，"学术英语"课程的设计特点如下。

（一）以学习活动为中心

学习活动作为课程设计的内核，贯穿整个课程周期，而其余要素需要始终围绕学习活动与课程目标来进行组织安排。

（二）重视学习资源的设计

由于在线课程需要学习者在大多数时间开展自主学习，即学习者主要与课程内容、同伴及辅导教师进行交互，因此为了保证学习者学习的有效性，课程设计者需要依据教学目标为学习者提供多样化的学习资源，以满足学习者的学习需求。

（三）重视学习支持服务的设计与提供

怎样为学习者提供无缝衔接的支持服务，及时解决学习者在学习过程中遇到的问题与产生的疑惑，满足学习者多样化的学习需求，是课程设计者需要系统考虑的。重视学习支持服务的设计与提供具体体现在为学习者提供学前指导、注重对作业或任务的及时反馈、重视来自学习者的反馈等方面。

（四）重视教学存在感的创设

虽然在学习者开展自学的过程中，辅导教师并不进行直接干预，但是为了帮助学习者进行有意义的知识建构并提高学习者的积极性与参与度，避免其因为遇到困难而产生放弃的想法，课程设计者需要为学习者设置辅导教师这一角色。此外，在一些文字材料的表述方面尽可能使用对话的方式，从而为学习者创设教学存在感，使学习者在没有教师直接干预的情境下仍能感受到教师的陪伴，提高学习投入度。

（五）关注学习者的学习节奏

这门课程除对核心要素进行高质量的设计之外，还关注学习者的学习节奏。为了避免课程节奏过快或课业任务过多而造成学习者压力过大，课程设计者特意设置了准备周、回顾周、作业周等预备或间歇周期，以帮助学习者适应学习情境。

主题二　英国开放大学研究生课程"在线学习专业化"

主题学习目标

1. 分析"在线学习专业化"这门课程和自己了解的在线课程有何不同，以学习者为中心的理念在各要素中如何体现；
2. 总结"在线学习专业化"课程设计与开发的经验，以及对自己的启示；
3. 形成专业化的在线课程设计与开发观，体会教育技术学的专业价值。

北京师范大学远程教育研究中心和北京交通大学网络教育学院对英国开放大学一门名为"在线学习专业化"（E-Learning Professional，简称 H808）的研究生课程进行了研究（陈庚，陈丽，郑勤华，2013；黄天慧，郑勤华，2016）。这一主题的案例分析来自北京交通大学重点教学改革和建设项目结题报告——《中英网络教育质量保证的比较研究——基于学习过程的视角》。该项目的负责人为北京交通大学的陈庚教授和北京师范大学的陈丽教授，项目的执行负责人为北京师范大学的郑勤华教授。

一、课程总体设计

该课程主要面向具有不同教学经验并对数字化学习很有热情的学习者。该课程以完全在线的形式开展，持续时长大约 300 小时。课程基于建构主义的学习理念开展设计，以 Moodle 学习平台为支撑，以文本类学习资源为主，并且以学习活动为中心。同时，课程配备了导学体系和学习支持服务体系，注重学习评价及学习反馈的设计。从最终呈现的课程组织形式及为学习者在学习过程中提供的各种支持可以看出，该课程秉承英国开放大学一贯的课程设计理念，特别重视细节，注重从做中学、从反思中学。同时，该课程特别重视对学习过程的管理，学习过程中通过辅导教师提供的精细化的学习支持服务来支持学习者的个性化发展和学习能力的提升。此外，课程设计者也将在线学习技能的培养融入了课程。

二、各要素具体设计

（一）学习平台选择

该课程以 Moodle 学习平台为支撑。如图 4.2.1 所示，该平台从左到右分为 3 个导航区域。左侧区域显示最新消息与相关论坛。中间区域是主要学习区域，包括关键资源和课程内容，会清晰地显示单元学习的时间和学习者当前的学习状况。右侧区域会重点提示这部分学习需要完成的关键性评价，包括截止日期、分数等，并且提供详细的评价策略及相关服务。整个课程平台的设计突出了"为学习者提供及时的支持"这一特点，可以帮助学习者更好地明确学习任务，了解自己当前的学习状况及可获得的相关帮助，为学习者提供了良好的学习体验。

图 4.2.1　课程学习界面

（二）学习资源设计

高质量学习资源的设计与提供，将有助于促进学习者与内容、同伴等之间的交互，帮助学习者在开展学习活动的过程中进行意义构建。该课程以文本、音频等形式为学习者提供"关键资源"和"与支持服务相关的资源"，并且这些资源始终以学习活动为中心进行呈现，在兼顾课程内容的同时，也将网络中有价值的开放资源进行了优化整合。

1．关键资源

关键资源包括在线课程（学习材料）、课程指南、作业指南、术语表、文献资源等。在英国开放大学的课程资源中，关键资源分为 3 类：（1）课程学习相关资源；（2）评价相关资源；（3）工具和技术相关资源。

2．与支持服务相关的资源

与支持服务相关的资源包括作业准备指南、考试复习指南和在线提交 TMA 指南。

（1）作业准备指南：为学习者完成作业提供了具体的策略建议，包括完成作业的步骤、需要注意的问题等。

（2）考试复习指南：指导学习者在考试前有效地进行复习。该指南主要从何时开始复习、复习什么、制订复习计划、复习技巧、答题技巧等方面提供一些建议。

（3）在线提交 TMA 指南：主要说明对电子版作业的格式要求，并提供相关的 Word 操作技巧。

除上述关键资源和与支持服务相关的资源之外，这门课程还提供以下资源。

① 优质的数字化资源。

这门课程除提供上述专门开发的学习资源之外，还提供优质的数字化学习专题研究网站、优秀的数字化学习案例等，这些网站、案例都具有代表性。

② 模板和示例等"脚手架"资源。

这门课程还提供了一些模板和示例，以帮助学习者搭建学习的"脚手架"。多项学习活动中为学习者提供了模板，例如有的活动要求学习者调研各国促进电子档案袋使用的因素，并且为学习者提供表格形式的模板，便于学习者进行对比和总结。由于学习者对新的学习任务比较陌生，学习材料中会为学习者提供优秀示例，例如对于反思性写作任务，很多学习者是第一次接触，课程中为学习者提供了 3 个优秀的反思性写作示例。

3．对话式语言风格

课程中所有的资源（包括课程指南、作业指南、常见问题解答等）均采用"你"来称呼学习者，用"我们"来表示课程设计者。这种对话式语言风格很容易拉近学习者与课程设计者的距离。当学习者使用这些学习资源时，就像在和教师面对面谈话。

4．便于阅读的版面设计

课程中对资源呈现的版面进行了如下设计，使其适合学习者开展在线学习。

（1）利用文本框区分学习目标和其他文本。将新的学习内容嵌入学习活动，没有用不同的字体或排版方式来区分学习内容和学习活动。

（2）如图 4.2.2 所示，课程网页限制了行宽，横向宽度比正常网页小很多，网页基本被平分为两部分：左边是课程内容，右边是空白。可以看出，文本未占据屏幕的整个宽度，这样做是为了避免增加学习者的阅读负担。

（3）段落之间有足够的空白，使文本便于阅读。

（4）导航能清晰地显示学习者在学习材料中"所处的位置"，学习者可以借助该位置标识跳转到课程内容列表。

（5）左边导航栏显示关键资源和单元内容目录链接，学习者可以根据左边的单元内容目录随意跳转到本单元的其他页面。

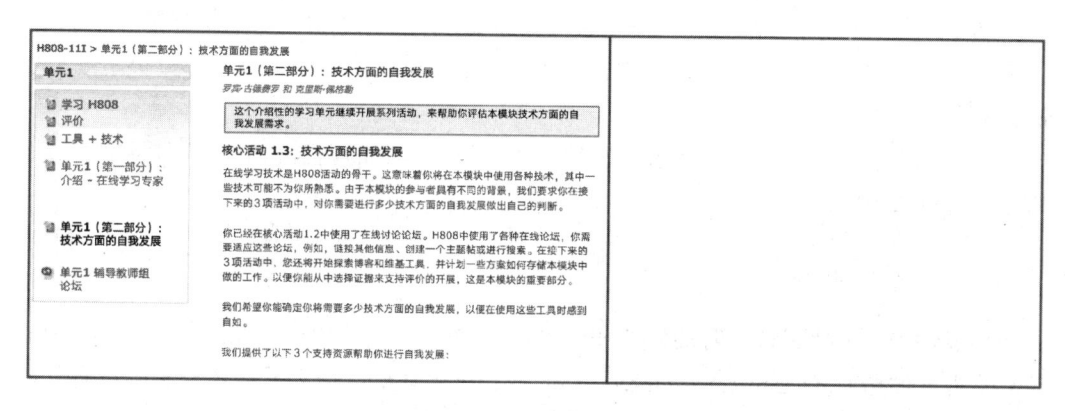

图 4.2.2　课程网页设计

（三）学习活动设计

这门课程涉及多种类型的学习活动，共包括 44 项学习活动（33 项核心活动和 11 项选修活动）。根据学习活动的任务、内容，可以将这些学习活动分为两类：（1）基于课程材料的学习活动，学习者主要与在线的课程资源交互，课程通过提供答案来给予学习者及时的反馈；（2）异步讨论（基于论坛）和同步讨论学习活动，学习者可以和辅导教师、同伴基于某个主题进行交互，并且教师可以开展在线辅导，和学习者进行在线讨论。

具体来说，学习活动包括简单的阅读活动、反思活动、报告自己的发现、案例分析、基于特定情境的活动、创造性活动、评价活动等。大部分学习活动要求学习者深度参与，进行分析、总结、评价、反思、批判等。

下面对各种学习活动进行介绍。

（1）简单的阅读活动：这类活动主要集中在模块一，任务比较简单，大多为阅读简短的文本材料。

（2）反思活动：反思活动贯穿课程学习过程，这类活动的目标是培养学习者的反思能力。

（3）报告自己的发现：课程为学习者提供了大量的精选文献，一般不要求文献阅读的数量，学习者可以根据自己的时间决定文献阅读的数量。有的学习活动会说明重点推荐阅读的文献，以及阅读时需要关注的点。这样学习者就会带着问题和任务阅读文献，阅读效率会得到提高。

（4）案例分析：这类活动以案例为基础，要求学习者对案例进行分析，并形成分析报告。

（5）基于特定情境的活动：这类活动基于真实的学习情境，引导学习者将所学知识和真实的学习实践建立联系。同时，这类活动创设的学习情境十分接近学习者的工作情境，能够促使学习者根据先前的工作经验探讨和发现问题。在大部分基于特定情境的活动中，学习者可以从多个学习情境中选择自己熟悉或感兴趣的情境去完成学习任务。

（6）创造性活动：在这类活动中，学习者需要完成一个作品，旨在培养学习者综合、创造性地解决问题的能力。这类活动的目标属于综合层次，是布鲁姆目标分类中的高层次目标。

（7）评价活动：这类活动要求学习者综合内在与外在的资料和信息，对事物本质价值做出有说服力的判断。

（四）学习评价设计

形成性评价主要通过平时的作业和研究项目来进行，分为教师批改的作业（TMA）、计算机批改的作业（Computer-Marked Assignment，CMA）、个人研究项目和小组研究项目等部分。总结性评价通常有2种方式：提交期末大作业（End of Module Assessment，EMA）和3小时的现场考试（陈庚，陈丽，郑勤华，2013）。

英国开放大学提供的作业反馈压缩文件中有两个文件：作业评价单和带修订格式的作业。英国开放大学的评价单模板主要有3部分内容：第一部分是学习者的个人信息，第二部分是辅导教师的个人信息，第三部分是辅导教师对学习者作业的评价和建议。其中，第三部分主要包括以下3部分内容。

（1）对此次作业的目的进行详细的阐述，并告知学习者在返回的文件中，辅导教师对作业进行了详细的评价，带颜色的文字是辅导教师的评价或修改。

（2）对作业的整体评价。首先，辅导教师对学习者的作业给予了积极的评价；其次，说明了作业中的不足之处，指出了学习者如何改进才能获得更高的分数。

（3）对评价标准的说明及对给出分数的说明。如图4.2.3所示，在此部分辅导教师给出了详细的作业评价标准说明。

在每次提交作业之后，作业都会在修订以后返给学习者，上面标注着辅导教师的评价或修改。在H808课程的第一次作业中，辅导教师对某份作业共修订了80处，并对TMA01的两部分内容分别进行了详细的局部评价（约1000字的评价），同时给予了对作业的整体评价。

第一部分：文章
描述你选择撰写的教学背景或学科领域（大约占10%）
批判性地讨论使用电子档案袋进行个人发展规划，并在此情境下评价学习者学习（大约占15%）
使用有关电子档案、PDP和学习者学习的文献资料（大约占10%）
使用H808课程学习期间建构的知识（大约占10%）
学术风格和演讲（大约占5%）
第一部分小计（大约占50%）

第二部分：反思
符合规范（根据单元1~4中所做工作的四项证据支持，反思两个发展领域的解决方案）（大约占5%）
反思作为个人和职业发展故事的连贯性（大约占15%）
证据作为发展证明的说服力（大约占15%）
个人优势和劣势分析（大约占10%）
个人反思风格和表现（大约占5%）

图4.2.3 作业评价标准说明

总之，辅导教师对作业的反馈十分详尽，不仅给予了对作业的整体评价，还对作业中正确的部分给予了明确的肯定，重点指出了学习者哪些方面做得很好，这对在线学习者来说十分必要，他们需要通过获得鼓励来持续开展在线学习。同时，积极肯定的反馈会使学习者对自己的优势形成正确的认识，从而在以后的作业中进一步发扬长处。辅导教师对作业的反馈以与学习者交流的形式进行，辅导教师对学习者作业中的观点进行提问，并对学习者的作业给予评价和建议，同时指出作业中还应涉及的内容。可以说，整个反馈过程就是一次以作业为靶子的个性化辅导。

> **活动2　令你印象深刻的作业反馈**
> 在你的学习过程中，有哪些令你印象深刻的作业反馈，其具体做法是怎样的？

（五）课程导学设计

课程导学一般在正式开课前一周，并以"Week 0"（第0周）命名。导学阶段主要为学习者提供课程指南、作业指南、课程时间安排等内容，目的是让学习者在阅读这些材料后，详细了解课程内容和学习方式，从而尽快适应在线学习（陈庚，陈丽，郑勤华，2013；黄天慧，郑勤华，2016）。英国开放大学的部分课程有试学环节，有试学环节的课程都是在OpenLearn项目中开放的课程。试学环节能获得课程的部分学习资源，一般是第一单元的学习内容，试学环节没有提供学习支持服务。

朗特里（Rowntree，1990）提出可以按照学习者使用导引工具的阶段，将导引工具分为开始单元课程学习前的导引工具、单元课程学习过程中的导引工具和完成单元课程学习后的导引工具。H808课程中大量使用了导引工具，下面将基于其分类讨论英国开放大学课程中的导引工具。

1. 开始单元课程学习前的导引工具

（1）单元内容目录。其可以让学习者对将要学习的内容有一个总体印象。

（2）单元学习目标。单元学习目标是一种非常重要的导引工具，它能让学习者了解在这个单元将学到什么。

（3）术语书。课程中有较多术语，英国开放大学为学习者提供了术语书（The Key Concepts e-book），并将其作为单独的学习材料出版。

2. 单元课程学习过程中的导引工具

（1）图标。在在线学习中，可以用图标代表某段文字或某项任务，网页中图标的优势在于可以被点击，因此可用作导航（菜单）工具。

（2）PDF 版的课程指南和作业。这些指南中均有索引目录。

（3）指引性短语。学习者可以根据指引性短语选择学习路径。

（4）不同的字体和字号。这样便于区分文本类型，突出重要信息。

（5）学习材料中阅读某些材料的提示。例如，在课程第一单元开始部分，学习材料中会提示学习者在使用学习材料之前阅读课程指南；在作业模块，学习材料中会提示学习者先阅读作业指南。

3. 完成单元课程学习后的导引工具

完成单元课程学习后的导引工具主要用于帮助学习者做学习总结和参与测试，一般包括总结、要点列表、测试等。

（六）学习支持服务设计

H808 课程从 3 个方面为学习者提供学习支持服务，包括注册学习前的支持服务、正式学习开始前的支持服务和学习过程中的支持服务。

1. 注册学习前的支持服务

注册学习前是指学习者还未缴纳任何费用，仅有参加在线学习的意愿（黄天慧，郑勤华，2016）。英国开放大学在注册学习前为学习者提供的支持服务主要包括入学咨询和选课指导。其中，入学咨询是指在选择在线学习前，机构为学习者提供"如何注册学习""如何选择适合自己的专业或课程""如何缴纳学费""如何获得学历和学位证书""在线学习方式介绍""入学条件"等内容，并且当以上内容不能完全解答学习者的入学问题时，学习者还可以将更详细的问题发送给英国开放大学的相关部门，之后问题会得到解决。

在选课指导方面，由于很多参与在线学习的学习者起初并不清楚哪些课程适合自己，因此英国开放大学为学习者提供了免费的试学课程平台——OpenLearn，以供学习者对要学习的课程进行试学，同时会为学习者提供更为详细的课程选择建议与课程介绍材料。

2. 正式学习开始前的支持服务

正式学习开始前在这里是指从学习者注册学习并缴纳学费到正式学习开始的一段时间。这段时间，该课程将为学习者提供一定的导学服务，导学服务的主要内容如表 4.2.1 所示。

表 4.2.1 导学服务的主要内容

序号	主要内容
1	提供英语能力测试和相关的英语学习资料
2	提供学习技能测试，并根据测试结果给出个人学习计划和建议； 发布学习技能网站，提供大量学习技能相关资源
3	提供图书馆服务，通过视频会议系统地为学习者提供培训，主要涉及如何使用图书馆完成作业和研究
4	信息技能培养，为学习者提供在线工具，以测评其信息技能，测评后及时给予反馈并推送相关学习资源

在导学服务期间，课程主要围绕学习技能培养、图书馆服务、课程导学等几个方面提供学习支持服务：（1）在学习技能培养方面，课程主要为学习者提供学习技能测试，并在此基础上为其提供个性化的建议与相关资源，从而帮助其在开展正式学习之前具备一定的基础学习能力；（2）在图书馆服务方面，学习者在开始课程学习前一个月，便可获得图书馆服务，通过视频会议系统地为学习者提供培训，主要涉及如何使用图书馆完成作业和研究，并且这种培训每月循环一次，方便新入学的学习者随时接受培训；（3）在课程导学方面，课程会专门预设导学周，并通过为学习者提供学习指南、时间安排等帮助学习者了解课程，提前进入学习情境。

3. 学习过程中的支持服务

这门课程在学习过程中的支持服务包括教学支持服务与管理支持服务。

1）教学支持服务

虽然在线学习者需要各种形式的学习支持服务，但是大多数学习者认为教学支持服务是最有价值且十分必要的一类学习支持服务，同时是学习者最希望获得的一类学习支持服务（黄天慧，郑勤华，2016）。H808 课程主要包括以下教学支持服务。

- **辅导教师建立学习共同体**：建立学习共同体是辅导教师的任务之一，这对消除学习过程中的孤独感，并在群体协商和对话的基础上进行知识建构具有重要意义。然而，学习共同体不会自动产生，它的建立需要以学习材料中精心设计的学习活动为基础，并且需要师生共同努力。
- **组织学习活动**：在教学过程中，辅导教师是学习活动的推动者，他们通过鼓励学习者参加各种学习活动来管理学习过程，以此引导学习者理解课程内容并获得知识水平和技能的提升。辅导教师通常负责"在论坛上发布学习活动说明""建立网络规则""引导学习者阅读课程材料或文献材料中的重要信息""对学习者的发言进行回复且要求学习者对同伴的观点进行评价""适时总结一些值得讨论的观点"等具体事项。

- **发起并保持支持性联系**：辅导教师会在整个课程学习期间与学习者保持联系，即在为期19周的课程学习期间，辅导教师会以平均每周发送3封电子邮件的频率与学习者保持联系，并且这些电子邮件的发送时间主要集中在单元学习开始前、做作业前、作业反馈后和小组协作活动前。电子邮件的主题通常为"学习进度提醒与重要信息发布""重要学习活动说明""了解学习者（没有积极参与论坛讨论）的学习进度""解决学习者的疑问"4类。其中，前2类为辅导教师与全体学习者联系，而后2类为辅导教师与学习者个人联系。
- **作业反馈**：为学习者提供作业反馈可能是辅导教师工作中极其重要和耗时最多的部分，英国开放大学十分重视作业反馈这一教学支持服务。H808课程指南中对辅导教师的作业批改时长与反馈进行了详细说明，即根据作业量的不同，辅导教师每次批改每位学习者作业的时间应该为60~90分钟。H808课程有2项TMA作业，间隔时间为1个半月。辅导教师组会在作业论坛中为学习者提供关于作业准备的建议、作业要求的详细说明及优秀作业范例。作业提交与反馈流程如图4.2.4所示。

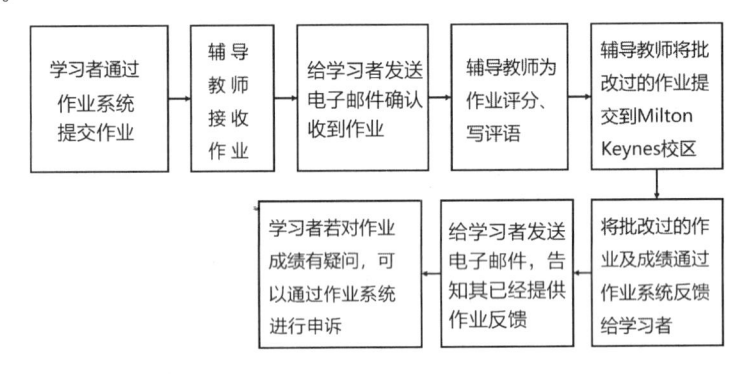

图 4.2.4　作业提交与反馈流程

2）管理支持服务

管理支持服务主要是指课程中的预防剽窃管理，即为了维护学术标准，英国开放大学在课程指南、作业指南中多次强调禁止抄袭，并为学习者提供了专门的文档，用以说明英国开放大学检测学习者是否有剽窃或抄袭行为的方式（黄天慧，郑勤华，2016）。同时，英国开放大学利用2种软件对学习者的作业进行反抄袭检测：（1）使用CopyCatch软件将每位学习者的作业与其他学习者的作业进行对比，并且与课程材料、课程提供的参考文献、其他经常使用的资源进行对比；（2）使用Turnitin软件将学习者作业中的信息与网络上可获取的相关信息进行对比，以此防止学习者直接抄袭网络上的资源且未标明来源（黄天慧，郑勤华，2016）。与学习者的作业对比的资源如表4.2.2所示。

表 4.2.2　与学习者的作业对比的资源

序号	与学习者的作业对比的资源
1	其他学习者的作业
2	课程材料
3	课程提供的参考文献
4	其他经常使用的资源
5	网络上可获取的相关信息

三、课程设计特点总结

基于以上对英国开放大学的课程开设情况及 H808 课程核心构成要素的阐述与分析，可以进一步总结出课程设计具有以下特点（陈庚，陈丽，郑勤华，2013）。

（一）重视学前指导及其他服务

英国开放大学在学习者未注册学习时就为他们提供了一系列的资源和相关服务，具体如下。

（1）信息类：课程的主要内容、课程的教学目标、可获得的学习资源、课程的评价方式、课程学习的组织方式、学习课程需要的时间等与课程相关的信息，这些信息可以增加学习者对课程的了解，学习者可依据这些信息选择适合自己的课程。

（2）工具类：课程选择工具、英语水平测试工具。

（3）资源类：英语学习资源、学习技能培养资源、信息技能培养资源等。大部分学习者在进行在线学习前的学习经验主要是从传统教育中获得的，而在线学习对学习者提出了更高的要求，如要求学习者具备熟练使用计算机和网络的能力、自主学习能力、在网上与教师及同伴讨论交流的能力、在网上寻求帮助和获取信息的能力等。因此，在学习课程前就考虑帮助学习者培养持续学习的技能，对在线学习非常重要。英国开放大学的部分课程还提供免费试学环节。英国开放大学所提供的服务说明其将学习者视为教育服务的消费者，主动将教育产品和服务推送给学习者，让学习者在课程学习开始前就能免费获取优质的学习资源和服务。

（二）以学习活动为中心

英国开放大学的课程以学习活动为中心开展设计，将新的教学内容嵌入学习活动中，在线课程减少了传统课堂中阅读、倾听及观看活动的量，而增加了思考、写作、讨论、汇报等活动的量。这些精心设计的学习活动引导学习者利用学习材料学习，顺利实现学习目标。在教学设计的过程中，多设计一些有利于促进交互的学习活动可以使学习者在学习过程中不断思考。

此外，课程的学习活动强调情境性，学习任务考虑到学习者的工作或学习经验，重视知识或原理在实践中的应用。同时，学习活动之间的关系十分密切，学习活动目标层层递进，有利于提升学习者的高阶思维能力。

（三）鼓励学习者积极参与学习和交互

课程为学习者创造了一个积极参与学习和交互的环境。课程的主要特征是支持互动的、积极参与的、合作性的学习过程，以论坛及其他工具为支撑。正如钟启泉（2005）指出的，知识不是游离于认知主体之外的纯粹、客观的东西，学习过程也不是打开"知识百宝箱"向学习者移植信息那么简单机械，学习乃是学习者建构自身对客体的理解，即知识是由学习者主动建构的。倘若没有学习者积极地参与自身知识建构，学习就不存在。在课程中，无论是辅导教师的辅导还是学习活动的设计，都鼓励学习者主动参与学习、积极参与讨论，提出问题并进行反思，同时鼓励学习者对同伴的观点进行评价。

（四）强调课程的实用性

在职成人所需要的教育与传统教育不同，在职成人学习者需要能应用于工作实践的学习内容，在选择课程时，他们通常会思考"学这门课程对我的工作是否有帮助"。因此，在线教育中的课程内容应该重视学习者的这种需求。英国开放大学鼓励学习者将学习知识与自己熟悉的学习情境联系起来，结合特定的学习情境完成学习任务。H808课程的学习活动鼓励学习者进行反思性学习，将所学知识应用于工作实践，通过建立相关的情境帮助学习者进行深入的思考。学习者过去积累的知识和经验同现在学习的新知识交织在一起，从而促进学习者的深层次学习。

（五）重视作业设计与作业反馈

在线教育中，大多数学习都是以评价为导向的。学习者会关注评价什么，并据此来安排自己的学习。因此，在设计作业时，设计者应该结合学习者的这种行为帮助他们深入、有效地学习。作业目标应该与课程或单元的学习目标一致，这样才能帮助学习者实现学习目标。课程的作业说明需要十分明确、清晰，应为学习者完成作业提供大量的"脚手架"，如完成作业的建议、优秀作业范例、清晰的评分标准等。

同时，教师对作业的反馈也十分重要，因为对那些不积极参与学习活动的学习者来说，作业反馈是唯一的与教师进行联系的方式。辅导教师对作业的批改十分细致，并且会提供很多有针对性的建议，这些建议对学习者有很大的帮助。

（六）创设了较强的教学存在感

在线教育中，师生、生生在时间和空间上处于相对分离的状态，学习者需要这样一种感觉：在学习过程中有教师，并且教师一直关注他们的学习；课程中的其他参与者（同伴）也在关注他们的学习，如知道他们在进行学习及如何进行学习等。如果学习者缺乏这种感觉，在线学习很难获得成功，这种感觉就是教学存在感。在课程学习过程中，学习者若能一直感觉到教师的存在，对其学习有很大的促进作用。下面对课程中辅导教师创设教学存在感的策略进行总结：

（1）课程开始前做自我介绍；

（2）对学习材料中的每项学习活动发起讨论，成为论坛发帖的第一人和最后一人，并且帖子置顶呈现；

（3）参与论坛讨论，并监控讨论的情况；

（4）参与学习者小组协作活动，并对小组成员进行鼓励；

（5）当给予学习者回复时，将学习者的观点进行整合，总结学习者的讨论结果，并标注提出某观点的学习者的姓名；

（6）阅读学习者的每一篇反思日记，并以电子邮件的方式给予反馈；

（7）通过电子邮件与学习者保持联系，告知他们要完成什么任务；

（8）当学习者向其寻求帮助时，及时回复学习者；

（9）认真细致地为学习者批改作业，提供详细的反馈和建议。

（七）重视学习者的反馈

英国开放大学通过各种渠道收集学习者的反馈信息。在每门课程学习的末期，系统都会邀请学习者参与对课程和辅导教师的评价。当然，英国开放大学不仅关注学习者对课程和辅导教师的评价，还关注学习者的需求。在英国开放大学的大多数网页上都有收集学习者反馈的渠道，学习者可以针对该模块内容提出建议，如还有哪些资源或服务学习者想获得但目前网站没有提供。

（八）注重学习技能的培养

在线学习对学习者提出了较高的要求。有的学者认为在线学习技能是在线学习的起点，即在参加在线学习前，学习者应具备必需的在线学习技能；而也有学者认为在线学习技能是在线教育的终点，即在线教育机构应该将培养学习者的在线学习技能作为一个重要的教学目标。英国开放大学显然赞同第二种观点，因此在课程学习前、课程学习过程中都为学习者提供了培养在线学习技能的资源，并通过多种形式的学习活动促进学习者关键学习技能的提升。

主题三 cMOOC"互联网+教育：理论与实践的对话"

主题学习目标

1. 了解"互联网+教育：理论与实践的对话"课程各要素的设计核心与关键点，并说出设计要点；

2. 掌握理念选择对课程各要素设计的作用，能举例说明联通主义学习理论如何体现在各要素的具体设计中；

3. 通过案例了解在线课程设计与开发的迭代和优化过程。

一、设计理念介绍

联通主义学习理论作为 Web2.0、社会媒体等快速发展，以及知识更新速度日益加快背景下催生的一个重要学习理论，获得了快速的发展，并形成了系统性的哲学取向、知识观、学习观、课程观、教师观、学生观、学习环境观及交互观（王志军，陈丽，2014）。在哲学取向层面，联通主义学习理论的核心围绕着连接展开，因为世界的本质是"整体的、分布的，是对要素如何被感知者连接的反应"，所以对世界的认识即知识存在于连接建立的过程中，对应的方法则是从多个方面评价连接。在知识观层面，联通主义学习关注复杂情境中快速变化的软知识，主要包括知道在哪里和知道怎么改变两种类型，它们以个体知识和社会知识的形式存储。知识是一种网络现象，具有动态性、隐性和生长性特征。学习目标是基于创造的知识生长，即实现知识的流通。在联通主义学习中，不仅强调建立与已有节点之间的连接，还强调在学习过程中创造新的节点，并与之建立连接，促进知识的生长。在学习观层面，强调学习即连接的建立和网络的形成（Siemens，2005）。学习就是形成 3 个基本网络，即内部认知神经网络、概念网络和外部/社会网络间连接的过程。网络由节点和连接两部分组成。网络中意义的创建源自连接的形成和对节点的编码。一个新节点的出现并不能保证学习的发生，因为新增一个节点不能确保知识的传输和意义的转换。这些节点必须被编码且与网络中的其他节点发生联系，即连接是联通主义学习的关键。因此，学习是允许我们接受新知识，并将新知识作为个人知识网络中的新节点而编码的过程。同时，学习更重要的是模式识别，学习并不是记住或理解一切信息，而是为了培养适时适地找到知识、应用知识的能力。在课程观层面，联通主义是一种开放、分布、学习者定义、社会化和复杂的课程（Siemens，2012）。由于指导的学习理论不同，这些课程与传统课程有质的不同，具有以下特征（Siemens，2011）：（1）强调学习者自主决定如何参与，采用何种技术打造学习空间和分享或生成学习内容；（2）由参与者共同开发，最初的结构与传统课程结构类似，但随着课程学习的开展，课程范围随着学习者的学习而不断扩展，学习者通过社会书签分享学习资源或通过其他工具发表自己的观点，课程随着学习者的参与和投入而不断优化；（3）创建和分享意会后的生成性内容，生成性内容对促进交流非常重要，这些生成性内容可以是文字、视频、图像等，一旦将其分享，其他学习者就可据此进行意会活动；（4）通过网络传递课程内容，由于开放在线课程通过多种技术来分布内容和交互，因此网络（社会网络和技术网络）是交互和学习的中心；（5）在开放课程中，鼓励学习者打造自己的交互空间，很多学习管理系统在某一特定时间后限制学习者访问，开放在线课程一般建议学习者建立自己的博客或借助已有的网络身份来构建与其他学习者交互的数字身份；（6）课程内容以碎片化的形式分布在网络文章、虚拟博物馆、YouTube 视频、第二人生及各种反思中；（7）教师是课程促进者，在课程中起到策展、促进寻径和社会化、聚合、过滤、模仿、持续存在的作用，学习者是自我导向、网络导向的，并且是知识的创造者；（8）学习环境强调在分布式、复杂信息环境中对个人学习环境和个人学习网络的建构；（9）交互是联通主义学习的核心和联通主义学习取得成功的关键，也是连接和网络形成的关键。

对联通主义学习中的交互进行研究发现，联通主义学习中的交互按照认知参与度从浅到深，可分为操作交互、寻径交互、意会交互和创生交互 4 类。根据交互目的和交互方式，学习者通过操作交互利用社会媒体建构学习环境，寻径交互中包括与人的联通和与信息的联通，意会交互包括聚合与分享、讨论与协商、反思与总结、决策制定，创生交互包括制品创建和重新合成。这 4 类交互是一个网络化的而非线性化的过程，并且表现出很强的递归性。低层次交互是高层次交互的基础，高层次交互的开展也进一步扩展了低层次交互的需求。联通主义学习是 4 类交互作用下螺旋式知识创新及网络扩展与优化的过程（王志军，陈丽，2015）。图 4.3.1 所示为联通主义学习教学交互与认知参与模型。

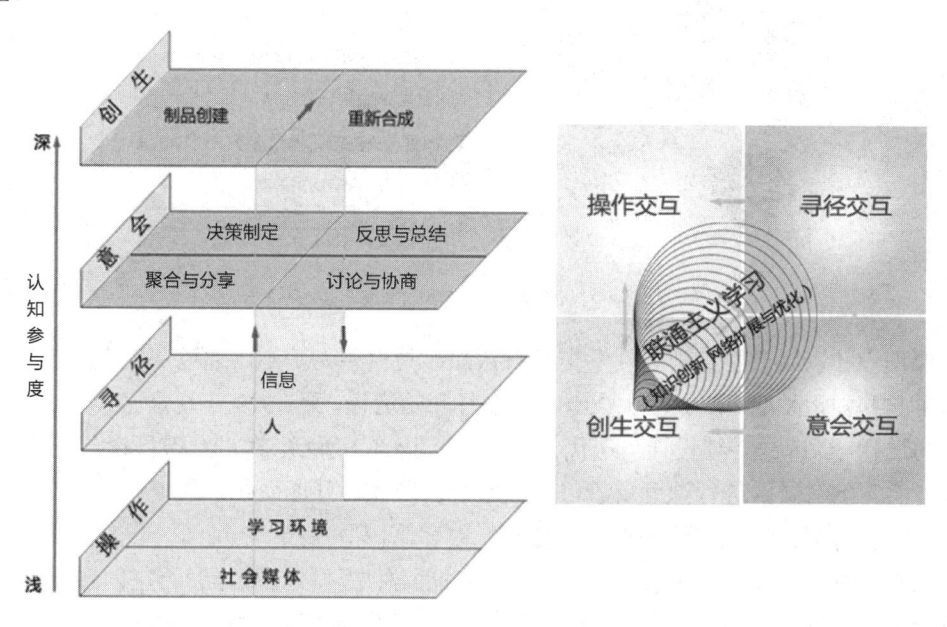

图 4.3.1 联通主义学习教学交互与认知参与模型

二、课程介绍

2018 年，为了探索"互联网+教育"的基本理论建构与实践创新，以及联通主义学习理论在中国的实践，北京师范大学互联网教育智能技术及应用国家工程研究中心陈丽教授团队和江南大学合作，开发了国内首门 cMOOC"互联网+教育：理论与实践的对话"。

这是一门为了深入挖掘当前"互联网+教育"领域的理论发展和创新实践案例、探索互联网时代创新人才培养方式和新的课程组织模式而设计与开发的实验性课程。该课程以"互联网+教育"这一前沿话题为主题，以联通主义学习理论为指导开展设计，旨在帮助参与者实现以下目标：

（1）建立起个人与典型创新企业、研究机构、关键人物、文献资源之间的连接，形成互联网教育领域的社会联通网络；

（2）汇聚各个领域专家和实践者的群体智慧，变革教育的理论基础，对这一前沿、快速发展的领域形成深入的认识；

（3）建构一个包括研究者、创新企业实践者、管理人员在内的互联网教育领域进化型、综合性高端研究社区。

如图 4.3.2 所示，课程重点关注互联网领域中推动教育创新发展的实践策略和理论创新。

图 4.3.2　课程认识论基础与学习原理

课程设计以联通主义学习教学交互与认知参与模型为基础，通过深度交互实现网络持续生长和知识生成。该课程从 2018 年 10 月开始运行，至 2023 年 6 月已经开展了 9 轮设计与迭代。课程的持续设计与迭代（部分）如图 4.3.3 所示。在进行课程设计与迭代时，设计者会对已有实践进行深度反思，再重新定位课程，开展系统性的设计。第 7 轮设计将课程名称调整为"'互联网+教育'与教育数字化转型"。

该课程首期主题学习围绕"互联网+教育的哲学观""线上线下学习空间融合""社会教育资源共建共享""消费驱动的教育供给侧改革""精准高效的教育管理模式"五大主题展开，协作问题解决则以向企业、学员、学界征集的"互联网+教育"实践问题为核心推进。课程以学习日报或者周报的形式向学习者推送预设和生成的学习内容或资源。课程既包括参与讨论、分享资源与案例、在线协作问题解决等异步交流活动，也包括在线直播、线下沙龙等同步交流活动。课程通过推送资源、可视化呈现学习过程与结果的形式为学习者提供学习支持服务，促进学习者之间的深度交互和连接的建立。课程以线上线下融合、案例剖析、理论研判、问题解决相结合等形式开展，以周为教学单位，具体包括导学周、主题学习周、调整周和结课周。导学周旨在引导学习者熟悉平台的使用、掌握课程基本理念、适应联通主义学习方式、认识了解学习伙伴，以形成持续学习的意愿。主题学习周引导学习者对实践案例进行分析交流和讨论研判。调整周一般设置在第 7 周，旨在为学习者提供休息调整的时间。结课周主要对课程的学习进行总结，并向优秀学习者颁发证书。从第 3 轮课程开始新增了问题解决周，引导学习者聚焦"互联网+教育"实践中的真实问题，开展在线协作学习，寻找解决方案，实现知识创生。因此，调整周替换为问题解决周，旨在既帮助学习者调整学习节奏，又为问题解决的开展提供支持。该课程有数千名学习者参与学习，其中企业人员占 11.6%，教师占 36.09%，教育管理者占 8.61%，学生占 39.22%，以及 4.48%的其他人员。基于课程的研究与实践，课程团队产出了"互联网+教育""联通主义""cMOOC 中的学习成果分析"等研究成果。

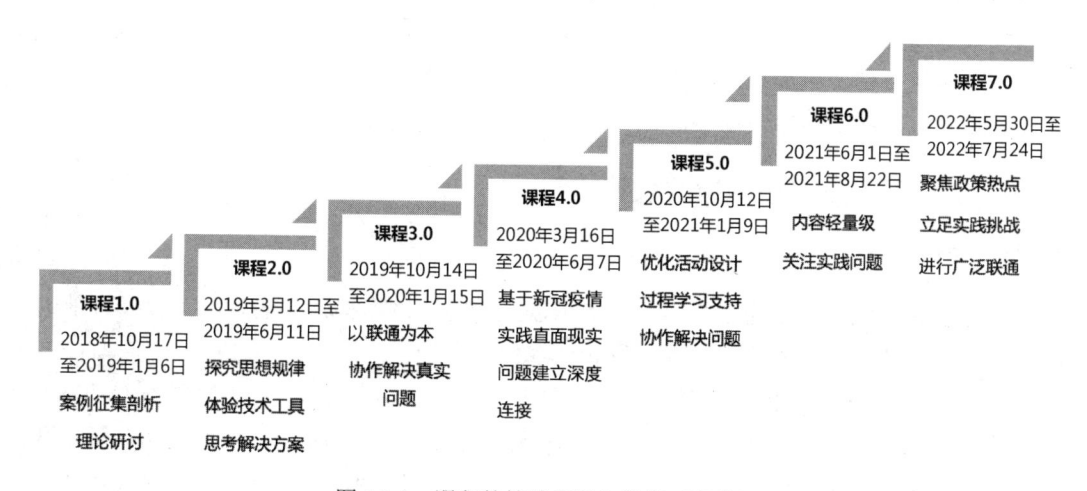

图 4.3.3　课程的持续设计与迭代（部分）

这门课程是试验性课程，由于此类课程具有学习内容生成性、学习方式开放性和复杂性的特点，因此在设计与开发过程中遵循"边设计、边开发、边迭代"的规律。下面将以第 1 轮课程（简称课程 1.0）为例，全面呈现这门课程设计与开发的过程。

三、前期总体设计

课程设计的第一步是进行学习主题设计，具体包含 2 个步骤：（1）选择课程的核心学习主题，通过对国外课程案例的分析发现，课程的核心学习主题应具有开放性、前沿性和复杂性；（2）将核心学习主题细化为模块主题，在设计模块主题时，需要考虑学习主题所包含的具体领域及各领域的知识网络。

（一）选题缘由

这门课程将"互联网+教育"作为核心学习主题主要有以下几个原因：（1）"互联网+

教育"是一个全新且充满不确定性的领域,并未形成系统的知识体系;(2)联通主义是"互联网+教育"的支撑点,联通是快速且深入了解"互联网+教育"创新领域基本规律的有效途径;(3)具有不同学科背景、不同身份、不同经验的主体对"互联网+教育"的认识不同,通过课程交流中的思想碰撞和智慧共享,有助于从多个视角建构"互联网+教育"的基本理论。

互联网重构了教育组织体系和服务体系,并促进了教育实践的创新发展(陈丽,2019)。在"互联网+"时代,教育达到了前所未有的开放和复杂程度(王志军,陈丽,2019),数字化的学习环境及开放多样的学习资源催生了多种教育实践形式,如开放教育、MOOC、知识付费、碎片化学习等。"互联网+教育"不是将传统的课堂照搬到网上,而是新知识观指导下的教育组织重构和流程再造(陈丽,逯行,郑勤华,2019),且对学习者的创新能力提出了更高的要求。"互联网+"环境下人才培养模式、教育服务模式、教育治理模式的变革,既是新机遇也是新挑战。因此,该课程基于当时"互联网+教育"领域的新规律与各种创新实践,关注"互联网+教育"领域的具体实践情况与理论创新,并促使参与者建立深度的学习连接。

(二)目标与定位及内容体系设计

1. 目标与定位

课程设计者应基于联通主义学习"知识创生"与"网络构建"的目标,以及开放性的课程设计原则,进行相应的课程定位和内容体系设计。

1)"互联网+教育"的学习目标

基于"互联网+教育"的核心主题,课程目标包括以下3个方面:(1)形成对"互联网+教育"领域创新特征的系统认识;(2)建立个体与互联网领域关键节点、关键人物及文献资源之间的网络关系;(3)形成"互联网+教育"的研究社区。

2)聚焦创新案例征集与理论剖析的课程定位

结合课程目标,课程定位为"互联网教育领域创新案例征集与理论剖析"。该课程定位主要考虑以下2个方面:(1)从创新案例出发,能够全面反映"互联网+教育"领域的具体实践形式及其背后的理论规律;(2)学习者具有多样的身份特征与学习需求,要为学习者之间的互动与内容生成创造条件。

2. 内容体系设计

"互联网+教育"是我国处于教育信息化创新阶段所关注的重点话题,它特指真正能够解决教育问题、关注如何运用互联网让教育变得更好的一类创新。当前的互联网教育领域存在理念观念陈旧、制度建设滞后、理论支撑不足、创新力量分散等问题(陈丽,2018),"互联网+教育"领域并未形成体系化的、固定的学习内容。如图4.3.4所示,围绕"互联网+教育"领域已经出现或者可能出现的教育创新与教育案例,"互联网+教育"的创新趋势具有5个变革性特征:教学空间融合、教学交互复杂、供给消费驱动、教育管理精准、教育资源共享。

"互联网+教育：理论与实践的对话"将课程的核心主题"互联网+教育"划分为"线上线下教学空间融合""社会各界教育资源共享""消费驱动教育供给侧改革""精准高效的教育管理模式""互联网+教育哲学基础探讨（本体论、认识论、方法论）"五大模块主题，其中最后一个模块主题旨在做理论上的提升。

图 4.3.4　互联网教育创新趋势（陈丽，2018）

（三）学习节奏设计

考虑到每个模块主题的范围仍然比较广，在课程周期的设置上，除了导学周的学习时间设置为一周，五大模块主题都设置了两周的学习时间。每个模块主题学习的第 1 周为"分享交流周"，第 2 周为"讨论研判周"。课程 1.0 的时间安排如表 4.3.1 所示。

表 4.3.1　课程 1.0 的时间安排

周	时间	主题	详情
第 1 周	10 月 17 日至 10 月 23 日	课程导学	熟悉"互联网+教育"
第 2 周	10 月 24 日至 10 月 30 日	【主题一】	主题一　分享交流周
第 3 周	10 月 31 日至 11 月 6 日	线上线下教学空间融合	主题一　讨论研判周
……			
第 8 周	12 月 5 日至 12 月 11 日	互联网+教育创新学术沙龙	线下活动一
……			
第 11 周	12 月 26 日至次年 1 月 1 日	【主题五】	主题五　分享交流周
第 12 周	1 月 2 日至 1 月 4 日	互联网+教育哲学基础探讨	主题五　讨论研判周
	1 月 5 日至 1 月 8 日	结课仪式	线下活动二

（四）学习平台设计与支持工具选择

1. 学习平台设计

在线课程的开展需要联通化的学习环境，通过对国际案例的分析得出，创建联通化的学习环境包括2个步骤：第一步，建设一个促进知识分享、聚合的核心站点，将其作为学习网络中各类节点建立连接的中转站；第二步，选择合适的、分布于网络当中的各类媒体工具，充分发挥不同技术的社会联通能力，以吸引更多人加入课程学习。学习平台的设计具有以下特点：第一，平台功能设计参考国外知名平台的设计理念，充分发挥技术开放和联通的特性；第二，平台侧重资源汇聚和联通性功能的开发；第三，尽量降低平台开发的难度，将视频会议、社交媒体等功能交给其他专业软件。此外，课程平台开发功能需求如下。

（1）综合征集"互联网+教育"案例的课程定位：建立案例库，支持学习者共建共享案例。

（2）为学习者之间的寻径交互创造条件：支持人与人、人与信息的交互和连接。

（3）为学习者之间的意会交互创造条件：设置资源聚合器功能，可以自动抓取、汇聚网络中生成的学习内容，并分享给学习者，支持学习者的交互。

（4）基于"内容生成"与"网络构建"的联通主义学习目标，为学习者构建个人社交网络、输出学习制品提供技术引导与支持。

课程平台开发功能需求清单（示例）如表4.3.2所示。

表4.3.2　课程平台开发功能需求清单（示例）

模块		功能描述
课程进入	用户注册、登录	允许第三方直接登录
	邀请机制	可以邀请他人加入课程
	用户管理	邮件列表、信息统计
	博客列表	提供学习者所登记的博客列表
学习日报	日报管理	对学习日报列表及日报的阅读、评论、分享进行管理
	日报列表	按日历呈现，为学习者的学习提供导航
	生成日报	支持链接课程资源（PPT、PDF等资源）
		支持添加课程视频、音频材料
		支持链接博客
	编辑日报	日报发布之后教师可以对日报进行修改与再编辑
	评论功能	可以对日报进行评论，增加"关注度"指标

如图4.3.5所示，课程平台由5个模块组成，包括"首页""课程""案例库""活动""个人中心"。

如图4.3.6所示，"首页"为课程主页面，主要分为4个部分。

A．课程海报：主要放置当前的课程海报。

B．模块导航：呈现当前课程的二级页面导航按钮，包括"课程简介""课程运行方式""微博与博客列表""资源分享""课程论坛""统计分析""添加案例""课程案例"。

C．课程目录：主要包括课程的各个主题及主题详情。

D．课程日报：呈现当天最新的日报内容，也可查看更多日报。

图 4.3.5　课程平台首页

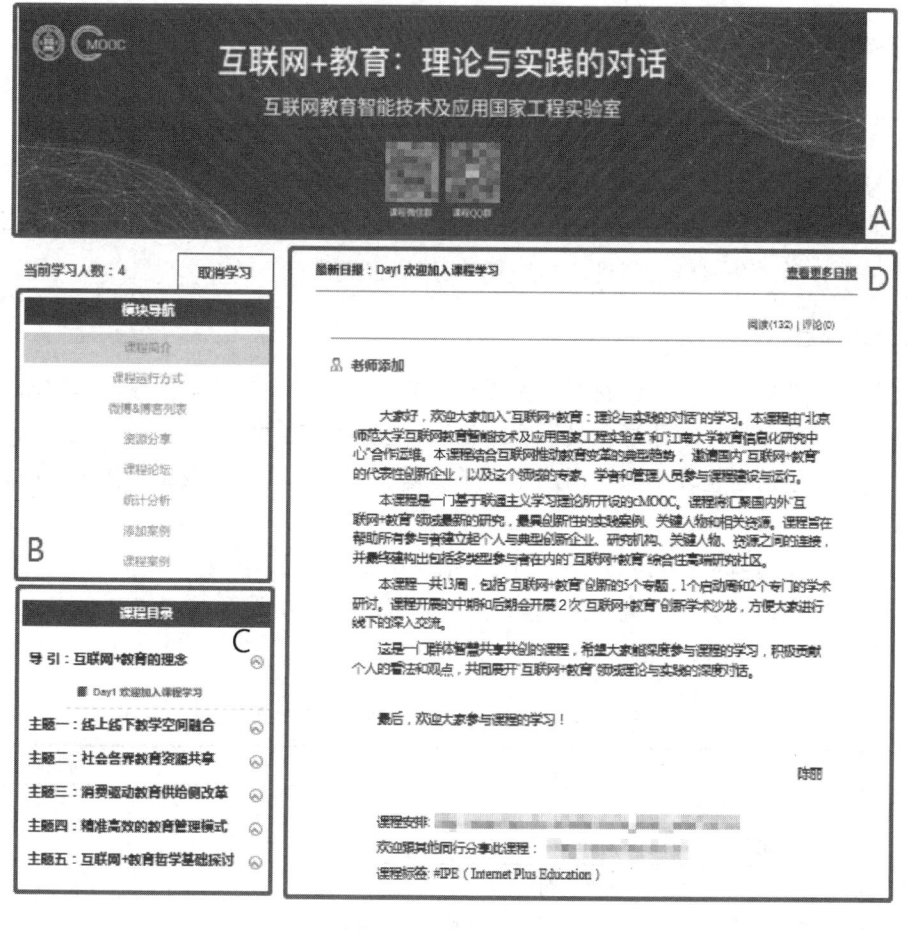

图 4.3.6　课程主页面

2. 支持工具选择

不同的工具具有不同的作用，为了降低平台的开发成本，发挥各种工具的优势，课程设计者应尽可能选择能够支持大规模课程开展、降低学习者技术使用门槛的工具，以保障技术网络的通畅、开放与联通。课程设计者最终选择的支持工具如表 4.3.3 所示。

· 89 ·

表 4.3.3　课程设计者最终选择的支持工具

工具类型	具体用途	支持工具名称
社交媒体工具	用于深度的课程反思与异步交流	新浪博客
	开放课程信息的平台，用于课程的分发、传播和互动	微信公众号
	用于发放课程通知，促进学习者之间的交流互动	QQ、微信群、电子邮件
视频会议系统	提供在线直播技术，用于嘉宾直播	新维空间站
	提供互动技术，实现实时的在线交流互动	ClassIn
视频呈现平台	用于为学习者提供需要观看的视频资源，可以将视频链接添加到 cMOOC 平台当中	bilibili

四、各要素具体设计

（一）导学周导学目标、学习活动和学习资源设计

学习指导是帮助学习者转变学习观念、适应联通主要学习方式的重要途径之一，而导学周是"学习指导"的重要组成部分。下面从导学目标设计、学习活动设计和学习资源设计3个方面，介绍导学周设计与迭代的具体细节。

1．导学目标设计

课程以"开放讨论、激活思维，做理论上的引导提升"为导学目标，具体如下：

（1）帮助学习者了解联通主义学习理论和"互联网+教育"相关概念；

（2）引导学习者搭建个人学习网络，掌握课程平台及其他分布式媒体工具的具体操作方式；

（3）引导学习者进行自我介绍，开展网上破冰活动；

（4）引导学习者分享"互联网+教育"案例或者对"互联网+教育"的看法。

表 4.3.4 所示为课程 1.0 导学周基本任务清单。

表 4.3.4　课程 1.0 导学周基本任务清单

序号	基本任务	目的
1	注册平台，加入课程学习，提交案例	加入课程/社群
2	加入课程微信群，便于第一时间收集相关信息	
3	注册博客账号，在平台上添加博客账号	引导操作交互
4	熟悉课程平台的基本功能，确保后期无技术障碍	
5	了解"互联网+教育"理念	了解课程
6	根据课程安排，参与同步直播交流活动	参与直播
7	发表一篇博客文章，标题上添加课程标签	输出内容/引导寻径交互
8	在论坛或者博客中发布自我介绍	
9	浏览他人的介绍，找到自己感兴趣的人	
10	根据平台提供的微博账号列表，关注其他学习者	

2. 学习活动设计

为了帮助学习者快速适应这种学习方式，导学周学习活动设计如下。

（1）导学周前四天为学习者之间建立连接提供支架，帮助学习者注册平台，建立相互之间的联系。

（2）导学周第五天，进行以"互联网推动教育变革的趋势和方向"为主题的直播，为初学者讲解"互联网+教育"的变化趋势、联通主义学习理论及课程的学习主题与学习方式，为学习者的异步交互提供知识生长点。

（3）导学周后两天，引导学习者进行理论提升、学习反思与内容输出，引导学习者深入探讨"互联网+教育"领域相关问题，并为今后模块主题学习的开展提供支持，学习者之间的交互需要达到"意会"与"创生"层次。

导学周学习活动（部分）如表 4.3.5 所示。

表 4.3.5　导学周学习活动（部分）

时间	概括	呈现方式	活动设计详情
第一天	加入课程、熟悉技术平台	平台任务	（1）请大家在平台上完善个人信息，登记博客账号。 请您完善个人信息。若没有博客账号需要注册一个，并在"个人中心—用户资料—个人信息"处填写您的博客账号。 （2）请大家在论坛或者博客中发布自我介绍。 注：博客文章的标题需要包含课程标签
		论坛讨论	请您在这里完成自我介绍。 注：包括基本背景信息（姓名、教育背景、所在机构等），感兴趣的领域，正在从事的相关工作，对课程的期待等
第二天	了解课程的学习方式	平台任务	请大家积极反馈，注意核对个人博客账号
		论坛讨论	为平台提意见： 大家好，这是一个实验性平台，平台经测试后上线，可能还有一些需要完善的地方，欢迎大家提出宝贵意见
		微信讨论	围绕"联通主义学习理论、联通主义学习方式"开展讨论

3. 学习资源设计

引导性学习资源包括学习方式引导、学习资源引导和生成性资源的整合 3 个部分。

1）学习方式引导

课程大部分资源是介绍课程学习方式的引导性资源，包括操作引导和寻径引导，并与导学周的学习任务相对应。课程团队编写了"互联网+教育：理论与实践的对话"的学习引导，从"查看学习日报""撰写博客或微博文章""发表学习评论""共享学习资源""加入在线讨论""自主组织活动"6 个方面向学习者介绍课程的学习方式。此外，课程团队还编写了"用户指导手册"，旨在为学习者完成学习任务提供帮助。

2）学习资源引导

为了吸引学习者加入课程学习，导学周设计了多种类型的学习资源，并通过多种途径进行传播。为了帮助学习者更好地适应联通主义学习，课程专门录制了"欢迎加入课程学习"和"课程学习引导"视频，撰写了博客文章、公众号文章等，并通过多种方式推送给学习者，十分注重资源在社群内部传播。此外，课程团队还将众多与"互联网+教育"领域相关的微信公众号作为资源推荐给学习者，目的是为学习者提供更加广阔的联通路径，并适应当下学习者的信息接收方式，以引导学习者自主学习感兴趣的内容。

3）生成性资源的整合

在课程运行中，课程团队在学习日报中添加了大量的生成性资源，包括之前的学习者分享的优秀"互联网+教育"案例、典型的博客文章及其他社群化交互活动（微信群同步聊天）的总结等。

（二）主题学习周学习设计

为了深入挖掘案例的创新价值，课程团队将每个主题的学习时间设置为两周，包括分享交流周和讨论研判周。分享交流周围绕由课程团队选择的体现当前主题特点的教育创新案例进行分享和互动；讨论研判周则是在学习过程中征集其他相似的实践案例，组织学习者进行深入探讨与研判，从理论层面对已有实践进行升华。对应的主题学习包含两条设计路径：（1）围绕与主题相关的"互联网+教育"创新案例进行案例剖析与理论研判；（2）围绕与主题相关的其他维度设计关键问题节点，引导交互与理论提升。

1．学习活动设计

为了帮助学习者建构网络，课程所采用的社群化交互活动包括复杂问题导向的异步交互活动、同步直播活动和线下沙龙活动。

1）复杂问题导向的异步交互活动

围绕创新案例的剖析与理论探讨，将以下 4 个问题作为支架，帮助学习者对教育创新案例进行深入分析。

- 该案例解决了什么教育问题？
- 教育支持服务如何优化？
- 该案例的理论基础或创新点是什么？
- 还有哪些类似的可以解决同样问题的案例？

同时，课程还设计了多样的学习任务，以引导学习者进行交互与内容输出。例如，课程促进者会先设计微信群中的讨论话题，引导学习者开展实时互动与思维碰撞，再发布"撰写博客"的学习任务，让学习者将个人的思考加以沉淀。

2）同步直播活动

按照"分享交流周"与"讨论研判周"的设计思路，课程每周六组织的同步直播活动在直播主题、创新案例及直播嘉宾的选择方面各不相同。

第 1 周"分享交流周"同步直播活动的核心为"分享"，由课程促进者提前选择与本周主题相关的创新案例并邀请对应嘉宾，通过"新维空间站"所提供的技术平台分享他们的创新案例，如图 4.3.7 所示。

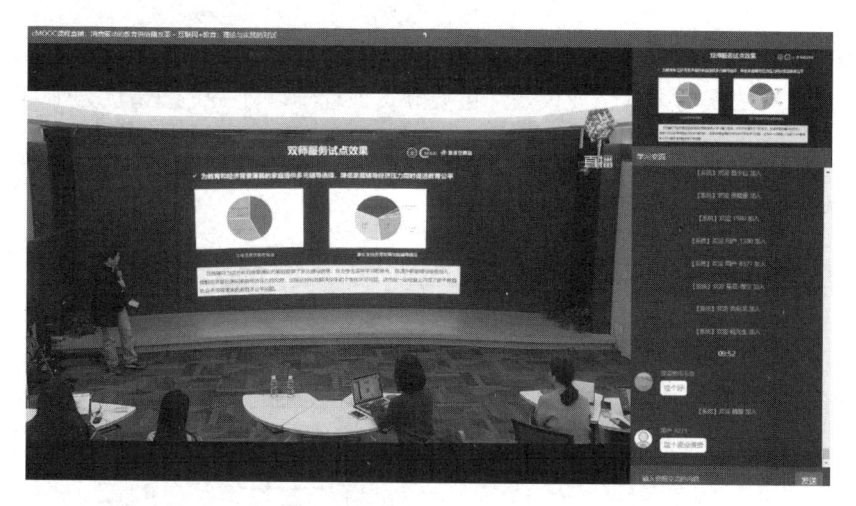

图 4.3.7　cMOOC1.0 主题三"分享交流周"同步直播活动截图

在案例分享过程中，嘉宾主要从以下 5 个方面分享创新案例。
- 新问题：案例针对什么教育需求？
- 新功能：技术的作用/产品的功能/服务方案。
- 新理念：案例秉承的教育理念或思想认识。
- 成效：案例在实践中产生的效果。
- 新规律：案例呈现了哪些新规律、新制度？

第 2 周"讨论研判周"同步直播活动的核心为"在线讨论"，课程促进者会邀请本周研讨中表现积极、联通度高、观点深刻的学习者加入直播活动（允许学习者自荐，但需要筛选和审核），通过同步直播的形式进行问题研判与思维碰撞，其余学习者可以同步在线观看与讨论（见图 4.3.8）。第 2 周的直播活动主要由 ClassIn 提供技术支持。

图 4.3.8　cMOOC1.0 主题一"讨论研判周"同步直播活动截图

3）线下沙龙活动

除复杂问题导向的异步交互活动与同步直播活动之外，为了加深学习者之间的联系，课程还组织了两次线下沙龙活动：第一次为教育内涵发展的新理论、新方法、新技术高峰论坛；第二次为课程结业仪式，主要颁发课程学习证书，邀请优秀学习者分享学习经验。

2. 学习引导与学习资源策展

课程以学习日报来策展学习资源和引导学习者开展学习。学习日报包括教师添加、博客内容、案例内容，如图4.3.9所示。

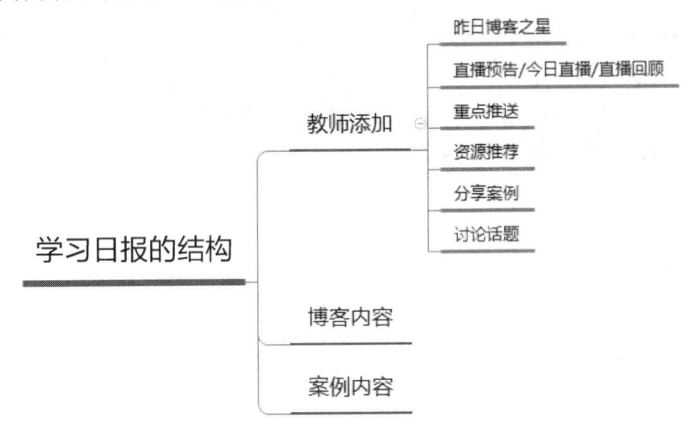

图 4.3.9 课程学习日报的结构

"教师添加"是教师自主发表内容的地方，可以发布课程公告、学习任务及课程学习资源、学习活动等内容，具体包括以下部分。

（1）"昨日博客之星"，主要用于表彰贡献了有价值、高质量博客文章的课程参与者，目的是激发更多的学习者分享思考、积极参与互动。

（2）"直播预告/今日直播/直播回顾"，主要包括直播的预告引导、直播链接、直播回放文件等的分享。

（3）"重点推送"，呈现主题学习中最为重要的学习资源或者相关公告、简介等信息，提前放置本周直播案例的简单介绍，帮助学习者提前了解案例的基本情况。

（4）"资源推荐"，呈现主题学习中由课程组织者提供的建议学习者学习的文献、音视频等资源，对于文献类的资源，往往会附上该文献的推荐词及相应的文献下载链接。

（5）"分享案例"和"讨论话题"，主要呈现社群化交互活动。"分享案例"的主要目的是引导学习者在深入思考直播案例的基础上，共享更多的实践案例；"讨论话题"部分主要呈现教师提出的问题，引导学习者分享讨论。

同时，由于大量的讨论发生在微信群中，课程组会将微信群中的信息汇总起来并放入日报中，启发学习者进一步思考。

（三）学习支持服务设计

课程团队提供了课程建设与管理、面向过程的迭代设计、技术支持与同伴支持3个方面的学习支持服务，具体如下。

1. 课程建设与管理

课程根据内容的需要组建了一个包括 7 名教师的核心团队，其中有 1 名课程内容专家，1 名联通主义专家和 5 名主题教师，当然还有相关的技术团队与学习支持服务人员。在课程运维过程中，主题教师负责完善主题设计、联系直播主讲人、促进课程互动、组织相关活动等；学习支持服务人员则负责维护课程平台、筛选博客文章、观点收集、设计与发布日报、筛选积极参与者、组织在线讨论、维护其他媒体技术等工作。

2. 面向过程的迭代设计

课程学习设计遵循预测性与迭代性原则，并通过以下 3 种方式进行迭代设计。

1）征集学习者感兴趣的话题

在主题学习中，鼓励学习者在论坛新建话题，并将这些话题融入内容体系。

2）在直播中生成内容

在前期的课程设计方案中，团队会进行一定的留白处理，为交互过程中可能生成的话题提供再设计空间。在设计直播活动结束后的问题时，为直播主讲人提出问题留下空间，以引导学习者在直播活动结束后对直播所分享的内容进行再思考。

3）关注学习者互动过程中生成的问题

课程中存在很多异步交流活动，在学习者之间互动与碰撞的过程中，往往会产生新的想法或思考方向，课程促进者会在恰当的时候出现，并发现其中可以作为知识网络拓展的价值增长点，从而吸引更多的人参与讨论和交流。

3. 技术支持与同伴支持

学习者在参与课程学习的过程中会遇到技术操作层面的问题和对这类学习认知的问题。针对这些问题，课程促进者提供了相应的技术支持。同时，课程促进者会采取提供同伴支持服务的方式，帮助学习者在复杂信息网络中找到方向，解决学习过程中的困惑，更好地挑选并完成各类联通化学习活动。课程促进者努力营造一种开放、共享的学习氛围，以吸引和鼓励其他参与者投入与分享。

（四）学习评价设计

课程以开放联通、人人参与、人人共享为总体学习要求，基于"知识创生"与"网络构建"的学习目标，课程评价体系重点关注学习者的"过程参与、内容贡献"，具体如下。

（1）能贡献"互联网+教育"相关理论研究或者实践创新的案例资料，并发表自己对"互联网+教育"的认识和看法。

（2）对"互联网+教育"有自己感兴趣的点和基本的认识，愿意与他人分享自己的见解，也愿意把课程推荐给自己的同伴。

（3）课程共包括 5 个主题，在课程学习的过程中，每个主题至少能贡献 2 篇有深度的博客文章及 10 条微博（每天一条），课程学习过程中浏览他人的博客，并对他人发布的内容至少进行 13 次（一周一次）评论。

学习评价的主要目的是转变学习者的理念、鼓励学习者积极参与课程学习、促进学习者知识网络与概念网络的建构。其中，学习评价标准的第一条与第二条是学习者加入课程的基本要求，即学习者必须具备一定的思考能力与"互联网+教育"相关经验，能够贡献与"互联网+教育"相关的理论与实践案例；第三条则是对学习者的学习参与度与贡献度的规定。

五、课程设计迭代

在课程实施过程中，课程团队采用了多种方式来了解参与者的学习感受，如问卷调查、半结构化访谈等，并基于此总结课程运行过程中存在的问题。基于课程设计经验与问题反馈，在第 2 轮的课程设计中开展了以下优化与迭代：（1）学习平台再设计；（2）课程定位调整；（3）学习评价优化。

（一）学习平台再设计

结合学习者特征并调查学习者与课程促进者的使用体验，发现课程平台有以下几个方面的问题亟待解决。

（1）改善移动端的学习体验。

（2）增加与完善平台的社群化交互功能。

（3）升级博客抓取与日报发布的技术。

因此，课程基于学习社区理念，采用"WordPress+微信生态"的设计思路，进行了再设计，其技术环境结构如图 4.3.10 所示。

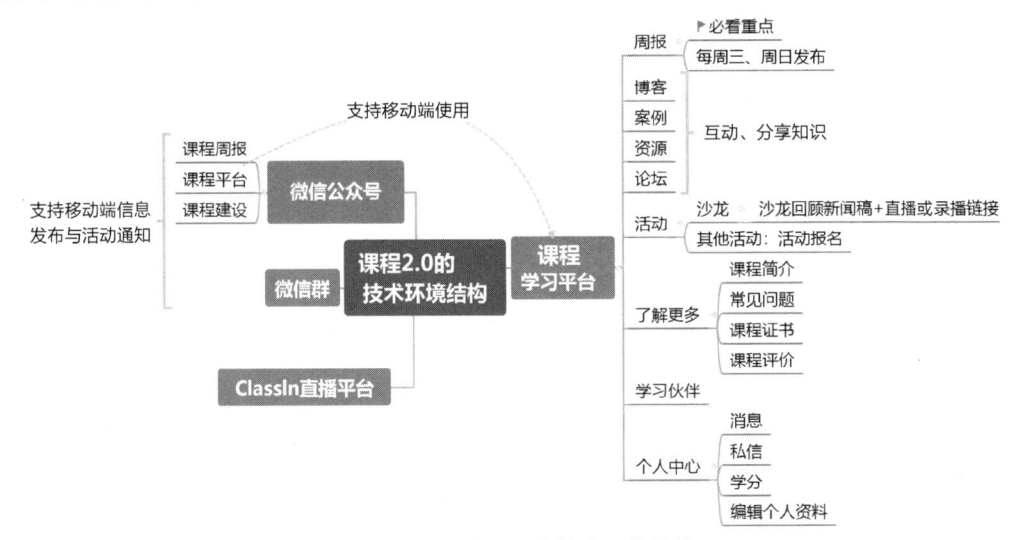

图 4.3.10 课程 2.0 的技术环境结构

同时，为了优化平台的视觉体验，课程团队专门设计了 Logo，制定了课程平台的配色方案，并美化了界面。如表 4.3.6 所示，课程的 Logo 一共有 2 个设计方案，因为设计方案二更符合课程的理念和内涵，外形也非常简洁、美观，所以最终采纳了设计方案二。

表 4.3.6　"互联网+教育：理论与实践的对话"课程 Logo 设计方案

设计方案	具体评价
Logo 设计方案一	交叉、叠加的开放性图形体现了互联、凝聚的意象，具有科技感
Logo 设计方案二	2 个字母 O 连成一个无限符号，体现了联通主义学习的大规模在线开放课程拥有无限的想象力和无限的受众人群，纯文字的设计有更强的信息传达力，符合 cMOOC 的理念与内涵

课程 2.0 的首页如图 4.3.11 所示，包括以下功能区。

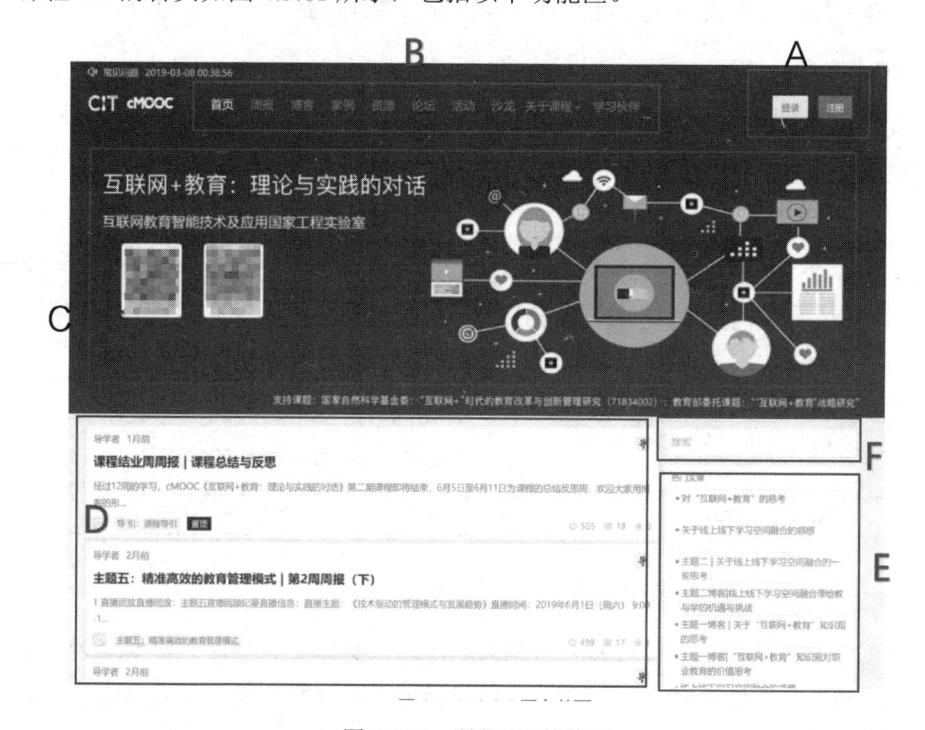

图 4.3.11　课程 2.0 的首页

A. 用户"登录/注册",支持直接微信登录。

B. 导航栏,可跳转到各个部分。

C. 海报区,课程运行后的各类动态(如直播预告、沙龙报名、周报更新等)都会第一时间同步到该区域,点击即可进入相应的页面。

D. 系统地呈现学习周报。

E. 该区域呈现近期网站的热门文章、案例、资源、讨论话题等,可供学习者阅览。

F. 输入关键字,即可查找对应的文章、学习者。

(二)课程定位调整

第 1 轮课程定位为"互联网+教育"领域的"创新案例征集与理论剖析",基于资源的持续积累及用户的反馈,第 2 轮课程定位为"探究思想规律、体验技术工具、思考解决方案"。基于此,第 2 轮课程的设计重点如下。

(1)延续第 1 轮课程的核心内容,继续研判已有案例,或者分享新的创新案例。

(2)发现新的、可用于解决具体问题的学习工具,进行技术分享。

(3)关注实践中的具体问题,围绕现实问题开展互动,通过复杂问题与具体实践相融合的方式为学习者的思想汇聚提供路径。

基于前期课程积累,第 2 轮课程希望学习者能在达成共识的基础上,开展深度研讨,因此课程将"'互联网+教育'的哲学观"作为第一个主题进行研讨。同时,课程报告推送改为一周 2 次,用于发布预先设计的内容和策展课程平台中新生成的内容。

1. 技术工具分享活动

在第 1 轮课程运行过程中,一位学习者经常在微信群中分享技术工具并深受其他学习者欢迎。课程 2.0 的技术工具分享活动如表 4.3.7 所示。

表 4.3.7 课程 2.0 的技术工具分享活动

主题	活动话题	技术工具列表
主题一	协作共建工具	腾讯文档、Teambition、石墨文档等
主题二	课堂互动类工具	雨课堂、课堂派、UMU、云班课
主题三	高效管理教育资源类 App	印象笔记、坚果云、百度文库、中国知网
主题四	资源与工具分享之夜——晒出你的宝藏资源	稻壳儿、优品 PPT、iSlide、方方格子、小影科技
主题五	数据可视化工具	金数据、BDP 商业数据平台、镝数

2. 线上线下相结合的学习活动

在第 1 轮课程运行中发现,线下沙龙活动可以针对某些问题进行更加深入的交流和互动,生成的内容质量很高,这为更多的学习者进行面对面交互与碰撞提供了机会。因此,第 2 轮课程每个主题中都设置了线下沙龙活动。为了惠及更多学习者,线下沙龙活动中的讨论内容，被专门整理成文章，并将文章发布在了课程平台及微信公众号中。

（三）学习评价优化

受平台和技术的限制，第 1 轮课程评价非常烦琐。第 2 轮课程评价采用了基于联通主义学习交互层次的积分制。对学习者最终的学习评价以积分为衡量标准，学习者在达到一定的积分要求，并且满足一些必要条件的基础上，可以申请证书，并由课程组审批。

在设计具体交互的积分制时，主要考虑以下几个方面。

（1）鼓励学习者主动寻径，建立个人与其他学习者连接的路径。

（2）鼓励学习者基于生成的内容进行互动，主动与他人进行讨论与协商。

（3）鼓励学习者积极参与各类学习活动。

（4）鼓励学习者及时反思、输出高质量的内容。

此外，课程在设置最低积分要求的同时，对学习者发布评论、撰写博客文章、提交资源案例等均设置了最低要求，以促使学习者深度参与。

六、课程设计特点总结

基于联通主义的在线课程设计与开发流程主要包括 3 个阶段。

第一阶段为课程总体设计，涉及课程团队、课程主题、课程目标与课程定位、模块主题、学习周期 5 个维度。

第二阶段为联通化学习环境的构建，包括设计与开发学习平台、选择合适的分布式媒体工具。

第三阶段为学习设计与实施，围绕课程的具体要素进行设计、运营和再设计。

设计、开发、运营是一个相互交织的过程，联通主义学习理论强调课程的生成性。基于联通主义的在线开放课程设计与开发的各维度设计要点汇总如表 4.3.8 所示。

表 4.3.8　各维度设计要点汇总

阶段	设计维度	设计要点
第一阶段 课程总体设计	课程团队	课程团队的组建应兼顾联通主义、课程主题和技术
	课程主题	选择开放、复杂、前沿的课程主题，且课程团队对该主题有基础性认识
	课程目标与 课程定位	课程目标与课程定位要符合设计理念，并指导各要素设计
		课程目标的设计要在课程主题的语境下对网络建构与知识创生进行详细的阐释
		课程定位决定课程设计的侧重点
	模块主题	模块主题的划分需要结合课程自身的演化发展
	学习周期	学习周期的设定需要考虑模块主题的学习难度
第二阶段 联通化学习环 境的构建	学习平台	体现学习环境的集中性特点
		结合课程目标、课程定位与联通主义学习教学交互与认知参与度模型开展总体设计
		兼顾资源聚合、分发功能及社群化功能的设计

续表

阶段	设计维度	设计要点
第二阶段 联通化学习环境的构建	媒体工具	体现学习环境的分布式和聚合性特点
		整合多样的媒体工具，为学习者提供多元连接通道
		降低技术使用门槛，尊重学习者的学习习惯
		保持开放性，通过课程中的迭代生成最优技术方案
第三阶段 学习设计与实施	课程宣传	全面、易懂、有吸引力
		为潜在学习者提供快速加入课程的路径
		采用多样媒体形式，尽可能覆盖目标学习者
	学习指导	设计重点为转变理念、适应联通
		基于具体任务进行总体设计
		在课程日报/周报中采用结构化的形式呈现
		预设学习引导框架，在过程中对其进行再设计与完善
		策展重点内容，帮助学习者建立与关键节点的连接
	学习活动	以课程目标与课程定位为核心，围绕4类交互开展设计
		基于课程定位或模块主题子维度设计具有争议性、实践性及拓展性的关键问题节点
		由易到难组织和呈现学习活动的任务
		选择多样化、优势互补的活动形式
		对复杂交互中的关键问题节点进行迭代
	学习资源	结合模块主题与学习活动进行引导性学习资源预设计
		资源能够启发思考，满足不同学习者的学习需求
		丰富学习资源类型，多渠道联通开放学习资源
		设计与落实资源生成的保障机制
	学习支持服务	面向技术与学习认知层面提供支持，明确具体分工
		关注细节、及时反馈学习问题、创造良好的学习体验
		生成与完善常见问题列表，缓解技术服务压力
		课程促进者通过亲自参与交互的方式，为学习者做示范
		鼓励学习者积极提供同伴支持服务
	学习评价	以适应性评价为基本原则，根据学习者群体特征灵活设计
		学习评价标准强调学习者的学习参与度和学习贡献度
		评价应适应不同学习者的学习需求

活动3　基于联通主义的在线课程与你所了解的 MOOC 有何区别？

请基于自己对 MOOC 的认识，思考基于联通主义的在线课程与其他在线课程有哪些方面的不同。

主题四　企业课程产品案例[①]

> **主题学习目标**

1. 了解婷婷诗教、火花思维课程、多纳英语课程等企业课程产品的核心特征和设计亮点；
2. 总结和分析企业课程产品设计与开发的经验及存在的问题。

一、婷婷诗教

"婷婷诗教"是隶属于唱道（上海）文化传播有限公司的传统文化教育品牌（见图 4.4.1），是入选"HundrED 全球创新教育 100 强"的项目。它主要面向 2~12 岁有诗歌学习需求的孩子和希望跟孩子一起提升艺术修养的家长。婷婷诗教的创始人婷婷姐姐是儿童诗教的开创者。课程采用诗教的形式开展，围绕生活中的种种场景，引导孩子们快乐学古诗词，并将审美、音乐、绘画、语言、性格、智慧、观察力等融合在一起。婷婷诗教通过对每首古诗词进行谱曲，用优美的曲调、贴合古诗的意境，让孩子们边学边唱，轻松背古诗词，同时通过深入浅出的讲解，让古诗词走进孩子的生活和内心。课程包括 100 多节精心制作的诗教课，让孩子们轻松学会古诗词、积累文学素材、学会常用汉字，同时课程以音乐和诗歌相结合的形式拓展多学科知识。课程采用社区性学习平台，内容丰富且层层递进，开发了交互式学习资源，创设了较强的教学存在感和社会存在感及具有感染力和探究性的学习情境。

图 4.4.1　婷婷诗教

[①] 企业课程产品在不断迭代更新，里面的数据仅供参考。

（一）内容体系设计

如图 4.4.2 所示，婷婷诗教围绕学习古诗词的 4 个层次进行内容体系设计，再借助深入浅出的讲解和朗朗上口的歌曲，帮助学习者拓展知识，提升观察力、想象力、感受力、审美能力和语言表达能力。以"凉州词·葡萄美酒夜光杯"一课为例，不仅让学习者背诵古诗词、了解句子含义，还让学习者知晓了和平的可贵及军人们的勇敢无畏。

（二）学习平台设计

婷婷诗教将微信公众号和微信小程序作为学习平台，学习者可以通过录制唱歌视频或微信公众号的留言功能参与课程投稿与互动，学习者录制的视频也可作为学习材料出现在教学视频列表中。如图 4.4.3 所示，微信小程序使用方便，歌曲可以在后台播放，对年龄较小的学习者来说，婷婷诗教中的歌曲常常需要反复播放来强化记忆，微信小程序的索引功能便于学习者找到所需的学习内容。除此之外，平台还开放了学唱功能，便于学习者检验并分享自己的学习成果。

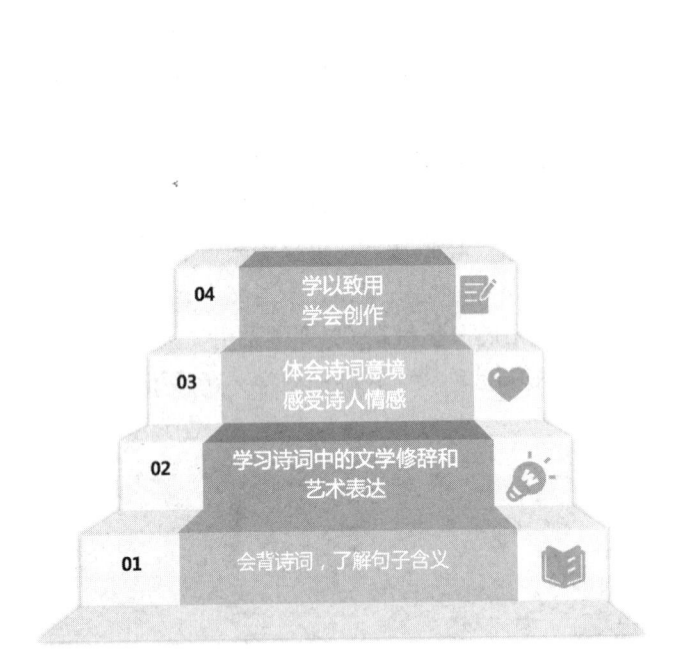

图 4.4.2　婷婷诗教的内容体系设计　　图 4.4.3　婷婷诗教的微信小程序界面

（三）交互式学习资源设计

婷婷诗教中的学习资源主要以视频和音频的形式呈现，每段视频或音频都有完整的内容体系，学习者可以直接搜索自己需要的学习资源，也可以根据自己所在的年级选择学习资源，还可以根据节气来选择学习资源。该课程做到了"以学习者为中心"，将学习者的需求放在第一位。在视频和音频中，教师采用对话的方式来拉近与学习者之间的距离，创设了教师存在感，视频中还加入了舞蹈、动画等元素，目的是提升学习资源的趣味性，进而激发学习者的学习兴趣。

（四）存在感设计

婷婷诗教的存在感设计包括教学存在感设计和社会存在感设计。在教学存在感设计方面，婷婷诗教通过故事化教学和互动话语设计来提升学习者的沉浸感和参与度。比如，在讲述古诗词的背景时，课程会采用讲故事的方式；在歌曲的跟唱环节，教师会下达"我唱一句，你跟着唱一句"的指令，并带领学习者吟唱；在舞蹈学习活动开始前，教师会引导学习者起立，用"接下来我们一起动一动，感受一下……"等语句调动学习者的积极性。

在社会存在感设计方面，学习者可以在课程平台中看到其他学习者上传的视频，也可以上传自己录制的视频；在微信小程序的排行榜界面，学习者可以倾听其他学习者上传的音频并点赞、评论，这样的互动交流有利于促进学习者的学习。

（五）具有感染力和探究性的学习情境创设

在课程开始前，教师会根据教学内容的背景或相关故事来创设学习情境，激发学习者的学习兴趣。以"凉州词·葡萄美酒夜光杯"一课为例，教师讲述"现今我们安居乐业是因为我们生在一个和平的国度，军人为我们撑起了一片天"，以此创设学习情境和渲染气氛，使学习者产生共鸣，获得深刻的情感体验，明白和平的可贵。同时，教师通过提出"古代的军人是什么样子的"这一问题，激发学习者的探求欲望，促使学习者深入思考。

婷婷诗教在各要素设计上做到了"以学习者为中心"，将学习者的体验和感受放在首位。婷婷诗教的特色在于调动了学习者的多种感官，没有选择让学习者用死记硬背的方式学习，而是结合古诗词的意境给古诗词谱曲，配合唱歌、跳舞等学习活动与深入浅出的讲解，从观察力、想象力、感受力、审美能力、语言表达能力等方面提升学习者的综合能力，这种具有特色的设计是整个课程的亮点，吸引着学习者参与学习。

二、火花思维课程

火花思维是专注于少儿逻辑思维的在线教育品牌。其课程以数学知识为载体，有直播与录播2种形式，旨在帮助3~12岁智力及自信心发展关键期的孩子，培养以数学思维为核心的能力。火花思维团队由从事儿童教育多年的教研教学人员及互联网技术专家组成，他们运用儿童关键期、儿童心理学、儿童认知等理论，对标国内外经典教材及教学标准，研发了一套符合儿童认知的课程体系及教学方法。课程目标不以传授知识为主，而是在互动实践中真正提升学习者的思维能力、专注力等核心能力。火花思维课程采用模块化教学方法，以学习者为中心，以提高学习效果为目标，围绕对象、理念与目标进行设计。

通过对直播课程"数理思维L3：逻辑推理"进行分析发现，该课程的设计有以下几个方面值得借鉴：（1）课程内容体系完整，内容循序渐进，符合学习者的认知；（2）多端支持、简单易上手的App设计；（3）课程学习资源形式多样，贴合学习者的学习兴趣；（4）学习活动设计具有情境化、游戏化、交互性和趣味性的特点；（5）激励性和动态性的学习评价设计；（6）风格化的动态视觉设计。

（一）内容与目标体系

如图4.4.4所示，火花思维的课程分为7个级别，包含幼儿启蒙、幼小衔接及小学阶段，内容也从简单的10以内数的加减，延伸到复杂的除法。每个级别又分为5个专题，分别注重数感运用、图形空间、逻辑推理、生活应用和益智游戏能力的培养。每个专题有4节课，共20个环节，课程体系相对完备，包含课程学习、总结回顾、专题测评和作业点评等过程，循环巩固，螺旋式上升，可以帮助学习者掌握思维方法并应用到真实情境中。火花思维之所以能取得成功还在于其对知识点进行了详细拆分，并按学段、年龄段进行组合，打造进阶课程，建立了符合中国孩子学习习惯的培养体系。"数理思维L3：逻辑推理"是L3部分的一节课，主要包含等量代换与数独推理等知识点。

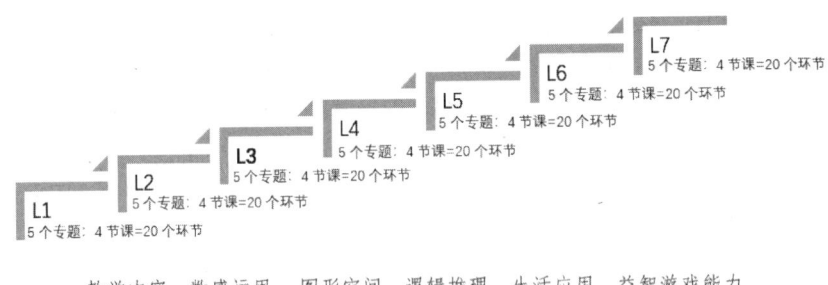

图4.4.4 火花思维内容与目标体系

（二）平台与工具

火花思维课程依托团队自主研发的App，分为学生端和家长端，有针对性地进行功能与界面设计，以满足不同学习者的需求，同时辅之以微信公众号进行推广宣传。学生端App界面设计遵循简单、实用与直观的原则，考虑到学习者的心理特征，学习过程中低年级学习者要求家长陪同学习，高年级学习者能够自主使用在线设备进行课程学习，界面简洁、分区明确，能够降低外在认知负荷，同时考虑到课程开发的相关需求，如图4.4.5所示，App学生端分区主要包括功能区、辅助区、拓展区、个人信息区和设置区。其中，功能区模块包括设备检测、新生入班自评和学习进入界面。在规定的学习时间内，点击学习进入界面，跳转后呈现课堂学习界面，如图4.4.6所示，该界面主要分为3个模块：内容区、镜头区和伙伴存在区。该课程的教学模式和线下课程的教学模式类似，创设了很强的存在感，很有学习氛围，消除了学习者的孤独感。家长端主要是方便家长了解课程进度，以及辅助学习者开展学习，界面设计简洁，空间利用率高，并穿插了更多功能辅助课程的开展。

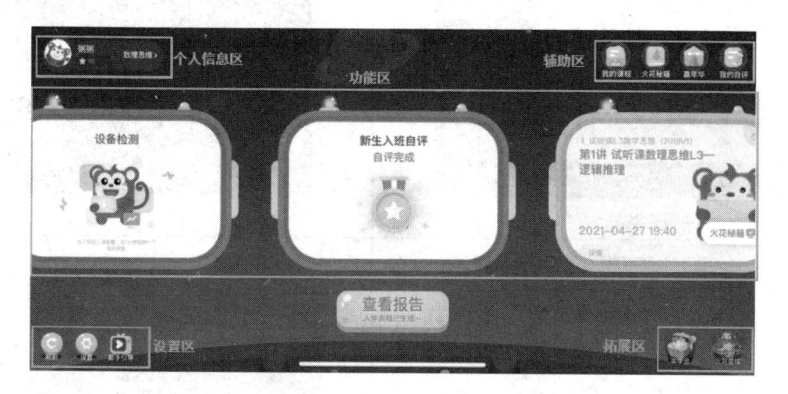

图 4.4.5　学生端分区

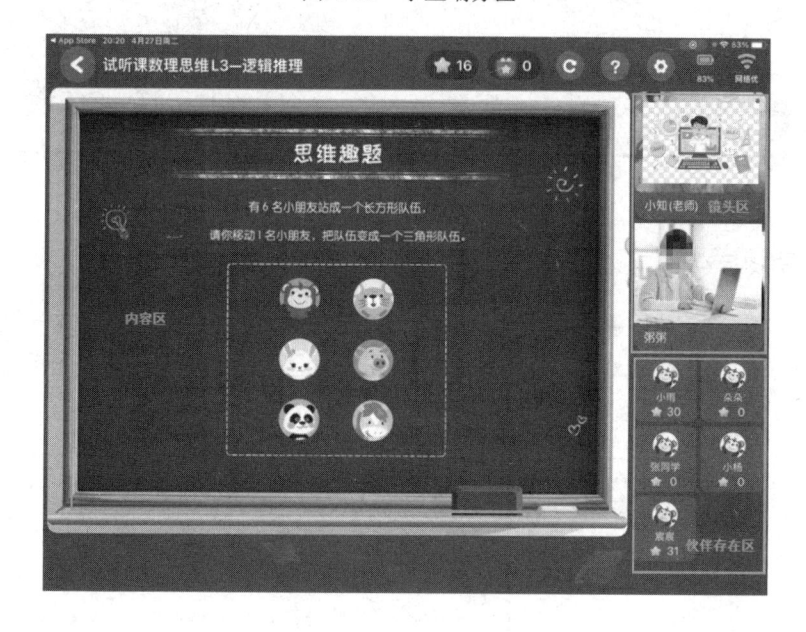

图 4.4.6　课程学习界面

（三）学习资源

火花思维课程始终坚持寓教于乐的理念，采用"动画故事+知识点操作互动+教具实物配合"的教学模式，并将数学知识及其背后的逻辑、思维训练方法融入互动游戏中。如图 4.4.7 所示，在课程学习过程，教师讲解课程时会将知识点融入游戏活动场景中，整个课程基于火花星球这一情境开展设计，孩子们跟随动画角色（教学代理）的通关过程参与学习，并且有充分的时间自己动手操作，孩子们通过各种操作完成游戏任务，游戏、故事等学习情境的设置充分激发了孩子们的学习兴趣。同时，在课堂之外设置了许多游戏模块来巩固学习，如嘉年华挑战等。

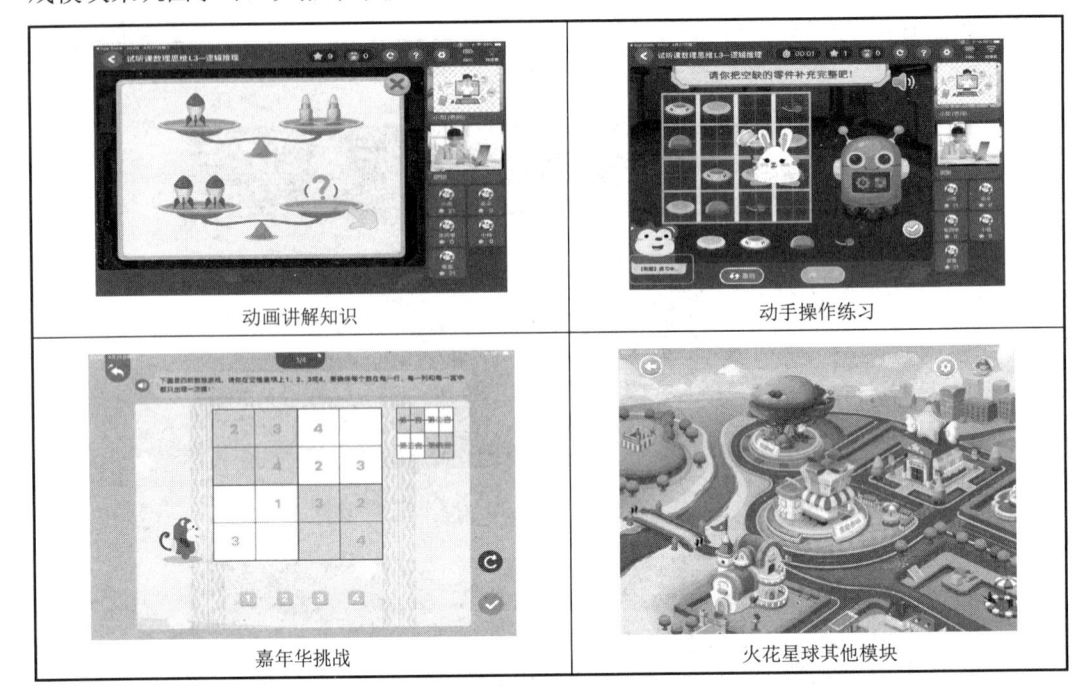

动画讲解知识	动手操作练习
嘉年华挑战	火花星球其他模块

图 4.4.7　课程学习过程图

（四）学习活动

该课程的学习活动以教师引导为主、学习者自主参与学习活动的形式开展，每个知识点都设计了情境化、游戏化的活动。图 4.4.8 呈现了"数理思维 L3：逻辑推理"的学习活动设计。

课前预习　　　　　等量代换　　　　　数独推理

□ 活动：观看视频　　□ 活动1：观看视频　　□ 活动1：观看视频
　　　　　　　　　　□ 活动2：听教师讲解　□ 活动2：听教师讲解
　　　　　　　　　　□ 活动3：动手操作　　□ 活动3：动手操作
　　　　　　　　　　□ 活动4：听教师讲解（难度加大）□ 活动4：听教师讲解（难度加大）
　　　　　　　　　　□ 活动5：动手操作　　□ 活动5：动手操作

图 4.4.8　学习活动设计

（五）学习评价：持续的学习激励

如图 4.4.9 所示，在课程学习过程中，教师会安排提问和让学习者动手操作等环节，会根据学习者的表现进行口头点评，或者基于平台的"奖励星星"功能给予学习者积极的反馈（所获星星可以用于学习排名和兑换礼品），根据学习者课上课下完成学习任务的时间、主动回答问题的情况等奖励不同数量的星星（见图 4.4.10）。火花思维在每个学习阶段均设置了在线阶段性测试，定期形成学习者的能力进阶曲线，并有针对性地提出学习成长建议，帮学习者记录学习过程中的重要信息，构建一个动态真实、积极反馈、完整立体的思维能力发展体系，让学习者的成长科学高效且有迹可循。如图 4.4.11 所示，自评结果从各个维度进行了分析，详细的测评反馈有助于了解孩子的真实情况，完成测评后系统会根据测评（自评）结果给出个性化的学习建议。

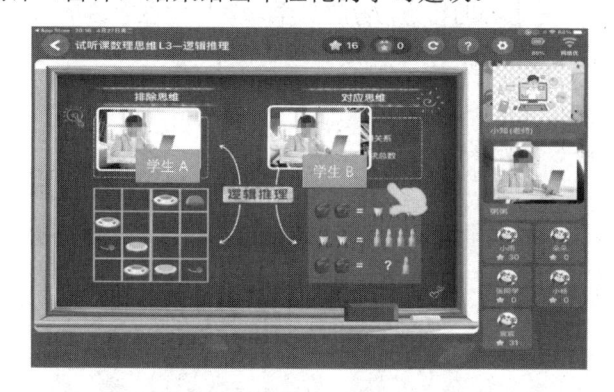

图 4.4.9 教师点评优秀学习者（学生）

图 4.4.10 系统不同奖励情况

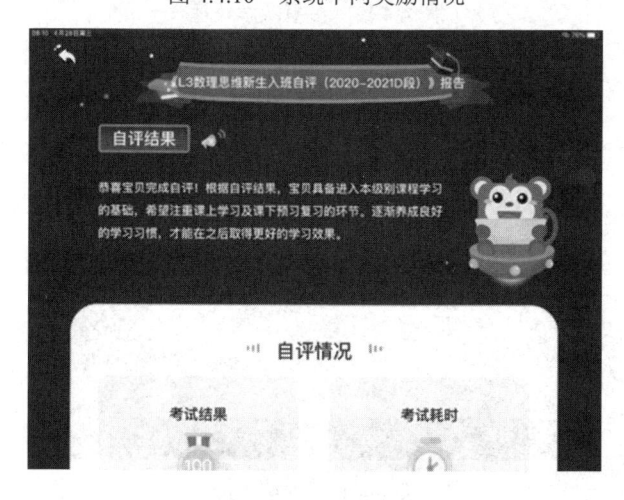

图 4.4.11 学习测评

（六）媒体视觉：风格化表现、引起学习者注意

火花思维课程在媒体视觉设计方面考虑到学习者的年龄特征和视觉倾向，整体以宇宙星球为主题，在文字、色彩、图形、布局等方面都呈现星球风格，契合学习定位（见图 4.4.12）。虚拟教学代理（见图 4.4.13）形象化，紧扣宇宙星球主题，整体的视觉设计非常能够体现以学习者为中心的特点。考虑到学习者集中注意力的时间较短，35 分钟左右的课程之后设置休息时间，此时屏幕变成绿色护眼界面（见图 4.4.14），以保护学习者的视力。

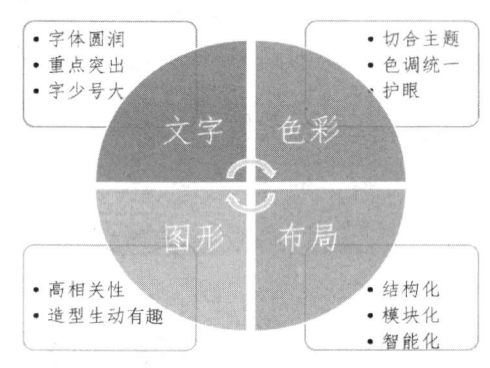

图 4.4.12　媒体视觉设计

图 4.4.13　虚拟教学代理

图 4.4.14　护眼界面

（七）导学与学习支持服务：多样化服务确保快速响应

火花思维的导学与学习支持服务做得非常出色。在课程开始前，平台会提供相应的课前预习课件（以视频为主），课件中虚拟教学代理会对本节课的内容进行大致介绍，来帮助学习者提前进入学习状态。课程辅助教师会在课程开始前提醒学习者或者家长准备好课程中需要用到的学习工具（配备的教具）。课程还提供"一站式、点对点响应式"服务体系，包括课程专属的班主任服务、设备支持服务、应用问题处理服务、课程反馈等。如图 4.4.15 所示，课程服务团队在整个课程体系中高效对接，以优化学习者的学习体验。

图 4.4.15　导学与学习支持服务体系

1. 指导进入课程

学习者在首次登录平台时，需要注册账号，预留联系方式以预约试课时间，填写完联系方式，负责对接的课程顾问会打电话咨询情况，根据学习者的年龄和时间分配帮助其预约合适的体验课程，并开展一对一的指导，告知软件下载和使用方式、如何参与体验课程等，引导学习者顺利开展课程学习。在确定班级后，平台会为学习者分配固定的代理班主任，在课程学习过程中由其进行管理与协调。

2. 详细的新手指引

如图 4.4.16 所示，在进入平台后，将自动呈现交互式的新手指引，帮助学习者快速熟悉界面和功能，了解参与课程学习的具体流程。此外，在任何一个新的模块点击进入时，都会有该模块的新手指引视频，最大限度地降低操作难度。

图 4.4.16　点击新模块的新手指引视频

3. 响应式技术支持服务

由于课程是直播课，对设备和网络的要求较高，因此火花思维平台要求学习者在上课前五分钟进入课堂，在上课前会对设备和网络进行检测（见图4.4.17），具体检测项目包括网络、摄像头、麦克风等，如果达不到要求，将不能进入课程，遇到问题时学习者可以点击"求助技术顾问"按钮，获取技术性帮助。如果最终问题仍未得到解决，课程助教会帮助预约其他课程，或者提供回放。

图4.4.17　对设备和网络进行检测

4. 基于评价的课堂改进

如图4.4.18所示，在课程结束后，系统会弹出"课堂评价"，学习者需要根据实际情况给予反馈。教师将根据学习者的反馈调整与改进上课的方式，以促进学习者的学习。

图4.4.18　课堂评价

5. 贴心的课程详情

考虑到直播课程中网络卡顿等不可抗力因素，同时结合学习者有课程复习巩固或二次学习的需要，火花思维在课程结束后会提供"课程详情"（见图4.4.19），其中包括完整的课堂回放，家长和教师可以根据课堂回放了解学习者的学习情况。同时，对课程中穿插的学习者参与的实践答题部分，系统会记录下来，形成课后总结，以对学习者的学习情况进行点评。针对本节课的内容，系统还会生成"火花秘籍"，以帮助学习者更好地学习。

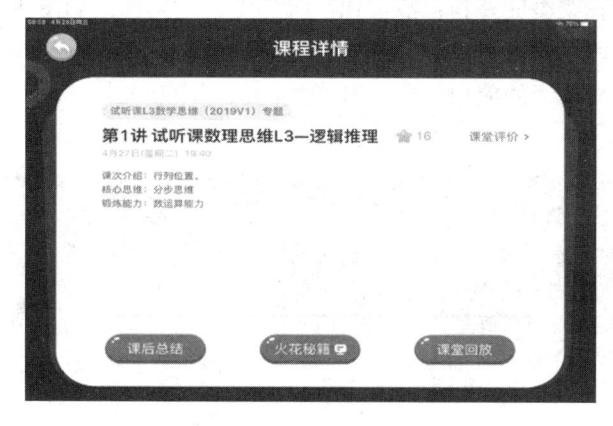

图 4.4.19　课程详情

三、多纳英语课程①

多纳英语课程是专门为 2～8 岁中国儿童设计的寓教于乐的课程。游戏化的设计理念是该课程的一大亮点，游戏与教育相结合，加强了学习者与学习资源之间的交互，促进了深层次学习和概念交互的发生。该课程中的学习资源不但画面精美、交互性强，而且形式多样，可以满足学习者不同的学习需求。它将 AI（人工智能）外教互动教学和游戏化情境练习相结合，通过大量的有效语音和行为输入，力求达到培养学习者的英语学习习惯及系统高效学习英语的目的。在此以 Level1-Topic1 "Body"（见图 4.4.20）为例对该课程进行分析。

图 4.4.20　Level1-Topic1 "Body"

---

① 该课程已不能访问，这里仅将其作为一个样例呈现。

（一）有针对性的课程体系设计

该课程作为一款儿童英语启蒙教学产品，对中国儿童学习需求进行了深入调研，有针对性地开设了3种类型的课程：启蒙课、阶梯课、趣学课。如图4.4.21所示，启蒙课与阶梯课为主修课程，学习重点各有侧重；趣学课是启蒙课与阶梯课的补充，以更加有趣的形式开展，侧重单词的应用。这3种类型的课程相互独立，学习者可以根据自己的需要选择课程。

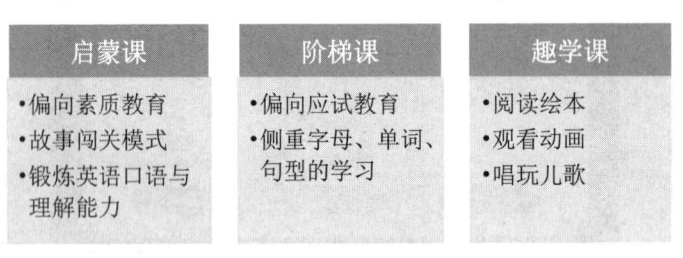

启蒙课
- 偏向素质教育
- 故事闯关模式
- 锻炼英语口语与理解能力

阶梯课
- 偏向应试教育
- 侧重字母、单词、句型的学习

趣学课
- 阅读绘本
- 观看动画
- 唱玩儿歌

图 4.4.21　课程体系设计

（二）螺旋式内容组织方式

下面以阶梯课为例展开介绍。该课程结合儿童适宜性发展指南，采用螺旋式内容组织方式进行内容设计。如表4.4.1所示，课程以26个字母为中心概念，随着课程等级和学习者英语能力的提升，课程所涉及的词汇、句型等内容的难度也逐步增加。如图4.4.22所示，课程围绕学习者十分熟悉的主题进行设计，每个主题的学习覆盖认、听、说、拼、读、写6个方面，模拟真实教学流程，并配以总结测评，形成了学习闭环。

表 4.4.1　课程内容设计

课程等级	情境主题应用	高频主题词汇	句型与句子	自然拼读	思维导图
Level1	26个主题	340+	30个句型150+句子	字母认知	数量运用2～4种
Level2	26个主题	470+	40个句型200+句子	字母发音	数量运用3～5种
Level3	26个主题	510+	50个句型250+句子	字母组合	数量运用4～6种

认　听　说　拼　读　写　总结测评　　难度递增→

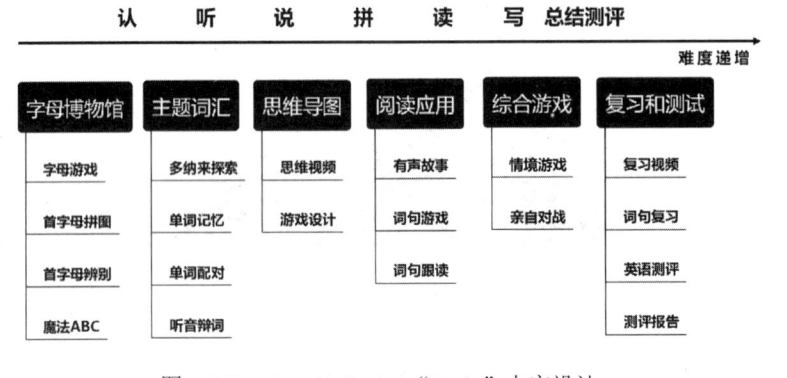

字母博物馆
- 字母游戏
- 首字母拼图
- 首字母辨别
- 魔法ABC

主题词汇
- 多纳来探索
- 单词记忆
- 单词配对
- 听音辨词

思维导图
- 思维视频
- 游戏设计

阅读应用
- 有声故事
- 词句游戏
- 词句跟读

综合游戏
- 情境游戏
- 亲自对战

复习和测试
- 复习视频
- 词句复习
- 英语测评
- 测评报告

图 4.4.22　Level1-Topic1"Body"内容设计

（三）游戏化的设计理念

该课程采用游戏化的设计理念，寓教于乐。课程提供了"故事情境""宠物养成""学习打卡"等多种游戏场景，学习者在完游戏任务的过程中跟随游戏指导生成问题，并结合生活实际，运用相关知识和技能寻找解决问题的方法，从而沉浸其中。

1. "故事情境"使学习者沉浸其中

课程创建了一个虚拟人物"多纳"，由多纳引领学习者进行学习。如图 4.4.23 所示，在启蒙课中，学习者进入闯关模式，学习者只有将本模块的内容学完，才算闯关成功，才可以解锁下一关。课程中的游戏形式多种多样，涉及拖、点击等多种操作，使得学习者沉浸在游戏环节。

图 4.4.23 "故事情境"截图

2. "宠物养成"使学习者产生成就感

如图 4.4.24 所示，课程提供了"宠物养成"游戏，游戏任务完成后获得的"甜甜圈"可以用来饲养宠物、升级宠物，以及解锁新的游戏。这样通过"宠物养成"加强了课程与学习者之间的联系，有助于使学习者产生成就感。

图 4.4.24 "宠物养成"截图

3. "学习打卡"让学习者分享学习情况

如图 4.4.25 所示，每个模块的内容学习完成后，学习者都可以在课程微信群中"打卡"，与同伴分享自己的学习情况。

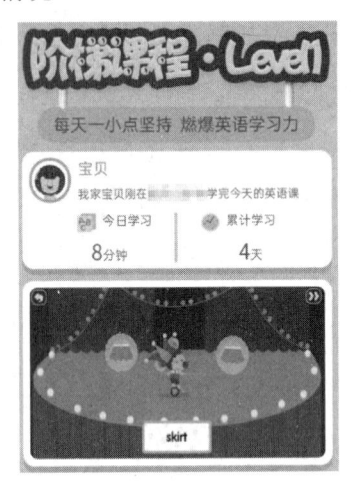

图 4.4.25 "学习打卡"截图

（四）操作简单、功能齐全的定制化平台

这是一款教育类 App，所有的操作和功能基于学习者的需求而设计。如图 4.4.26 所示，平台界面美观、简洁，符合目标群体的喜好。该平台的具体功能设计特点如下。

1. 支持各种游戏交互

课程内容的主要呈现方式为"游戏"，在不同的游戏中会产生与学习者的多种形式的操作交互，如连线、拖动、点击等，这些都需要技术给予支持，以保证学习者操作顺畅，获得良好的学习体验。

2. 支持多种设备登录

课程支持苹果和安卓设备，但为了保障数据安全，在同一时间同一账号只能登录一台设备。

3. 学习数据及时保存

学习者与学习资源的交互会产生大量学习数据，包括学习进度、学习天数、奖励数量等，因此需要强大的数据库支撑，以使学习数据及时保存。

4. 满足使用功能多方面需求

课程面向的学习对象为 2~8 岁儿童，由于该群体尚不具备独立选择课程、购买课程的能力，很多课程学习之外的操作需要依赖家长完成，因此进入平台、使用平台的不仅有学习者，还有家长。平台很好地将这两种使用人群在功能上区分开来，实现在同一个平台上满足不同群体的需求。

图 4.4.26　平台界面

（五）学习资源海量，呈现形式丰富

该课程的学习资源多种多样，具体包括字母动画、探索视频、有声故事、儿歌音频等，并提供了海量的拓展资源（如绘本），能够在满足学习者学习需求的同时，使学习者沉浸其中，并且不会觉得乏味。

1. 字母动画

如图 4.4.27 所示，课程通过精美的字母动画将学习内容生动形象地呈现出来，学习者在观看字母动画的过程中初步学习新的知识。

图 4.4.27　字母动画截图

2．探索视频

如图 4.4.28 所示，探索视频结合日常生活中的常见主题，真人讲解特定场景下所使用的单词，加强学习者对单词的理解，并且真人纯正的英语发音有利于提高学习者的听力水平和口语表达能力。

图 4.4.28　探索视频截图

3．有声故事

图 4.4.29 所示为有声故事截图。学习者可以通过 4 个步骤来进行英语的学习：阅读绘本—单词认知—视频纠音—跟读训练。这样可以使学习者比较容易地掌握常用单词，并且可以对自己的学习效果进行测评。

图 4.4.29　有声故事截图

4．儿歌音频

学习者可以利用碎片时间听有节奏的儿歌音频，以增强自身的语感。

（六）注重交互的自主学习活动设计

该英语课程注重交互的自主学习活动设计，结合 AI 技术，课程设置了击掌、录音、拖动物品、翻书等交互功能，能有效地促进学习者与学习资源之间的信息交互和概念交互,也增强了学习的趣味性和学习者的主动性。如图 4.4.30 所示,Level1-Topic1 "Body" 的学习活动设计包括观看视频、游戏互动、语音输入和阶段测试。

> 观看视频：魔法 ABC、多纳来探索、思维视频等

> 游戏互动：字母游戏、首字母拼图、单词配对、情境游戏等

> 语音输入：词句跟读

> 阶段测试：英语测评

图 4.4.30　Level1-Topic1 "Body" 的学习活动设计

（七）可视化学习评价设计

该课程设有专门的测评模块,并且课程的游戏化设计使得学习过程中产生大量学习者与学习资源的交互数据,这些可以作为对学习者学习效果进行评价的依据。该课程的学习评价设计主要包括游戏反馈、阶段性测评、评价结果可视化和奖励机制 4 个部分。

1. 游戏反馈

游戏互动会对学习者的选择进行相应的反馈。例如在"单词测试"中,如果学习者选错字母,就会触发相应的失败音效,并告知正确选项,如图 4.4.31 所示。

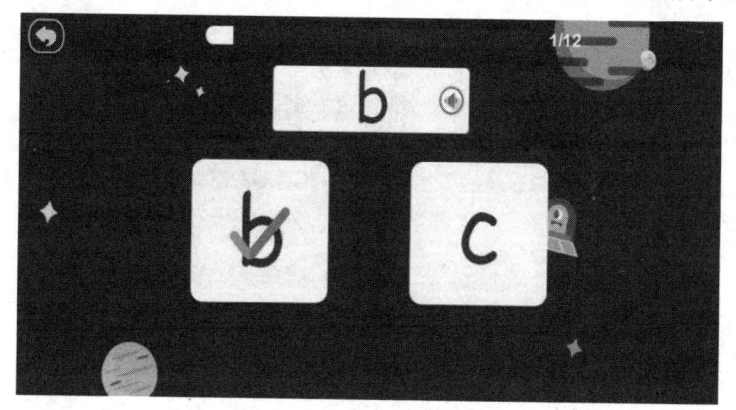

图 4.4.31　游戏反馈截图

2. 阶段性测评

如图 4.4.32 所示,每个主题最后都设有"复习和测试"模块,可以帮助学习者对这一主题的知识进行巩固,同时会进行一次综合测试。

图 4.4.32 "复习和测试"模块

3．评价结果可视化

图 4.4.33 所示为测评报告截图。课程会针对学习者本主题的学习内容，依据游戏和测试结果，生成相关知识的测评报告，其目的是以评促学。

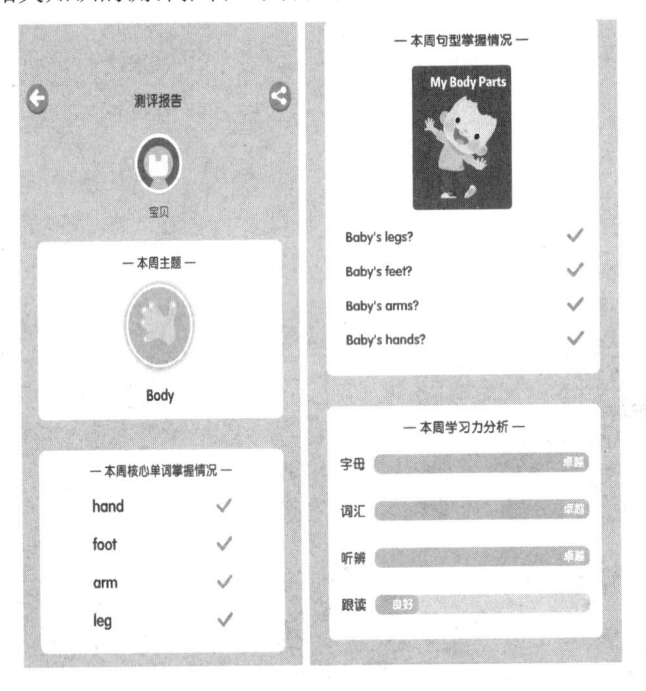

图 4.4.33 测评报告截图

4．奖励机制

如图 4.4.34 所示，课程加入了游戏元素，并引入奖励机制，当学习者完成游戏任务后，系统会奖励其"甜甜圈"，"甜甜圈"可以作为"货币"使用。这样的奖励机制在某种程度上可以提高学习者的积极性。

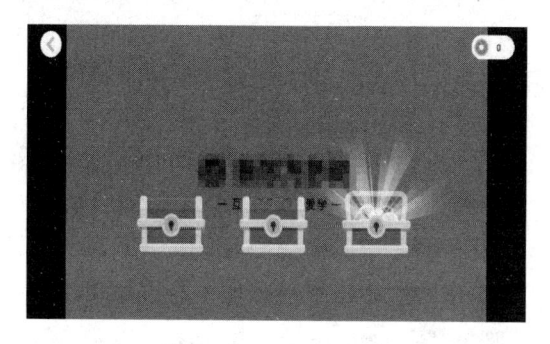

图 4.4.34　奖励机制截图

（八）多途径的导学与支持服务设计

无论是在课程开始之前还是在课程学习过程中，平台都会提供各种各样的支持服务，学习者可以通过"添加教师"或者"在线咨询"等方式针对课程内容、平台功能等方面的问题进行咨询。

1. 教师通过微信提供支持

学习者在课程开始之初就可以添加教师的微信，教师会对平台的使用、课程的选择方法进行介绍，同时在课程学习过程中教师也会随时为学习者提供帮助。

2. 平台直接提供支持

图 4.4.35 所示为平台帮助界面。平台设计了"家长必读""点此咨询客服"等模块，提供的内容详细，并且对于线上咨询回复及时。

图 4.4.35　平台帮助界面

活动4　企业开发的在线课程产品分享

你了解哪些优秀的在线课程？这些在线课程的设计是如何落实以学习者为中心的理念的？

模块总结

本模块基于已有研究，介绍了本科课程"学术英语"和研究生课程"在线学习专业化"的总体设计和各要素具体设计，分析发现这两门课程都非常注重学习指导、学习支持服务、学习活动、学习反馈等方面的设计，为在线课程的设计与开发提供了重要参考。"互联网+教育：理论与实践的对话"是国内首门 cMOOC，区别于以内容传递为主的 xMOOC，该课程以联通主义学习理论为指导，其设计与开发过程具有探索性、尝试性和创新性。本模块对课程总体框架及各要素具体设计进行了系统、深入的介绍，重点呈现设计过程中的迭代与修改，充分体现出动态性和生成性特征。婷婷诗教、火花思维和多纳英语是来自企业的优质在线课程产品，这3个在线课程定位明确、特色鲜明，并且充分体现了以学习者为中心的设计理念，获得了学习者和家长的认可。

本模块旨在深度呈现各类课程和在线教育产品的设计方式，帮助学习者开阔视野和思维，突破以视频拍摄为主导的课程设计模式，形成专业化、系统化的课程设计观，并为后期的创新性课程设计提供支持和指导。

模块五

设计与开发篇——前期总体规划

💡 模块概述

从本模块开始，正式进入在线课程设计与开发的实践部分。课程基于设计思维，在系统阐述模块相关理论知识的基础之上，设计相关学习活动，引导学习者模拟企业中创新性课程设计方法，一步步完成课程设计与开发。模块五到模块八的设计与开发部分，按照在线课程设计与开发三阶段过程模型来组织内容。本模块介绍第一阶段"前期总体规划"，包括团队组建、选题与用户分析、课程目标与内容体系设计、设计理念选择4个紧密相连的环节。这4个环节被分成了4个主题，每个主题将详细介绍相关的操作原则、策略、方法等。在完成各主题的学习后，学习者需要完成相关设计任务，以便直接将所学知识用于实践，提升理论指导实践的能力。

📖 模块学习目标

1. 了解在线课程设计与开发项目的团队组成，并采用角色扮演的方式进行团队组建，启动课程的设计与开发；

2. 基于教育实践中存在的问题，以及在线课程设计与开发的选题方式，开展创新性选题；

3. 基于教育实践中存在的问题及所定位的用户，采用多种方式进行用户画像，开展用户分析，为后续课程设计奠定基础；

4. 结合关注的问题，进一步明确课程目标，完成初步的内容体系设计；

5. 根据系统性分析，选择合适的设计理念来指导后续课程各要素尤其是学习活动的设计与开发；

6. 深入认识和体会前期总体规划阶段4项任务的相互作用和关系。

模块知识结构图

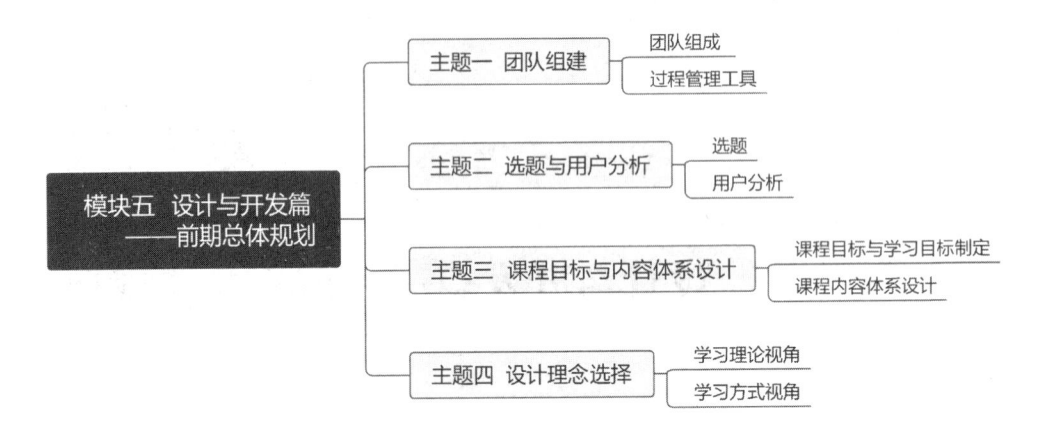

```
                                    ┌─ 主题一  团队组建 ──┬─ 团队组成
                                    │                    └─ 过程管理工具
                                    │
                                    ├─ 主题二  选题与用户分析 ──┬─ 选题
模块五  设计与开发篇 ────────────────┤                          └─ 用户分析
        ——前期总体规划              │
                                    ├─ 主题三  课程目标与内容体系设计 ──┬─ 课程目标与学习目标制定
                                    │                                    └─ 课程内容体系设计
                                    │
                                    └─ 主题四  设计理念选择 ──┬─ 学习理论视角
                                                              └─ 学习方式视角
```

主题一 团队组建

主题学习目标

1. 对在线课程设计与开发项目团队的组成形成基本的认识，并了解各类角色的职责；
2. 按照项目团队的需要组建项目组，启动在线课程的设计与开发工作；
3. 了解过程管理工具，并用其规划与推进项目团队的工作。

一门高质量的在线课程通常需要一个专业化的团队。团队组建是在线课程设计与开发的第一步。在线课程设计与开发项目团队应该包括项目经理、课程内容专家、学习设计师、学习支持服务设计师、动态视觉设计师、技术专家、用户 7 类角色。

一、团队组成

1. 项目经理

项目经理是整个项目团队的灵魂人物。项目经理需要运用项目管理方法，与项目团队的其他成员一起制订项目计划。项目经理需要与其他成员联系，设定项目的开始和结束日期、项目目标等，完成所需的资源收集与整理工作。项目经理还负责监督所有团队成员按时完成任务，并在规定的时间内解决设计问题。

2. 课程内容专家

课程内容专家通常也是课程的主讲教师，需要对主题内容有非常丰富的知识积累。

其主要负责研究相关学科内容、课程内容的选择和组织、课程内容设计，并参与课程资料的修订与相关学习资源的建设。其还需要在课程开展过程中支持学习者学习过程中的练习、活动，完成对学习者的学习评价工作。当然，课程内容专家需要与学习设计师、项目经理紧密协作，共同推进课程的相关设计。

3．学习设计师

学习设计师通常需要与课程内容专家保持非常密切的合作与交流。他们主要关注教与学的过程。他们的工作是恰当地将学习理论应用到学习资源、学习活动及学习评价的设计中。学习设计师需要时刻考虑学习者究竟如何进行学习，并围绕学习者的学习进行相应的设计，以确保达到在线学习环境中学习效果的最优化，吸引更多的学习者参与课程学习。同时，通过这种方式，学习设计师也能帮助大家提高对在线教育教学中有关学习理论研究和成功实践的认识。

4．学习支持服务设计师

学习支持服务设计师也是课程设计与开发团队中十分重要的角色。在线学习中教与学相对时空分离的特征使得对学习者的持续引导与学习支持非常关键。学习支持服务设计师负责为学习者提供个性、精准、及时、有效的学习规划，以及课程导学、支持服务和评价反馈（李爽等，2021）。也就是说，学习支持服务设计师为学习者提供全过程的学习支持与教学辅导，从而促进学习者的有效学习。在设计与开发阶段，其主要负责规划好课程的导学、学习支持服务工作，并且担任编辑的角色。

5．动态视觉设计师

在媒体视觉设计时代，多媒体和互联网快速发展，人们越来越频繁地接触图像、视频等视觉信息，成了"图像依赖者"。在视觉文化的主导下，将可视化手段运用于在线课程中，不仅有助于课程的推广，还有助于提高学习者的学习效率。因此，动态视觉设计师的重要性就得以凸显。不管是何种媒体形式，其设计都取决于学习者的特征与需求，动态视觉设计师的职责在于充分考虑学习者的特征与需求，在不同的课程设计与开发阶段借助不同的媒体，结合不同的内容进行设计与媒体素材的开发，形成课程的整体视觉风格，并且这种风格贯穿学习者的整个学习过程。

6．技术专家

在线课程设计与开发过程中需要运用多种新兴技术，课程的运行与开展也依赖各种平台与技术的支撑，因此需要技术专家为课程设计与开发过程中所需视频、动画的制作及工具与平台的选择或设计等工作提供对应的支持，从而顺利完成在线课程所需功能的开发。

7. 用户

以用户为中心是在线课程设计的核心理念，因此在线课程设计与开发过程中需要用户的直接参与和反馈。团队应邀请真实的用户，并进行用户调研，深入完成用户需求分析，找到用户的痛点与需求。同时，用户角色还可以帮助确定课程的设计理念，并在开展各部分设计时，以用户的视角给出真实的反馈，对过程中生成的原型进行体验、给出评价，保证设计具有现实性和可行性。

二、过程管理工具

在线课程设计与开发是一项系统化、时间周期较长的工程。在组建好课程团队之后，需要对课程的设计与开发做好统筹安排。此时，相关过程管理工具的运用十分重要。这里为大家提供两个重要的管理工具——团队项目协议（见表 5.1.1）与进度推进核查单（见表 5.1.2），这两个工具可以作为支架来记录团队成员、项目进度、团队成员互动的相关信息，以便有条不紊地推进课程设计与开发。

表 5.1.1　团队项目协议

基本信息			
项目名称			
截止时间			
项目描述			
成员名称（项目经理用星号标出）	联系方式		
1.			
2.			
3.			
……			
项目进度（我们需要做什么）			
工作	提交团队审核的时间	最终稿截止时间	负责人
例：问题描述	10 月 19 日	10 月 28 日	项目经理
团队期望			
小组成员期望		如果有问题，怎样解决	
例：一、信守承诺，在截止日期前完成，无须提醒		项目经理将联系成员讨论问题	

表 5.1.2　进度推进核查单

进度推进情况				
工作内容	是否完成	完成情况	未完成的原因	负责人
项目改进（下次讨论时我能做出哪些改进）				
工作		预计调整		负责人

活动 1　团队组建

活动目标：明确在线课程设计与开发团队所需角色及对应的职责，自由组建团队，成立项目小组。

活动时间：大约 60 分钟。

活动步骤：

步骤 1：发布任务。

一门在线课程的设计与开发需要统筹安排，更需要精细的设计，绝非一个人就可以完成好这一切，而是需要一支专业化、分工明确的队伍。本次的任务是完成团队组建，建议 6~8 人为一组，具体的人员分配如下。

项目经理（1 人）：负责整个项目的宏观把控，确定整个课程的选题、课程目标、设计理念等，同时需要组织小组讨论等集体活动，对成员的工作进行检验，帮助成员解决一些问题。

学习设计师（1~2 人）：主要负责学习活动的设计，同时需要负责学习评价的设计，制定符合学习者特征和课程理念的评价标准。

课程主讲教师（1~2 人）：主要负责内容体系与学习资源的设计，确定教学内容的整体思路和框架，并对内容进行进一步的修改和整合，同时需要和动态视觉设计师共同商讨学习内容的媒体表现形式，完成学习资源的设计。

学习支持服务设计师（1 人）：主要负责课程的导学设计，结合课程其他部分的设计，确定课程的导学框架；还需要为学习者提供全方位、全周期的个性化指导、支持和课程管理服务，帮助学习者解决在学习过程中遇到的技术、方法等方面的问题，同时负责在线学习的班级管理，为学习者建立和维护在线交互社群，激发学习者的学习动机，提高学习者的学习兴趣。

动态视觉设计师（1 人）：主要负责课程平台与工具的选择、课程整体界面风格的设计，课程各部分内容媒体表现形式及具体内容的动态设计。

用户（1~2人）：负责学习者特征的深入分析与调查，找到学习者的痛点与需求，帮助确定课程的设计理念。

步骤2：自由组建团队。

根据自己的知识积累和兴趣选择角色，在组内进行讨论协商，确定最终的项目小组名单（可采用自荐的方式，需要陈述理由，如果多人竞争同一角色，可采用组内投票的方式）。

步骤3：组内讨论，进行统筹安排。

对课程的设计与开发做好统筹安排。结合团队项目协议及课程开发时间规划表记录团队成员、项目进度、团队成员互动的相关信息，以便有条不紊地推进课程的设计与开发。下表为英国开放大学课程开发实践示例。

阶段	时间	详细信息
课程批准	开发课程前一学期	在开发前得到大学课程委员会的批准
课程安排	开发课程前一学期	项目总监将与项目主席一起安排开发进度
教师确认	开发课程前一学期	课程主管将要求项目主席确定参与开发过程的教师
概念会议	在开发前一个月	集体讨论课程，明确期望，并制定时间表
课程开发	第1周或第2周	和学习设计师讨论课程会议、学期的目标和在线交付的想法
给学习设计师25%的材料	课程上线前12周	提交第一轮材料，学习设计师开始课程开发
给学习设计师50%的材料	课程上线前8周	提交第二轮材料，学习设计师继续课程开发
给学习设计师100%的材料	课程上线前4周	提交课程剩余内容，学习设计师完成开发过程
内部审核和教师审核	课程上线前3周	教师对学习内容进行审核
和学习设计师开始最后的课程审核	学期开始前的周五	课程对学习者开放，学习设计师的开发角色结束
后期开发	从课程上线之日开始	学习设计师扮演次要角色，回答学习者的问题并纠正开发过程中出现的错误

工具与方法支持：团队项目协议、课程开发时间规划表。

主题二 选题与用户分析

主题学习目标

1. 明确在线课程的选题来源，并且能够针对教育实践中存在的问题开展创新性在线课程选题；

2. 掌握两种及两种以上用户分析方法，并能结合课程选题开展用户分析，从而帮助进一步明确定位课程的受众、挖掘受众的特征与需求，为后续内容体系的开发及相关要素的设计奠定基础。

选题是在线课程设计与开发的关键步骤，选题的完成意味着目标用户的确定。从"以学习者为中心"的角度出发，学习者的特征与关键需求将影响后续课程设计。精准的用户定位对课程的后续设计至关重要。在主题二中，我们将主要解答"如何进行课程选题"和"如何开展学习者特征分析"两个问题。在阅读完主题内容后，大家可根据"课程选题"和"用户分析"两个学习活动的步骤，尝试与自己的课程团队一起进行课程选题、学习者特征分析。

一、选题

在线课程的选题总体来说包括两类：确定性选题和创意性选题。确定性选题即将已有的课程内容制作成在线课程，如将小学二年级数学课制作成一门在线课程、将大学课程中的高等数学制作成一门在线课程。创意性选题一般来源于学习、生活、工作中遇到的真实问题，如针对每年大学开学季，都有许多大学新生被骗的问题，某企业开发了"前置版"的安全教育课程，大学新生在收到录取通知书的同时，也会收到在线课程学习账号，可以到在线平台学习安全教育课程，了解常见的诈骗手段，从而减少大学新生被骗情况的发生。

在线课程的选题需要以教育实践问题为导向，而且这一问题确实可以通过开发一门在线课程解决。

众所周知，需求是人类行为背后真正的动力，当你准备开发一门具有特色的、帮助解决实际问题的在线课程时，需要深入了解学习者的相关需求，并设计出能够满足学习者需求的潜在解决方案。以下几条建议将帮助你清楚地定义学习者需求，以及帮助你将日常生活中发现的问题转化为在线课程的选题。

1. 用一句话表达我们的"点子"

例如，老年人防诈骗课程。

2. 形成"点子"背后的需求假设

需求指的是学习者想要得到的东西（也就是"是什么"），在需求挖掘过程中我们要充分利用问题解决思维（也就是"如何做"）。要形成需求假设，我们首先要思考以下问题。

- 学习者借助我们的"点子"可以获得什么？
- 是什么驱使学习者使用我们的"点子"？

- 是什么阻止学习者使用我们的"点子"?

以下是可能的答案。

(1) 老年人为了防止在遭遇诈骗时上当受骗,主动增强防诈骗意识。

(2) 随着社会经济的发展,越来越多的老年人拥有更多可支配的金钱,逐渐成为骗子眼中的"肥羊"。

(3) 当前针对老年人的各种诈骗层出不穷,经济方面、情感方面、健康方面等各种诈骗手段令人防不胜防。

(4) 诈骗不仅会使老年人遭受财产损失,还会对老年人的身心健康造成损害,降低社会上人与人的信任。

(5) 老年人可能不会使用电脑、智能手机参加在线课程,对技术有一定的要求。

(6) 传统的讲授式课程老年人学习起来难度较大。

3. 定义关键假设

花几分钟对需求假设进行思考很重要,我们需要识别出创新想法背后的基本需求,特别是那些已经有解决方案的想法。经过前两步,我们奠定了产生"点子"的基础,但我们还不知道学习者在日常生活中是否真正需要这些"点子"。

也许我们的同伴认为我们的"点子"很棒,但我们需要明确学习者在日常生活中是否真的存在对应的问题,这需要我们进一步了解学习者,还需要亲眼看到或亲耳听到这些需求是否真的存在于他们的真实生活中。我们需要检查这些需求,同时应观察或访谈那些与我们不亲近的人,因为他们不会因为顾及我们的感受而对我们的"点子"给出正向反馈。

4. 准备进行需求调查

如果我们碰巧遇到了目标学习者,我们应该问他们什么呢?我们需要做好准备,认真思考通过哪些问题让学习者告知他们的日常生活。以"老年人防诈骗"为例,设计者应该好好想想在日常生活中,哪些人容易遭遇诈骗?老年人为什么会被骗?处于哪个年龄段的老年人最容易被骗?老年人被骗的方式有哪些?老年人被骗后心理如何?

需求调查需要我们走出舒适区,切实了解学习者的需求,从而从新角度看待"点子",发放问卷、随机访谈等都是了解学习者需求的有效方法。

5. 检查关键的需求假设

最后,我们需要检查已经列出的需求假设,需要思考至少应该知道哪些假设及哪些假设对"点子"的实现最为关键,如果这些假设在日常生活中根本不存在,那么就像在空中楼阁上建立解决方案。越早发现"点子"不可行越有利,这样可以节省许多精力,尽早寻找下一个"点子"。

在检查关键的需求假设时，可以分为"决定性的""未知的""次要的""已知的"4个维度，这将帮助我们判断关键的需求假设能否实现。关键的需求假设四象限示例图如图 5.2.1 所示。

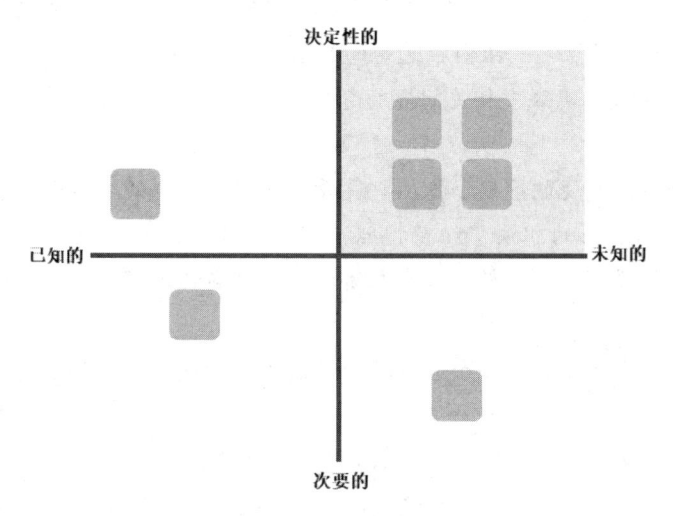

图 5.2.1 关键的需求假设四象限示例图

活动 2 课程选题

活动目标：找到教育实践中待解决的问题，清楚地阐释该问题；由问题出发，讨论选题想法，通过组间交流及与教师协商进一步修订选题。

活动时间：大约 180 分钟（选题非常关键，建议多花一些时间，确定真实情境中的选题，这将大大激发学生参与后续设计的热情）。

活动步骤：

步骤 1：反思当前教育实践中存在的问题。

设计是一种创造性解决问题的方式，在线课程的设计与开发也是为了解决某个或某类教育问题。课程设计也应该从问题出发，对问题进行深入分析。本次讨论的主题为"结合自己之前的体验与分析，反思当前教育实践中存在哪些问题"。为了将问题更加聚焦，建议大家聚焦某一年龄段的教育，具体来说有幼儿教育、义务教育、高中教育、高等教育、特殊教育及老年教育等供大家选择，大家还可以在此基础上对具体的学科及课程进行讨论与反思，也可以借助生成性人工智能工具（如 ChatGPT、文心一言、讯飞星火等）来启发思维，帮助选题。

开展组内讨论，进行问题定义：

（1）各成员结合自己的体验与分析，陈述自己发现的问题及对问题的看法，尽量将问题置于具体情境中（具体学段、具体课程）。

（2）开展组内讨论，对每个问题进行讨论和思考，找出大家认为最具代表性和迫切需要解决的3~4个问题。

（3）完成对问题的定义，以"教育问题—解决方案"的形式进行梳理。

步骤2：头脑风暴——组内推选好的想法。

结合之前对教育实践中相关问题的分析与定义，开展头脑风暴，思考本小组的在线课程选题。

（1）依据前面发现的问题，你们打算开设一门什么样的课程来解决此问题？请每个人积极说出自己的想法，组长按照"需要解决的问题—课程选题"的结构统一记录，这个阶段不批判，鼓励每个人都积极贡献自己的想法，尽可能产生较多的点子。

（2）开展组内讨论，对每个组员提出的想法进行逐一评价和完善，这个过程中如果有新的想法也可以继续说出来。

（3）推选1~2个好的想法，准备进行组间交流。

步骤3：想法碰撞——组间交流选题想法（世界咖啡法）。

各小组开展组间交流，互相进行想法的分享、把关和评价。我们将会模拟"世界咖啡会谈"的形式，开展此次组间交流，具体流程如下图。

轮换3次

选择感兴趣的交流小组 → 项目经理介绍选题想法 → 其他人给出反馈与建议 → 除项目经理外，移动到其他组 → 项目经理梳理建议，进行总结

步骤4：提炼选题，与教师进行协商，完善、修订选题。

各小组提炼选题，并向教师阐述选题来源与想法，与教师进行协商，由教师把关，完善、修订选题。

工具与方法支持：头脑风暴法、世界咖啡会谈。

在进行头脑风暴时有很多规则，其中最为重要的是以下3条。

（1）创意自信：不要认为自己的想法不好，只要你说出来，可能别人就会基于你的想法产生另一个想法。

（2）数量优于质量：要产出尽可能多的想法，之后会进行专门的评估，不要满足于一开始的想法，也许下一个更好的想法会在头脑风暴刚刚结束后出现。

（3）不批评：不要随便批评别人的想法，评估想法会在之后进行。

选题样例1：新手装修课程"绘装惠修"的选题由来

（1）用户对装修知识不了解或一知半解。装修消费是家庭消费中的一项复杂消费，找设计、挑施工、选主材、等安装等流程漫长而烦琐，且需要一定的专业知识。调查显示，99%的人不知道怎样装修，装修对他们来说太陌生了。就算有人有精力为了一次装修去刻苦钻研一段时间，自以为懂了，其实是一知半解，因为这行水太深了。

（2）行业透明度差，用户有选择障碍。一方面，装修行业存在一些乱象，如装修拖时长、赚取差价、偷工减料等；另一方面，随着互联网的进步、信息的多样化，用户在复杂的社会环境中难以选择出合适的且靠谱的装修团队。

（3）装修下来身心俱疲，费心、费力、费钱。用户可能因选择的装修团队或装修方式不恰当而导致在装修上费心、费力、费钱，却得不到好的装修成效。

总结：用户不懂装修、装修雷区多、不知道找谁装修。

选题样例2："动手创造世界——小学趣味科学课"的选题由来

（1）2017年小学科学课程标准中提出"科学素养"这一概念，小学生应了解必要的科学技术知识及其对社会与个人的影响，小学科学课程要按照立德树人的要求培养小学生的科学素养，这要求小学生掌握基本的科学方法，认识科学的本质，树立科学思想，并运用科学知识处理实际问题。

（2）我国小学科学课程存在很多问题：基础条件不均衡，师资力量匮乏；没有采取适宜的教学方式，过度关注理论知识的教授，而忽略了它的实践性、综合性；小学科学知识与中学物理、化学、生物知识之间存在一定的断层等。此外，研究发现，相比科学理解能力，小学生的科学探究能力和科学思维能力有待提高。

（3）从如何培养学生的创新实践能力和科学思维能力出发开发课程。除此之外，我们希望赋予科学课更强的趣味性，在课程标准要求的基础上，整合知识，创造情境，倡导学生从玩中学、从做中学，激发他们的学习兴趣。课程的目标是学生通过课程的学习，提高综合能力，锻炼逻辑思维，培养动手操作能力，并且能发现与解释生活中的现象。

总结：现有的小学科学课程中存在众多问题，而近年来又强调"科学素养"的培养，现有的小学科学课程不能达到培养学生"科学素养"的目标，因此课程的建设十分必要。

二、用户分析

不同的课程选题面向不同的用户（学习者），用户的特征会影响后续的设计和开发环节。为了更好地为在线学习者服务，在课程设计前，我们需要对学习者的学习需求、学习特点、学习环境、学习方式等进行深度分析。

（一）了解学习者的方法

这里有几种方法，能帮助你更好地了解学习者（朱莉·德克森，2016）。

1. 与学习者进行交流——抓准痛点开展设计

在进行课程设计时，作为一名课程设计师，你需要与许多项目相关者进行交流，如课程讲师、项目管理者、课程专家等，并且需要和学习者进行交流。学习者会告诉你，你的课程设计应该起到什么作用。专家或许会告诉你成功者是如何做的，而学习者会告诉你具体、真实的情况。比如，程序员需要为某个特定功能编写他们自己的代码，但实际上程序员会去一些开源代码站点寻找已有代码，并把免费的代码放到自己的程序中。学习者会告诉你，他们的痛点是什么，在进行课程设计时，如果你身边有正在学习或刚刚学完相关课程的人，他们会很清楚地告诉你课程学习中哪些地方感到困难，哪些地方需要帮助，哪些地方容易混淆，他们的建议和想法能够帮助你完善课程设计。

在与学习者进行交流时，你需要向学习者询问以下问题。

- 你为什么学习这门课程或者你为什么想学习这门课程？
- 学习这门课程将会给你带来哪些帮助？
- 你遇到了哪些困难？能举例说明吗？
- 你遇到的最大的困难或挑战是什么（与课程主题相关）？
- 你认为课程学习最容易的地方在哪里？最困难的地方在哪里？
- 你觉得做什么事情或提供哪些材料会让你学习得较轻松？
- 你会怎样应用所学到的知识？
- 在课程学习中，你最期待了解什么或最想参加什么活动？
- 在课程学习中，你需要课程服务人员为你解决哪些问题？

2. 与学习者一起体验——建立情境触发器

在用户体验领域，有一个很重要的环节叫作情境调查，它是以学习者为中心，观察学习者在真实环境中的学习行为。其不同于访谈，也不同于问卷调查，而是指在学习者应用所学知识的环境中观察学习者的具体行为，这个环境可能是办公室、工厂或家里（朱莉·德克森，2016）。

了解学习者应用所学知识的环境，让学习者建立情境触发器，能帮助学习者在日常生活中应用所学知识，更好地记住相关内容。另外，在与学习者进行交流时，你会发现学习者已经开始形成自己的思维方式或知识结构，他可能已经在大脑中建立自动化的步骤，但当你询问他时，他可能会回避掉一些细节，而当你在真实环境中观察他时，你会看到发生了什么,能从中获取更多信息,能更清楚地了解其学习步骤,并在课程设计中提供更好的实例、场景与学习活动。

3. 与学习者一起尝试——让想法更贴近实际

在对学习者进行初步分析后,学习设计师开始进行课程设计,然后让学习者体验课程,获得学习者的反馈。人们往往通过许多特定的视角进行设计,但这些视角有时具有一定的狭隘性,与学习者一起尝试能够避免你的想法和设计脱离实际。

与学习者一起尝试并不仅仅是指让你把设计展示给学习者,然后获得他们的反馈,而是让学习者来体验你的课程是否具有实用性。虽然每个学习者都是基于他们自己对学习内容的理解进行课程学习、做出学习反馈的,但这样做的目的并不是了解学习者之间的差距,只是了解在学习者体验课程的过程中,对哪部分的学习感到困难,以及学习过程是否超出预期时间等,以便及时对课程设计进行调整、完善,尽可能为学习者提供良好的学习体验。

在在线学习中,教育者应当把关注的重点逐渐从技术和资源转向学习者,了解他们的学习需求和学习方式,这样才能更加有效地促进在线学习的发生。我们应该积极关注在线学习者,更多地从学习者的角度出发设计在线学习系统,并针对在线学习的特点设计和组织各种交互活动,发挥教师的组织、管理和教学作用,帮助学习者实现高水平的在线学习(曹良亮,衷克定,2012)。

(二)成人学习者的特征

在在线学习中,有相当一部分学习者是成人学习者,成人学习者具有丰富的生活经验和众多期望,他们的生活经验和期望往往与年轻学生(未成年)不同。当在线课程不考虑成人学习者的独特需求时,课程中学习者的参与和保留率将会下降。下面以成人学习者为例,对学习者的需求和学习特征进行分析。

使成人学习者与其他学习者不同的原因之一在于,成人学习者具有丰富的生活和工作经验,他们期望从已有的知识经验中汲取灵感,并与他们的学习联系起来。成人学习者想知道为什么要学习某些东西,以及如何将其应用到生活、工作中,他们想知道理论与现实世界的联系。

表 5.2.1 所示为年轻学生(未成年)和成人学习者的不同(Shank P,2013)。

表 5.2.1 年轻学生(未成年)与成人学习者的不同

年轻学生(在未成年)	成人学习者
寻求学位,因为这是他们前进的下一步	寻求学位,以应对重要的人生变化或完成重要的人生目标
完成每节课的学习,因为它是课程学习的一部分	期待课程助力实现生活或职业目标
按照要求完成课程学习	对课程教学有自己的期待,并在自己期待的基础上参与课程学习

续表

年轻学生（在未成年）	成人学习者
不知道学习的知识应如何运用	期望直接运用所学知识
依赖他人来设计学习	如果被认为与他们的需求相关，则会将学习看作责任
获得学位是课程学习的最终目标	考虑对知识和技能学习的特定需求

通过对比可以看出，成人学习者的学习方式与年轻学生截然不同，他们对课程有更多的期待，他们需要学习对自己有意义的内容，并且期望所学习的内容能够直接应用。针对成人学习者的特征，我们可以采取一些设计策略，如表 5.2.2 所示。

表 5.2.2　针对成人学习者的特征可采取的设计策略

成人学习者	设计策略
期待课程助力实现生活或职业目标	✓ 课程的设计要有助于学习者的职业发展 ✓ 提供选项，让学习者可以根据作品集或职业相关目标来完成作业
考虑到学习结果，并根据这些结果来参与课程学习	✓ 根据现实生活中的问题来设计课程 ✓ 让学习者讨论和介绍他们在现实生活中遇到的问题 ✓ 采用主动参与的学习策略，在课程中引入案例分析和真实世界的情境
期望直接应用所学知识	✓ 在适用于实际问题解决的情境中介绍理论与概念
具有丰富的经验和知识	✓ 把学习者看作有直接经验的专家，也把学习者看作一种学习资源 ✓ 为学习者提供分享经验和知识的机会

（三）需求分析工具与方法

1. 同理心地图

同理心地图是从用户的角度考虑问题，并将他们的想法、感受、所看、所说、所做、所听绘制成一张大图，帮助你更好地理解用户需求，发现研究或产品中的缺陷及连用户自己都不知道的需求，了解驱动用户行为的因素，最终做出"以用户为中心"的设计决策。在绘制同理心地图时，首先在一张 A4 纸中央简单绘制用户头像，同时列出需要考虑的问题。

（1）任务：用户努力完成的任务是什么？需要解决什么问题？
（2）感受：用户的感受如何？对他们来说什么最重要？
（3）影响：什么人、事物或场景会影响他们的行为？
（4）痛点：用户正在遭遇的及他们希望解决的痛点是什么？
（5）目标：用户的最终目标是什么？什么是他们正努力实现的？

图 5.2.2 所示为"老年人防诈骗"课程根据前期调研制作的同理心地图。

任务
- 了解诈骗犯常用哪些诈骗方法
- 了解诈骗犯为什么能成功实施诈骗
- 了解诈骗犯通常会在哪些地方实施诈骗
- 了解受骗之后应当如何寻求帮助

感受
- 在社交媒体方面,老年人最主要的社交媒体是微信,但老年人对手机的使用限于观看新闻、生活支付及与家人聊天,由于老年人脑力退化等原因,导致他们对手机或微信的其他功能不太熟悉
- 在学习认知方面,老年人对过去与生活有关的事物记忆深刻,宜创设与老年人生活相关的情境

影响
- 参与奖励或打折活动是老年人受骗的主要原因,其中喜欢保健品、养生的老年人受骗比例较高
- 在社会活动中,老年人比较喜欢运动健身,若课程中创设此类情境,则容易让老年人有代入感

痛点
当前,针对老年人的经济方面、健康方面、情感方面等的诈骗手段层出不穷,而相关部门对防诈骗的知识宣传力度不大、宣传范围有限

目标
帮助老年人养成防诈骗意识,引导老年人学会识别诈骗犯的诈骗手段

图 5.2.2 "老年人防诈骗"课程制作的同理心地图

2. 情境故事法

情境故事法是指设计师通过观察和体验,去讲述一个故事,营造一种情境,从而设计出能够满足用户需求的产品。设计师通过了解使用者的特征,借助一个故事(包括环境、产品的功能等),模拟未来产品的使用,从而更好地站在使用者的角度去设计产品。情境故事法的实施步骤如图 5.2.3 所示。

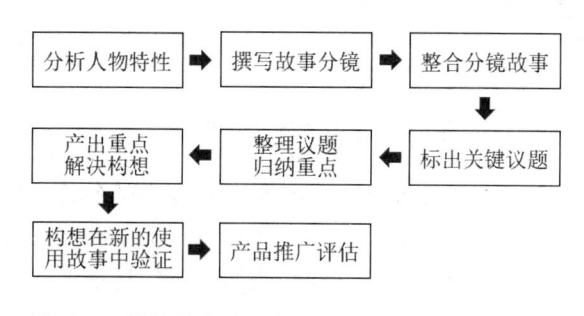

图 5.2.3 情境故事法的实施步骤(刘兰兰等,2017)

例如,老年人防诈骗课程在设计初期,需要我们了解老年人的日常生活、对老年人的生活情境进行观察、假设,从中挖掘学习者的需求与存在的问题,从而更好地进行课程开发。老年人可能遭遇保健品诈骗的情境假设如下。小明的爷爷从小明的奶奶过世后就变成了独居老人,由于子女在外地工作,不能常回家,随着年龄的增长,爷爷在一个人生活时,有的事做起来感到力不从心。有一天,一个年轻的小伙子以推销保健品为由敲开了爷爷的家门,从那之后,他每天都来拜访爷爷,有时会帮爷爷做家务。忽然有人嘘寒问暖,爷爷觉得很暖心,觉得小伙子是个很不错的人,于是爷爷花 3 万元钱买了小伙子的保健品。后来,小伙子消失了。再后来,小明和爸爸、妈妈回来看爷爷,爸爸得

知爷爷花 3 万元钱买了保健品，仔细查看后发现这一堆保健品没有任何药用价值，爷爷被骗了。在这个情境中，我们可以发现爷爷被骗的原因是长期一个人在家，感到十分孤独，同时身体慢慢变差，但又不想让子女操心，没有及时与他们沟通，这就给了诈骗分子机会，而这类诈骗分子通常会通过陪伴老年人来获取老年人的信任，这些都是我们在课程设计中应当涉及的。

3. 用户画像法

用户画像是建立在一系列属性数据之上的目标用户模型，一般是从用户群体中提取出来的典型用户，本质上是一个用以描述用户需求的工具（罗志恒，2021）。某保健美食节目绘制的用户画像如图 5.2.4 所示。

用户分析 | 用户画像

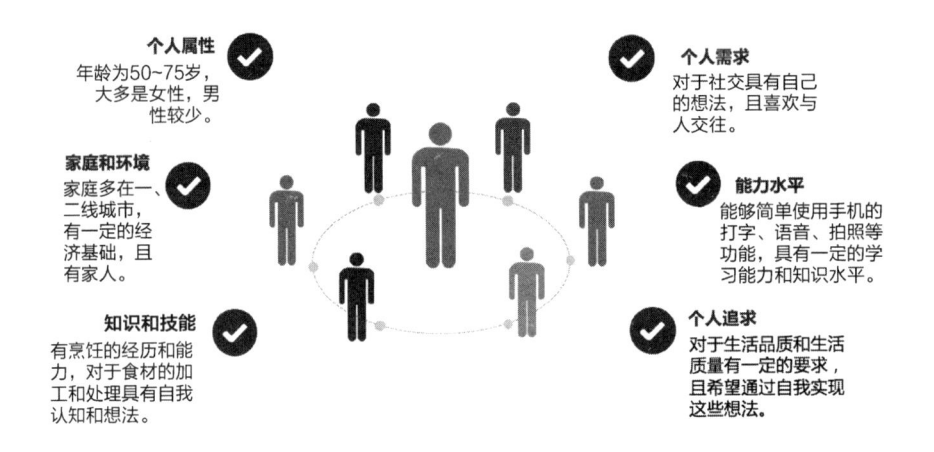

- **个人属性**：年龄为50~75岁，大多是女性，男性较少。
- **家庭和环境**：家庭多在一、二线城市，有一定的经济基础，且有家人。
- **知识和技能**：有烹饪的经历和能力，对于食材的加工和处理具有自我认知和想法。
- **个人需求**：对于社交具有自己的想法，且喜欢与人交往。
- **能力水平**：能够简单使用手机的打字、语音、拍照等功能，具有一定的学习能力和知识水平。
- **个人追求**：对于生活品质和生活质量有一定的要求，且希望通过自我实现这些想法。

图 5.2.4　某保健美食节目绘制的用户画像

创建用户画像的方法很多，包括 Alen Cooper 的"七步人物角色法"、Lene Nielsen 的"十步人物角色法"，这些方法从流程上分为 3 个步骤：获取和研究用户信息、细分用户群体、建立和丰富用户画像。此外，大家可以采用调查、访谈或者查看用户调研报告的方式绘制用户画像。

活动 3　用户分析

（该活动由团队中的用户主导，其他人配合完成）

活动目标：深入调研课程面向的学习者，可视化其重要特征，思考用户分析的结果对课程设计的意义。

活动时间：大约 2 小时。

活动步骤：

步骤 1：依据用户画像提供的参考维度，开展调研。

为了了解学习者的需求，我们需要开展相关的调研，可以查阅调查数据（进行问卷调查）、与学习者交流（或访谈）及亲身体验等，并进行换位思考。这里为大家提供一个工具——用户画像，希望能帮助大家对学习者的特征开展调研，提供思考维度。该工具仅供参考，如有其他的角度，也可进行分析与可视化表征。进行用户画像需要思考的问题如下。

（1）给谁画像？谁将学习这门课程？

（2）画什么像？用户的年龄、性格、生活习惯、社会交往习惯（在线学习是一种偏社群化的学习）等如何？

（3）为什么画像（学习此类课程的经验、自身的需求）？

（4）他们在什么情况下学习这门课程（使用情景、分类画像）？

（5）他们在学习过程中可能遇到什么困难？

（6）预测结果是怎样的？他们学习课程后可能有什么改变？

步骤 2：结合用户分析的结果，思考课程要素设计。

结合用户分析的结果，把握用户的特征和需求，思考用户分析结果对课程设计的指导意义，为之后各要素的设计奠定基础。下图为"绘装惠修"课程的用户最终画像。

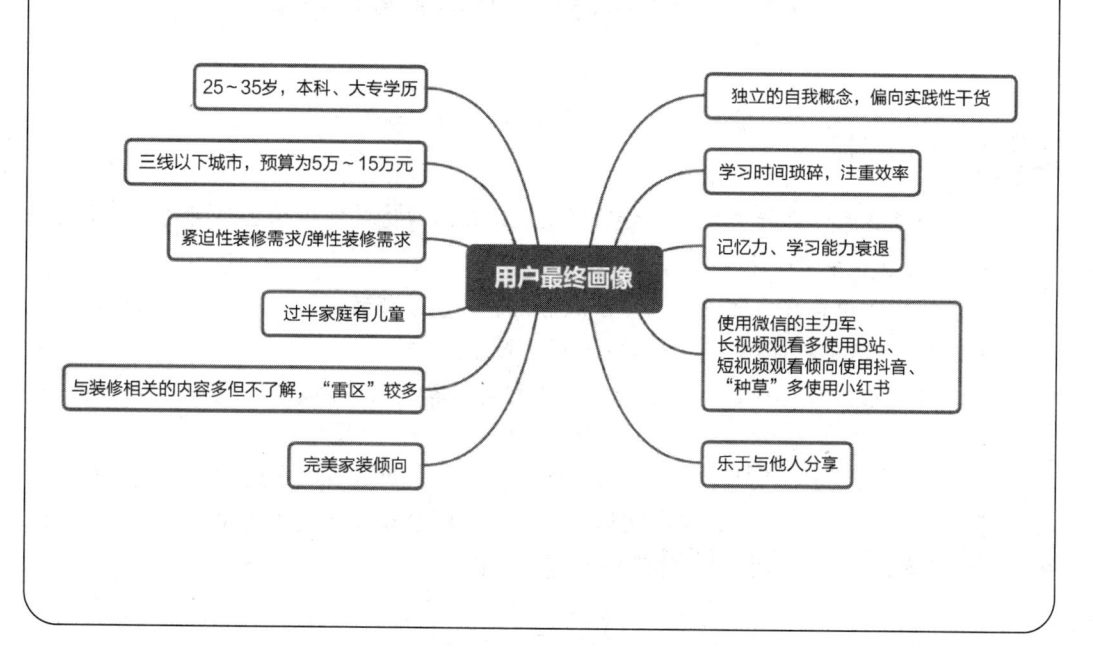

用户最终画像：
- 25~35岁，本科、大专学历
- 三线以下城市，预算为5万~15万元
- 紧迫性装修需求/弹性装修需求
- 过半家庭有儿童
- 与装修相关的内容多但不了解，"雷区"较多
- 完美家装倾向
- 独立的自我概念，偏向实践性干货
- 学习时间琐碎，注重效率
- 记忆力、学习能力衰退
- 使用微信的主力军、长视频观看多使用B站、短视频观看倾向使用抖音、"种草"多使用小红书
- 乐于与他人分享

用户特征	对应设计
25~35岁，本科、大专学历	移动学习条件具备，理解装修知识无负担
三线以下城市，预算为5万~15万元	指导装修时注重实用性、性价比
紧迫性装修需求/弹性装修需求	提供一站式装修服务和局部装修服务
过半家庭有儿童	考虑儿童房的设计
与装修相关内容多但不了解，"雷区"较多	按装修流程提供完整的装修知识体系，在每个部分介绍装修注意事项，帮助用户"避雷"
完美家装倾向	内容上注重装修功能性的同时注重舒适性和美感
独立的自我概念，偏向实践性干货	不强制用户学习，支持自定步调，课程开门见山，提升内容质量
学习时间琐碎，注重效率	控制每个视频时长，以短视频为主，也提供图文形式的学习资源
记忆力、学习能力衰退	结合案例讲解，形象、简明地表现内容
使用微信的主力军、长视频观看多使用B站、短视频观看倾向使用抖音、"种草"多使用小红书	把微信群作为答疑咨询工具，把微信公众号作为资讯的推送工具，附加学习支持服务，在B站、抖音、小红书上投放相关视频以达到引流目的
乐于与他人分享	有目的地开展讨论，创建社区，提供用户交流的平台

主题三　课程目标与内容体系设计

主题学习目标

1. 能够说出课程目标与学习目标的区别，结合课程选题定位的实践问题，以及用户调研与需求分析，明确课程的总体目标；

2. 能够列举出课程内容设计的方法及原则，并基于课程目标、用户需求与特征，设计并合理组织课程的内容体系；

3. 结合课程目标与内容体系设计，运用相关工具编写清晰、可衡量的学习目标。

在线课程设计包含"课程设计"和"学习设计"两个阶段，而这两个阶段分别是以"课程目标"和"学习目标"为导向实施的，其中课程目标设计是在线课程各要素设计的核心，各要素之间围绕课程目标实现内在逻辑的统一。

一、课程目标与学习目标制定

课程目标是指学习者通过整个课程的学习应该具备的素养和能力。在正式的教育体系中，课程目标往往对应支撑人才培养的总体目标和学生的毕业要求，是对二者在某一门课程中的具体化。非正式教育中的课程目标则需要与课程定位、课程受众、课程设计理念紧密结合，是对课程定位的具体化，也是对课程受众通过学习课程所能获得的素养和能力发展的总体体现，是课程设计理念的综合体现。

学习目标则是关于对学习相应内容以后会发生何种变化的明确表述，是指在学习活动中期待学习者可以获得的学习结果。学习目标是对课程目标在具体内容中的具体体现和细化。在线学习中需要明确告知学习者需要学习哪些内容、了解学完之后应该会做什么及对所学内容将会如何评价。

下面列出了课程目标与学习目标的主要特点，希望可以帮助你更好地制定课程目标与学习目标（Emmanuel College，2021）。

课程目标：

（1）课程目标反映了希望学习者了解和理解的内容；
（2）课程目标应综合而概括；
（3）课程目标应反映课程和学科的基本问题。

学习目标：

（1）每个学习目标都应与课程目标相关或源于课程目标；
（2）学习目标反映了课程设计者希望学习者能够做到的事情；
（3）每个学习目标都是可以衡量的；
（4）每个学习目标都是可以观察到的；
（5）每个学习目标应针对学习者表现的一个特定方面。

课程"世界教育史"的课程目标示例：

（1）通过学习世界教育改革，了解现代世界教育的历史、现状和发展趋势；
（2）能够理解教育改革与其他社会问题的相关性，具有对信息和知识进行多角度审视的意识；
（3）能够从多元文化的视角理解世界教育改革的差异性和多样性，并能正确学习借鉴国际先进教育理念和经验；
（4）能够通过小组讨论与合作研究形成团队意识和经验分享的习惯，并掌握自我表达的技巧。

优秀学习目标示例：

（1）能够使用吉尔伯特绩效矩阵进行需求分析；

（2）能够用图表表示社会认知理论的主要结构；

（3）能够撰写符合五段式格式要求的文章；

（4）能够解释如何参与政治哲学才能让个人成为一个更好的批判性思考者；

（5）能够分析超现实主义艺术运动如何反映其时代事件和影响当代艺术运动。

美国亚利桑那大学研发了帮助编写课程目标与学习目标的工具——学习目标生成器。

学习目标生成器提供了与布鲁姆认知目标不同层级相对应的动词，能够引导你编写出合适的课程目标。其具体使用方法如下。

步骤一：选择认知域。认知域指的是你期待学习者对知识的复杂性或特殊性的理解水平，包括记忆、理解、应用、分析、评价、创造 6 个层级。"记忆"是最低级别的复杂性。学习目标生成器步骤一界面如图 5.3.1 所示，在每个认知层级后均有对应的介绍。

- 记忆：从长期记忆中检索相关信息。
- 理解：从信息中建构意义。
- 应用：将知识（抽象概念）应用到实际问题解决情境。
- 分析：将事物或想法分解为更简单的部分，并确定它们之间的关系及与整体结构的关系。
- 评价：综合内在与外在资料、信息，做出符合客观事实的推断。
- 创造：重新组织各要素，形成一个新的结构。

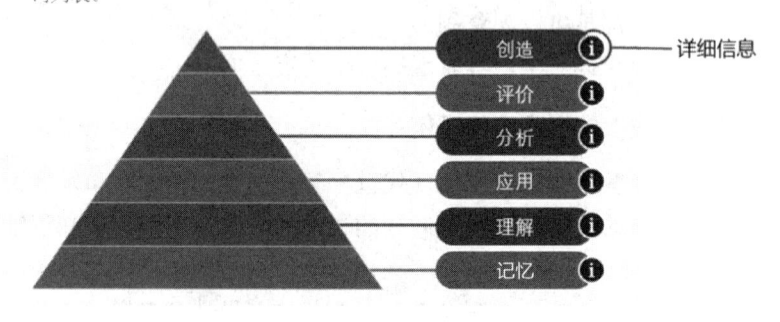

图 5.3.1 学习目标生成器步骤一界面

步骤二：选择一个动词。在完成步骤一后，学习目标生成器会为你提供与认知目标对应的动词。以"记忆"认知层级为例，学习目标生成器步骤二界面如图 5.3.2 所示，在这一步，你需要为学习内容选择一个与你期待学习者达到的认知层级适配的动词。

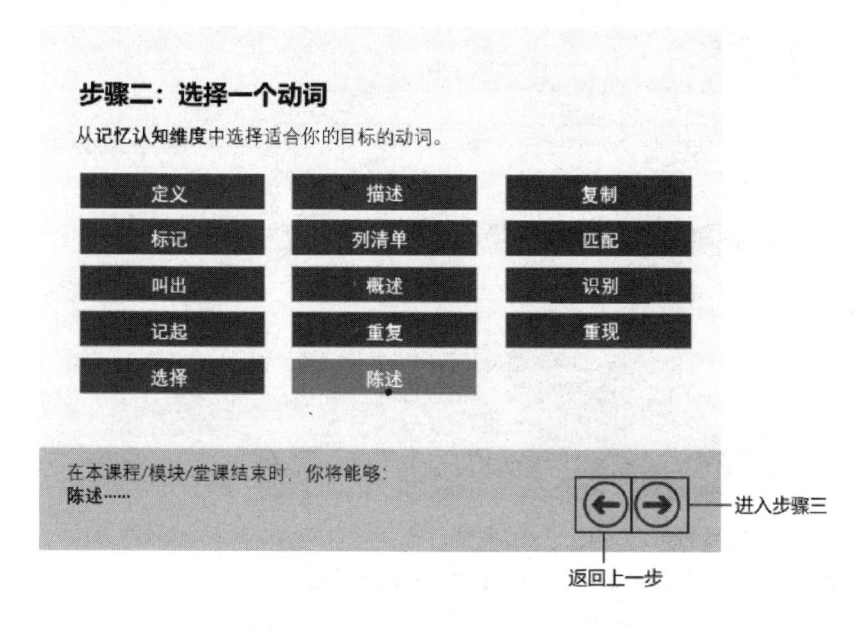

图 5.3.2　学习目标生成器步骤二界面

步骤三：描述你想让学习者获得什么技能或知识，通常是一个名词或名词短语，要阐明你期待学习者达到的水平或可接受的程度，并在"输入框"中输入。学习目标生成器步骤三界面如图 5.3.3 所示，单击信息图标可获得可衡量的学习目标示例。

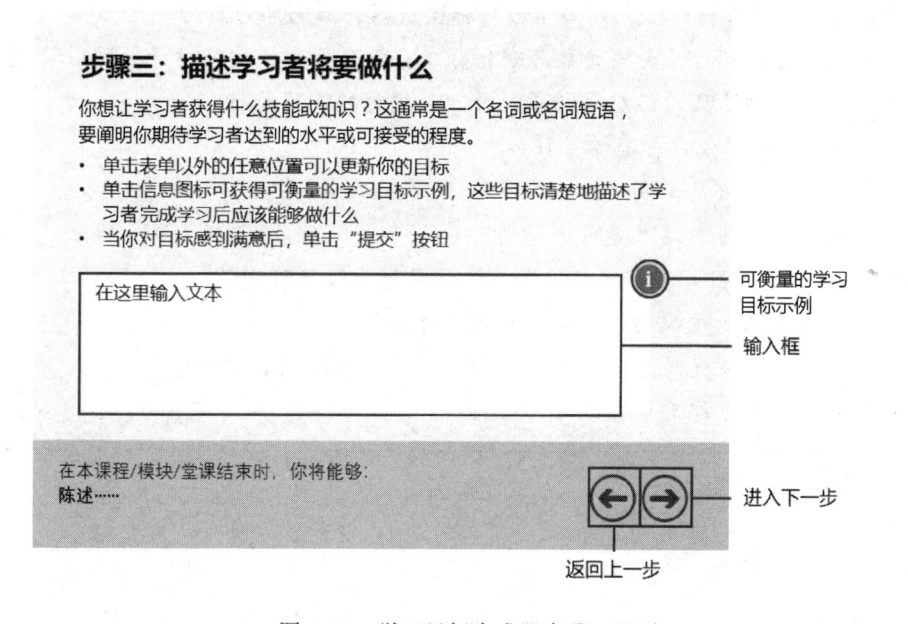

图 5.3.3　学习目标生成器步骤三界面

在单击"提交"按钮后，进入下一步即可获得学习目标，界面如图 5.3.4 所示。

图 5.3.4 学习目标生成器步骤四界面

> **活动 4　课程目标制定与学习目标编写**
>
> （该活动由项目经理主导，小组共同讨论）
>
> **活动目标**：确定课程目标，为后续其他内容的设计奠定基础。
>
> **活动时间**：大约 90 分钟。
>
> **活动步骤**：
>
> 步骤 1：组内讨论——根据课程拟解决的问题，确定课程目标。
>
> 项目组成员根据之前针对教育问题的选题，自定义维度（如核心素养、从低阶能力到高阶能力的要求等），确定课程目标。
>
> 步骤 2：根据课程目标，利用学习目标生成器，编写学习目标。
>
> 在确定课程目标后，由项目经理进行分工，结合课程的内容设计，运用学习目标生成器为对应的课程目标编写科学、合理、规范的学习目标。
>
> 步骤 3：核查课程目标与学习目标。
>
> 根据以下几点核查课程目标与学习目标。
>
> - 课程目标描述的结果是可测量的；
> - 模块/单元学习目标描述的结果与课程目标一致且可测量；
> - 从学习者的角度编写，明确阐述所有学习目标；
> - 为学习者提供充足的、明确的如何达到学习目标的说明；
> - 根据课程水平编写适当的学习目标。

二、课程内容体系设计

课程内容体系设计是除课程目标之外的其他各要素设计的重要起点，在线课程的内容体系设计应该采用开放设计的理念，多方面收集相关资料，结合课程目标、课程的受众和课程的设计理念开展综合性设计。课程内容体系一方面要注意结构化、系统化、层次化,另一方面要符合逻辑、符合学习者的认知。

(一)课程内容体系的设计方法:是直接应用、改编还是自编?

课程内容体系的设计方法包括3种:一是直接应用已有课程或教材中的内容体系;二是改编已有的、较成熟课程的内容体系;三是从无到有,自编课程的内容体系。直接应用看似最简单,但找到合适的课程或教材比较难;自编适用于已有的课程或教材都满足不了需求的情况,创新性课程的设计一般都需要自编,但比较费时,成本较高;改编是在已有内容的基础上根据课程的受众、目标适当加以调整,这是大多数课程的内容体系采用的设计方法。

采用改编的方法进行课程内容体系设计时需要考虑以下问题:去哪里找可利用的改编材料?改编材料的切入点可以是手头现有的材料、已有的在线课程和已出版的书等。可利用的资源不仅可以是文字材料,还可以考虑以下内容(王跃,2010)。

(1)课堂教学经验。将教师在课堂上使用的解释教科书中某项内容的材料,如示意图、讲解文字加入学习材料中,让学习者有上课的感觉。

(2)最新研究成果。在原版的教材出版后,编写者的研究可能有了新的进展,我们可以将新进展设计为思考题或讨论题,并将其作为讨论的素材。

(3)专题讲座稿。讲座具有专题性的特点,一般能够对某一问题进行比较全面的描述与深入的分析,而且比较关注新的发展,如果专题讲座稿的主题与课程某一章的内容相符,不妨把专题讲座稿的部分内容设计为学习活动或自测题。

(4)课堂教学教案。在课堂教学教案中,往往有促进学习者思考的问题或练习,以及帮助学习者理解内容的案例或教学活动等,这些材料经过适当加工,可以应用到在线课程中,特别是与学习者需求相关的案例,可以极大地提高学习者的学习兴趣。

(5)参考书、网址等相关资源。有的在线学习者比课堂教学环境中的学习者有更高的自主性,在课程资料中,可以为学习者提供多种学习方式和途径,如提供扩展阅读的参考书目或相关的网站来满足不同学习者的学习需求。

在准备好改编材料之后,你需要对材料的适用性和改编成本进行评估,在综合考虑后,将合适的改编材料作为课程资料使用。表5.3.1所示为影响改编成本的因素。

表5.3.1 影响改编成本的因素(理查德·弗雷曼,2008)

各方面问题	对改编的影响
备用材料的内容合适吗	内容应尽可能符合学习者的需求,内容相差越远,你需要进行的改编越多,若改编内容太多,则可能自己编写一门课程更简单
对学习者知识基础的预估是怎样的	如果对学习者知识基础的预估高于学习者的实际水平,那么你需要制作预备课程补充材料,以使学习者达到新课程的起点要求
内容是最新的吗	这在在线课程学习中一直是个重要的问题,因为材料一旦改编好就需要持续使用几年(更新的费用通常很高),你的课程多久更新一次呢

续表

各方面问题	对改编的影响
材料的内容是否准确且具有权威性	少数内容不准确并不是问题,可以在学习指南中标出或者在改编的过程中进行改正,但如果不准确的内容太多,改编成本将会提高
知识覆盖全面吗	你需要为它增加多少新材料呢?如果太多,那么不如自己从头编写
语言水平合适吗	例如,词汇量合适吗?句子是否过长或结构过于复杂?如果需要翻译课文,会带来新的问题吗
课程材料中包含足够多的活动吗 活动的质量高吗	活动(如思考、练习、调查、讨论等)在在线课程中是十分重要的,如果活动很少或质量不高,那么就不得不创建新的活动
材料中包含的过程性测试适当吗	材料中包含可供学习者检查自己学习过程的自测题吗?如果没有,就需要增加这项内容
成本能接受吗	用这些材料来制作一门课程将花费多少钱?自己编写一门课程将花费多少钱

(二)课程具体内容的设计方法

罗密佐斯基(Romiszowksi,1986)提出了课程具体内容的3种设计方法,分别是主题导向法、概念导向法、任务或目标导向法。下面我们将讨论这3种设计方法的优点和缺点,以为课程具体内容的设计提供参考。

1. 主题导向法

主题导向法是从主题开始的,与传统教学中制定课程大纲的方法相似。这种方法是把一个主题进行分解,如果是从属关系,就分解成若干组;如果不是从属关系,就分解成若干分主题。图5.3.5所示为主题导向法示例,是"文字处理"课程的部分主题设计,主题在顶部,每往下一个层级,主题就被细化一层。

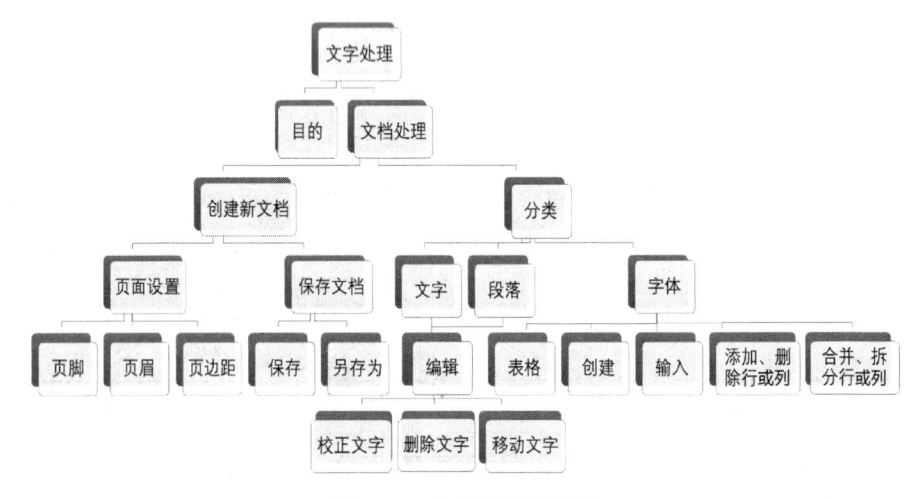

图 5.3.5 主题导向法示例

这种方法使用起来很容易,因此该设计方法在教育中的应用十分广泛。

2. 概念导向法

这种方法与主题导向法相似，不过它以概念而非主题为线索。对于那些概念很多的学科（如自然科学），这种方法很适用；但对于那些内容很开放的学科（如文学），这种方法不大适用。图 5.3.6 所示为一个由学习目标组成的概念图。这个概念图由很多概念组成，每个概念放在一个单独的方框里，并由一些词语连接，以表明概念之间的关系。这样的概念图既有助于建立知识内在结构，也有助于阐明不同概念之间的关系，提供安排教学顺序的思路。

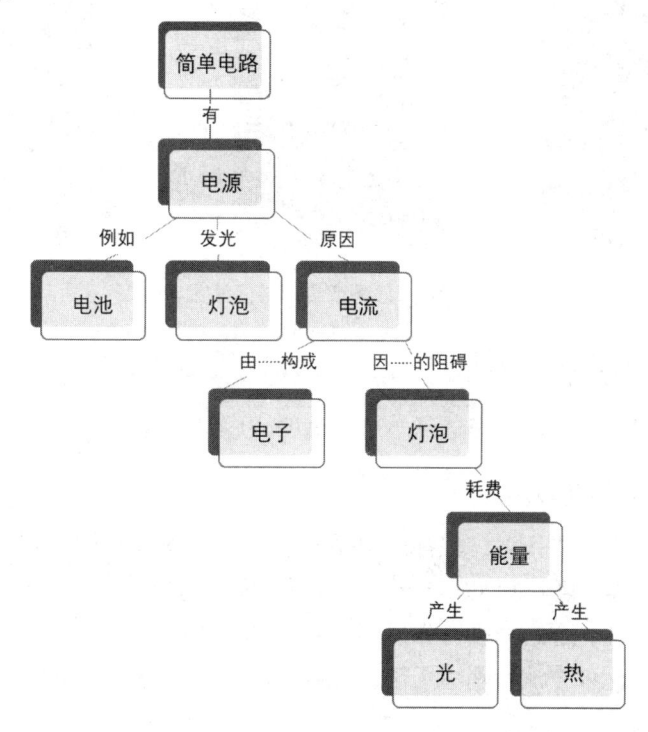

图 5.3.6　概念图

3. 任务或目标导向法

这种方法从你希望学习者达到的最终目标入手，并把它分解成若干学习目标。如图 5.3.7 所示，就是从课程的最终目标"使用文字处理软件输入一段文字"入手，然后把它分解成技能、预备知识、知识 3 个学习目标的。在这个例子中，如果课程较复杂，可以将最终目标分解成一些较大的目标，再将这些较大的目标依次分解成更小的目标，不管课程是否复杂，总体原则是相同的：所有的学习目标都是为实现课程的总目标服务的。

这种方法不需要确定讲到哪里为止，因为你只是列举出学习者达到总目标应当具备的知识。当然，在列举出这些知识后，你仍然要确定哪些知识是要教授的（图最右侧的一栏），哪些是学习者已具备的（图中间的一栏）。

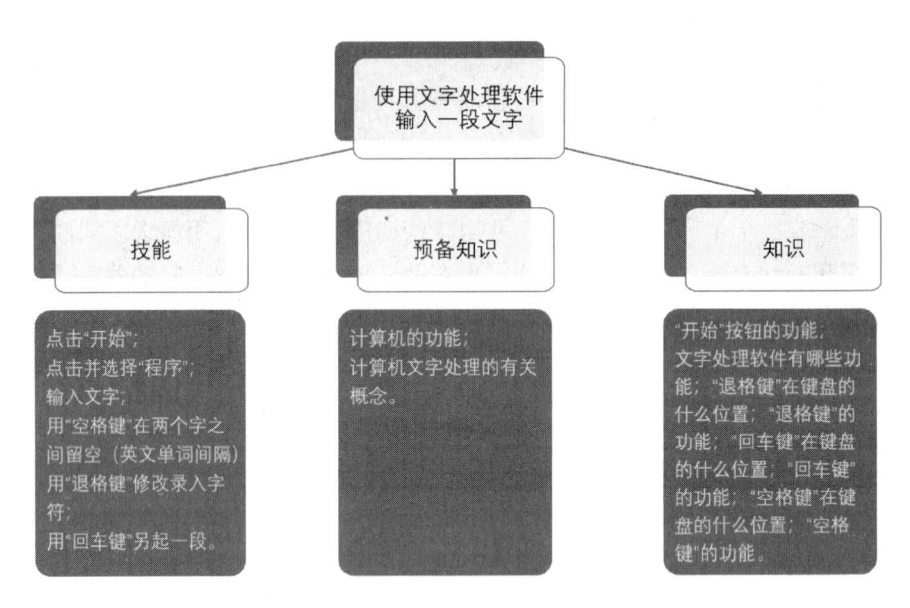

图 5.3.7　任务或目标导向法示例

（三）课程内容的呈现顺序

在课程内容确定之后，应当选择一个合适的顺序来呈现内容。

1. 单元内容的排序方法

单元内容的排序方式很多，但都应遵循一条原则，即单元内容的排序都需要符合学习者的认知规律，其中隆特利（Rowntree）和罗密佐斯基提出的方法非常值得我们借鉴。

（1）按主题：当主题之间没有先后顺序时可采用这种方法。

（2）按年代：这种方法特别适用于历史课程，还适用于某些数学课程，用以强调某一主题的发展延续。

（3）按地点：从某地到另一地点，如从家里到工作场所，或者由微观（植物细胞内）到宏观（植物组织）。

（4）按因果关系：从现象描述开始，再分析原因。

（5）按逻辑结构：按照学科的逻辑结构排序。

（6）以问题为中心：先提出问题，再探讨它的解决方案，如动物如何在恶劣的环境中生存。

（7）螺旋式：在螺旋式结构中，相同的内容会重复出现，每次都会不断深化和拓展。

（8）倒链式：从最终结果开始，反方向推进，逐渐推导出最终结果是如何得出的。以做一个电子表格为例，你可以先将一个已做好的电子表格呈现出来，再安排若干练习，让学习者使用该电子表格，并做出评价和修改等，这样做的好处是可以让学习者对电子表格有一个整体的理解，然后一步步学习如何制作一个电子表格。

（9）网状结构式：如果内容的主题较为分散，能够以任意顺序进行学习，那么就可采用这种方法，这种方法适用于发现式学习和主题式学习。

（10）统筹安排法：依存性是统筹安排法的核心。在项目管理中，依存性意味着一项任务只有等到另一项任务完成后才能开始；在课程设计中，依存性意味着某项新知识的学习只有在学会另一项知识的基础上才能进行。如果你会使用合适的项目管理软件，统筹安排法是个不错的选择。

2．单元和主题排序的基本原则

在进行单元和主题排序时，我们需要把握一定的原则：

（1）由易到难；

（2）由已知到未知；

（3）由特殊到一般；

（4）由具体到抽象。

这些原则都基于一个事实，即当新学知识与自身经验有所关联时，人们的学习效果会更好。表 5.3.2 所示为 4 条排序原则示例。

表 5.3.2　4 条排序原则示例

原则	示例
易 → 难	在教英语动词的一般现在时时，先教规则动词，再教不规则动词
已知 → 未知	在教哪种植物适合在哪类土壤中生长时，先让学习者思考他们家附近有哪种植物、哪类土壤
特殊 → 一般	在讲解酸性时，先了解几种特定的酸，再归纳酸的一般特性
具体 → 抽象	在讲解民主这类抽象的、理论化的概念时，先举几个民主制度下的特殊例子

（四）内容设计原则

在呈现课程学习内容时，我们应考虑到学习者的信息加工和处理能力有限，为了帮助他们更有效地处理信息，降低其认知负荷，我们需要对呈现的内容进行处理。

1．降低认知负荷的内容设计（Matthew Guyan，2013）

我们大脑中有两种记忆：一种是用于处理新信息的工作记忆，工作记忆容量非常有限，它只能处理过载前的信息；另一种是长期记忆，工作记忆从这里存储信息并在以后检索该信息。在长期记忆中，信息被组织为图式，图式是记忆存储的组织框架（如文件柜），超过工作记忆内存容量将导致更多信息传输到长期记忆中。

在在线课程设计中，并非提供的学习内容越多，学习者就能学到越多的知识。Mayer 和 Moreno（2003）对降低在线学习认知负荷的方法进行了研究，提出了 3 种假设：

（1）人类拥有用于听觉材料和视觉材料的单独信息处理通道（双通道）；

（2）通过视觉（眼睛）和听觉（耳朵）通道提供的处理能力有限（容量有限）；

（3）学习需要通过视觉通道和听觉通道进行大量认知处理（主动加工）。

基于假设，他们提出了降低在线学习认知负荷的5种方法。

（1）通过视觉通道呈现一些信息，通过听觉通道呈现一些信息。

如果所有内容都通过视觉处理，即通过文本、图片或动画进行处理，则视觉通道可能过载，因此可以使用旁白将某些内容传输到听觉通道，从而在通道之间分散负载并提高处理能力。

（2）将内容分成较小的部分，让学习者控制学习的节奏。

如果内容复杂且教授节奏较快，学习者可能没有足够的时间有效地处理信息。将复杂的内容分成较小的部分，并允许学习者控制学习的节奏，使他们可以更有效地处理信息。

（3）删除不必要的内容。

背景音乐和装饰性图形可能会使在线学习更加有趣，但是这些元素需要附带处理并增加无关的信息。因此，如果内容不符合教学目标，则应将其删除。

（4）文本应放置在尽可能靠近相应图形的位置。

当文本远离相应图形时，学习者被迫扫描屏幕以使文本与图形对应，这需要额外的认知处理，将文本放置在相应的图形附近可以改善信息的传递。

（5）不要逐字叙述屏幕上的文字。

当对屏幕上的文字进行叙述时，会通过两个渠道向学习者提供相同的信息，学习者被迫两次处理相同的信息，这意味着存在大量的冗余。如果使用旁白，则屏幕上的文字应为要点提示。

2．内容分块（Connie Malamed，2009）

内容分块是一种将内容分解为更短、更小的片段的策略，这些片段更易于管理和记忆。该概念由哈佛大学心理学家乔治·A.米勒（George A. Miller）于1956年提出。米勒说，短期记忆只能存储5~9个信息块。从那以后，尽管专家们对一个人能记住的信息块的确切数量看法不同，但形成的共识是：人们的短期记忆能力有限。此外，认知研究人员发现，工作记忆的容量取决于信息的类型、信息的特征和学习者的能力。那么，如果学习者的工作记忆是满的，多余的信息就会消失，这对学习设计师来说是一个很大的挑战。这意味着，如果解释一些复杂的信息，学习者必须记住几个因素才能理解它，此时就需要将信息分块。以下4个技巧可以帮助我们进行有效的信息分块。

（1）优先考虑一些信息。

我们可以先选择主要的材料，再选择次要的支撑材料，确定课程的内容层次。我们需要考虑内容的逻辑发展，为模块、课程和主题设计一个有逻辑的、循序渐进的顺序。

（2）为学习者的工作记忆进行设计。

在内容设计过程中，我们需要从工作记忆的角度进行思考，我们真的需要呈现所有的内容吗？如果不需要，那就去掉无关的内容，只呈现精心挑选的相关内容。如果我们认为课程不能吸引学习者的注意力，就试着采取一些让学习者感兴趣的技巧，而不是给他们过多的信息。

（3）按照屏幕划分信息块。

在内容设计之前，计划好每个屏幕上要显示的内容。每个新主题或信息块都应该出现在一个新的屏幕上，呈现的内容可以是主题级别的、学习目标级别的或概念级别的，要避免同时介绍多个主题、学习目标或概念。

（4）充分利用项目符号和编号列表。

如果在组织大块的内容方面有困难，项目符号和编号列表是清晰地展示信息的简单方法。人们通常不会逐字阅读，而是会略读内容，将内容组织成列表可以形成一个简明的演示，学习者即使略读也能理解内容。

活动 5 内容体系设计

（该活动由课程主讲教师主导，其他成员配合完成，可以运用生成性人工智能工具进行内容体系的建构）

活动目标：运用"模块化"的思想进行内容体系设计，并将课程内容的初步框架可视化。

活动时间：大约 90 分钟。

活动步骤：

步骤1：在组内开展讨论，寻求组员的意见，初步确定内容体系的设计方法。

课程主讲教师将想法与其他成员进行沟通与交流，从他人意见中获取思路，初步确定内容体系的设计方法。

步骤2：课程主讲教师主导，并与项目经理进行讨论，确定课程内容的具体结构。

（1）根据课程的定位与用户分析，明确课程的重点和难点。

（2）注重课程内容结构的体系化，并将整体结构可视化（可采用思维导图等形式）。

（3）注重课程的导入、层级与总结。

（4）写出设计思路（包括对设计理念、设计原则等的思考）。

步骤3：思考以下问题，确定课程内容的呈现顺序。

（1）我应该以什么顺序安排本主题的内容？

（2）我在排序时应遵循什么标准？是由学科的逻辑顺序来决定内容的顺序吗？

（3）学习者会按照我对材料的编排顺序学习吗？

（4）为了让学习者将新知识与已有知识联系起来，并获得良好的学习效果，我应该怎样更好地为内容排序？

下面是两门课程内容体系的设计案例。

"绘装惠修"课程的内容体系设计图：

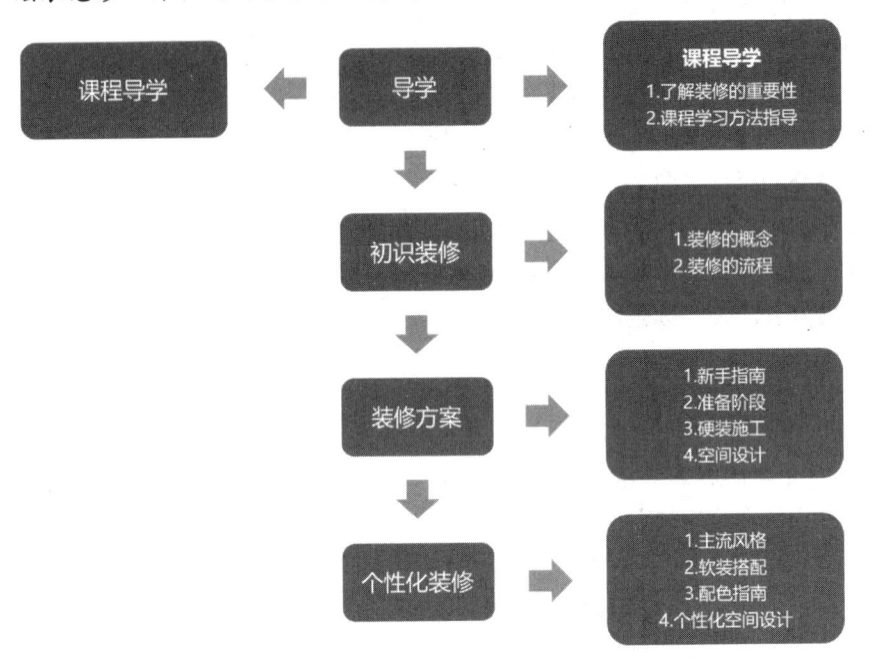

```
课程导学 ← 导学 → 课程导学
                  1.了解装修的重要性
                  2.课程学习方法指导
              ↓
           初识装修 → 1.装修的概念
                    2.装修的流程
              ↓
           装修方案 → 1.新手指南
                    2.准备阶段
                    3.硬装施工
                    4.空间设计
              ↓
          个性化装修 → 1.主流风格
                    2.软装搭配
                    3.配色指南
                    4.个性化空间设计
```

"揭秘丝绸之路"小学生历史文化课程的内容体系设计图：

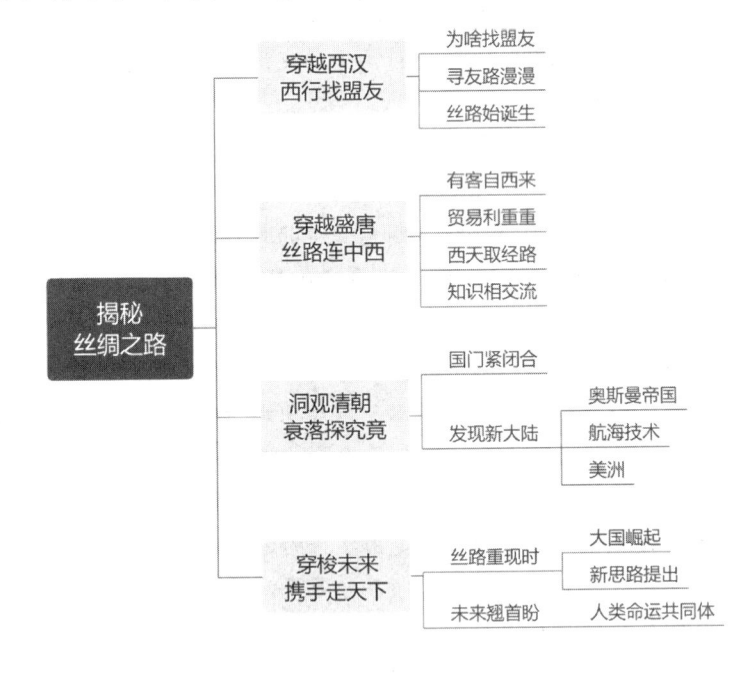

```
揭秘丝绸之路
├─ 穿越西汉 ─── 为啥找盟友
│  西行找盟友    寻友路漫漫
│              丝路始诞生
│
├─ 穿越盛唐 ─── 有客自西来
│  丝路连中西    贸易利重重
│              西天取经路
│              知识相交流
│
├─ 洞观清朝 ─── 国门紧闭合
│  衰落探究竟    发现新大陆 ─ 奥斯曼帝国
│                          航海技术
│                          美洲
│
└─ 穿梭未来 ─── 丝路重现时 ─ 大国崛起
   携手走天下               新思路提出
              未来翘首盼 ─ 人类命运共同体
```

主题四 设计理念选择

> ♻ **主题学习目标**

　　1. 了解不同的设计理念所带来的各要素设计的差异，能够深刻认识设计理念对在线课程设计与开发的关键作用，形成设计理念先导的意识；

　　2. 能够基于课程的前期调研与分析，结合用户的特征，选择恰当的设计理念，指导课程设计与开发。

　　"以学习者为中心"及在线课程设计与开发理念模型，是在线课程设计与开发应该遵循的核心理念和通用原则。针对具体课程的设计与开发，我们还需要选择一个具体的理念来指导整个课程的设计。在课程设计与开发初期，我们需要根据课程的选题与用户分析、课程目标与内容体系设计、开发成本等关键信息确定课程的设计理念。这里将结合前期的相关研究（王志军等，2014；陈丽，王志军，2016），从学习理论和学习方式的视角介绍相关设计理念。设计理念决定着学习资源、学习活动和学习评价的设计与开发，进而影响平台与工具、学习指导、学习支持服务的设计与开发。

一、学习理论视角

　　如前所述，设计理念不同将导致各要素的设计差异很大。在基本原理篇，我们介绍了在线学习的一个非常重要的理论基础——远程学习教学交互层次塔。根据远程学习教学交互层次塔，操作交互决定了平台与工具的选择；信息交互决定了学习资源设计与学习活动设计；概念交互决定了学习评价设计。下面从行为-认知主义、社会-建构主义、联通主义的视角，对3种学习理论指导下的在线课程设计与开发进行深入分析。

（一）行为-认知主义

　　行为-认知主义学习强调对知识的理解和掌握。对照布鲁姆目标分类理论，行为-认知主义学习主要适用于记忆、理解和应用层次的目标。同时，行为-认知主义适用于以内容传递为主要目的的教学，在实践中十分典型的例子是当前广为流传的以内容传递为目的的 xMOOC。

　　行为-认知主义指导下的课程的平台需要具备易操作、支持简单交互及知识呈现的功能。如图 5.4.1 所示，由于行为-认知主义指导下的课程以内容传递为主，因此对学习资源设计的要求非常高，学习资源设计是行为-认知主义指导下的课程设计的重点，必须是精心设计、制作或选择的高质量的学习资源。学习活动设计以自主学习活动为主，重点是学习者与资源的交互，同时以简单的师生交互活动为辅。学习评价设计是教师主导的标准化考试，建设基于题库的标准化考试系统是行为-认知主义学习评价的常见策略。

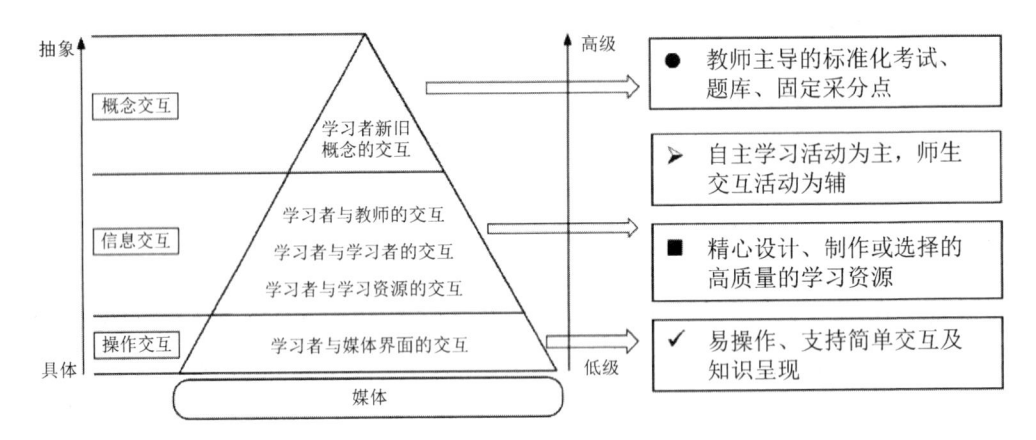

图 5.4.1　行为-认知主义指导下的课程设计

（二）社会-建构主义

社会-建构主义强调学习必须发生在特定的环境中，学习发生在学习者与环境相互作用的过程中，以及与同伴相互交流的过程中。社会-建构主义学习不是接受式学习，而是问题解决过程中的学习，是群体协作过程中的学习，主要适用于理解、应用、分析和评价层次的目标。社会-建构主义适用于以完成任务为主要目的的教学。在实践中，十分典型的例子是以任务完成为目的的 sMOOC。社会-建构主要指导下的课程设计如图 5.4.2 所示。

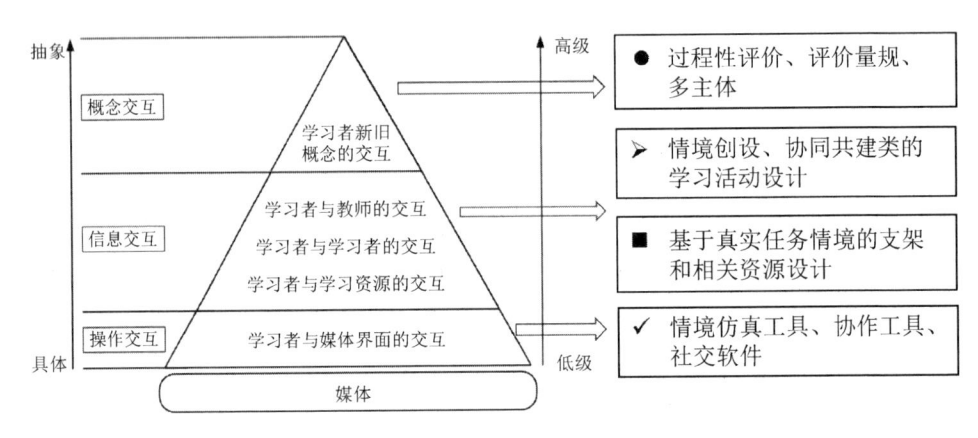

图 5.4.2　社会-建构主义指导下的课程设计

结合远程学习教学交互层次塔，由图 5.4.2 可知，社会-建构主义指导下的课程平台与工具主要包括情境仿真工具、协作工具及社交软件等。设计者需要基于真实任务情境进行支架和相关资源的设计等。学习活动的设计是为了创设情境，帮助学习者参与协同建构，师生交互活动和生生交互活动都比较多。学习评价的设计是以过程性评价为主，注重评价量规的设计，并且强调多主体性，学习者、教师、学习伙伴都参与学习评价。不难看出，社会-建构主义指导下的课程设计对学习活动与学习评价的设计要求较高。

（三）联通主义

在案例篇，我们专门介绍了国内首门 cMOOC——"互联网+教育：理论与实践的对话"的设计与开发。联通主义适用于以通过汇聚群体智慧实现知识创新和复杂问题解决为主要目的的教学，对照布鲁姆目标分类理论，其主要适用于分析、评价、创造层次的目标。在实践中，十分典型的例子是以网络建立为目的的 cMOOC。

结合远程学习教学交互层次塔，联通主义学习的平台与工具主要包括促进分享、聚合的主站点和分布式媒体工具。如图 5.4.3 所示，与行为-认知主义学习和社会-建构主义学习不同的是，联通主义学习需要频繁使用 Web2.0、社交网站、知识管理等学习环境和知识网络建构类工具。在这 3 类远程学习中，联通主义的学习环境是最复杂的。它更注重引导性、生成性学习资源的设计，除介绍学习方式和与主题相关的引导性资源之外，学习资源的主要来源是学习者在参与课程过程中生成的资源。学习活动设计的重点是引导学习者之间充分交互，具体包括复杂问题导向的异步交互活动和同步直播活动。联通主义指导下的学习评价是一种对当前情况做出反思和调整，以适应个体自身发展的评价，关注个人学习环境与知识网络的建构情况，以及学习者在网络中的地位和贡献。

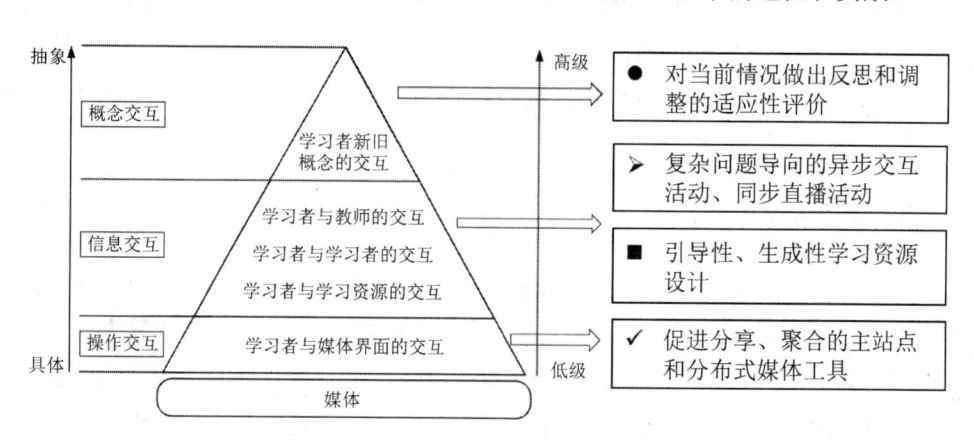

图 5.4.3　联通主义指导下的课程设计

综合以上分析我们可以发现，即使是同样的内容，不同学习理论指导下的设计也是大不相同的。

二、学习方式视角

随着时代的发展，人们对学习的认识不断深入，越来越多的教育工作者将不同的学习方式作为理念引入课程中，指导课程设计，旨在培养学习者更高阶、多元能力。因此，出现了很多以学习方式为主导的课程设计理念，这些理念也完全可以融入在线课程设计中，如项目式学习、理解性学习、游戏化学习等。

（一）项目式学习

项目式学习（Project-based Learning）是当下备受关注的一种教学方法，美国巴克教育研究所将项目式学习定义为：一种以课程标准为核心的系统的教学方法，学习者需要面对精心设计的项目或任务，在此基础上对一系列复杂、真实的问题进行探究，并以小组为单位共同制定项目目标、执行项目计划，最终设计出项目作品。项目式学习具有以下特征：(1) 真实问题驱动；(2) 学习学科知识、思想和方法，并不一味追求"软技能"的培养，忽略学科内容中的重要概念与知识技能；(3) 以学习者为中心，强调尊重学习者的选择和意见，从问题提出，到寻找资源，再到明确分工及最后设计出作品，都强调学习者的参与；(4) 同伴协作学习，强调形成项目小组，在与小组成员的交流合作过程中汇聚创意，找到解决方案；(5) 关注问题解决过程，重点在于过程中的学习，以及探究复杂、真实问题的解决方案；(6) 以作品输出为导向，期待高质量作品的产出。项目式学习的基本流程可以概括为以下4个阶段：产生主题，形成小组；明确任务，制订计划；开展探究，分析制作；成果展示，多元评价（桑国元，2020）。项目式学习的设计理念主要在学习活动设计的过程中起到理念支撑及流程指导的作用，对探究型、问题解决型、设计型的课程主题，适合采用项目式学习的设计理念来开展对应学习活动的设计，同时项目式学习对学习评价设计的要求也较高。本书中的学习活动采用的就是设计思维指导的项目式学习设计理念。

（二）理解性学习

理解性学习（Learning with Understanding）是和人们常说的机械学习相对的概念，强调学习者在真正理解知识的基础上，进行知识应用与问题解决。陈明选等人（2012）提出，促进学习者对知识的理解既是教学的本质特性，也是信息化时代教学的价值追求，并将理解性学习设计设定为以下6个步骤：设计衍生性主题、创设理解性教学环境、确定理解的目标、组织理解性活动、呈现理解的表现、持续评估。通过衍生性主题，界定哪些课题值得学习者理解，并创设可能的教学环境，进行课程内容组织，进而确定学习者需要理解什么，让学习者参与和理解有关的活动，以促进他们的学习，这些活动要求学习者综合应用所学知识。最后，根据和理解的目标有关的标准，持续评估学习者的表现，从而促进学习者的学习。可以看出，理解性学习对学习资源、学习活动及学习评价的设计都提出了较高的要求，理解性学习可作为一种"学习观"来指导在线课程的设计，其引申出来的"逆向设计"作为在线课程设计的方法。此外，理解性学习设计的相关步骤可为在线课程的设计提供流程指导。

（三）游戏化学习

在线学习由于不受时间、空间的限制，更加需要学习者主动参与和自主学习。因此，在线学习中如何激发学习者的学习兴趣，保持其学习参与度成为重要问题。游戏化学习主要基于一定的任务情境，让学习者在完成游戏任务的同时，潜移默化地习得相关知识与技能。游戏化学习在提高学习者沉浸感、参与度、成就感和忠诚度方面的优势使得它成为在线课程中非常受欢迎的一种设计理念。游戏化学习设计理念在融入在线课程设计的过程中，平台与工具的选择及学习资源、学习活动、学习评价的设计是重点。通常来说，游戏化学习指导下的课程都需要自主搭建学习环境，开发相应的学习平台，同时对学习资源、学习活动、学习引导的设计及这些设计的无缝衔接与融合提出了很高的要求。此外，不断促进和激励学习者学习的学习评价设计也是游戏化学习设计的又一重点。

活动6 设计理念选择

活动目标：确定课程定位，选择课程的设计理念，让其统领后续的课程设计。

活动时间：大约2小时。

活动步骤：

步骤1：根据课程面向的对象，深入分析课程定位。

之前我们已经对课程的学习者进行了深入的分析，我们知道不同学习者之间能力水平、现实情况存在差异。因此，在进行课程设计时，既要有整体性的面向所有学习者的需求分析，也要有对不同人群的细致考虑，这样的课程设计才具有足够的推广度和新颖度。这里为大家提供一个有助于确定课程定位的工具——KANO模型，帮助大家进一步细化课程定位。在运用此工具时大家需要思考以下几个问题。

（1）学习我们课程的学习者的基本需求是什么？这决定了课程的基本功能。

（2）学习我们课程的学习者的期望需求是什么？这决定了课程的高级功能。

（3）学习我们课程的学习者的兴奋需求是什么？这决定了课程的加分功能。

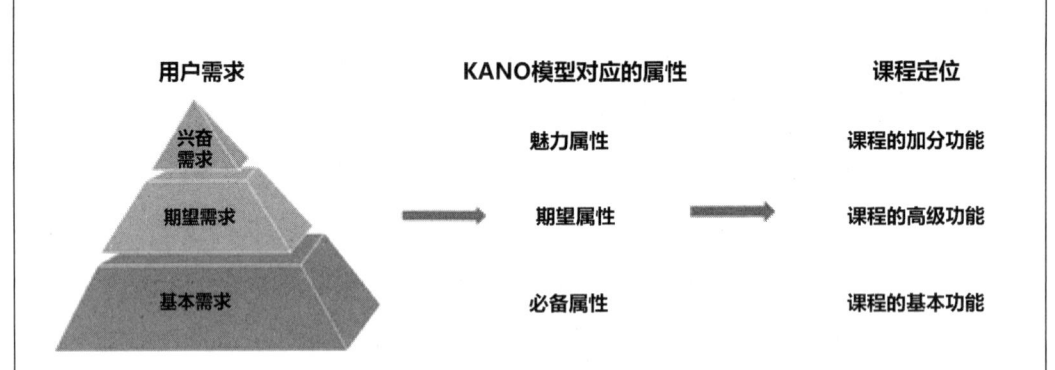

用户需求	KANO模型对应的属性	课程定位
兴奋需求	魅力属性	课程的加分功能
期望需求	期望属性	课程的高级功能
基本需求	必备属性	课程的基本功能

步骤 2：组内讨论，根据课程定位，确定课程的设计理念。

课程既可以由一种设计理念直接指导，也可以由多种设计理念混合指导，不设限，只需结合课程目标和学习者来进行考虑。

步骤 3：思考设计理念对后续各要素设计的指导意义。

结合确定的课程设计理念，思考该设计理念对学习资源、学习活动、学习评价、学习支持服务及课程导学的设计提出了什么要求，有何指导意义，确保其能为各要素设计提供指导。

模 块 总 结

课程前期总体规划引领后续课程各要素的设计，其在整个在线课程设计与开发中占据着十分关键的地位。课程前期总体规划包括团队组建、选题与用户分析、课程目标与内容体系设计、设计理念选择 4 个环节。

在线课程设计与开发需要专业化的团队，要求项目经理、课程内容专家、学习设计师、学习支持服务设计师、动态视觉设计师、技术专家、用户等多种角色紧密协作，同时过程管理也十分重要，团队项目协议与进度推进核查单是帮助团队进行过程管理的两个重要工具。

在线课程的选题总体来说包括两类：确定性选题和创意性选题。确定性选题即将已有的课程内容制作成在线课程，而创意性选题一般来源于学习、生活、工作中遇到的真实问题。创意性选题往往更能够吸引学习者学习，但是设计的难度较大。在完成选题后，需要综合运用多种调研方法与工具对学习者开展深度分析，了解其特征和需求，这将直接影响后续设计的深入度。

在线课程各要素的设计应该坚持目标导向，课程目标是指学习者通过整个课程的学习应该具备的素养和能力，学习目标则是指在学习活动中期待学习者可以获得的学习结果。内容体系设计是课程开展的载体,在线课程设计与开发中可以通过直接应用、改编及自编等形式开展内容体系设计,具体操作中可以采用主题导向法、概念导向法、任务或目标导向法等方法。在进行内容编排时,需要结合内容本身的特征,按主题、按因果关系等进行排序,把握由浅入深的逻辑,各部分的设计需要环环相扣。为了帮助学习者更有效地处理信息,降低认知负荷,需要做好"降低认知负荷的内容设计"和"内容分块"。

　　设计理念的选择直接决定了后续学习设计的开展及各要素的具体设计,因此它是课程设计与开发的灵魂。在线课程设计与开发最核心的理念是"以学习者为中心",需要充分结合学习者的特点、需求开展设计,促进学习者的深度参与。当前的课程设计理念可以分为学习理论和学习方式两种视角。学习理论视角涉及行为-认知主义、社会-建构主义、联通主义等,学习方式视角涉及项目式学习、理解性学习、游戏化学习等。设计理念不同导致不同类型课程的目标定位、内容组织方式、资源开发方式、学习活动设计方式、学习评价方式、学习者的学习参与方式、教学交互方式等都具有非常大的差异。

模块六

设计与开发篇——中期系统设计（上）

模块概述

好的开端是成功的一半，前期的总体设计确定了课程总体的规划与行动的方向。接下来将进入课程设计与开发篇的重点部分——平台与工具的选择或设计、学习资源设计、学习活动设计、学习评价设计。前期设计理念的不同选择将主要影响这一部分的设计。本模块将重点介绍这4个部分的具体理论、工具、原则与方法等。与前面一致，每个部分结束后都有相关的学习活动。结合前期的角色分工，每个活动均以对应的角色主导，其他角色配合的方式完成。学习者在系统学习和了解相关知识的基础上，结合自身的课程及前期的总体设计，开展一轮以上的各要素具体设计。

模块学习目标

1. 能够借助相关理论与方法及实际情况，对相关平台与工具展开深度分析，选择或设计相关平台与工具，将其作为在线课程的支撑及运行环境；
2. 对学习资源、学习活动、学习评价的设计形成深入的认识，明确设计的要点，形成系统性的设计观；
3. 围绕所选择的设计理念，以及在线课程的理念模型，结合各要素的设计要点，合作开展各要素的具体设计。

模块知识结构图

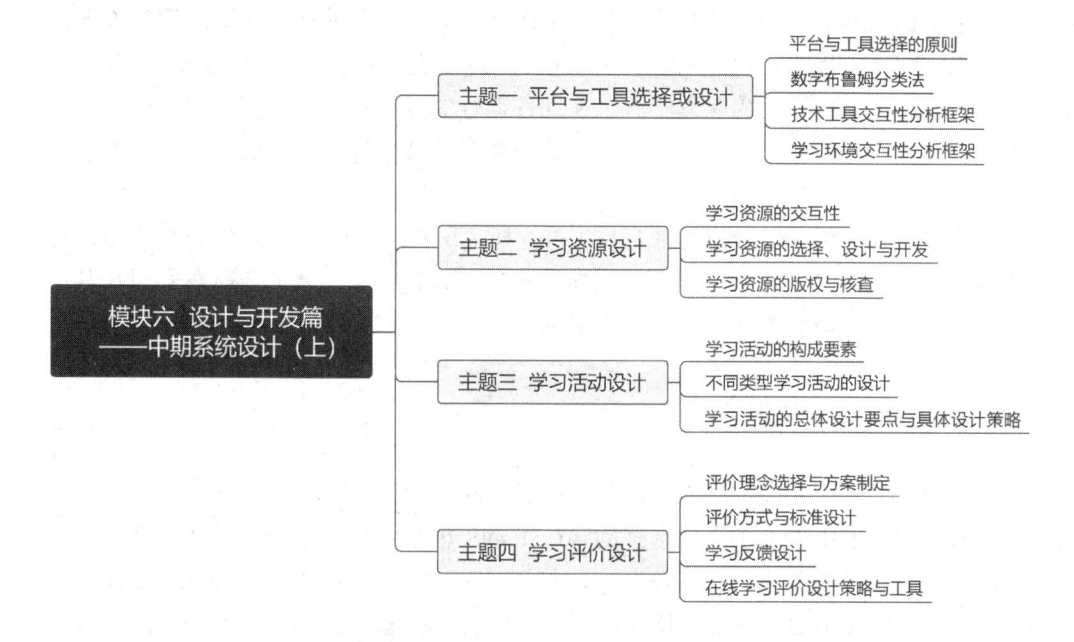

模块六 设计与开发篇
——中期系统设计（上）

- 主题一 平台与工具选择或设计
  - 平台与工具选择的原则
  - 数字布鲁姆分类法
  - 技术工具交互性分析框架
  - 学习环境交互性分析框架
- 主题二 学习资源设计
  - 学习资源的交互性
  - 学习资源的选择、设计与开发
  - 学习资源的版权与核查
- 主题三 学习活动设计
  - 学习活动的构成要素
  - 不同类型学习活动的设计
  - 学习活动的总体设计要点与具体设计策略
- 主题四 学习评价设计
  - 评价理念选择与方案制定
  - 评价方式与标准设计
  - 学习反馈设计
  - 在线学习评价设计策略与工具

主题一 平台与工具选择或设计

主题学习目标

1. 掌握基本的平台与工具选择方法，以及对应的分析模型与工具，能采用恰当的方式开展分析或指导设计；
2. 能够依据用户分析与课程定位开展平台与工具选择或设计。

在线学习的开展需要依托一定的平台，在教与学的过程中也需要相关工具作为辅助手段，平台与工具选择是在线课程设计与开发过程中的重要环节，也是确定设计理念之后需要完成的首项工作。

平台与工具的选择需要基于前期的设计理念，可分为以下几种情况。

（1）直接购买或使用：直接购买或使用已有的系统性公共平台。平台的功能往往影响课程设计的开展，所以在具体的课程设计开展之前，课程设计与开发团队需要对这些平台有充分的了解，如中国大学 MOOC 平台、国家智慧教育公共服务平台等。

（2）组合使用：将现有的平台与工具按照其特点和项目组的需求进行组合，支持课程设计的开展。在这种情况下，课程设计与开发团队需要明确各类不同的平台与工具在课程中的定位，在设计过程中有效地将这些平台与工具进行整合，从而服务于用户。

（3）专门开发：在很多情况下，由于设计理念的不同，已有的通用或商业化的平台并不能满足我们的需求，因此课程设计与开发团队需要有专门的技术团队或请相关平台开发企业来定制专门化的平台，从而支持课程设计的有效开展。例如，cMOOC、很多K12培训课程都有自己专门开发的课程平台。在课程运行的过程中，也会将这些平台与其他社交平台（如抖音、微信等）有机结合。这些都是在课程设计与开发的时候需要考虑到的问题。

若直接购买或使用、组合使用平台与工具，托尼·贝茨提出的SECTIONS模型、数字布鲁姆分类法、技术工具交互性分析框架等都可以为我们提供参考；而在专门开发平台时，建议以学习环境交互性分析框架为依据。

一、平台与工具选择的原则

如前所述，英国开放大学的创始人之一托尼·贝茨（Tony Bates）在《技术、电子学习与远程教育》一书中提出了媒体选择的ACTIONS模型。根据该模型，在选择平台与工具时应该考虑技术的可获得性（Access）、成本（Costs）、教学功能（Teaching Functions）支持、交互（Interaction）、组织实施（Organizational Issues）、新颖性（Novelty）、速度（Speed）等方面的因素。之后，托尼·贝茨在2016年出版的《数字化时代的教学》一书中，将ACTIONS模型升级为SECTIONS模型，既涉及校园中的媒体使用，又涉及远程教育中的媒体使用。相较于ACTIONS模型，SECTIONS模型增加了"学习者"（Student）和"易用性"（Ease of Use）两个维度，并且将"可获得性"（Access）归纳到了"学习者"（Student）中；将"新颖性"（Novelty）调整为"人际网络"（Networking），因为"新颖性"（Novelty）已经被包含在"易用性"（Ease of Use）中，同时还将"速度"（Speed）调整为"安全与隐私"（Security and Privacy），具体如表6.1.1所示。

表6.1.1　SECTIONS模型

SECTIONS模型	含义	需要思考的问题
S	学习者（Student）	➢ 目标学习者的特征是什么？他们适用什么样的技术？ ➢ 学习者在家或工作单位能方便地获取什么技术？ ➢ 学习者需要利用学校的设备时，院系的政策是什么？ ➢ 开始课程学习前，希望学习者具有哪些数字化素养？ ➢ 如果希望学习者具备使用技术的条件，能否提供独特的教学经验证明学习者购买或者使用技术是正确的选择？ ➢ 学习者可能会把什么样的学习方式带到课程中？他们先前的学习方式与你可能要在课程中使用的方式的契合度如何？怎样使用技术才能满足学习者在学习上的差异性需求

续表

SECTIONS 模型	含义	需要思考的问题
E	易用性 （Ease of Use）	➢ 技术的直观易用性（学习者和教师） ➢ 技术的可靠性 ➢ 技术的维护和更新难易度 ➢ 课程材料的安全性 ➢ 教学材料的调整周期（学科领域发展速度）及技术能否提供足够的支持 ➢ 技术和课程材料设计能否得到足够的支持与帮助 ➢ 如果需要，能否转交他人操作 ➢ 能否创新课程设计或提升教学效果 ➢ 使用该技术的风险
C	成本（Costs）	➢ 课程材料制作成本 ➢ 教学传递成本 ➢ 课程维护成本 ➢ 学习管理系统、录课技术和流媒体服务器授权费
T	教学功能 （Teaching Functions）	➢ 课程面向的学习者是谁？课程需要涵盖哪些内容？ ➢ 计划采用什么样的教学策略或方法？ ➢ 不同媒体有什么独特的教学特征？怎样帮助课程呈现内容与培养学习者的技能？ ➢ 要呈现课程所涵盖的全部内容，最佳的方式是什么？媒体如何帮助呈现？什么样的媒体呈现什么样的内容？ ➢ 课程试图培养学习者的哪些技能？媒体如何帮助发展学习者学习课程所必需的技能？什么样的媒体能培养什么样的技能？ ➢ 设计多媒体材料时，要想达到媒体使用最佳效果，应该遵循什么原则
I	交互（Interaction）	➢ 从课程要培养的学习者的技能来看，哪种交互最有用？能用什么媒体或技术来促进这种交互？ ➢ 从时间利用的有效性来看，在学习者的理解/技能发展和学习者在线交互时间量之间，什么样的交互能够达成最高时间效率
O	组织实施 （Organizational Issues）	➢ 在选择和使用教学媒体时，能从院校获得哪些帮助？这些帮助是否容易获得？有多大的作用？需要具有媒体专业知识的人员的支持吗？他们了解最新的教学技术吗？ ➢ 有可能获得资助，用一个学期的时间配备一个助教，专心地设计一门新课程或修订一门现有课程吗？能得到资助进行媒体制作吗？ ➢ 在多大程度上，不得不按照"标准"的技术和程序去准备，如使用一个学习管理系统或者录课系统？尝试新技术会得到鼓励和支持吗？ ➢ 有没有合适的媒体资源能够免费得到，并且能用在教学中，而不是从头创建每种资源？能够从图书馆中得到帮助吗（如帮助搜索免费资源和处理版权问题）

续表

SECTIONS 模型	含义	需要思考的问题
N	人际网络（Networking）	➢ 在课程之外，让学生扩大其人际网络，如和学科专家及在这个社区中的相关人员建立联系有多重要？课程本身或学习者的学习能够从这样的外部联系中获利吗？ ➢ 如果社交媒体是重要的，那么它的最佳使用方式是什么？只使用专用的社交媒体，还是把它和其他课程技术整合？要把设计和/或管理的责任委托给学习者吗
S	安全与隐私（Security and Privacy）	➢ 我们有义务保护哪些学习者信息的安全和隐私？学校的政策是什么？ ➢ 在使用某种技术时，会有什么样的风险？院校相关的隐私政策是否会被轻易钻空子？在院校里，能向谁咨询这方面的问题？ ➢ 在教学上，是否有些内容需要封闭讨论，只对注册了课程的学习者开放？这样做时，最好采用哪些技术

1. 学习者（Student）

模型中首要考虑的因素就是学习者，在选择平台与工具时，至少需要考虑学习者的特征、可获得性和学习者在利用技术学习方面的差异。其中，了解目标学习者的学习特征和需求是基础；可获得性是平台与工具选择的前提，保证学习者能够以一种便捷且能承担的方式获得它，根据情况需要考虑残疾学习者能否参与；不同的学习者对不同的媒体有不同的喜好，不同学习者的数字化素养（Digital Literate）不同，在设计课程时，依据对学习者的调查，同一内容可以用不同的媒体呈现，或基于网络设计多样化的活动，满足多种学习风格学习者的需求。

2. 易用性（Ease of Use）

教学中的技术只是一种手段，而不是目的，应尽可能选择快捷且易用的技术。一个有助于选择的标准是，"生手"学习者应该在20分钟内学会登录、了解关键功能、弄清楚课程网站如何被组织和导航。同时，技术的"容易"也取决于教师和学习者的数字化素养。院校可以提供一些预备课程，帮助学习者和教师适应技术、看到技术的价值。除此之外，技术的可靠性和流畅性也很关键。当使用新技术时，需要解决其安全、隐私和带宽问题，能否得到强大的服务器、软件管理和维护的技术支持也很重要。

3. 成本（Costs）

随着技术的快速发展，媒体的选择不再是关键成本因素，从教师的角度来看，时间是一个关键成本因素。具体来说，成本主要包括开发成本、教学传递成本、课程维护成本和日常经费4类。其中，开发成本包括网站设计师或音视频专业人员的时间成本、网站设计或音视频制作的成本、教师的时间成本、第三方材料的版权费；教学传递成本包括教师对学习者辅导时的交互、评阅作业所花的时间，以及其他人员（如助教、兼职教师等）提供支持服务的时间；课程维护成本包括教学设计师、媒体专业成员、教师等，删减或更新课程资料所花费的时间；日常经费包括购买基础设施的费用及其他经费，如一个学习管理系统或录课技术的授权费用。多种媒体的使用可能会使课程开发成本增加，开放教育资源的使用可以降低课程开发成本。

4．教学功能（Teaching Functions）

设计在影响技术发挥的有效性上发挥着关键作用。在确定媒体的选择后，需要重视设计方面的问题，媒体的设计与加工可以遵循理查德·E.迈耶提出的多媒体学习设计的12条原则，详见本书"动态视觉设计"部分表7.3.2的内容。

5．交互（Interaction）

在技术手段丰富的环境中，对教师和教学设计师来说，一个关键决策是选择学习者与学习材料、学习者和教师、学习者与学习者3种不同类型交互的最佳组合，不同的技术能够加强或减弱交互性，需要根据具体活动的种类及其在总体教学背景下由教师所判断的重要性来决定。媒体能提供的交互包括媒体自带的交互（如自适应学习）、需要设计的交互（如在网页增加评论框）、学习者生成的交互（学习者勾画或做笔记），以及不同种类和质量的反馈。需要注意的是，交互体验设计的质量和能使活动开展的媒体选择一样重要。

6．组织实施（Organizational Issues）

院校支持是影响教师选择技术的关键因素，一些成功引进技术的院校为创新性教学项目提供资助，还有一些院校通过提供教学设计师、信息技术支持人员等方式为教师提供专业化支持。和专业人员一起工作能帮助教师了解各种媒体的特征，并选择适合课程的媒体，让资源按时在预算内被开发。

7．人际网络（Networking）

社交媒体影响着课程设计中对人际网络的应用，它至少以5种不同的方式发挥作用，包括作为基于学分的在线课程的补充、只采用社交媒体的学分课程设计、学习者自己生成的学习资源、自我管理的学习小组、教师引领的开放教育资源。我们需要根据课程或学习者能否从与社区相关人员建立的社交关系中获益来决定是否选用社交媒体，在此基础上，还需要思考如何在课程中使用社交媒体，如是单独使用还是与其他课程技术整合等。

8．安全与隐私（Security and Privacy）

在数字化时代，安全与隐私日益成为教育中的重要问题。创建一个严格控制的环境，使得院校更加有效地管理安全和隐私是数字化时代教学的要求。一些保护措施包括设置学习管理系统的登录密码、将注册学习者和经过教师授权的信息放在由院校自己管理的服务器上、贯彻和实施关于规范网络行为的管理政策等。特别需要注意的是社交媒体和云服务器的使用。例如，在使用社交媒体时，学术交流信息能否公开？云服务器所在地的信息管理政策是否会导致信息泄露？除此之外，某些教学领域需要闭门讨论，如有关医学或公共安全的领域，在这些领域中，教师和学习者要遵守一些约定俗成的规范，同时保证行为合乎伦理道德。

通过对比 ACTIONS 模型和 SECTIONS 模型可以看出，因为互联网技术和数据传输技术的快速发展，以及媒体软件和免费开放教育资源的数量增多，SECTIONS 模型弱化了技术的可获得性和传输速度，更多强调从教师教学需要、学习者学习需求出发，选择或组合使用多种媒体工具。同时，体现了"以学习者为中心-目标导向"的原则，从学习者特征分析出发，综合考虑活动设计与教学目标的达成进行媒体选择，强调媒体的设计与选择同样重要。媒体的选择也综合考虑到课程的后续发展与可持续性。

二、数字布鲁姆分类法

美国教育专家迈克尔·费舍尔（Michael Fisher）根据布鲁姆目标分类提出了"数字布鲁姆"，之后他和他的团队又根据英国学习与绩效技术中心网站上他人提出的"可用于学习的 25 个工具"修改了原来的版本，形成了新的"数字布鲁姆"。它按照认知领域"记忆、理解、应用、分析、评价、创造"6 个层次对可用于学习的工具进行分类（见图 6.1.1），旨在与教师和学习者共享优秀、实用的信息化工具，以促进学习（陈丹等，2011）。

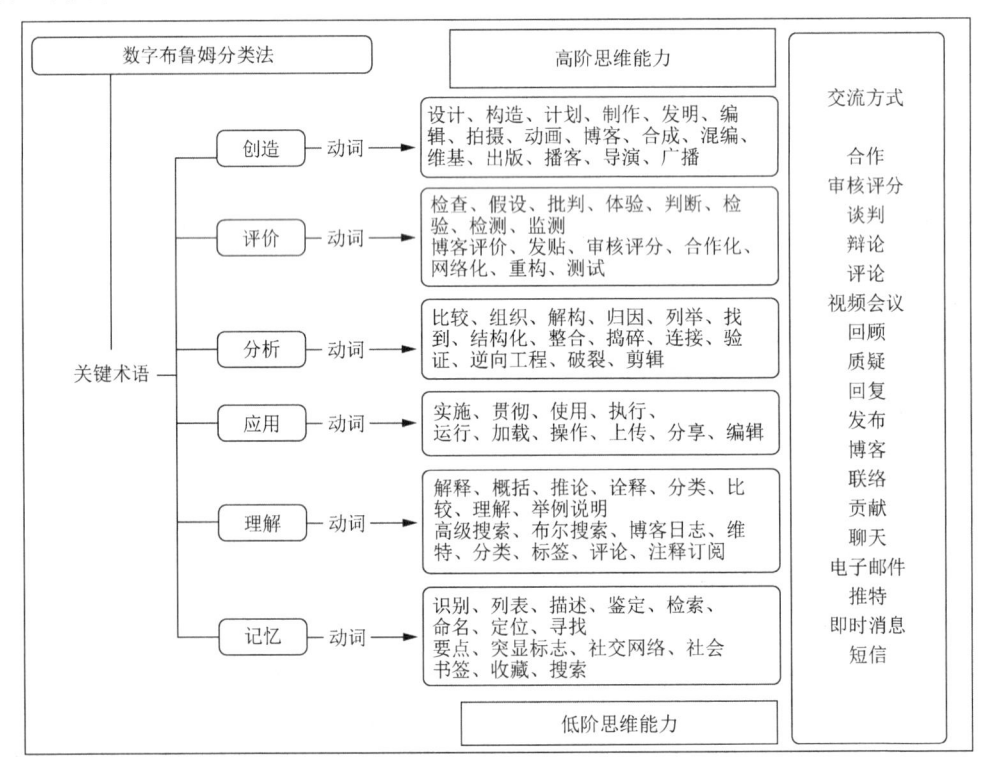

图 6.1.1　数字布鲁姆分类法（Churches，2008）

记忆层次位于底层，要求学习者可以通过对事实的回忆，进行基本概念或者资料的检索，可使用的工具包括书签、搜索引擎等；理解层次要求学习者从书面材料或图形中解释想法、概念或构造含义，可使用的工具包括博客、标记类工具等；应用层次要求学习者在新的情境中通过图表、演示文稿等对收集到的信息加以应用，需要制图、编辑类的工具；分析层次要求学习者在思想、概念之间建立联系，并能确定部分与整体之间的结构关系，推荐的工具有思维导图类工具；评价层次要求学习者对其所持立场进行证明，依据一定标准做出合理判断，对应的工具是评分类工具；创造是最高层次，要求学习者创作出新的作品，对应的有动画、电影类制作等工具。整个层次由浅入深，对学习者的能力要求也越来越高，层次越高，越有利于学习者高阶思维的培养。

数字布鲁姆分类法较为有效地将教学目标、教学活动和工具应用联系在了一起，提供了独特的分析视角。该分类法分析了不同工具对不同认知层次的支持。数字布鲁姆分类法可以为各类教学交互中的工具选择和教学活动设计提供支持。同时，也为工具交互性研究提供了重要的视角，即工具对交互的支持作用是分层的。根据数字布鲁姆分类法，工具的选择应该依据学习目标及对学习者能力的要求，不同的阶段为学习者提供的工具应该不同，因此在在线课程中，为学习者提供工具的先后顺序及对应的活动设计都需要仔细考虑，要为学习者的学习搭建一个信息化的环境，这个环境可以支撑学习者学习活动的开展，旨在逐步培养学习者创造能力等高阶思维能力，同时需要认识到知识可视化的重要性，教与学过程中需要给学习者提供多样化的工具，帮助其对想法、观点进行表征。

三、技术工具交互性分析框架

技术工具的快速发展一方面对在线教学提供了重要的支持，另一方面对认识其特性并合理应用提出了挑战。前期研究发现，教学交互是在线教学的核心，技术工具承载着在线教学的全过程，对在线学习中的教学交互具有重要支持作用，认识技术工具对交互的支持作用，对在线课程的设计与实施至关重要（孙洪涛等，2017），因此建构了在线学习中技术工具交互性分析框架，从操作可用、联结构建、信息获取、内容加工和交流协作5个维度对技术工具的交互性展开分析，也为技术工具的选择提供了依据。

操作可用包括工具功能界面的易理解性、工具操作控制的便捷性和工具提示反馈的有效性；联结构建包括工具对交互的广度、强度和路径的支持；信息获取包括对内容获取、分享、管理的支持；内容加工包括对内容呈现、表述和精练的支持；交流协作包括工具对实时性、持续性、线索化和调控的支持。技术工具交互性分析框架如表6.1.2所示。

表 6.1.2 技术工具交互性分析框架

维度	指标	描述
操作可用	界面	工具功能界面的易理解性
	控制	工具操作控制的便捷性
	反馈	工具提示反馈的有效性

续表

维度	指标	描述
联结构建	广度	工具对交互范围的支持
	强度	工具对深入交互的支持
	路径	工具对建立和优化参与者之间关系路径的支持
信息获取	获取	工具对内容获取的支持
	分享	工具对内容分享的支持
	管理	工具对内容进行整理、归类和标注的支持
内容加工	呈现	工具对内容多媒体呈现的支持
	表述	工具对自我表述和反思的支持
	精练	工具对内容意义精练的支持
交流协作	实时性	工具对实时交互的支持
	持续性	工具对持续交互的支持
	线索化	工具对线索化交互的支持
	调控	工具对交互过程干预和管理的支持

以微信为例，根据技术工具交互性分析框架，相关分析如下。

在操作可用方面，微信作为一款移动应用，在界面的易理解性上远远超过微博。微信在功能上实现了空前的整合程度，将社交工具、媒体工具、支付工具、电商平台、游戏平台和移动门户等功能集于一身。但触控操作的天然优势和优秀的产品设计使其在控制性方面保持了移动应用便捷易用的特征。微信提供了大量有效操作反馈，避免了可能的误操作。

在联结构建方面，微信以熟人群体为核心，通过两人直接交流、群聊、朋友圈和公众号等功能组织起了不同层次的交互网络，具有广泛性。熟人社交让微信的联结可信度非常高，大大提升了联结的强度。在关系路径构建方面，微信并没有设计微博式的推荐，而是把关系路径构建的主动权交给了用户。工具本身提供了从通讯录添加、二维码扫描等便捷的路径构建功能。这一设计保持了熟人社交的基本设计原则，保证了关系路径的质量。

在信息获取方面，微信通过朋友圈、公众号等功能可以聚合和分享大量信息。微信支持基于标签的用户分组，可以根据不同分组来分享信息，让信息分享可以分类进行。微信的信息管理可以通过收藏等方式进行，但总体而言其内容组织管理功能较弱。

在内容加工方面，微信灵活运用了智能手机的音视频和图片采集功能，为媒体整合提供了强大的支持。微信在文字交互方面具有碎片化的倾向，但没有微博的严格字数限制，内容可长可短。为了补足移动端内容编辑的不足，微信提供了 PC 端并开发接口提供各类编辑工具，以支持深入的内容表述。

在交流协作方面，微信提供了近乎实时的交互支持，拓展了交流协作的时间和空间。用户可以在其支持下进行深入而频繁的交流互动。由于信息量巨大，微信的交互持续性不强。用户相册以时间为序，线索较为清晰。但在群聊中，由于参与交流的人数较多，交互彼此交错，线索复杂。在实时性和@等功能的支持下，微信的群体交互可以进行较好的调控。

总体而言，微信对教学交互提供的支持深入且高效。微信的设计起点是基于熟人的移动社交工具，这对社会联结的构建起到了天然的支持作用。微信对实时交互的支持提升了交互的频繁程度。媒体整合功能让交互能够传达更为丰富多样的信息。移动媒体突破时间和地点限制的特性在微信交互中体现得非常明显。

四、学习环境交互性分析框架

学习环境的交互性主要体现在学习环境对界面交互、信息交互、概念交互的支持 3 个方面。我们从学习者的视角出发，总结出了 3 个维度下的二级维度和交互功能特性，提炼出了在线学习中学习环境交互性分析框架（王志军等，2016）。

（一）学习环境对界面交互的支持

学习环境对界面交互的支持是指学习环境支持学习者对各种构成技术层面学习环境的媒体进行操作的能力，这些操作包括两个方面：学习者对学习环境的主动调整和适应、学习环境对学习者的自动调整和适应。学习环境对界面交互的支持可以概括为学习者控制、自适应、信息推送、便捷性、学习监控和情境性 5 个方面，具体内容如表 6.1.3 所示。

表 6.1.3　学习环境对界面交互的支持分析框架

维度	描述	交互功能
学习者控制	学习者控制学习环境，学习者可以根据自身需求选择、修改、调整学习环境中的功能和信息	功能定制、界面定制、功能属性定制；平台中的信息可选择、可修改、可调整等
自适应	根据学习者的学习情况和个性化学习需求自动给学习者呈现个性化的交互方式；能够根据不同的活动阶段为学习者提供在学习过程中可能用到的各类工具和功能	功能的适时呈现、对学习者学习风格的适应
信息推送	学习环境能够根据学习者的学习情况向学习者推送与其学习密切相关的信息，介绍平台内的信息变化情况，提醒学习者参与学习活动，并为学习者提供其可能感兴趣的各种资源	通过邮件、短信等形式为学习者提供学习环境中的动态、作业、需参与的活动等信息
便捷性	学习环境支持学习者方便地获取信息，界面设计包括布局、导航、按钮等以方便用户操作，能将重要的数据进行实时、可视化呈现，方便学习者查看	检索、工具获取方式的便捷、界面布局合理、界面内各个元素的布局具有一致性、学习环境信息的多样化和可视化呈现
学习监控	学习环境能够监控和记录学习者的学习情况，方便学习者的学习	进度监控、学习定位、学习提醒
情境性	学习环境中拥有各种交互技术，帮助学习者营造模拟的或真实的学习情境，帮助学习者进行情境互动	虚拟现实、增强现实、情境模拟

（二）学习环境对信息交互的支持

学习环境对信息交互的支持主要包括学习环境对学习者与学习资源交互、学习者与学习者交互、学习者和教师交互的支持，其中后两者可以概括为平台对学习者参与人际交互的支持。学习环境对信息交互的支持包括学习者控制、自主选择支持、参与活动支持、协作学习支持、交流支持、反馈支持、学习指导支持 7 个方面，具体内容如表 6.1.4 所示。

表 6.1.4 学习环境对信息交互的支持分析框架

维度	描述	交互功能
学习者控制	自主控制学习内容的呈现方式、阅读或者播放的进度	字体大小设置、进度控制（快进、快退、倍数）、学习速度控制
自主选择支持	学习者可以自主选择所需的学习内容或者学习资源	订阅、收藏、上传、下载、保存、统计、分享、转发、聚合、策展、修改、导入、导出等
参与活动支持	对学习者在平台中单个或以小组的形式参与的学习活动（或者活动序列）、完成活动任务过程的支持	调查、投票、分享、作品发布、录音、播客、讨论交流及序列化活动
协作学习支持	平台具有分组和小组学习功能，支持学习者按小组完成学习任务	分组、小组、圈子、讨论组等功能
交流支持	平台拥有多种同步交流和异步交流的工具，支持多种交流方式；拥有建立教师和学习者之间人际网络的相应机制	同步交流（同步课堂、电子白板、虚拟现实）异步交流（电子邮件、讨论区）关注
反馈支持	平台支持学习者收到及时的反馈，包括预设的自动反馈（答疑）和手动反馈（答疑）等多种形式的支持	论坛反馈、作业反馈、答疑、同伴互评
学习指导支持	学习者能在系统中收到教师的导学、学习辅导、考试指导、作业指导等多种学习指导	导学、学习辅导、考试指导、作业指导

（三）学习环境对概念交互的支持

概念交互是远程学习中最抽象的教学交互形式，学习环境对概念交互的支持是指学习环境对学习者的新旧概念交互过程和交互结果的支持。学习者基于学习环境的概念交互主要表现在自我知识管理与创新、表达、自我反思、自我评价 4 个方面，对应的学习环境对概念交互的支持可概括为学习环境对自我知识管理与创新的支持、对学习者表达的支持、对自我反思的支持、对自我评价的支持 4 个方面，具体内容如表 6.1.5 所示。

表 6.1.5 学习环境对概念交互的支持分析框架

维度	描述	交互功能
对自我知识管理与创新的支持	学习环境对学习者对自己已有的知识和学习过程中生成的知识的归纳、总结、管理及知识创新的支持	做笔记、画概念图、生成性知识管理、知识创新、订阅、收藏、上传、导入

续表

维度	描述	交互功能
对学习者表达的支持	学习环境对学习者与学习资源交互过程中发表自己的意见、看法、观点的支持	评论、批注、写博客、写日志、画概念图、引用、发布作品
对自我反思的支持	学习环境支持学习者对自己的学习过程、学习情况等进行监控、调节、评价和总结	借助博客、日志等工具进行反思
对自我评价的支持	学习环境支持学习者通过进行自测、完成作业、参与考试等评价自身学习情况	进行自测、完成作业、参与考试

因此，学习环境的交互性可以从学习环境对界面交互、信息交互和概念交互的支持3个维度进行综合、系统的分析和评价。其中，对界面交互的支持包括学习者控制、自适应、信息推送、便捷性、学习监控和情境性6个二级维度，对信息交互的支持包括学习者控制、自主选择支持、参与活动支持、协作学习支持、交流支持、反馈支持、学习指导支持7个二级维度，对概念交互的支持包括对自我知识管理与创新的支持、对学习者表达的支持、对自我反思的支持、对自我评价的支持4个二级维度。每个二级维度都有其特定的内涵和交互功能特性。

学习环境交互性分析框架可以为大家进行学习平台的选择或搭建提供指导，教育工作者可以基于这3个一级维度对平台的交互性进行综合考察，也可以集中对某一方面的交互性进行考察。

活动1 平台与工具的选择或设计

（该活动由动态视觉设计师主导，其他成员配合完成）

活动目标：选择可以支持课程功能、定位的平台与工具。

活动时间：大约90分钟。

活动步骤：

步骤1：理论论证平台与工具。

前文介绍了几种平台与工具选择的理论依据，包括SECTIONS模型、数字布鲁姆分类法、技术工具交互性分析框架、学习环境交互性分析框架，请大家借助一种或两种理论，来论证自己课程所选择的平台与工具的可行性。

步骤2：分析比较各类平台与工具及其之间的相互支撑。

之前平台与工具的选择是从课程功能（实际需求）出发的，并未对各类平台与工具的特点进行深入分析，也没有考虑各类平台与工具之间的相互支撑，因此我们还需要综合分析各类平台与工具的特点，并考虑各类平台与工具之间的相互支撑。

步骤3：总结并确定平台与工具选择方案。

在依据相关理论进行分析后，对现有的平台与工具选择进行进一步的反思：是否需要增加或修改平台与工具的选择？现有的平台与工具是否既能满足需求，又考虑到众多影响学习的因素？对平台工具的选择是否需要做出对应的修改和调整？请确定最终的平台与工具选择方案。

步骤4：对照课程质量核对单，反思平台与工具的使用对教与学的促进作用。

描述	是	否	评价
技术促进课程中的教与学体现在：			
a. 使用便于获取的工具来支持教学，如在线邮件、讨论、聊天、评估、调查、测验、链接、线上资料等			
b. 与学习者的学习结果存在明确关联			
c. 为学习者提供用于测试软件和下载必要插件（如果适用）的链接			
课程中使用的图示和其他媒体工具：			
a. 与学习结果相关			
b. 可通过账号访问			
c. 可使用多种浏览器查看			
d. 兼容多个平台			

工具与方法支持：调研法，优秀样例支持。

主题二 学习资源设计

主题学习目标

1. 能够结合学习者的特征确定学习资源设计与开发的重点，做出初步规划；
2. 能够为课程设计内容精练、表现形式恰当的学习资源。

学习资源是在线课程的重要组成部分，在线学习是以学习者与学习资源的交互为基础的学习。因此，在学习资源的设计过程中要考虑学习资源本身的交互性。在线课程中的学习资源包括预设的学习资源和动态生成的学习资源两类。预设的学习资源主要在课程设计与开发的过程中完成设计与开发；而动态生成的学习资源通过事先设计相关的学习活动，在课程实施的过程中促使学习者生成对应的学习资源，并且在课程学习结束后，转化为下一轮课程运行的预设资源。因此，这里在重点介绍学习资源的交互性的基础上，着重介绍不同类型预设的学习资源的设计与开发。

一、学习资源的交互性

学习资源具有支持教与学相互作用的能力或特性，即具有为学习者提供学习内容、学习活动、学习支持和学习评价等作用，它体现在学习者与学习资源的交互过程中。前期研究发现，学习资源的交互性可从可选择、可控制、可编辑、可评价、自动反馈、学习指导、模拟会谈、情境再现 8 个方面考虑（王志军，陈丽等，2017）。学习资源的设计应该注意其交互性。

可选择：学习资源为学习者提供多种内容，学习者可从中选择感兴趣的内容，如从多种不同媒体呈现的内容中选择自己喜欢的媒体呈现形式，从多种参照资料中选择某些资料进行学习，从若干活动中选择感兴趣的活动参与等。此外，学习者可获得跟自己的学习路径、个人兴趣等相关的学习资源推送。

可控制：学习资源为学习者提供一定的控制权限，学习者可根据自身情况调整学习，包括学习进度控制（如今天学习哪些内容）、学习顺序控制（如先学哪部分内容，后学哪部分内容）、资源分享与否控制等。

可编辑：允许学习者在学习过程中参与学习资源的共建共享。学习者既可以通过做笔记、添加批注等标记自己想法的学习方式来管理和深化自己的知识与认知，也可以通过对已有资源进行更新或创作相关的学习制品，优化学习资源，实现与学习资源的深度交互。

可评价：允许学习者在线记录自己的学习反思；允许学习者对自己的学习效果进行评价，如对自己的作品进行评分；允许学习者对资源进行评价，如对资源的质量进行评价等。

自动反馈：资源能够根据学习者的行为（输入）自动提供反馈信息，如提交作业是否成功，练习、测试的答案是否正确及如何修改，能够根据学习者输入的关键词呈现相应的搜索结果，根据学习者的问题提供相应的答案。

学习指导：包括课程说明、单元说明、自学建议、技术指导、作业说明、常见问题解答等。

模拟会谈：学习资源以模拟课堂师生交流的方式呈现内容，表述亲切，为学习者营造模拟师生对话的学习环境，包括一对一、一对多、多对多等对话形式。

情境再现：学习资源为学习者搭建或模拟现实生活场景，使学习者在模拟的应用场景中学习，提高学习者解决实际问题的能力，包括用文字、图片描述情境，用视频、音频营造氛围，用增强现实、虚拟现实等新技术模拟应用场景等。

学习资源交互性分析如表 6.2.1 所示。

表 6.2.1 学习资源交互性分析

一级指标	二级指标	评价描述
可选择	提供不同的学习内容呈现形式	学习者可从多种不同媒体呈现的内容中选择自己喜欢的媒体呈现形式
	提供参考资料	学习者可选择某些资料进行学习
	提供若干活动	学习者可选择感兴趣的活动参与
	资源推送	学习者可获得跟自己的学习路径、个人兴趣等相关的学习资源推送

续表

一级指标	二级指标	评价描述
可控制	学习进度控制	学习者可按照自己的学习进度进行学习
	学习顺序控制	学习者可根据自身情况决定学习的顺序，如先学哪部分内容，后学哪部分内容
	资源分享与否控制	学习者可以自主决定是否分享某些资源
可编辑	资源内容可编辑	学习者能够对资源的内容进行补充、修改、完善等
	允许添加批注	学习者能够在学习资源内容的过程中做笔记、添加批注等
	允许创造新资源	学习者能够根据自己的想法，对已有资源进行更新或创作相关的学习制品
	管理资源	允许学习者通过建立文件夹或者电子书签等多种形式管理学习过程中的资源
可评价	学习反思	允许学习者在线记录自己的学习反思
	自我评价	允许学习者对自己的学习效果进行评价，如对自己的作品进行评分
	资源评价	允许学习者对资源的质量进行评价
自动反馈	练习反馈	在学习者完成练习后，可提供练习的答案/解答说明
	测试反馈	在学习者完成测试后，可提供测试的结果/解答说明
	作业反馈	学习者完成或提交作业后，可告知学习者作业提交是否成功/作业得分
	提问反馈	学习者输入某问题，可自动给予相应的答案
	搜索反馈	学习者输入搜索关键词，可提供相应的搜索结果
学习指导	课程说明	向学习者明确描述课程的目标、课程内容结构、授课方式、评价方式等
	单元说明	向学习者描述有关学习单元的信息，如学习目标、学习重难点、单元内容构成等
	自学建议	向学习者提供自学的建议信息，如建议学习时长、建议学习步骤、建议学习方法等
	技术指导	向学习者提供课程学习开展过程中所用到的相关技术及其具体指导
	作业说明	向学习者提供作业方面的说明信息，如作业主题、作业格式、大小、提交截止时间等
	常见问题解答	向学习者提供常见问题解答
模拟会谈	表述亲切	学习者阅读文字或者观看视频、收听音频时，能感受到教师与其对话
	一对一	以一对一的对话形式呈现学习内容，如教师提出问题，学习者回答
	一对多	以一对多的对话形式呈现学习内容，如教师提出问题，多名学习者回答
	多对多	以多对多的对话形式呈现学习内容，如模拟课堂讨论
情境再现	描述情境	用文字、图片描述情境
	制造情境氛围	用视频、音频的方式制造情境氛围
	模拟构建情境	用增强现实、虚拟现实等新技术模拟应用场景

二、学习资源的选择、设计与开发

（一）学习资源的选择

有时不必对学习资源进行设计新编，可以在现有的资源中寻找合适的资源，进行选取与引用，如果没有合适的资源，可以对现有的资源进行改编，以满足教学要求，这样可以节省时间和精力。在学习资源的选择过程中应注意以下几点。

1. 目标控制

学习目标是贯穿学习活动的指导思想，不同的学习目标决定了不同学习资源的选择。例如，让学习者掌握外语语法规则和在某个情境中进行对话是不同的学习目标，前者只需要通过文字讲解辅以实例来帮助学习者掌握外语语法规则，后者则需要通过描述实际情境中的对话来帮助学习者了解具体的语言情境。

2. 内容相符

学习的主题不同，适用的学习资源也不一样，即使是同一主题，各章节的内容也不一样，对学习资源的要求也不一样。例如，在讲解操作性知识时，使用演示视频能较好地呈现相关知识，帮助学习者看清操作过程；而在讲解抽象概念时，使用动画能把其中的规律展现出来，便于学习者理解。因此，学习资源的选择应以学习内容为基础。同时，在选择学习资源时，应保证学习资源的内容科学严谨，采用清晰、完整的表达形式，并且最好能够跟上学术发展前沿和最新动态。

3. 对象适用

在选择学习资源时，应考虑不同年龄段学习者的认知特点，尽可能选择跟自己的用户相匹配的学习资源。

4. 方便获取

研究表明，学习者总是根据最小代价率来选择信息，接受者对信息的预期选择率等于可能得到的好处/需要付出的努力。要想让学习者使用资源进行学习，要么增加学习者可能获得的有效信息量，要么降低学习者获取信息的难度。因此，在学习资源中，不但应该包含较多的信息，而且应该深入浅出、通俗易懂，以使学习者花较少的时间获得这些信息。

（二）学习资源的设计与开发

在学习资源的设计与开发中，需要考虑的一个重要问题是学习资源的媒体表现形式。媒体呈现效果在很大程度上影响着学习者对学习内容的接受度，因此我们需要根据不同的学习者、不同的学习内容、不同的学习目标来选择不同的媒体表现形式。例如，文本对于需要学习者进行一定加工的、理论型学习内容的呈现更加直观，适用于能静下心来阅读的成人学习者；语言类学习内容通过音频的形式呈现效果更好，其适用于生活节奏快、没时间看视频或视力有问题的学习者；视频可很好地呈现教师授课场景，易于营造教学存在感，可呈现大部分学习内容，针对年龄较小的学习者，使用动画呈现学习内容可能会获得较好的学习效果。紧接着，在选择好教学媒体之后，如何利用教学媒体呈现学习内容，还需要进行更精细化的设计。

1. 文本类学习资源

1）使用对话风格进行学习资源的编写

与模拟会谈类似，学习资源最好采用"我""我们"这种友好的对话式风格，让学习者感到与教师在进行面对面的对话，拉近教师与学习者之间的距离。

2）模板与案例资源为学习者提供"脚手架"

对于复杂的学习任务，课程最好设计相关的模板与案例资源，帮助学习者快速理解设计者的意图，从而帮助他们少走弯路，将主要的精力集中于学习任务的完成，提高学习效率，更快地实现学习目标。

3）设计便于阅读的版面

合理的版面设计能方便学习者进行阅读和学习。课程中呈现资源的版面设计应该遵循以下几点，使其适合学习者在线学习。

（1）利用文本框区分学习目标和其他文本，学习内容与学习活动之间则不需要用字体及排版形式区分。

（2）每行文字过长或过短都会给阅读带来困难，建议每行文字长度适中，尽量使用文本字段，在主要内容栏目的左侧和右侧留出空白，避免每行文字占据屏幕的整个宽度。

（3）段落之间要留出空白，所有重要内容的四周都要留出空白。

（4）用项目符号或其他方法突出显示重要内容。

2. 视频类学习资源

教学视频的制作是在线课程资源设计的重要部分，由于音频类学习资源只需要听觉的参与，解放了视觉，因此适用于更多的学习场景。因为音频类学习资源的设计与视频类学习资源的设计有很多共通之处，所以在此只重点介绍视频类学习资源的设计。

1）如何制作课程视频

有研究者对学习者的 MOOC 视频学习行为进行了研究，提出了在线课程视频制作建议（Guo，Kim，Rubin，2014），如表 6.2.2 所示。这些细节告诉我们在录制视频时，并非直接拍摄即可，有许多细节可以让我们制作出的教学视频更符合学习者的学习特征、易学，下面将详细说明制作课程视频需要注意的事项。

表 6.2.2　在线课程视频制作建议

结果	建议
短视频的参与度更高	课程开展前把视频切割成短于 6 分钟的视频块
有教师头像和 PPT 的视频，学习者的参与度更高	制作和编辑的过程中考虑这一特点
有个人特色的视频，比那些高成本实验室录制的视频参与度更高	尝试找到一个非正式的环境，并不需要高质量的影棚来支持做这件事情
可汗学院画图式样的导学视频比单纯的 PPT 的参与度更高	如果教师坚持录制在教室内的讲课，他们应该记住使用 MOOC 的模式
教师说话比较快且富有热情的视频参与度更高	教师讲课时富有热情，并且一直保持热情

续表

结果	建议
学习者对讲座式视频和导学视频的参与度不一样	对于讲座式视频关注第一印象，对于导学视频一般会重新观看和快速阅读

在录制课程视频时，需要什么？
- 设备：网络摄像头、摄像机或移动设备。
- 录制软件：用于录制视频的软件，包括 Camtasia、Studio 等。
- 视频服务器：视频应存储在服务器上，可以通过相关软件传输视频。

在拍摄课程视频时，教师应该注意什么？北京大学汪琼教授的MOOC"翻转课堂教学法"中总结了以下注意事项。
- 着装打扮：正式的着装更适合传达专业的知识。在拍摄视频时，教师需要注意衣着的选择。例如，背景为黑幕的时候，不穿黑衣服；制作绿幕抠屏视频时，不穿绿色的衣服；尽量不穿条纹很深的衣服，避免视频中出现"爬格"现象；不穿纯白色的衣服，避免摄像机曝光或出现面部发黑现象；戴眼镜的录制者在拍摄时可以稍微动一下头，减少出现镜片反光现象；在拍摄前可以化一点淡妆。
- 声音：尽可能保持拍摄场地安静，减少环境中的杂音，尤其是在室外录制时，尽可能站在距离摄像机5～6米之内，或佩戴便携式麦克风。此外，在录制视频的时候，一系列视频的音量尽量保持在平均水平，避免学习者观看视频时来回调节音量。
- 设置舞台：选择光线充足的录制位置，注意可能在身后出现的事物，建议使用干净而简单的视频录制背景。同时，为避免逆光拍摄，最好面对光源。
- 摄像头位置和取景：摄像头应与教师的头部和肩膀齐平，三脚架保持和视线平行的高度，构图时，尽量让头部、颈部和肩膀的一部分可见。
- 姿态与表达：教师在讲课的时候可以尽可能快一些，较快的语速容易调动学习者的积极性，同时可夹带一些口语化的表达，让学习者感觉亲切，上课更轻松；在录制视频时，教师要与学习者有一定的眼神交流，避免照着提词器讲课；教师讲课时的肢体动作可以稍微夸张一些，可以采用书写、勾画等肢体动作来加强对学习者视觉的吸引力；教师在讲课时，可以多用"我们"这样的表达，让学习者感觉他在被一对一辅导，而不是单独在看视频；十分重要的一点是，教师应该表现出对教学内容的热爱，用自己的热情影响屏幕前的学习者。
- 将PPT作为背景：在制作PPT时，要留出教师讲课的位置，避免人挡住PPT中的内容；尽量不要做太白的PPT，避免录制时导致人的脸色发黑；拍摄视频时不要用激光笔，因为激光笔的亮度可能低于PPT的背景亮度，导致看不清楚，尽量使用手和教具来引导学习者观看PPT。
- 自然与自信：教师在拍摄时，可能1～2遍拍摄不成功，需要拍摄3～4遍，但录制的遍数较多，可能会觉得心烦，所以教师可以在拍摄时先讲一些和课程无关的内容，在进入状态之后，拍摄 1~2 遍就能获得良好的效果。教师可以从自己最熟悉的地方开始讲，建立自信；或者采用采访式、讨论式的方法进行录制，这样看上去更加自然。

在制作录屏视频时，应该注意什么？

- PPT 动画设计：学习者在看教师录制的视频时，非常喜欢画面从空到满的过程，教师在设计 PPT 动画的时候，可以先留出空白，然后一点一点把自己讲的要点呈现出来。
- PPT 切换：不要让每页 PPT 或者一个画面呈现太久，否则学习者会觉得枯燥乏味。让画面动起来，在画面动起来的同时，要呈现视频的逻辑，让学习者按照视频的逻辑完成学习。
- PPT 内容呈现：PPT 中罗列重点即可，不需要呈现所有讲解的内容；教师在录制视频的时候一定要注意 PPT 的布局或者画面的布局，文字的颜色、大小是否合适；录制 PPT 的时候可以使用鼠标对 PPT 进行勾画，让学习者知晓教师讲课的重点。
- 教师在时间和精力允许的情况下，可以尝试一些新的东西，如用 Focusky 制作课件。

2）课程视频拍摄方式

课程视频拍摄有很多种方式，有研究者对 41 个在线课程供应商提供的不同教师教授的 5575 门课程进行分析，发现在线课程视频拍摄通常采用 15 种设计方式（Crook C，Schofield L., 2017），包括访谈式、对话式、可汗白板式（叙述白板叠加书写）、教师伴随讲解式等。其中，将图片教学内容加上固定外框的教师讲解视频和图片教学内容加上可移动外框的教师讲解视频，可整合为教师伴随讲解式视频。课程视频拍摄方式如图 6.2.1 所示。

讲座风	粉笔流	纸笔风
实验室演示风	主播头肩风	访谈式

图 6.2.1　课程视频拍摄方式

图 6.2.1　课程视频拍摄方式（续）

3）制作课程视频的方法

在完成课程视频的拍摄后，需要对拍摄好的视频进行制作，在制作课程视频时应该注意以下几点。

（1）围绕目标尽量精简内容。

视频中只能包含一定的内容，因此试图涵盖太多信息并无意义。在视频中，教师应该优先选择重要的课程内容和学习目标进行讲解，避免学习者将注意力放在无关或关联度较低的内容上。

（2）保持视频简短，以便多次利用。

为了获得最佳效果，最好采用短视频。短视频有很多优点，教师可以将它们用作学习块和可重复使用的学习内容，可以将它们嵌入在线学习课程，可以在适当的时候将它们共享为推送学习内容，以加深学习者对所学内容的理解。

（3）确保良好的分辨率和质量，以获得良好的观看体验。

设计者在思考视频要呈现多少内容及如何呈现的同时，也需要考虑视频的分辨率，分辨率较低的视频可能会降低学习者的学习积极性或者使学习者放弃学习，而良好的视频分辨率可以让学习者获得良好的观看体验。

（4）确保音频清晰。

音频质量不佳的视频和清晰度不佳的视频一样，可能会让学习者放弃课程学习。在理想情况下，音频应单独录制并嵌入视频中，以提高音频的清晰度，使用专业的旁白或洪亮的声音将会在一定程度上提高视频的质量。同时，若能加快或减慢音频速度，则会在一定程度上优化学习者的学习体验。除此之外，音频脚本应该是对话性的，并且应该是对屏幕上内容的补充，而不应该仅复制屏幕上的内容。

（5）使视频在多台设备上运行。

在制作视频时需要牢记，学习者可能会通过多种设备（如笔记本电脑、平板电脑、智能手机）访问视频。这意味着视频的尺寸设计必须能够适应多种屏幕，还应确保视频可在所有浏览器上正常播放。推荐使用 HD 高清规格进行视频制作，即分辨率为 1920 像素×1080 像素的视频，使用 16∶9 的视频制作尺寸。后期可以根据播放场景的需要采用格式工厂等软件对其进行压缩。

视频功能强大，是很好的学习工具，而且当下制作视频的成本不像以前那样高，仅需要很低的成本，就可以制作出吸引人的课程视频，需要做的只是进行良好的课程设计。

3．特殊的视频资源：直播课程

直播是当前较为流行的在线教学形式，相较于可反复观看、可进行后期剪辑的录播课程，直播课程最大的优势在于实现了教师与学习者的双向互动，而不是教师对知识的单向讲解。

直播课程作为在线课程视音频资源的一种，在设计与开展时，需要注意视频资源制作的相关事项，如直播教师在面对镜头时，应注意面部表情，保持着装整齐，拍摄时可通过化淡妆保持良好的形象，拍摄场地应尽量保持安静，保证教师的声音清晰，甚至可用设备优化教师的声音。为了增强直播的交互性，教师可以事先收集学习者感兴趣的话题，并在课上抛出话题，引导学习者进行讨论、回答；也可以把事先设计好的话题告诉学习者，直播时由学习者提出，带动线上讨论的氛围。

4．音频类学习资源

各种录音工具的出现，让音频类学习资源的设计与开发变得简单，但是要想获得高质量的音频，还需要注意以下制作技巧。

（1）在制作音频资源前，首先准备好音频资源的文稿，通读文稿，尽量流畅且有逻辑。

（2）在录制音频时，最好佩戴耳机，选择空间小且没有噪声的地方。

（3）录音前喝点水，避免在录音过程中出现吞口水等现象。

（4）若戴耳机录音，耳麦不要离嘴巴太近，以免出现喷麦，声音忽大忽小的情况。

（5）注意音调、语气和表情管理，听众会通过声音来认识教师，教师可以利用提问等方式和听众进行交互，尽量做到有交流而不是自言自语。

（6）在音频制作的后期，可以在合适的地方添加一些背景音乐或效果音效。例如，在讲述重点内容前，可以添加音效引起学习者的注意；又如，在讲解古典诗词时，可以适当加入古风轻音乐，将其作为背景音。

（7）在试听音频时，请选择入门级的电脑耳机进行试听，不建议使用音响、手机，这些设备可能自带声音优化功能，导致听到的是优化后的声音。

除此之外，如果视频中的音频效果较好，也可以使用视频编辑软件提取视频中的音频，将其作为补充课程资源，方便学习者随时学习。

（三）生成性学习资源的转化

预设学习资源指当在线课程开课时，教师提供给学习者的课程视频、阅读材料等。在线课程动态生成的资源是以学习者为中心，以预设学习资源为基础，以师生、生生的讨论、协作、提问、解答等交互活动为方式，促进学习目标达成和学习效果提升的新问题和新资源，包括课程中的问答、讨论、汇报资源，录制直播课程生成的资源，学习者协作学习的过程资源，往届学习者的作业、作品、案例及课程学习的总结性资源等。在线课程的设计与开发除了要预设学习资源，还需要注重生成性学习资源的积累与转化。

三、学习资源的版权与核查

（一）学习资源的版权

如果课程中包含他人的作品，或改编了他人的教学材料，应明确是否已获得使用这些材料的许可，以及是否按照创作者的说明使用它们。除非材料明确具有公开的版权许可，否则在使用他人的作品或材料时应格外小心，甚至某些开放式版权许可的材料也可能会有限制，可能要求在使用时提供原始版权的归属，可能会禁止在产生利润的情况下使用该材料，或者可能会禁止对该材料进行修改或重新合成。

在设计课程时，课程设计者应注意以下事项：
（1）所有引用的材料或资源是否都正确引用？
（2）是否已获得使用版权材料（如文本、插图、音乐）的许可？
（3）是否已获得将视频和动画链接到视频网站上的许可？

课程设计者需要了解在线教育中哪些行为构成版权侵权，以及如何获得使用受版权保护材料的许可。课程设计者还需要了解自己制作的课程与版权有关的权利，以及自己希望对作品的使用、复制、改编和重新合成施加哪些限制。

（二）学习资源的核查

在课程设计结束前，课程设计者需要对课程中所有的学习资源进行核查，确保使用的学习资源是适当且准确的，保证资源可访问。以下是学习资源核查单。
（1）学习资源适合学习者与课程主题。
（2）学习资源是准确、最新的，并且与课程内容有关。

（3）学习资源列表分为"必选"和"可选"两类。

（4）各种学习资源考虑到学习者的不同兴趣、能力和学习方式。

（5）如果学习者不具备使用资源所需的网络带宽，则提供其他访问方式。

（6）提供打开多媒体资料所需插件的安装包或链接。

（7）适当提供反映不同观点的学习资源。

（8）如果要求学习者使用外部资源，应指导学习者如何访问和使用资源。

（9）告知学习者应使用的参考文献引用格式，为学习者提供常用资源的引用格式，如著作、期刊文章、电子资源等。

（10）提供参考书目或各种参考材料，如 Web 链接、书籍、期刊、视频等。

（11）提供课程内部和外部资源的链接。

（12）鼓励学习者寻找自己的学习资源，并与其他学习者建立联系。但是否完成此操作取决于网络的可访问性、网络带宽限制、下载速度及学习者使用这些服务的成本。

活动 2　学习资源设计

（该活动由课程主讲教师主导，其他成员配合完成）

活动目标：掌握学习资源的概念，借助学习资源规划表，完成课程学习资源设计的初步规划。

活动时间：大约 90 分钟。

活动步骤：

步骤 1：初步设计，完成学习资源规划表初稿。

以英国开放大学研究生课程的学习资源设计为例，结合学习资源选择的原则，思考课程的学习资源设计。确定课程的学习内容，思考学习的重难点；根据学习内容的特点确定对应的媒体表现形式，完成学习资源设计的初步规划。

学习资源规划表

学习内容 （学习周/模块/节/知识点名称）	资源列表 （资源名称+作者+年份）	媒体表现形式 （视频、音频、动画、文本、图片、超链接、压缩包）	资源备注
第 1 周			
第 2 周			
……			
第 n 周			

步骤 2：组织小组讨论，优化学习资源的设计。

（1）确定其质量与相关课程内容的拟合度，择优筛选。

（2）结合数目，考虑资源呈现的节奏。

（3）该资源设计的理念（想要达到什么目的），标明来源。

（4）考虑学习者的获取方式。
（5）考虑媒体表现形式的设计。

步骤3：结合课程的内容，完成学习资源设计汇总表。

课程的主讲教师与学习支持服务设计师进行合作，尝试使用对话风格编写学习资源的学习指导，让学习者在点开学习资源之前了解该资源学习的意义，同时为学习者提供相关的"脚手架"，以更好地进行相关资源的学习。

学习资源设计汇总表

课程名称：

学习内容 （学习周/模块/节/ 知识点名称）	资源列表 （资源名称+作者+ 年份）	媒体表现形式 （视频、音频、动画、文本、图片、超链接、压缩包）	设计理念 （该资源的设计目的及选择对应媒体表现形式的原因）	资源的学习指导设计 （辅助该资源学习的工具、支架、学习指导的编写备注）
第1周				
第2周				
……				
第 n 周				

步骤4：对照前文提到的学习资源核查单，检查学习资源设计。

主题三　学习活动设计

主题学习目标

1. 能够依据整体学习活动设计原则，开展课程的整体性学习活动设计；
2. 能够按照学习活动的构成要素编写具体学习活动，并形成系统化的学习活动设计方案。

在线课程中的学习活动可以分为以学习者和学习资源交互为主的自主学习活动，以及以学习者与教师或者学习者交互的社会性交互活动。这两类活动是一般性学习活动。在线课程中学习活动的设计应该紧扣前期选择的设计理念，开展系统性学习活动设计。系统性学习活动是指对课程中所有学习活动的整体设计与统筹安排，设计学习活动序列，凸显核心理念对设计思路的引领作用。

例如，在"在线课程设计与开发"这门课程中，就以设计思维指导的项目化学习为指导，将整个课程的学习活动分为"定义问题，汇聚灵感；构思方案，设计原型；迭代修订，输出制品；使用改进，演化发展"4个阶段。在这个整体设计思路下，再设计各个阶段具体的核心学习活动。例如，"定义问题，汇聚灵感"包括体验、反思、选题 3 个核心活动，要求学习者从自己对在线课程的体验中对现有在线课程的设计形成客观的认识，发现教育实践中的问题，完成对问题的深入反思与定义，从而获取灵感，与教师、同伴交流之后确定选题。

一、学习活动的构成要素

很多研究者对学习活动的构成要素进行了研究，并提出了多种学习活动构成要素的分类（王志军，赵宏，陈丽，2017）。结合前期研究及在线学习应该给学习者充分的学习指导的特点，在线学习中一个设计良好的学习活动至少应包括活动目标、活动时间、活动步骤和活动反馈 4 个要素。

1．活动目标

活动目标与学习目标紧密相关，是对学习目标的进一步分解和细化。活动目标是指学习者通过参与学习活动应该达到的状态，其作用在于帮助学习者明确要做什么，基于目标进行自我检查，同时对自己的学习过程进行管理等。学习活动的设计应该保证学习者了解设计活动的目的及对学习者的意义，从教师和学习者的视角来说，明确的活动目标的作用如表 6.3.1 所示。

表 6.3.1 明确的活动目标的作用

作用	教师	学习者
帮助创建适当的形成性测验	√	
帮助学习者进行自我检查		√
帮助设计者决定选择哪种教学媒体形式	√	
帮助设计者设计活动步骤	√	
帮助设计者创建适当的评价	√	
帮助学习者确定活动是否适合自己		√
明确学习者要做什么	√	√
帮助学习者合理分配时间		√
明确对学习者的要求	√	
指明学习要点	√	

2．活动时间

活动时间即学习者完成此活动预计需要的时间，因为在线学习时间的管理和控制比面授教学困难得多，容易受到很多因素的影响。明确学习活动开展的时间，可以帮助学习者合理规划自己的学习、集中精力完成学习活动。

3. 活动步骤

活动步骤即在线活动的具体操作步骤，是连贯且详细的学习活动中各类主体（包括教师、学习者、任务、内容）、相关资源与工具、分工与规则的具体流程化呈现。因此，此处的活动步骤实际上包含活动任务、活动内容、活动情境、活动组织方式、交互方式、活动所需资源与工具的支持等方面的内容。在线课程的设计与开发需要考虑学习者所面对的工学矛盾、时间碎片化等困难，将每个活动分为多个步骤，每个步骤需要的学习时间不宜太长，并且各个步骤之间应很好地衔接，便于学习者分步完成。学习者在学习过程中随时可以离开，通过技术手段帮助自己记录学习过程，如记录每个步骤的活动结果，以便下次能够继续上次的学习。

4. 活动反馈

活动反馈是学习活动的重要组成部分，也就是之前的研究者所强调的活动评价。与活动评价不同的是，活动反馈比活动评价要求更高。活动反馈所要求的不仅是向学习者呈现答案的正误，还包括答案正误的依据，对可能出现的错误回答的提示；对没有标准答案问题的可能回答和对可能回答的分析，以及完成此活动的思路或者要点、附加资源等。

二、不同类型学习活动的设计

（一）自主学习活动的设计

设计良好的自主学习活动，不但可以满足学习者的个性化学习需求，而且可以发挥其学习主动性和能动性，培养学习者自我负责的意识和自主学习的能力，让其成长为真正的自主学习者（李爽等，2015）。在在线学习中，教学交互=学习者与学习资源的交互+社会交互。当学习者的学习以其与学习资源的交互为主，而社会交互只是处于辅助地位时，这种学习就变成了学习者的自主学习（王志军，2016）。因此，自主学习活动的设计，以学习者与学习资源的交互活动设计为主。学习者与学习资源的交互主要包括阅读相关材料、使用学习指南、观看教学视频、与多媒体进行交互、参与仿真活动、使用认知软件（如统计软件）、寻找信息、完成作业、完成项目等。自主学习活动相对于社会交互类学习活动，其开展一般不受时间和空间的限制，学习者可以随时随地开展学习，成本很低。因此，自主学习活动是在线学习中比较常见的学习活动。

为了增强学习者的自主学习能力，让学习者成为自主投入的学习者，自主学习活动目标的设计要注意引导学习者从记忆类的评价向理解和综合类的高级评价转变。同时，活动的目标要可预期，活动中所布置的任务要能够激发学习者的内在兴趣，以此提高学习者的自我驱动信念和自我效能感。为了帮助学习者克服学习过程中遇到的各种困难，自主学习活动中学习内容的设计要努力营造一种师生对话的情境，提高在线学习中的教师和教学存在感（冯晓英，2012）。除此之外，自主学习活动的反馈要明确，以便学习者根据反馈的结果进行自我判断、反思和评价，高质量地完成学习活动，达到预期的学习目标。当前，支持自主学习的技术和媒体很多，其中电子档案袋、概念图等都是比较好的自主学习活动支持工具，这些工具都可以整合到学习活动步骤的设计中。

在前期的分析中，本书呈现了一些案例，接下来将用《激励和留住在线学习者的100个活动——TEC-VARIETY应用宝典》（柯蒂斯·邦克，伊莲·邱，2016）中的案例来阐述自主学习活动的设计。

1. 网络探究

网络探究活动要求学习者写下他们关于某个主题的问题，然后在网络上搜集信息，关键是通过学习者感兴趣的内容实现个性化学习。

在Liang和Bonk（2009）有关英语教学（EFL）的一篇报告中，一项旨在激发学习者好奇心的活动被定名为"求知欲"。在这项活动中，教师要求学习者思考他们关心的一个新话题，首先学习者写下与之相关的5个问题，然后学习者要搜索网络资源，如从CNN（美国有线电视新闻网）、BBC（英国广播公司）新闻、Google新闻等中了解相关信息，当他们发现感兴趣的报道后，就开始阅读，阅读期间，他们会写下搜索词和脑海中出现的其他问题。他们还可以在搜索和阅读在线文本时提出一系列其他问题。

在学习者进行网络探究时，教师一定要确保任务明确，同时告知学习者，他们可能无法立即找到问题的答案。鉴于学习者可能遇到困难，他们可以随时向同伴发送电子邮件求援，初期学习者可将问题的答案发送给教师，用于确定自己是否按照既定的程序进行探究。为获得进一步的支持，教师还可以设计一个在线辅助工具。在完成任务后，教师一定要询问学习者在整个过程中遇到的瓶颈或难点，表扬找到大部分或全部问题答案的学习者。之后，教师可设计后续任务，基于学习者找到的部分或全部信息，让他们撰写在线学习体验博文，博文中可以列出每个问题及在线获得的答案，或者让学习者形成对问题解答的书面报告。

除此之外，教师也可要求学习者找到与自己兴趣有关的两三篇新闻报道，并对每篇新闻报道提供的信息进行对比，而且可以进一步要求学习者找到至少一篇包含多媒体的新闻报道，如视频、音频访谈等；或者要求学习者采用在线参考文献管理软件寻找答案，包括在线主题词表、词典、百科全书等；也可以由教师设计所有问题，并随机安排给学习者。

2. 让学习者成为资源提供者

让学习者成为课程资源的提供者，这种方法适用于任何教育或培训环境，无论面向的是青少年学习者还是老年学习者。这也是在线课程生成性学习资源建设的重要方式。

资源提供者会搜索并发现与特定时间或特定学习单元有关的网络资源，教师会在网络上发布一个表格，学习者可在表格中填写相关的内容并标注自己的姓名。

资源探索超越了教师讲课、课本资源、课堂档案和指定的补充资料，教师可以在面对面会议上，要求指定的资源提供者将发现和收集的资源向全班进行简要的陈述，这种陈述建议占用5~10分钟。

这些资源可以包括测试、工具、动画、模型、视频、音频等。在安排此类活动时，教师需要明确任务，如让学习者在课程特定一周找到5~6项或更多的资源，并在上课前提交教师审批，教师需要判断资源是否与学习的内容相关，并在课程网站发布帖子，然后由其他同学讨论和提问，教师还可以要求资源提供者通过提供2~3个初始讨论问题来帮助主持讨论或产生一些辩论。

教师可以将资源提供者提供的所有网络资源保存下来，这些资源可以在以后学期或其他形式的课程中使用，也可以让学习者对发现的资源进行评级，然后将评级分数高的资源留给以后的学习者使用。

3. 提供选择的机会

当前，在线教育资源的爆发式增长给教师和学习者带来了更多选择的机会，比如若在网上找与课程有关的案例和情境，有许多案例和情境可供选择，包括文章、视频等。由于学习者选择的机会日益增多，教师的角色已变为学习者的学习向导和管理者，他们在在线课程中为学习者提供更多选择的机会，让学习者充分发挥自主性，选择自己感兴趣的学习方式与内容，同时教师必须高效率地创建在线课程内容。以下是创建这种开放活动的10个想法。

（1）详细说明本学期或课程的10项备选任务，让学习者任选其中4~5项任务。

（2）列出多个案例，让学习者从中选择自己想要参与的案例。

（3）提供多个最终备选项目（如研究报告、专题评论、总结文章、介绍学习视频等）。

（4）要求学习者在本学期撰写2~3篇总结性文章，提供不同类型的总结性文章范例供学习者参考（如当前趋势论文、课程学习总结、文章总结、学术评论、网络探索总结、书籍或专刊评论等）。

（5）创建与每周议题有关的在线文章数据库，允许学习者每周选择2~3篇文章阅读。

（6）创建与课程有关的视频数据库，要求学习者每周观看一些视频，然后在论坛中进行讨论。

（7）要求学习者每周从10~15篇专家博客中选择1篇进行评价。

（8）列出在线会议、论坛、研讨会等活动，让学习者观看1~2次主题演讲，或嘉宾演讲并进行思考。

（9）列出与在线课程有关的、免费提供的有关电子书和专刊，让学习者针对其中一本电子书或专刊撰写评论。

（10）列出与课程有关的技术工具或资源，让每个学习者写下有关其中某种技术工具或资源的评论，也可以写下有关两种或多种技术工具的对比文章。

（二）师生交互活动的设计

师生交互包括同步交互和异步交互两种。同步交互包括使用电话、聊天软件等进行交流；异步交互包括使用双向通信工具、电子邮件、论坛等进行交流。师生交互活动的形式包括同步讲授、辅导、答疑、讨论、技术练习操作指导和作业反馈等。北美洲在线学习委员会发表的在线课程国家质量标准（2011）指出，教师给学习者常规的反馈、技术方面的回复及清楚的学习期望等，能够促使学习者成功。

师生交互活动要顺利开展，除教师要做好需求分析，密切关注学习者，提早估计学习者可能存在的问题和需要的帮助之外，还要鼓励学习者积极表达自己的需求，以便教师及时发现问题，并为其提供帮助。因此，师生交互活动不仅包括课程设计与开发过程中的预设活动，还包括课程开展过程中的生成性活动。同时，在师生交互中，最有价值的部分就是教师对学习者学习情况的过程性反馈。反馈在优化学习者学习体验的同时，还能促进学习者知识水平和技能的提高，教师要及时并经常对学习者取得的进步进行反馈。教师对学习者一对一的反馈是最传统的反馈方式，随着技术的发展，反馈的形式更加多样化，教师对学习者的反馈包括通过预设的程序开展基于机器的自动化反馈，基于博客、论坛、视频直播等形式进行的集体反馈，以及采用同伴互助的形式，将教师对学习者的反馈转化为学习者之间的反馈。为了保证反馈的有效性，以及学习者持续的学习兴趣和动机，在进行反馈时，要特别注意反馈的时机。如果反馈过早，不利于学习者进一步深入思考和加工；如果反馈过晚，难以获得学习者的关注，进而影响其学习效果。

在线学习社团可以将很多师生交互形式整合到一起，并且便于教师开展一对多的交互，便于集中解决学习者的共性问题，因此组建和维护在线学习社团是促进师生交互和保证在线学习效果的重要策略，教师在其中的作用非常关键（王志军，2012）。例如，在讨论活动中，教师应该给学习者提供例子，拓展相关观点，并提供不同的视角，从而引导学习者思维的发展。当然，教师还可以通过讨论区、答疑区、作业反馈区等平台进行师生交互。最理想的情境是将各种知识工具整合到活动中，活动的任务具有一定的复杂性和新颖性，学习者希望学好且确实能够学好。

1. 教师存在感的建立与同步视频会议（Fosteras，2018）

无论是新手还是经验丰富的教师，存在感的建立都是在线课程中的一个挑战。在线学习者希望教师能够给予他们一定的关心，希望教师在课程中参与并定期互动，这会激发他们的学习动力。在线课堂中，教师与学习者相对时空分离，因此需要采取有目的的行动来防止孤立、促进联系。研究表明，学习者的满意度和取得的成绩与教师存在感有关。

在线学习中，学习环境和体验是动态的，教师的存在是一个演变的过程。我们需要根据不同的课程学习阶段采取不同的措施，从而逐渐建立起在线课程中的教师存在感。美国亚利桑那大学提供了以下建立和保持教师存在感的方法。

- 设置欢迎公告。
- 发布教师介绍视频。
- 教师在课程视频中出现。

- 与学习者建立联系。
- 使用个性化的语言让学习者感到亲切。
- 定期发送更新、提醒和签到的公告,还可以利用公告来共享有价值的资料。
- 监控学习者的学习进度,为学习者提供定期、及时、明确、可操作的反馈,关注遇到困难的学习者,并为其提供帮助。
- 以多种方式展示教学内容,如分模块的视频、音频等。
- 参与课程讨论。
- 收集学习者的反馈,如在课程中期开展简短的匿名调研。

随着技术的发展,当前能最快捷、最方便地建立教师存在感的活动之一就是在线视频会议,在线视频会议的优点之一是无论人在哪里,都能实时进行课堂教学,来自全国乃至全世界的学习者都可以像在同一间教室那样上课,这在一定程度上拉近了学习者与教师的距离。下面将介绍如何创设同步视频会议(Andrew Ells,2013)。

(1)制订会议计划——在会议开始之前,应该对学习者及期望学习者实现的目标有清晰的了解,基于此设计支持学习者的活动,并在会议中重点关注。

(2)了解所处的环境——教师所处的环境将直接影响视频的质量及文件传输的速度,花点时间事先找到最佳的视频环境,可以提高演示质量,并在会话期间保持一切正常。

(3)进行技术检查——在会议开始之前,需要了解参与会议的人数,判断所使用的工具能否支持多人会议的开展,同时要确保设备工作正常,并练习对着摄像头和使用麦克风讲话,会话之前的测试将有助于教师找出潜在的错误,也有助于教师熟悉视频会议的情境。

(4)指定一名主持人——指定一名主持会议的人,其将会指出由谁进行发言、说明当下正在进行的活动及即将开展的活动、告知大家接下来会发生什么,这将确保会议的平稳有序开展。

(5)计划协议——学习者应该在会议期间建立协议,如举手发言、麦克风始终放在桌面上等,遵循这些简单的准则有利于会议顺利开展。

由于直播互动与研讨具有类似于面授的高存在感、高参与性,因此其成为一类十分重要的学习活动。

2. 异步反馈与辅导(柯蒂斯·邦克,伊莲·邱,2016)

当前,在在线课程中,专家及其他人员为学习者提供反馈与辅导有许多益处:第一,可以为学习者成果的产出提供指导和参考;第二,该课程的一些毕业生可以为学习者提供反馈或课程学习建议;第三,有助于学习者将理论学习与实践相结合;第四,专家可以帮助评价项目和成果,如解决方案的质量;第五,教育从业者可以提供如何在现实世界中运用特定主题和技能的建议。学习者会非常高兴听到专家的深刻见解和经历,有时甚至能够获得专家对他们课程项目的具体反馈与辅导。

在开展此类活动时,教师可以在领域内寻找专家,也可以在社交网络中寻找有意向的课程导师，除此之外，还可以邀请已经完成课程的学习者。总之，教师要关注那些表示有兴趣参加活动的人，明确自己要邀请的人员和对他们的预期，同时为他们提供适当的指导文件，说明希望他们做什么，确保他们参加异步论坛且知道如何做。

在课程结束之后，教师可以向专家寻求对总体活动的反馈意见、对指导文件和辅助材料的建议，也许专家能帮助改进课程。此外，课程的学习者也可以针对如何强化辅导提供意见，教师要记得感谢每位参与者。

（三）生生交互活动的设计

在开放网络学习时代，生生交互的形式和支持工具更加多样化。学习者可以自主选择他们感兴趣的主题、熟悉的工具与环境开展交互活动。这种交互不一定局限于某个班级或者某门课程的学习者，而是可以跨越班级、课程、年级甚至学校的开放式非正式交流。研究结果表明，在在线学习中，让学习者有所收获是教师的职责，在课程设计中也应通过提供学习者之间交互和合作的机会来确保学习者获得高质量的在线学习体验。只有当学习者通过生生交互来真正协作开展学习，并帮助其他学习者开展学习时，这种交互的价值才能够被最大化地体现出来（Abrami et al., 2012）。

生生交互学习活动的设计，应该充分发挥开放网络学习时代各种社会媒体及各种人工智能技术的优势，鼓励学习者打破课程和班级的局限，与更大范围的学习者开展深入的交流互动。同时，生生交互学习活动的设计要以新的学习理念为指导，不但要培养和发展学习者基于开放网络环境的协作学习能力和高阶思维能力。

教师可以通过多种协作学习的方式，让学习者开展交互活动，如基于资源的主题探究学习、基于问题的小组讨论学习、基于任务的协作学习、在线反思和同伴评价等。生生交互活动只有在每个参与者都愿意做出贡献和付出努力、对参与者有促进作用时，才能够达到较好的效果。要想这类任务顺利完成，需要促进学习者之间相互支持和互帮互助的关系。例如，通过分组与同伴互助，让一个学习者积极地影响另一个学习者，并获得成功的机会；通过培养每个学习者对自身学习负责、帮助其他团队成员进行学习的方式，增强个人的责任感；通过完成团队活动目标，确保团队成员之间促进性交互的发生，尽可能让学习者提供和接收彼此相互理解的信息。为了避免总是只有部分优秀学习者参与活动，其他学习者"搭顺风车"的现象出现，生生交互活动的设计应该明确具体的活动规则与评价规则，并让学习者在不同的活动中轮流扮演相关的角色。此外，为了避免交互处在较低的层次、促进概念交互的顺利发生，教师应该提供明确的学习活动指导。

同时，生生交互活动反馈的设计建议采用同伴互评的方式。这种方式要求学习者自主性较高，让其承担教师的职责，对其他课程学习者的学习过程和结果进行评价。这种方式不仅有助于学习者专业知识水平和能力的提升，还能促使其积极计划、监控和反思整个学习过程，提升认知的深度，并激发深入学习的动力。生生互评活动既可以遵守由学习者自定的规则，也可以由教师提供相关规则和范例供学习者参考。为了让评价尽量真实、客观，建议采用两人以上的、有教师指导的同伴互评和反馈方式。

1. 在线课程中的分组协作

当在线课程的学习者人数达到一定数量时，教师可以将学习者分为小组，开展小组讨论、组内互评等学习活动，调动学习者的积极性，开展协作学习活动。结合亚利桑那大学的总结，下面给出了一些在线学习中分组及管理小组的方法（Mary Loder，2018）。

（1）创建小组。在创建小组后，学习者可以进行集中的讨论并完成较小的项目。研究表明，高效的小组通常由 5 人组成。如果要开展讨论活动，创建一个由 20～30 人组成的小组就可以进行较小的、集中的对话，并且能够产生足够多的观点来让学习者保持参与。

（2）随机分配或自由结组。对于较大的课程，最好采取随机分配或自由结组的方法来创建小组，随机分配不会占用学习者大量的时间和精力，如果学习者希望根据个人感兴趣的特定主题创建小组，则可以选择自由结组。

（3）建立基本规则。让小组成员思考他们希望在小组协作中做成的事情和不希望发生的事情，并建立统一的"团队协议"。"团队协议"可以帮助他们设定规则、同步会议的日期和协作期望达成的目标，确定用于支持小组协作的工具和用于指导小组工作的社交规范。教师可以通过建立角色、分配团队中的角色责任来鼓励学习者认真完成角色任务、积极参与学习，还可以提前告知学习者在课程结束时将会通过反思日志或团队互评表来进行评价，并根据学习者对所学内容的掌握情况来调整小组成绩，这样将会帮助学习者提高小组协作的效率。

（4）帮每个小组分配角色。为每个小组提供一个注册表，以帮助小组选择项目和确定成员的角色，这可以帮助小组自主进行项目管理。这种方式为学习者提供了体验现实世界中角色的机会，使小组成员可以进行深入的思考，并且提高学习者的学习积极性。

分配的角色可以包括以下几种。

- 负责人：负责进行沟通协调和决策，可以成为教师的助手，帮助教师发布信息及指导团队完成项目。
- 主持人：创建提示，让小组成员在讨论板上开展讨论，并用经过深思熟虑的反馈和问题引导小组讨论；教师可能需要为他们提供各种指导性的问题。
- 反对者：故意提出反对意见，帮助小组成员进行深刻的反思。
- 研究人员：检查小组讨论板上的帖子是否与事实相符或能否实现。
- 沟通者：沟通者需要将讨论的要点或小组工作总结归类，收集每周讨论得到的信息并总结要点，在会议结束时与其他小组分享。

（5）管理小组讨论。首先，需要进行有意义的小组讨论，使小组讨论及学习成果和目标保持一致，并要求他们研究分配给他们的角色，努力完成小组项目，在此过程中为小组讨论提供有趣且有价值的提示；其次，应使用鼓励式的评价方式，肯定学习者的付出，关注小组讨论的总结，并将之作为评分的依据。

（6）管理小组项目。首先，需要向学习者介绍一些同步会议工具，鼓励使用诸如 Zoom、ClassIn、腾讯会议之类的同步会议工具及其他社交工具进行团队协作和信息共享；然后，需要为任务提供"脚手架",让学习者以有意义的方式与学习资源进行交互,让学习者感受到教师的存在,进而提高学习动力;最后,需要创建小组成员协作完成且指向最终目标的活动,每项作业都应与课程目标及最终项目完成相关,在此过程中,作业不需要完全由教师来评分,组间互评是很好的方法。

(7) 组间互评。组间互评为学习者的作业改进提供了参照,可以在学习者之间建立更牢固的联系,推动学习者成长。

此外,增加同伴交互的十分简单的方法是为他们建立分享思想、提问和寻求帮助的场所。例如,在课程中创建一个社区论坛,作为学习者提问或寻找解决方案的平台。创建此论坛后,学习者可以彼此支持,分享问题和解决方案,如果在论坛中看到关于同一主题的多个问题,就需要考虑对课程进行微调。除此之外,教师还可以引导学习者加深课程外的联系。

2. 在线课程中的讨论活动

在在线课程的设计中,可以借助讨论活动来建立课程的社区,为学习者提供与同伴互动和分享见解的机会,提高学习者对在线课程学习的满意度。一个有效的在线课程讨论活动并不是将面对面课堂中的讨论搬到线上,要明白在线讨论与课堂讨论有很大的区别。在面对面的课堂中,讨论是十分常见的,而且往往是自发的。在课堂中,教师可以向全班提问或邀请学习者分享自己对某问题的看法,学习者可能由于好奇或困惑而举手简单地问一个问题。美国亚利桑那大学在线(ASU Online)教学设计师和音乐学院的教学专家布伦丹湖·雷克(Brendan Lake)博士总结了在异步在线课程中促进更真实讨论的策略,对在线课程讨论活动的设计有参考价值。

- 讨论是非惩罚性的,这意味着学习者不必担心因答案不正确、不完整或用非正式措辞而受到的惩罚,这能更准确、真实地反映学习者对课程的理解和态度。
- 学习者不需要参与每一次讨论,讨论是他们深入理解知识并听取有关知识新应用的机会。
- 学习者可以就他们感兴趣的话题或问题开展讨论,这能激发他们努力学习和理解这些材料(Schiefele,1991)。
- 学习者可以自主选择参加讨论的方式和时间,避免只有准备了答案的人或有重要贡献的人才能进行讨论。

那么,现实问题是:如何在在线课程中,在无惩罚的情况下促进所有学习者和教师进行真实、有效的讨论?这需要把握 3 个基本条件:创建在线空间,吸引学习者参与讨论,教师针对鼓励或禁止讨论的内容制定明确的指导原则。

创建用于公开讨论的在线空间很容易,但是在线空间的功能很重要,需要课程开发团队中学习设计或技术人员的支持,共同确定讨论区应具备的功能,确定是自主开发还是使用第三方社区讨论应用程序(如小打卡、Post-it 等)。

相关活动设计需要吸引学习者参与讨论。如果这是一个学习者感兴趣的话题,那么他们可能会主动建立一个讨论区。要将所有人吸引到讨论区中，设置外部动机至关重要，如给学习者增加经验值或给予其他奖励。在一个课程论坛中，非惩罚性参与的评分标准可能为"本周至少参与 5 次与主题材料相关的问题发表和讨论"或"发布一次对教师的回复，一次对同伴的回复"，跟踪并奖励参与者，并在讨论区中添加一些功能，如游戏化积分系统、表达"喜欢"或"赞扬"，从而激发学习者的参与动力。

此外，教师需要为学习者提供活动指南，即针对鼓励或禁止讨论的内容制定明确的指导原则，并且应做到简洁明了且有指导意义。对习惯了传统讨论的学习者而言，在线讨论可能是新的尝试，因此不但要预测学习者需要知道的内容，而且要了解学习者先前知识经验对学习活动的影响。在指导原则中，主要为学习者解答以下问题。

- 应该讨论什么？是哪一周的话题？是就课程内容进行讨论，还是需要做拓展？
- 为什么必须参加讨论？这将帮助学习者了解教师设计活动的目的和要求。
- 必须参加这些活动吗？要尽早告知学习者是否必须参加，以及不参加的后果。
- 如何获得积分？获得积分的最低标准是什么？是任何互动都可以获得积分，还是必须在每个帖子或回复中提出问题？
- 对礼仪和言语表达有何要求？这将帮助学习者在非正式的空间中了解如何表达自己的想法。
- 是否可以在此处发布有关课程的技术问题，还是需要在其他地方发布？建议让学习者在其他地方反馈技术问题，以便更高效地提供解决方案。

尽管讨论区（论坛）是民主化的空间，学习者可以在其中进行自主学习并和其他学习者进行对话，但教师在深化对话、解决学习者没有得到他人回答的问题及满足好奇心方面仍然发挥着重要的作用。在课程开始后，教师仍需要关注讨论区的情况，并适时给予学习者一定的指导。

3. 在线课程中社团的组建

除分小组开展活动之外，学习者还可以通过组建在线社团来增加同伴交互。在线社团（又称"网络社团""在线社区""在线社群"等）是相对现实社团而言的，具有相同兴趣和需求的人，通过在网上进行沟通与互动，形成彼此间紧密的认同的关系。在线社团中，社团成员拥有平等的地位，可以自由表达自己的思想和看法，构建自己的人际关系网络，通过同伴间的沟通和情感交互，学习者可以感受到彼此的接纳、鼓励与支持，从而获得认同感和归属感。因此，在线社团是学习支持服务师实践其社会职能，培养学习者社会存在感的重要环境。

在线社团的组建和维护要以培养学习者的社会存在感为主线，帮助其克服缺乏归属感、认同感等心理困难，学习支持服务师在组建和维护在线社团的过程中，需要经历学习者社团意识的培养、社团文化氛围的营造、凝聚力的培养与维持 3 个社会存在感由弱到强的任务阶段，同时在这 3 个阶段中始终伴随着学习者的激励和社团冲突的解决（王志军，2012）。

第一阶段的核心任务是学习者社团意识的培养，教师可以通过帮助学习者建立自己的人际关系网络，或者通过介绍社团与社团活动、确定社团角色分配与分工、制定社团运行规则等培养学习者参与社团活动兴趣的方式来达到此目的。学习者社团意识的培养是成功的在线社团形成和发展的基础。

第二阶段的核心任务是社团文化氛围的营造，这也是学习者社会存在感培养的重要阶段。在此阶段，教师需要为学习者提供一个开放、友好、协作的交流空间，需要通过制定社团礼仪和交往规则，鼓励学习者在环境中进行友好、民主的对话和协商，积极表达自己的观点并与其他人进行辩论的方式，形成独特的社团文化。

第三阶段的核心任务是凝聚力的培养与维持，此阶段是社会存在感培养的高级阶段，作用于社团活动的开展过程，应努力让学习者产生依附感、归属感和集体荣誉感，以促进更好的协作、达成共同的目标，教师在此阶段要培养学习者对社团的向心力、集体荣誉感和归属感。

激励与冲突解决贯穿在线社团组建和维护过程的始终，是推动在线社团向积极健康方向发展的保障。教师要激励学习者参加社团活动，并及时化解社团中的矛盾，解决社团冲突，推动社团发展。在此过程中，教师扮演着"鼓励者""引领者""监管员""冲突解决者"的角色。

总体来说，在组建和维护在线社团的过程中，教师要明确在线社团所处的阶段及不同阶段所面对的问题和任务，进而采用不同的方法与策略来培养和增强学习者的社会存在感。

三、学习活动的总体设计要点与具体设计策略

（一）总体设计要点

1. 理念引导是灵魂

一门好的在线课程离不开理念的指导，我们需要根据课程目标和学习者特征来选择课程设计理念，课程设计理念决定着课程总体学习活动体系的设计，进而影响具体学习活动的设计。

2. 学习者参与非常关键

学习活动开展的目的是帮助学习者深度参与学习，提高学习积极性，而由于在线学习教与学相对时空分离的特征，教师无法根据学习者的反馈及时做出调整，因此学习者参与非常关键。我们需要结合学习者的知识能力基础及最近发展区来设计学习活动、根据学习者的参与情况及反馈来修改和完善学习活动，以提高学习者的学习积极性。

3. 节奏把握很重要

课程设计者需要对学习活动的数量和难易度进行把控，找到二者之间的平衡，过多

或者过难的学习活动会给学习者造成负担，学习者难以坚持，而过少或过于简单的学习活动难以实现学习目标。学习活动的开展应该由易到难，逐步提升学习者的能力水平。图 6.3.1 所示为英国开放大学开发的学习活动规划表。

1 周/标题/模块或主题/关键概念	2 学习结果和学习技巧	3 吸收	4 发现与处理信息	5 交流	6 制作	7 实践	8 互动/改写	9 测评
		例如：阅读、观看、听、思考、观察、复习	例如：分析、采集	例如：辩论、讨论、分享、汇报、表达、描述、提问	例如：创造、建造、设计、构建、生产、画出、组合	例如：实践、运用、实验、演示	例如：解释、探讨、实验、证明、改进、塑造、模拟	例如：撰写、表达、汇报、演示、评论
第1周								
第2周								
……								
第n周								

图 6.3.1　英国开放大学开发的学习活动规划表（任岩，2015）

4．多轮迭代促优化

在现实生活中，问题通常不是一次就能解决的，需要反复思考，学习活动的设计也需要进行多轮迭代。在设计过程中，课程设计者要对活动进行多方面、多层次的考虑，需要有项目组的参与（共同商讨），需要有用户的参与（投入实践），结合多方面的意见改进调整，以课程设计理念为基础，迭代出最适合用户的方案。

（二）具体设计策略

学习活动的设计是在线课程设计与开发的重点和难点，除了宏观的设计，还需要把握一些具体设计原则。

（1）将自主学习活动与其他学习活动相融合。让不同活动穿插进行（短活动与长活动、封闭性活动与开放性活动等），通过保持学习活动的多样性，避免学习者学习过程的过度自主化，减少学习者在在线学习中产生的焦虑、孤独等情绪，激发学习者的学习动力，使学习者的能力通过与同伴和教师交流获得提升。

（2）学习活动要分层分阶段设计和实施。在在线课程中，大部分学习者一开始不适应这种不同于传统面对面教学的学习形式，因此要设计相关的导学活动来引导学习者熟悉并掌握在线学习这一形式。同时，教师应根据学习者的学习阶段由易到难地开展学习活动，一步一步地指导学习者达成学习目标。需要注意的是，根据教学交互层次塔理论，学习活动设计的目的就是促进学习者深度学习和概念交互的发生，学习活动不能在形式上看起来热闹，实质上却没有促进有效学习的发生。

（3）学习活动的设计要具有针对性，要紧紧围绕学习目标开展。设计者应针对学习过程中的关键知识点和技能进行活动设计，要努力减少无关的过程及对学习者认知能力的浪费，根据需要提供相关的"脚手架"帮助学习者学习，让学习者在积极参与过程中获得个人认知和能力的提升。

根据上述设计原则，可以得出如下与之对应的具体设计策略。

（1）明确学习目标：要将对学习者的要求用明确的行为动词表述出来，如掌握新型在线课程的概念及基本特征。

（2）明确时间：给出一般学习者完成预计的学习活动所需花费的时间，如给出视频时长，帮助学习者合理规划学习，从而保障学习活动完成的质量。

（3）告知任务：要清晰地告知学习者应该完成什么任务、在何处完成，通过活动步骤给学习者呈现达成活动目标的操作过程及资源加工方法，给予学习者明确的活动提示，并保证指导活动的话语不存在歧义，帮助学习者顺利完成学习活动，如告知在章节结束后有单元测试，占总成绩的15%，可作答两次。

（4）给予反馈：针对每个活动给予必要的反馈，建议尽可能多给予反馈，如果是开放性问题，需要设想学习者可能的回答，并对2~3个回答给予反馈。

（5）使用特定符号标识学习活动：如图6.3.2所示，给每个活动提供活动标识、活动说明、学习建议等。

（6）使用设计对照单：为检查以上策略是否能让学习活动按照所期望的标准顺利完成，可以使用对照单（见表6.3.2），对活动目标、活动时间、活动步骤、活动反馈和活动整体的设计进行核查。

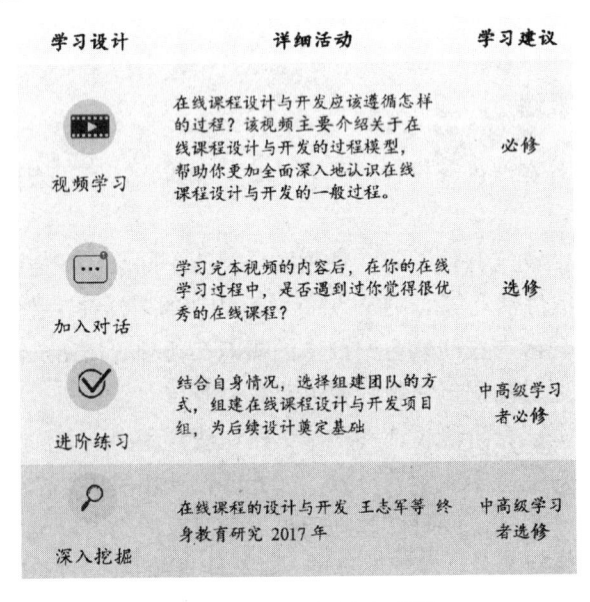

学习设计	详细活动	学习建议
视频学习	在线课程设计与开发应该遵循怎样的过程？该视频主要介绍关于在线课程设计与开发的过程模型，帮助你更加全面深入地认识在线课程设计与开发的一般过程。	必修
加入对话	学习完本视频的内容后，在你的在线学习过程中，是否遇到过你觉得很优秀的在线课程？	选修
进阶练习	结合自身情况，选择组建团队的方式，组建在线课程设计与开发项目组，为后续设计奠定基础	中高级学习者必修
深入挖掘	在线课程的设计与开发 王志军等 终身教育研究 2017年	中高级学习者选修

图6.3.2　学习活动标识设计

表 6.3.2　在线学习活动设计对照单（王志军，赵宏，陈丽，2017）

对照项目	问题清单
活动目标	设计的学习活动与哪个学习目标相对应？ 学习者做出哪些行为时可以证明他们达到了目标？ 判断学习者达到目标的标准是什么
活动时间	此活动是否值得花如此长的时间完成？ 学习者是否愿意花如此长的时间完成此活动？ 此活动所花费的时间是否包括在单元总的学习时间之内
活动步骤	完成活动目标对应的关键行为是什么？ 如果需要学习者加工某些资源，资源使用的方法是否具体？ 学习者是否可以理解关于行为的描述
活动反馈	需要反馈的问题是否有统一的答案？ 如果有统一的答案，学习者能否得出这些答案？是否标出了可能的出错点？ 如果没有统一的答案，是否为学习者提供了思路？ 如果是没有统一的答案且需要学习者动手的活动，是否为学习者提供了完成活动所需要的资源和工具
活动整体的设计	此活动与学习目标是否相匹配？ 此活动与上下文内容联系是否紧密？ 活动步骤是否循序渐进、可行？ 此活动是否能真正促进学习者学习？ 此活动是否完整包含活动目标、活动时间、活动步骤、活动反馈

活动 3　学习活动设计

（该活动由学习设计师主导，其他成员配合完成）

活动目标：借助学习活动规划表完成课程整体的学习活动设计。

活动时间：大约 90 分钟。

活动步骤：

步骤 1：依据英国开放大学的学习活动规划表，进行整体性学习活动设计。

学习活动规划表为学习活动设计提供了良好的框架，能够帮助大家打开学习活动设计的思路。但具体的学习活动设计要综合考虑各组课程的目标、课程的内容及学习者的特征，学习设计师结合课程的内容进行规划，初步完成课程的学习活动规划表。

步骤 2：整理活动，进行分类。

学习设计师需要结合学习活动规划表梳理学习活动设计，考虑学习活动数目与类别的设计是否合理，对学习活动进行分类（自主学习活动、生生交互活动、师生交互活动，必修与选修活动）。

> 步骤3：结合具体章节，进行学习活动的编写。
>
> 学习设计师结合学习活动编写指导与样例，并聚焦某个章节，为这个章节中的学习活动编写目标、时间、步骤及反馈，降低学习活动开展的难度，保证学习者顺利参与，为后续具体样例开发的学习活动设计奠定基础。
>
> （1）编写活动目标：用明确的行为动词陈述学习者完成活动后所发生的变化。其与学习目标相对应，将学习目标进一步转化为更加具体的、可操作的目标。
>
> （2）编写活动时间：估算完成学习活动所需要的时间。
>
> （3）编写活动步骤：为学习者呈现达到活动目标的操作过程，以及如何加工资源。
>
> （4）编写活动反馈：包括提供正确答案及思路，提供可能的回答及对回答的分析，提供参考资源。
>
> 步骤4：对照学习活动设计核对单，进行自查。
>
> **工具与方法支持**：学习活动规划表，参考样例。

主题四　学习评价设计

主题学习目标

1. 能够根据课程的设计理念、定位及学习者的特征为课程选择恰当的评价理念；
2. 能够明确课程评价的主体、目的与方式，进行具体评价标准与评价反馈的设计。

学习评价设计是检测学习者学习效果，保证学习者深度参与和投入的重要手段。学习评价设计通常包括3步：评价理念选择与方案制定、评价方式与标准设计、学习反馈设计。

一、评价理念选择与方案制定

在开展课程学习评价设计之前，需要明确学习评价的目的其实是激励学习者持续参与学习，而非价值判断。对在线课程而言，不是所有的课程都必须注重评价，评价的方式也不局限于开展标准化的考试与测验。我们需要结合学习者的特征、课程目标及课程设计理念，来确定评价的主体、目的与方式。基于前期研究（陈丽，王志军，2016），接下来将从学习理论视角阐述不同理念指导下的学习评价设计。

（一）不同理念（理论）指导下的学习评价设计

1. 行为-认知主义学习理论指导下的学习评价设计

不管是行为主义学习理论不关注概念交互，还是认知主义学习理论对概念交互认识的逐步深入，行为-认知主义学习都认为知识是客观的，是存在于学习者外部真实世界中的，教学的目的就是将真实世界的结构与学习者的认知结构进行匹配，让学习者通过记忆、理解、验证等过程掌握这些知识。因此，评价的目的在于检验学习者对相关知识的记忆、理解和简单运用的程度，并且通过评价来促进学习者努力达到评价的要求。

与评价的目的紧密相关，行为-认知主义学习中的学习评价内容即评价学习者对客观知识的掌握程度，是否建构起了与外部真实世界结构相同的认知结构。从行为主义的视角，判断在特定的环境或者教学事件中能否引发学习者特定的反应，包括回忆事实、记住相关的定义并举例说明、理解相关概念、建立概念间的联系，并且能够自动完成某一程序；从认知主义的视角，判断学习者是否掌握了相关规则、概念和辨别方法等知识，并且能够运用这些知识认识事物、解决问题。

行为-认知主义学习强调以教师为中心，尊重知识、尊重权威，教师与其他知识拥有主体具有绝对的话语权，因此这类学习的评价主体一般是教师或第三方标准化考试单位。

行为-认知主义学习主要适用于对客观知识的学习，一般采用标准化测试的评价方式。这种标准化测试包括诊断性评价和总结性评价两种，所涉及的问题一般都有标准答案和采分点，常见的题型有填空、判断、选择、名词解释、简答、论述等。为了让这种评价方式相对公平，建设基于题库的标准化考试系统是行为-认知主义学习评价的常见策略。

2. 社会-建构主义学习理论指导下的学习评价设计

社会-建构主义学习理论指导下的学习评价不是为了判断学习者知识获得方法的正误，而是在承认和关注学习者个体差异的前提下，从多个维度对学习者知识建构的过程进行综合评价，评价的目的是找到学习者知识建构中存在的问题，帮助其认识到自身的优势与不足，改变学习方式，激发学习兴趣和动力，更好地促进学习者发展。当前所强调的发展性评价，其指向的不是学习者学习成绩的提高，而是学习者发展所需的个人综合素质和能力的提升。

与评价的目的紧密相关，评价的内容从知识转向了能力，从结果转向了过程，侧重学习者在任务完成过程中的表现，从而使得教师能够在全面了解的基础上进行有效的指导。由于知识具有情境性，学习若脱离了具体的情境就难以进行迁移，因此学习者应该进入一个真实的情境中实际运用各种规则和工具，这样才是有效的学习。对应地，学习结果的最终评价主要看学习者的知识结构在促进实际运用这些工具的思维与业绩方面，有效程度如何，即知识建构的水平。同时，由于知识的社会性、网络性等，以及社会-建构主义学习对学习者主动性的要求，对学习者的评价也更加多元，包括学习动机、态度、交流能力、创新意识和实践能力等。

社会-建构主义学习强调以学习者为中心，学习者是知识意义的主动建构者，知识的建构在学习者与环境相互作用的过程中实现，学习者是学习活动的主体，教师只是学习者知识意义建构的促进者和帮助者。学习者与其学习同伴之间是一种协作和相互促进关系。因此，社会-建构主义学习中的学习评价具有多主体的特点。学习者本人、学习同伴、教师一起构成了学习评价的主体,对应的学习评价是一个由学习者自我评价(自我反思)、同伴评价和教师评价相结合的立体化学习评价指标体系。多主体评价可以从不同的角度为学习者提供评价信息,有利于被评价者更加全面地认识自己,同时能培养学习者向他人学习、自我反思及对他人进行评价的能力。

因为评价的内容是以知识建构水平为核心的综合性、过程性评价,所以评价的方式更加多元化,可以通过观察、访谈、描述、记录等方式对学习过程进行分析,以及对学习最终产出的结果,包括问题解决能力、创新能力、协作学习能力和知识建构水平进行评价。社会-建构主义学习强调学习者对知识意义的建构过程,强调在一定的情境下利用各种资源进行协作学习。这个复杂的主动学习过程使学习评价涵盖从学习者的学习动机、态度、能力到情感品德、思辨创新能力、交流协作能力等不同领域,更加强调以质性评价为主的形成性评价。主流的评价方式包括基于真实任务情境与问题、基于电子档案袋的形成性评价,以及通过质性分析方法对意义建构内容进行分析来衡量知识建构水平的评价,还包括学习者的自我评价和同伴互评等。

3. 联通主义学习理论指导下的学习评价设计

虽然联通主义学习理论的创始人不关注对学习者的评价,也少有研究者对这类学习的评价进行研究,但是从宏观的集体联通性和微观的学习者个人参与情况两方面来说,可以对某一时期内的联通主义学习发生的情况进行评价(陈丽,王志军,2016)。联通主义学习评价实质上是个人和集体对参与联通主义学习的反思,其目的是面向更优质、联通性更强的网络建构及跨领域的快速问题解决与集体知识创新,是一种对当前情况进行反思和调整的适应性评价。

联通主义学习评价包括个人和集体两个视角,同时联通主义学习理论强调学习即连接的建立和网络的形成,故联通主义学习评价的内容也应该从个人和集体两个视角对以下几个方面的内容进行评价。

(1)网络的多样性:包括学习者的背景多样、学习需求和学习偏好多样、学习资源的来源多样、课程使用的技术多样、学习模式多样等。多样性越强,其联通能力越强。

(2)网络的参与度:学习者是否积极参与交互的过程?在整个交互过程中形成了怎样的社会网络关系?它们在网络中处于什么地位?对网络中信息流的控制程度如何?学习者为网络的发展做出了哪些贡献,是否跟网络中的关键节点建立了较为密切的联系?

(3)网络的通达性:与网络的多样性与参与度紧密相关。网络中的个体需要多长的路径才能够与不同背景的人、不同来源的信息建立连接?个体发送的信息能够快速传达到网络中的其他个体,能否将不同背景的人联通到整个网络中?

(4)概念网络与交互所达到的层级:交互过程中到底联通了多少信息?形成了怎样的概念网络?有多少概念(知识)创新?参与者的交互达到了操作交互、寻径交互、意会交互和创生交互中的哪个层级?由于联通主义学习强调基于集体智慧的知识创新,因此对知识创新的程度应该成为最高的评价指标。

因为联通主义学习中的学习评价所考察的内容非常丰富，所以评价方式非常多样，所有能够为评价内容服务的方式，不管是定性的方法还是定量的方法都可以用于评价。笔者建构了三位一体的联通主义学习行为分析方法体系（王志军等，2019），该体系从复杂的集体学习行为和个体在系统中的学习行为两个视角对联通主义学习行为进行分析，包括以认知网络、概念网络、社会网络和技术网络为核心的网络分析，以操作交互、寻径交互、意会交互和创生交互为核心的交互分析，以及4类网络和4类交互随时间的演变和发展过程及相互作用的关系分析，运用到的方法包括认知网络分析法、社会网络分析法及质性研究方法。

联通主义学习是3类学习中难度最大、对学习者要求最高的一类学习。学习者不但应有很强的自主学习能力，而且应有对复杂信息做出快速判断、快速寻径、深度意会及解决问题和知识创新的能力。因此，能够深度参与联通主义学习的学习者大多是反思能力、行动能力和创造力很强的学习者。他们能够对自己的学习进行深度评估，也能够对集体学习的程度有深入的认识，他们是整个学习中最有话语权的评价主体。当然，组织这类学习的学习者也能够对学习从多个维度进行深入的评价。

4. 在线学习评价设计的综合性问题

学习本身是一个非常复杂的过程，受到许多因素的影响，尤其是学习者原有的知识水平及其投入程度。对某个领域的新手来说有效的促进概念交互的教学策略和学习评价方式，对这个领域的熟手来说未必有效。因此，在线学习中需要根据学习者原有的知识水平确定教学内容、教学策略及评价方式。真实的学习是一个复杂的过程，对应的学习评价也非常复杂。这些学习方式和评价方式并无优劣之分，在具体的情境中对学习评价的运用不能够僵化，要根据学习内容、学习者、教学环境与条件等灵活采用多种方式。3种类型的学习与学习评价如表6.4.1所示。

表6.4.1　3种类型的学习与学习评价

不同方面	行为-认知主义	社会-建构主义	联通主义
评价目的	选拔性评价	发展性评价	适应性评价
评价内容	认知评价	多元综合评价	多元综合评价，网络的多样性、参与度、通达性及概念网络与交互所达到的层级
评价方式	以定量评价为主的总结性评价	以定性评价为主的形成性评价	定量与定性相结合，包括网络
评价主体	教师	教师、学习者、学习同伴	学习者自身与学习集体

（二）评价方案制定

在确定了评价设计理念之后，就需要结合课程内容，制定相应的评价方案。评价方案一般由评价项目、各项目的比重及评价等级等要素构成。因为在线课程依托学习平台开展，所以学习平台所具备的功能会影响评价方案的制定。

在线课程的学习通常还会涉及证书的设计，因此证书等级的设计也应该纳入评价方案中。以"在线课程设计与开发"为例，该课程评价采用百分制，课程中与最终考核相关的活动包括单元测试、单元作业、课程考试、课程讨论、域外成绩。"在线课程设计与开发"的评价方案设计如表6.4.2所示。

表6.4.2 "在线课程设计与开发"的评价方案设计

项目	比重	任务和活动	评分方式	证书要求
单元测试	30%	单元测试一 15%	系统自动评分	初级学习者（60~75分）
		单元测试二 15%	系统自动评分	
单元作业	20%	作业一：体验分析报告 10%	同伴评分	中级学习者（76~85分）
		作业二：期末设计报告 10%	课程组评分	
课程考试	20%	期末考试	系统自动评分	高级学习者（86~100分）
课程讨论	20%	学习讨论	系统自动评分	
域外成绩	10%	作业二	课程组评分	

以联通主义指导下"互联网+教育：理论与实践的对话"第六期课程为例，该课程采用适应性评价的设计理念，以开放与联通为宗旨，强调评价学习者的学习参与和学习贡献度，根据学习者学习活动的类型，设计了多种证书（见图6.4.1）。证书获得的基本原则是：积分+必要条件=证书，采用学习者申请、教师审批的机制。课程的介绍、周报、博文的撰写及其他方面均设置了要求，只有达到各项标准，方能获得证书。在达到各项标准以后，学习者可以申请证书，教师后台审批以后方可以发放证书。证书进行了分层设计，且获取难度逐渐递增，若学习者同时达到获取初级证书和高级证书的条件，仅发放高级证书。在确定评价方案之后，再进一步设计详细的评价标准与积分规则。

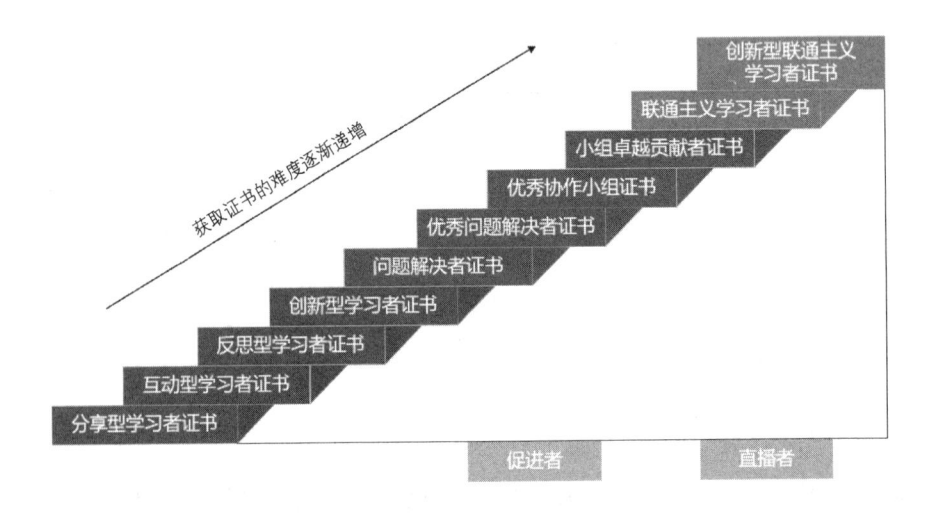

图6.4.1 课程6.0的多种证书（CIT cMOOC，2022）

二、评价方式与标准设计

评价方案具有系统性，起到宏观引领的作用，评价方案的实现需要具体的评价方式与标准支撑。

（一）在线学习中的评价方式

学习评价一方面可以衡量学习者的成绩，另一方面可以向学习者清楚地传达教师的期望。当前，在线学习的评价方式主要分为两种：正式评价和非正式评价。

正式评价提供了一种系统的方式来衡量学习者的进步，有助于教师了解学习者对课程知识的掌握程度，主要包括考试、测验、作业 3 种类型。考试和测验对评价学习者识别和记忆内容的能力比较有效，同时比较容易操作，但是这也可能导致学习者因为无人监控而出现作弊、替考等行为。因此，考试和测验的设计很重要。

考试作为一种十分常见的评价方式，在在线学习环境中需要注意以下几点。

（1）考试题目随机化且难度适中：将相同题目对每个学习者的出现顺序随机化，为每个学习者动态生成考试题目。

（2）不断丰富考试题库，并加强对题库的管理。

（3）对考试时间设置限制，让考试仅在特定时间内有效，并且可以为具体题目设置作答时间。

（4）允许学习者一次查看所有考试题目，也可以一次查看一个题目。

（5）允许保留考试进度，在开始考试后，可以要求学习者一次完成所有题目，也可以要求学习者在选择开始考试后注销并稍后再回来继续考试。

测验相对于考试而言，考查的范围较小，测验在整个评价方案设计中所占的比重也较小。教师可用测验来对学习者特定学习阶段的学习结果进行评价，具体的设计可参照考试的设计。

另外一种评价方式是作业，作业更适于衡量学习者如何很好地运用课堂上学到的概念及学习者能力和思维的变化，但作业要求教师进行手动分析与评价，比较费时费力，通常包括论文、报告、汇报文档等。作业的方式可以对学习者的高阶思维能力进行评价，也可以促进教师与学习者之间的互动。

非正式评价不涉及评分和给出成绩，目的是提升在线学习的参与度及跟踪学习者的学习情况。非正式评价是任何优质课程都不可或缺的一部分，如使用相关技术工具创建练习，让学习者完成，或者布置一些限时任务等。这些非正式评价虽然没有评分，但可以为学习者提供重要的过程性数据。非正式评价包括以下几种形式。

（1）单句总结。单句总结旨在引发更高层次的思考。单句总结能够说明学习者是否能概括事件过程。例如，教师要求学习者分别回答 7 个问题：谁？做什么？给谁（或什么）？什么时候？在哪里？怎么样？为什么？然后请他们将这些答案汇总为一个句子。在线学习环境可以很容易地收集学习者数据，也使学习者参与同伴评价并及时提供反馈变得十分容易。

（2）一分钟自我反思。在传统课堂中，有些教师会在一节课结束时问"本节课你印象最深的一点是什么？"，这其实也可以在在线课程中轻松完成——设置一个论文式测试题，并且仅提供一分钟作答。教师可以问学习者"在本单元中你学到的最重要的东西是什么，了解得最少的东西是什么？"，从而帮助学习者完成自我反思。

（3）学习者自己生成测试问题。教师可以要求学习者自己生成3~5个测试问题，这些问题可以在实际考试中使用。这样的方式可以帮助教师了解学习者认为重要的课程内容。与教师认为应该重点关注的内容相比，学习者认为重要的课程内容更加具有价值。教师可以依据学习者的反馈，改进课程的内容及学习设计。如果有足够好的问题，那么还可以在班级内进行分享。

（4）对学习者的匿名调查。要想给学习者提供良好的学习体验，可以让学习者对课程效果进行评价，从而帮助确定课程设计的有效性，更好地改进下一轮课程，同时可以收集学习者对自我表现的评价数据，对学习者的学习进行多角度的评价。考虑到隐私及避免学习者为了迎合教师而做出与实际不符的回答，建议采用匿名的方式进行调查。

需要明确的是，除了考试、测验、作业等评价方式，对在线学习者的评价还可以从其学习参与度和学习贡献度方面进行。例如，从在线讨论的发言次数、回复次数、贡献的观点、资源的数量等角度来对学习者的学习参与度及学习贡献度进行评价。

（二）评价标准设计

1. 评价标准的定义与作用

Brookhart将评价标准定义为"一套针对学习者学习的连贯标准，其中包括对该标准绩效质量水平的描述"。更广泛地讲，评价标准就是一种评价工具，包括3个部分：评价维度、质量定义和评分策略（Popham，2000）。其中，评价维度代表评价学习者活动或人工制品（如作业）的维度；质量定义包括定性描述，这些定性描述用来区分给定标准下学习者的表现；评分策略阐明了对与每个标准相关的学习者表现的定性评价过程。评价标准可用于为各种作业（包括论文、演讲、讨论和项目）提供客观、有意义和实质性的评价维度。精心设计的评价标准可以为教师和学习者带来很多益处。

评价标准可以帮助教师：（1）减少花在评分上的时间；（2）确保评分的一致性和客观性；（3）减少评价的不确定性及学习者对成绩的质疑；（4）根据课程的整体表现调整指导或提供其他资源，改进课程设计。

评价标准可以帮助学习者：（1）了解教师对作业的期望；（2）明确学习目标，制订学习计划；（3）通过整合教师反馈来改善自己的表现；（4）针对学习与工作进行自我评价。

2. 评价标准的分类与要素

评价标准分为两种类型：整体性评价标准和分析性评价标准。整体性评价标准只能提供一个整体评分维度，而不能为学习者提供有关他们在每个单独的标准下的具体描述。在线教学中主要使用分析性评价标准，分析性评价标准可以为学习者提供与每个单独的标准相关的特定指导和反馈。分析性评价标准可以分为 3 个部分，具体如表 6.4.3 所示。

表 6.4.3　分析性评价标准示例

评价维度	能力水平（高）	能力水平（中）	能力水平（低）
评价维度 1	说明描述	说明描述	说明描述
评价维度 2	说明描述	说明描述	说明描述
评价维度 3	说明描述	说明描述	说明描述

（1）评价维度：要衡量的因素（如论文组织、论文陈述等）。

（2）能力水平：可以是数值型（如 1、2、3、4）或形容词性的（如很一般、可接受、比较不错、优秀）。

（3）说明描述：需要清楚地表达给定标准和能力水平的可观察特征，并包含评价维度的详细划分与描述。

3. 评价标准的设计流程

评价标准的设计流程如下（Arcuria P.，Chaaban M.，2019）。

第一步，确定要评价的任务及任务的目的。

要想设计出高质量的评价标准，首先需要根据整体课程目标或模块学习目标，确定学习者应在作业中展示的知识和技能。建议根据以下问题确定评价标准。

- 该作业旨在评价哪些知识和技能？（学习目标）
- 哪些可观察的标准可以反映这些知识和技能？（评价维度）
- 如何更好地划分这些标准，以代表不同而有意义的学习者的能力水平？（能力水平）
- 每个标准对应的能力水平在学习者的工作中有哪些可观察到的特征区别？（说明描述）

在确定标准后，即可开始设计指标。一般而言，高质量的分析性评价标准应具备以下特征。

- 由 3～5 种能力水平组成。
- 包括 2 个或 2 个以上成绩标准，并且该标准的分级描述清晰且有意义。
- 包括能力水平描述，即区分可观察和可测量的成绩差异，每个标准内保持一致，并明确表达对每种水平的期望。

第二步，确定要使用的评价标准。

所使用的评价标准取决于学习任务及学习活动的性质、预期的学习成果（如任务是否涉及几种不同的技能），以及学习者作业的数量和类型。教师需要考虑成功完成学习所需要的知识和技能，并创建一系列清晰、明确的标准来从不同角度对学习者的学习结果进行评价。

第三步，测试和修订评价标准。

在实施之前测试该评价标准，通过找出一些作业案例来进行真实测试，并且让不同的教师根据该评价标准进行打分，根据打分结果确保标准的一致性，还要通过专家意见来完善、修订评价标准。课程设计者应尽早明确评价标准，并在第一次授课时就将评价标准告知学习者，让学习者清楚评价规则，明确学习目标与计划。同时，在课程实施过程中，可以通过调查来收集学习者对评价标准的反馈及意见。

4．评价标准的质量评价与样例

在设计好评价标准后，可以参考表6.4.4和表6.4.5开展评价标准的质量评价。

表6.4.4 评价标准的质量核对清单（Arcuria P., Chaaban M., 2019）

评价维度（列）	是	否
有3～5种能力水平		
评价标准的标签/说明清晰且有意义		
能力水平（行）		
有2个或2个以上成绩标准		
成绩的标签/说明清晰且有意义		
说明描述（单元）		
说明描述介绍了可观察和可测量的成绩差异		
说明描述清楚地阐明了给定标准对每个成绩水平的期望		
说明描述展示了给定条件下各个绩效水平之间有意义的成绩差异		

表6.4.5 评价标准示例——学习者参与论坛讨论的评价标准（Leusen, 2013）

标准	超出预期（2分）	符合期望（1分）	需要修订（0分）
数量和及时性	在课程学习第5天之前提交具有思想性和实质性的帖子，并在整个课程学习过程中给予其他学习者2次或2次以上实质性回复	在讨论活动开始时提交实质性的原创帖子，并在讨论活动期间至少对另一位学习者做出实质性回应	在讨论活动期间没有提交实质性的原创帖子；在讨论活动期间，没有对其他学习者做出实质性回应
内容知识及与其他学习联系的能力	帖子和回复显示出对内容知识的理解与与其他学习联系的能力；包括社区学习的其他资源	帖子和回复显示出对内容知识的理解及与其他学习联系的能力	帖子和回复很少显示出对内容知识的理解与与其他学习联系的能力
在社区内学习	学习者的帖子可以通过对其他参与者提问，总结、解释或详细阐述其他参与者的回应来建立；可以整合其他参与者的多种观点，促使讨论更深入	学习者的帖子以其他参与者的想法为基础，进行了提问或回复，使讨论更加深入	学习者的帖子不能基于其他参与者的想法进行提问或回复

三、学习反馈设计

在线学习中的作业是学习者和教师沟通的重要桥梁，同时也是在进行学习评价设计时需要考虑的一项重要工作。但是，当前的许多课程设计与开发者并不重视作业反馈的设计，没有认识到作业反馈在学习评价中的重要作用。学习者可以通过作业了解自己对课程的掌握程度，即回答"我学得怎么样？"这个问题，并根据掌握程度来调整自己的学习步调。教师可以通过作业了解学习者的学习情况，更重要的是学习支持服务师可以定期通过作业向学习者反馈他们的学习情况，对学习内容和学习方法进行指导。当前在线教育中对作业的反馈可以分为教师的人工反馈和机器的自动化反馈两类。

（一）教师的人工反馈设计

教师对作业的反馈应该及时且详尽，不仅要对作业进行整体评价，还要对学习者作业中正确的部分给予明确的肯定，重点指出学习者哪些方面做得好。这对在线学习者来说十分重要，在缺乏面对面的情感交流的情况下，这种鼓励对激励学习者持续学习具有重要作用。同时，积极、肯定的反馈能促使学习者对自己的优势有正确的认识，可以在以后的作业中进一步发挥优势。作业反馈其实是一种与学习者进行交流的方式，教师在对学习者的作业进行反馈时应该注意以下几点。

（1）反馈应该是对话式的，但不能像"干得好！"那样简短，需要包括学习者提交的作业的优点和缺点。

（2）给予尽可能全面的反馈，这样学习者将感受到自己的努力得到了认可。

（3）把握平衡，根据作业的总体情况，提出切实可行的意见，过度交流可能会使学习者不知所措，并阻碍其学习经验的增长，可以采用批注、突出显示等方式批改作业。

（4）不要重复评价，对于重复的错误（如语法和标点符号错误），仅指出一次即可，应鼓励学习者主动检查全文，修改相关错误。

（5）反馈应及时周到，反馈得越快，学习者的体验越好，这会影响学习者的学习动力和参与度，最佳的做法是在24~48小时内给予学习者反馈，在设计作业及成绩管理时应考虑这一点。

（6）提供作业评价标准，设置标准列表，以帮助学习者跟踪他们的学习进度并帮助他们自我调节学习。

（7）考虑各种格式的反馈，可提供文本、音频和视频反馈选项。

（二）机器的自动化反馈设计

除教师的人工反馈之外，在线课程中的作业反馈还有一种形式，即机器的自动化反馈，这也是在线学习区别于传统教学的地方。在线学习因为学习者众多，单靠学习支持服务师的力量不可能完成大量作业的批改工作，随着学习分析技术、自然语言处理技术等技术的发展，机器的自动化反馈成为可能，目前机器的自动化反馈已经在在线学习的测试评价中广泛应用。教师在设计机器的自动化反馈时，可遵循以下步骤。

（1）根据知识点设计测试题，形成测试题库。首先，需要根据知识点设计对应的测试题，包括题型、答案、反馈、嵌入位置4个要素，在题型方面可根据知识点的重要程度安排选择题（单选、多选）、判断题、填空题等。然后，需要为各题目设计答案及反馈。通常来说，反馈可以从回答正确与回答错误两方面来进行考虑；针对错误答案的反馈可以是引导其进行再一次思考与尝试；针对正确答案的反馈可以是鼓励、赞赏性质的语言，但是除这些话语之外，还需要提供和题目相关的，能够引起学习者对题目背后知识点进一步思考，直击题目本质的反馈。最后，需要思考该测试题的嵌入或使用的位置，如果是嵌入视频中的测试题，那么需要注明嵌入的时间。

（2）考虑整体测试的节奏，并根据实际需求，考虑测试题的数量，从题库中进行选择。此外，可以引入ChatGPT等生成性人工智能技术，为学习者提供个性化的反馈与指导，如可汗学院开发的Kamingo。

（3）在平台上进行嵌入及对应设置，各个学习平台对反馈设计的支持可能有所差异，需要根据平台调整相应的设计。

（4）进行测试与试运行，在测试题与反馈都设计好之后，需要以学习者的身份进入并试运行，确保没有问题之后再进行发布。

（三）作业反馈的原则：三明治原则

在在线学习环境中，给予鼓励比在面对面环境中更加重要，因为学习者也许比面对面更不能接受教师的批评或负面评价（陈丽，2011）。为了保证发挥作业的反馈作用，在对学习者的作业进行批改和反馈时，建议遵循三明治原则，即教师评语的开头和结尾要包含对学习者作业的肯定评价，中间部分要详细告诉他们该如何把作业做得更好，其中，如何改进、提高的评语应该包括作业还未达到的要求、其他应该考虑到的思想、处理问题的其他方法，最后还需进行总结，精确描述学习者哪些地方做得很好，以及应该如何进一步提高，并鼓励学习者继续深入学习与探索（陈丽，2011）。下面是一个遵循三明治原则进行作业反馈的案例（陈丽，2011）。

背景提要：小明是正在学习物理课程。他对物理知识了解甚少，同时感到数学非常难学。尽管他学习非常努力，但他的第一次作业还是在不及格和及格的边缘。下面是教师给他的作业反馈。

"小明，你学习很努力。我知道你正在努力掌握那些对你来说有难度的一些课程知识。

问题1：陈述明了，但是缺少评价，因为你对如何把握尺度还不够了解——详见我在文稿中的批注。

问题2：设计和想法很好，但你忽视了一个细节，即混淆了平均速度和最后速度之间的差别。

总体来说，你有一个很好的开始。尽管你在数学的学习方面存在一些问题，但这些问题是能够解决的，我们将在下一轮辅导时详细讨论这件事。坚持下去，相信你会学好这门课！"

（四）反馈管理

有效的反馈可归结为 3 种策略。第一种策略是时间管理，教师需要考虑如何管理自己的时间。教师不仅应该查看每节课程花费的时间，还应该查看是否在影响最大的活动上花费了最多的时间，在影响最小的活动上花费了最少的时间。第二种策略是采用信息化技术，信息化技术可以使一些重复的反馈任务自动化，在保证质量的基础上提高效率。第三种策略是从更全面的角度看待反馈的设计，将反馈视为教学的重要组成部分，而不仅仅是对学习者作业的评价与建议。在教师进行全面的反馈后，还需要思考的一个问题是：如何使学习者从反馈中收获最多？这里提供了一些策略，可以增加学习者查看并从教师的反馈中受益的机会。

（1）及时发布公告，让学习者知道何时给予反馈及如何访问它。

（2）每天至少检查 3 次在线邮件或平台，学习者的职业决定了他们会有不同的发帖时间，他们可能会遇到突发问题，定期查看课程在线邮件可使教师更好地了解学习者的学习情况。

（3）尽量针对课程内容，即课堂上的大多数帖子都应该针对课程和学习者本身。

（4）回复发送给教师的每封在线邮件。教师无须一看到学习者发送的在线邮件就立即回复，可以在 24 小时内回复所有学习者的在线邮件，并让学习者知晓这一点。

（5）通过讨论、聊天等定期告知自己的状态，需要让学习者知道他们的学习正在被监控，并且教师在课程的所有方面都很活跃。

四、在线学习评价设计策略与工具

在线学习提高了评价的可能性，因为信息化工具为教师开展各类评价提供了支持，教师可以使用这些工具来帮助学习者以新颖、有趣的方式与学习材料进行互动。

（一）利用数字资源与技术

在线课程的开展依托的是数字环境，教师需要考虑的是如何依据学习目标，利用数字环境开展评价活动。例如，教师可以要求学习者从网络资源中查找、评价和整合信息，以回答问题或解决问题，还可以让学习者使用信息化工具（如视频、演示文稿、思维导图）来介绍他们的学习成果与观点。在线学习利用技术的力量来帮助学习者以新颖的方式与课程内容进行互动。在设计评价时，教师可以结合音频、视频、社交媒体、协作软件、创新技术等，培养学习者的技能。此外，教师可以利用方便交流的工具来帮助学习者彼此之间甚至和社区之间建立联系。评价不再是学习者害怕的考试，相反可能是可以提高学习者的注意力，使其专注于现实生活中的团队合作，进行问题解决和知识创生的机会。下面给出了一些案例。

(1)在运动科学课程中,教师要求学习者批判性地评估免费的在线营养和健身工具,并根据他们在课堂上学到的知识,介绍他们所推荐的工具,并说明原因。

(2)在建筑历史课程中,教师向学习者展示了13世纪葡萄牙教堂的照片,并问"为什么那时建造的教堂看起来像堡垒?",然后由学习者推断教堂建造的时间和地点,研究教堂当时的政治作用,找到答案并进行报告。

(二)追求真实性

在线学习中评价的真实性至关重要,如何收集到学习者真实的学习数据及反馈是需要思考的问题。要设计真实的评价,需要基于真实的任务情境,考虑学习者如何从课程中学习知识和技能,并将其应用于评价任务,将其与学习者的评价与学习者的未来发展联系起来。例如,教师可以让学习者通过实时同步会话的方式公开展示他们的作品,或向专家审阅小组实时展示作品。下面给出了一些案例。

(1)在组织行为学课程中,学习者团体与本地公司合作研究组织问题并提出解决方案。

(2)在软件开发课程中,学习者从虚构的经理那里以备忘录的形式获得作业,他们需要通过简洁、专业的在线邮件询问有关项目要求的问题。

(3)在环境工程课程中,学习者将对化工厂排水河道鱼类死亡真实案例进行深度研究,确定化工厂是否是责任方。

(三)利用学习者的背景和经验

在线课程的主要好处之一是有机会将具有不同背景的学习者聚集在一起,他们可以互相学习,他们可能来自不同的地区,有不同的教育背景、不同的专业领域。教师需要思考如何设计评价活动,才能使生活在不同环境和具有不同经历的学习者互相促进,并激发他们的学习兴趣。下面给出了一些案例。

(1)在在线土木工程课程中,学习者制作了一个视频,该视频显示了会影响工程解决方案的当地社会和基础设施问题。

(2)在在线人类学课程中,教师要求许多偏远地区的学习者使用音频、视频和图像来突出显示并说明具有文化意义的地点,以绘制自己的社区地图。

(3)在针对专业人员的在线建筑课程中,学习者带他们的同伴对工作室和工作空间进行虚拟参观。

(四)整合协作

在在线课程中,建立社区和联系感尤为重要。其中,一种有效的方法是分配小组任务和项目。精心设计的小组项目可以帮助学习者彼此联系,通过讨论和辩论来更深入地学习课程内容,并建立团队协作的重要技能。小组项目有其自身的复杂性,因此每个小组成员都需要扮演角色,还需要结合同伴评价的方式让学习者评估彼此的表现,以激励每个人都努力做出贡献。下面给出了一些案例。

(1)在护理课程中,学习者将展开一个案例研究,在该案例研究中,他们逐渐获得有关患者的新信息，他们分小组工作，通过各种数字和非数字渠道收集相关信息，以制定治疗方案，并对其进行详细阐述。

（2）在在线德语课程中，学习者可以在软件上共同工作，协同编辑短篇小说。

（五）工具：在线学习评价分类信息表

亚特兰大的学术设计工作室根据布鲁姆分类法制作了在线学习评价分类信息表（见表 6.4.6），以帮助教师更好地规划评价设计。评价设计的第一部分是学习者的表现，也可以称为活动，这要求学习者向教师展示他们知道或可以做的事情。第二部分是评价计划和反馈标准。评价部分对课程目标的达成度至关重要，并为学习者的成功提供了有力的支持。教师需要将评价活动的具体细节及最终评分的细则提前告知学习者，并根据课程目标设计评价活动、评价计划和反馈标准。

表 6.4.6 在线学习评价分类信息表

类型	可能的评价活动	评价计划和反馈标准
记忆（专注于记忆和回忆）	• 多项选择 • 填空 • 匹配 • 定时提问 • 复习 • 做笔记	• 答案键 • 完整/不完整的回复、评论 • 提示错误
理解（专注于概念理解）	• 开放式问题 • 概念模型 • 标准学科题目 • 有提示的讨论	• 检查清单 • 答案键 • 可接受的答案列表
应用（专注于流程应用）	• 情绪和单词问题 • 重复实验 • 重新改编已知的作品 • 有提示的讨论	• 流程清单 • 产品清单 • 可接受的答案列表 • 细化评价标准
分析（专注于分析数据）	• 概念图 • 维恩图 • 分类期刊 • 有提示的讨论	• 可接受的答案列表 • 不可接受的答案列表 • 评价标准
评价（注重合理化）	• 批判与合理化 • 选择与合理化 • 有提示的讨论	• 检查清单 • 教师评价标准 • 同伴评价标准
创造（专注于原创内容）	• 个性化电子档案 • 原创解决方案 • 原创设计 • 原创概念 • 原创过程	• 检查清单 • 教师评价标准 • 同伴评价标准

活动4 学习评价设计

（该活动由学习设计师主导，其他成员配合完成）

活动目标：确定所选课程学习评价设计的理念，思考课程的学习评价设计，初步制定评价方案。

活动时间：大约90分钟。

活动步骤：

步骤1：制定评价方案。

根据课程目标与学习者的特征，制定评价方案，下表供参考。

课程目标	笔试相关试题占分比例(60%)	实践研究占分比例(20%)	平时小测验占分比例(10%)	出勤与课堂参与占分比例(10%)	课程分目标达成评价方法
课程目标1	10	25	0	10	分目标达成度 = 60%×（笔试平均成绩/分目标总分）+20%×（实践研究平均成绩/分目标总分）+ 10%×（平时小测验平均成绩）/分目标总分）+ 10%×（出勤与课堂参与平均成绩/分目标总分）
课程目标2	25	25	20	20	
课程目标3	25	25	35	30	
课程目标4	40	25	45	40	

步骤2：组内按照评价内容进行分工，为各部分评价内容设立对应的评价标准。

（1）确定评价维度。

（2）确定能力水平。

（3）给出说明描述。

步骤3：结合学习评价核对单，优化课程的学习评价。

课程中的评价：	是	否	评价
a. 是否链接了学习者的学习结果			
b. 包括多种评价工具			
c. 将学习者多样的学习风格考虑其中			
d. 对学习者的学习行为与课程成绩进行明确关联			
e. 既是生成性的，又是总结性的			
f. 需要对有指导的学习者学习进行演示			
g. 允许为学习者提供及时且充分的反馈			
h. 为教师提供充足的课程改进信息			
i. 兼容多个平台			

模块总结

课程中期设计是围绕课程目标开展课程各个要素设计的系统化过程，本模块介绍了课程中期系统设计的前4个方面，即平台与工具的选择或设计、学习资源设计、学习活动设计、学习评价设计。

　　平台与工具的选择或设计是在线课程开展的基础，目前平台与工具的选择可以分为直接购买或使用、组合使用、专门开发3种类型。本模块提供了SECTIONS模型、数字布鲁姆分类法、技术工具交互性分析框架、学习环境交互性分析框架共4个重要的平台与工具选择及分析框架。其中，SECTIONS模型可为平台与工具的选择（技术融入教学）提供原则支撑，而数字布鲁姆分类法、技术工具交互性分析框架及学习环境交互性分析框架则为平台与工具的选择提供细化指导和分析维度。

　　学习资源是以在线学习环境为载体、为特定课程和学习者设计制作并整合的各种形式的学习材料，具有支持教与学相互作用的能力或特性，包括预设的学习资源和动态生成的学习资源，可以综合选用及自主设计与开发两种形式来进行学习资源的设计。在选用学习资源时，应该把握目标控制、内容相符、对象适用、方便获取4项原则；而在自主设计与开发时，需要从学习者的角度出发，降低学习者的认知负荷，确保学习者能够高效地利用资源进行学习。除此之外，还需要在课程正式开放前对学习资源的版权、准确性、可访问性等进行核查。

　　在线教学开展的过程实际上就是教师指导学习活动开展的过程。根据在线学习教学交互层次塔理论，在线学习活动可分为自主学习活动、师生交互活动、生生交互活动。在具体开展学习活动设计时，需要形成系统性活动的设计观念，也需要按照构成要素落实具体活动的设计，一个设计良好的学习活动至少包括活动目标、活动时间、活动步骤和活动反馈4个要素。系统性活动设计需要把握理念引导、学习者参与、节奏把握及多轮迭代的原则，而在具体活动设计中需要把握自主学习活动与其他学习活动相融合、分层分阶段设计和实施、具有针对性等原则。

　　在线课程评价设计的根本目的是促进学习者的学习，具体而言，应该遵循这样的步骤：首先，根据课程设计理念确定评价设计理念，根据评价设计理念，确定优先级，结合学习活动，思考评价内容，制定评价方案；然后，结合评价方式（常见的评价方式有考试、作业、测验、讨论等），设计详细的评价标准（包括评价维度、能力水平和说明描述）。在设计评价的过程中，要重视评价反馈的设计，反馈的设计需遵循三明治原则。如果选用现有平台开展课程，则需要考虑平台的功能限制。在课程开展与运行过程中，课程设计者仍然要不断调整、迭代评价方案。

模块七

设计与开发篇——中期系统设计（下）

模块概述

本模块属于在线课程设计与开发中期系统设计的后半部分。精细的学习指导、良好的学习支持服务、良好的动态视觉效果有助于优化学习者的学习体验，三者也是在线课程比面授课程更需要重点关注的点。这部分的设计需要以上半部分的学习资源、学习活动和学习评价的设计为基础，是站在学习者的视角对在线课程的进一步精细化设计与加工。本模块将详细介绍学习指导、学习支持服务和动态视觉的设计，为开发高质量的在线课程提供支持。

模块学习目标

1. 理解学习指导、学习支持服务和动态视觉设计在优化学习者的学习体验方面的重要价值，并且形成宏观的认识；

2. 结合所学知识形成系统化的课程学习指导、学习支持服务和动态视觉设计方案，为原型的设计与样例的实现做准备；

3. 运用设计思维和方法开展迭代化、可视化设计，不断完善方案。

模块知识结构图

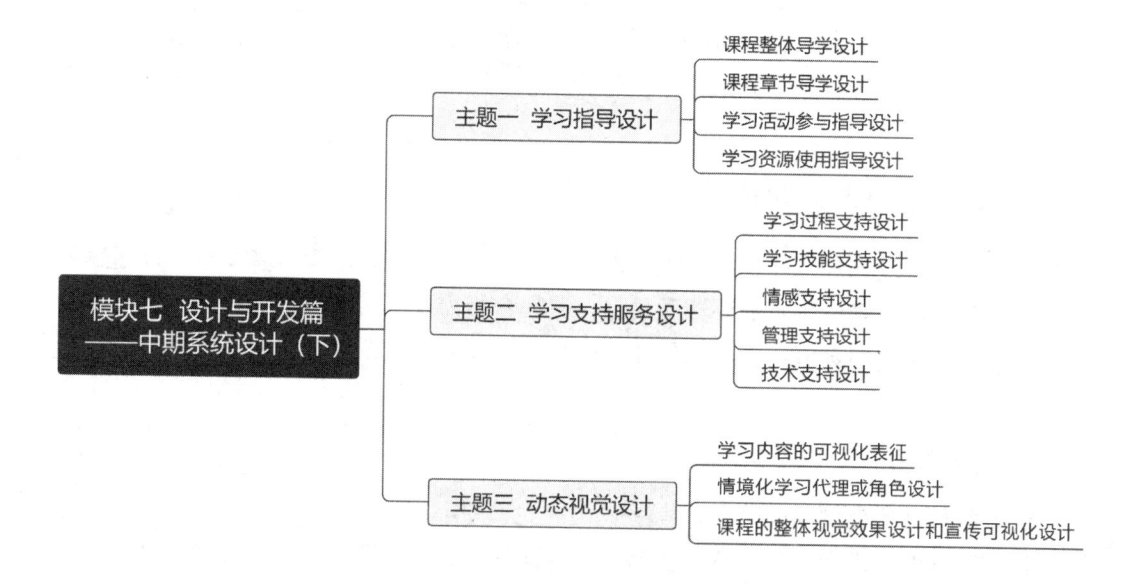

模块七 设计与开发篇——中期系统设计（下）
- 主题一 学习指导设计
  - 课程整体导学设计
  - 课程章节导学设计
  - 学习活动参与指导设计
  - 学习资源使用指导设计
- 主题二 学习支持服务设计
  - 学习过程支持设计
  - 学习技能支持设计
  - 情感支持设计
  - 管理支持设计
  - 技术支持设计
- 主题三 动态视觉设计
  - 学习内容的可视化表征
  - 情境化学习代理或角色设计
  - 课程的整体视觉效果设计和宣传可视化设计

主题一　学习指导设计

主题学习目标

1. 能够明确课程学习指导应包括的内容与对应的设计要点；
2. 能够为课程设计整体性导学，并形成系统的学习指导方案。

创建安全且足以反映学习者期望的在线学习环境对初学者来说非常重要。课程学习指导可以回答学习者最关心的两个问题：我可以从这门课程中获得什么？我要如何学习才能获得成功？可见，导学的作用在于帮助学习者为未来学习的开展做好准备，更好地投入学习，并在课程实施过程中不断地对学习者进行引导，帮助学习者顺利完成学习。一般课程会安排一周的导学时间，英国开放大学将课程的导学周称为第 0 周。在课程的导学阶段，主要为学习者提供课程指南、作业指南、课程时间安排等，目的是让学习者阅读这些材料，从而了解课程内容和学习方式。需要注意的是，导学设计其实是贯穿课程开展全过程的，除了课程开始前的导学，在每周的学习中，都应该进行导学设计。具体而言，一门课程的导学设计应该包括课程整体导学设计、课程章节导学设计、学习活动参与指导设计及学习资源使用指导设计，接下来将详细阐述每个部分的内容。

一、课程整体导学设计

课程整体导学设计一般包括课程基本信息介绍、课程目标与学习内容介绍、学习安排介绍、学习要求与学习评价介绍、学习平台与工具介绍、课程学习指导书的编写6个部分。

（一）课程基本信息介绍

课程介绍的形式是多样化的，既可以通过文字的形式展现给学习者，也可以通过教师录制视频的形式来开展。需要注意的是，课程介绍需要涵盖对整个课程的宏观描述，体现参加课程学习的价值，以及课程背后整个设计团队的背景，吸引更多的学习者参与课程学习。

1. 课程简介

（1）为什么要提供课程简介？

通过阅读课程简介，学习者可以初步了解课程。其中，课程简介视频能够激发学习者对课程内容的学习兴趣、吸引学习者参与学习。这也是学习者第一次看到他们的教师，因此这是教师展示自己的专业知识、热情及与学习者建立联系的绝佳时机。学习者也可以据此来判断这是否是他们期望的课程。

（2）课程简介应包括哪些内容？

课程简介应包括以下内容（Robinson，2020）：

- 课程内容的概述；
- 课程目标——学习者可以从这门课程中获得什么；
- 如何查找课程的重要文件（如评价标准等）；
- 作业概览；
- 如何开始学习课程；
- 如何联系辅导教师。

2. 教师简介

教师简介是展示教师风采、建立教师存在感的关键，并且能够向学习者分享教师的背景、专业能力和个性等。教师简介的提供对于在线课程十分重要，因为在线课程中的学习者可能没有机会与教师见面。这也可能是教师拉近自己与学习者之间的距离，并与他们建立良好关系的关键。

一般来说，教师简介应包括个人背景、感兴趣的领域、除教学外的爱好等。

此外，还需要对课程的设计团队进行介绍，对每个团队成员的介绍可以参照教师简介，如果有机构支持，那么也需要将机构介绍纳入其中。

（二）课程目标与学习内容介绍

课程简介能够帮助学习者把握课程的核心主旨，更多的学习内容需要以结构化的方式呈现给学习者，帮助学习者对学习内容有全局与细节的把握。因此，学习内容的介绍十分重要。通常建议以模块化设计思想，对在线课程的学习内容进行分块，然后以列表的形式呈现给学习者。以 H808 课程为例，该课程的学习内容介绍如图 7.1.1 所示。可以看出，该课程的学习内容介绍并不是简单地罗列知识点，而是从各个单元的学习目标及将要解决的问题出发，将各个单元的学习内容非常清晰地表述出来。因为学习者对学习内容不熟悉，若仅呈现专业术语，学习者可能不能理解，甚至会产生畏难情绪，而采用这种转换成能力和学习成果的方式可以激起学习者的学习兴趣，并且能帮助他们树立信心。此外，H808 课程还从整体的角度阐述了课程目标，即课程将为学习者的个人和职业发展提供哪些方面的支持，并制作了基于该课程的个人和职业发展框架，如图 7.1.2 所示。这样能够让学习者感受到正在学习的知识和自己未来的发展密切相关，能够激发学习者自我发展的兴趣。

图 7.1.1　H808 课程的学习内容介绍　　　图 7.1.2　基于 H808 课程的个人和职业发展框架

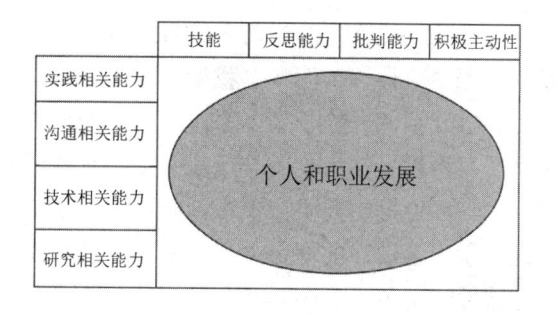

（三）学习安排介绍

学习者需要了解课程整体的学习安排，以方便规划与管理自己的时间和学习进度。学习安排介绍建议以可视化图表的方式呈现出来，这样既直观又简洁。学习安排介绍需要包括学习内容、学习时长、主要学习任务。以"互联网+教育：理论与实践的对话"为例，该课程设计了非常详细的导学，其整体学习安排如图 7.1.3 所示。该课程每周的学习安排十分细致，以导学周为例，其学习安排分为两大块：任务概览与学习资源推荐。在任务概览部分，主要提供一些平台操作截图，帮助学习者熟悉平台，并以课程主题为引导，设计了两个相关的讨论模块，让学习者畅谈对在线学习的一些认识与反思；在学习资源推荐部分，主要提供往期学习者贡献的学习体验等内容，拉近与学习者的距离，帮助学习者做好学习准备，并且提供了相应的学习资源供学习者自主浏览与学习。

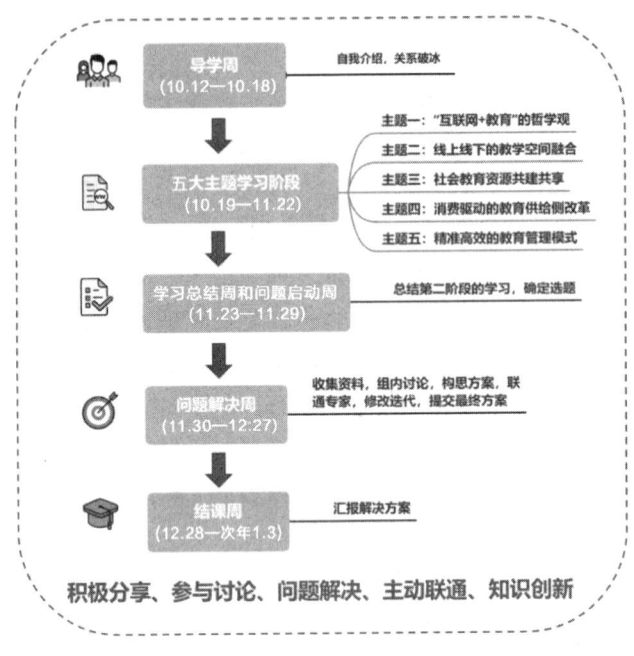

图 7.1.3　cMOOC5.0 的学习安排

（四）学习要求与学习评价介绍

大多数在线学习的学习者将目标导向摆在重要的位置，他们最关心的问题是"我可以从课程中获得什么"和"我如何才能获得相关证书或学分"。第一个问题，课程目标与学习内容介绍部分给予了回答；而第二个问题，需要呈现明确的学习要求与评价机制，帮助学习者以目标为导向，一步一步地达成学习目标，最终取得成功。因此，课程的学习要求与评价机制需要在课程一开始就呈现给学习者。下面以 H808 课程为例说明。该课程对学习者学习的评价采用的是形成性评价和总结性评价相结合的方式，形成性评价和总结性评价各占 50%。形成性评价主要通过平时的作业和研究项目来进行，包括教师批改的作业、计算机批改的作业、个人研究项目和小组研究项目等。学习支持服务师根据统一的评分标准对作业进行详细的批改，给予评分、解释和建议。如果学习者在形成性评价环节没有达标，那么他将不能通过该课程的考核，只能重新学习。英国开放大学不允许再次提交教师批改的作业，以提高形成性评价的分数。英国开放大学的总结性评价通常有两种方式，即提交期末大作业和现场考试，大部分课程的总结性评价方式是现场考试。学习者可通过学习网站查看结果，有两种结果：未通过可重考和未通过。如果结果是前者，那么学习者还有重考的机会；如果结果是后者，那么学习者没有重考的机会。此外，对学习者作业、研究项目等的详细评分标准也需要告知学习者。

（五）学习平台与工具介绍

如果说学习要求与学习评价介绍向学习者说明了课程学习所要到达的目的地，那么学习指导主要告知学习者通往目的地的具体路径。对进行在线学习的学习者而言，课程团队需要对课程所依托的平台与工具的使用方法进行说明，帮助学习者熟悉平台与工具的基本功能，最好提供相应的使用指南。使用指南的编写要根据平台与工具的结构进行，建议采用"截图+说明"的方式来说明具体的操作步骤，有条理地介绍平台的各个功能区域。此外，采用实际演示（录屏+配音）的方式也会获得比较好的效果。

大家还可以参考英国开放大学的做法，在课程中提供丰富的引导工具，如添加为学习者"指路"的各种图标。开始学习前的引导工具包括单元内容目录、学习目标、术语表等；单元内容学习过程中的引导工具包括引导图标（可代表某段文字或某项任务）、课程指南和作业指南（指南中含有索引）、指导性短语（指导学习者学习路径选择）及其他特殊字体和字号的文字（区分文本类型和重要信息）；完成单元内容学习后的引导工具包括总结、要点列表等。

（六）课程学习指导书的编写

上述所有介绍都可以通过视频、音频、动画、文本等形式来呈现，在通过文本形式呈现时会涉及课程学习指导书的编写，由于学习指导贯穿整个学习过程，因此课程学习指导书的编写是课程导学设计中的重要环节。课程学习指导书是远程教育特有的一种学习材料，主要包括课程的知识框架，相关内容分析和解释，以及学习方法和策略（陈丽，2011）。在在线学习中，课程学习指导书对学习者同样具有重要的作用，可以将其纳入在线学习包中。

典型的课程学习指导书应包括以下内容。
- 课程在整个体系中的作用，以及课程对学习者预备知识的要求。
- 课程的主要内容介绍和学习目标说明。
- 教师对每个细分目标的看法，建议阅读的材料，以及对作业的要求等。
- 对如何有效地利用各种学习材料的建议，以及对重视哪部分内容的建议。
- 对完成各种任务的指导和建议。
- 对课程之外实践性工作的建议和相关参考书推荐。
- 对学习策略和技巧的建议。
- 学习者进行自我评价的测试题。
- 学习活动的时间安排，以及如何利用好预先分配的学习时间的建议。
- 如何联系、何时联系指导教师的信息。
- ……

根据有指导的教学会谈理论，课程学习指导书的编写应尽可能使用第一人称，并且采用口语化的表达方式，让学习者感受到类似于教师在身旁的指导，在创设归属感的同时，消除在线学习过程中的孤独感。课程学习指导书应该体现编者对学习者的关注，表达友好、鼓励和支持，它应该是谈话形式的文本材料，而不应该是一篇学术论文或学术报告。在编写课程学习指导书时，应该注重语言风格和整体布局两个方面（陈丽，2011）。

1. 实现谈话式语言风格的方法

（1）写句子的方法。
- 使用第一人称。
- 句子中不要插入多余的信息。
- 分别列出各种情况。
- 保持同等项目之间并列。
- 避免使用不必要和过难的词。
- 避免使用多重否定句式。
- 句子不要太长。

（2）组织内容的方法。
- 按逻辑顺序排列句子和段落。
- 给出对课程内容的概述。
- 给出对难点内容的分析。
- 提供案例及对案例的分析。
- 提供对学习策略的建议。
- 提供自测题。
- 为各部分内容编写必要的标题。
- 提供信息来源列表。

2. 优化整体布局的方法

（1）排版的方法。
- 应用加亮技术，但不要滥用。
- 字号大小合适。
- 避免文本的各行太长或太短。
- 在边界和各部分之间留空白。

（2）一些辅助方法。
- 用案例、图表来辅助内容讲解。
- 用分割线来分割各部分。

此外，在编写完课程学习指导书之后，应对其进行评价，这里提供了美国大学继续教育协会（NUCEA）（Moore, Kearsley, 2011）所制定的课程学习指导书的评价标准（仅提供框架），教师可根据以下标准对编写的课程学习指导书进行评价与修改。

（1）课程前言。
- 课程定位。
- 预备知识。

（2）课程总体介绍。
- 课程总体目标。
- 学习过程和评价方法。

- 学习者关心的问题。
- 学习方法建议。
- 课程设计者的相关介绍。

（3）课程内容。
- 具体目标合理。
- 作业要求清楚。
- 附加解释和评论。
- 自测题。
- 合适的学习量。
- 各种学习经验。

（4）交流互动。
- 谈话式语言风格。
- 排版与内容布局。
- 媒体使用说明。

二、课程章节导学设计

在课程内容逐步推进的过程中，需要对各个章节进行对应的导学设计，与课程整体导学设计一样，同样可以采用视频、音频、动画、文本等呈现形式。这里主要为大家介绍课程章节导学设计的方法，课程章节导学主要包括以下内容。

- 章节的主要内容。
- 学习各部分内容后所应达成的目标。
- 章节学习建议（为学习者呈现需要完成的任务及学习的顺序，帮助学习者规划学习路径）。
- 一些提示（如果某章节有特殊学习任务，应在导学部分给予提示）。

此外，在课程开展过程中，课程设计者还可以通过制作每周概述视频来帮助学习者在不同主题和阶段之间顺利切换，每周概述视频应该包括对本周课程内容或主题的总结，当前存在的一些问题与挑战，以及对下周课程内容或主题的简单介绍、相关作业介绍等。制作每周概述视频具有以下作用：

- 建立教师存在感。
- 在课程中建立起学习社区。
- 提高学习者参与度。
- 提供下周的课程内容。
- 让学习者知晓下周学习的主题和需要理解的重点概念。
- 将课程内容与当前事件结合。
- 发布完成学习任务所需的工作量。
- 阐明具有挑战性的作业。

三、学习活动参与指导设计

学习指导设计不仅体现在课程整体导学设计和课程章节导学设计上，还体现在课程学习过程中的设计上。学习其实就是完成一个个学习活动，在线学习教与学相对时空分离的特征，使得在线学习活动的设计更具挑战性，更加需要以学习者为中心及详细的活动指导，以帮助学习者深度参与学习活动。学习活动参与指导设计十分重要，而活动步骤及相关工具是编写学习活动参与指导资料的重点。一份详细的学习活动参与指导资料应具有以下特点。

- 活动步骤详细、连贯，并且遵循由浅入深的逻辑。
- 涵盖学习者参与学习活动所需要的工具及资源。
- 活动反馈不仅要提供评价，还要提供相关分析或其他附加资源。
- 涵盖多使用鼓励性的话语的建议，帮助学习者建立自信心。
- 具有可参考的样例。

四、学习资源使用指导设计

学习资源使用指导设计也是学习指导设计中一个重要的部分。当前，一些在线课程的学习资源设计，往往只提供相关的链接或者文档，并未对学习资源进行详细的介绍，也不会介绍学习资源对学习者的价值。这带来的结果往往是学习者觉得无从下手，挑战性太强，于是不会主动学习，更不会主动思考。为了帮助学习者快速了解学习资源的内容、判断学习资源对自己的价值及激发其学习兴趣，可以为学习者提供学习资源使用指导。一般来说，学习资源使用指导需要包含以下内容。

- 对学习资源内容的简要介绍。
- 需要重点关注的内容。
- 学习资源对学习者的意义。
- 学习资源的获取方式。
- 其他相关指导（如果提供的是外文学习资源，应该进行翻译）。

活动1　课程导学设计

（该活动由课程学习设计师和学习支持服务师主导，其他成员配合完成）

活动目标：借助课程导学设计规划表完成所选课程导学设计的初步规划。

活动时间：90分钟。

活动步骤：

步骤1：进行总体规划，初步完成课程导学设计的规划表。

在进行课程导学设计时需要统筹全局，需要综合之前各要素的设计来对课程导学设计做整体的规划。在进行课程导学设计时，有如下建议。

（1）按照时间线来思考如何进行课程导学设计，即思考课程学习开始前需要给予学习者哪些学习指导，课程开展过程中需要在哪些环节提供学习指导，在学习者参与学习活动时需要提供哪些学习指导。

（2）按照"从整体到细节"的思路来进行课程导学设计，即先从整个课程需要哪些学习指导来进行框架的规划设计，再聚焦具体的模块的导学设计，并思考表现形式。

（3）课程导学设计需要和学习活动参与指导设计及学习资源使用指导设计一起考虑，因此学习支持服务师应经常和学习设计师及项目经理探讨各自的想法，并将讨论结果记录下来，最终完成课程导学设计规划表。

"xxx"课程导学设计如下表所示。

"xxx"课程导学设计

时间	周/模块或主题/关键概念	导学设计（对应模块、节、知识点的名称）	表现形式（视频、音频、动画、文本、图片、超链接）
课程学习开始前	第0周		
课程开展过程中	第1周		
	第2周		
	……		
	第 n 周		

步骤2：细化课程导学设计，完成相应材料的准备。

根据课程导学设计的基本框架，结合课程其他部分的设计，整合各方面的信息，由学习支持服务师来进行领导与分工，细化课程导学设计，完成相应材料的准备。

主题二　学习支持服务设计

主题学习目标

1. 理解在线课程中学习支持服务设计的重要性，并了解具体设计维度；
2. 能够基于学习者可能遇到的问题和困难，从更好地支持学习者学习的角度进行学习支持服务设计。

在线学习教与学相对时空分离的特征，使得学习者在学习过程中遇到问题和困难时觉得难以坚持下去。在课程学习开始前，学习者可能遇到对平台操作不熟悉、对课程的基本情况与运行方式不了解，不知道应做什么准备、从哪里开始学习等困难；在课程学习过程中，学习者可能遇到有问题不知道如何寻求帮助、不知道如何与教师及同伴进行互动、不知道如何把握学习节奏、不知道如何完成相关作业与测试等困难。可见，在在线学习过程中学习者会遇到比面授课堂学习多得多的困难，因此对课程设计者而言，提前了解学习者可能遇到的困难并提供相应的学习支持服务十分重要。学习支持服务并非独立于课程设计与开发而存在。在课程设计与开发的最初阶段，就应该预想学习者在学习过程中可能遇到的问题和困难，并进行学习支持服务设计，从而为学习者创造良好的体验。

学习支持服务的概念由远程教育知名学者西沃特（Sewart）于1978年提出。他立足英国开放大学远程教育实践需求与经验，强调学习支持的必要性（李爽，2020）。简单地说，学习支持服务就是对学习者的学习提供全方位的帮助。Salmon（2003）提出的在线学习和辅导五阶段模型（见图7.2.1）是我们进行学习支持服务设计的重要参考。根据该模型，在学习者学习过程中，我们需要为其提供技术支持和在线辅导。其中，技术支持包括登录平台熟悉软硬件的使用和网络的访问，发送和接收信息，信息检索和筛选、个性化学习软件的使用，利用技术参与交流、发表自己的或集体的观点，链接外部学习工具、拓展原有学习工具或平台等；在线辅导包括课程访问和学习动机的激发，网络学习社区形成、信息交流、知识建构和自我发展。每个阶段都有特定的学习支持行为，如在课程访问和学习动机激发阶段要欢迎与鼓励，在网络学习社区形成阶段要搭建文化、社会和学习环境之间的桥梁等。

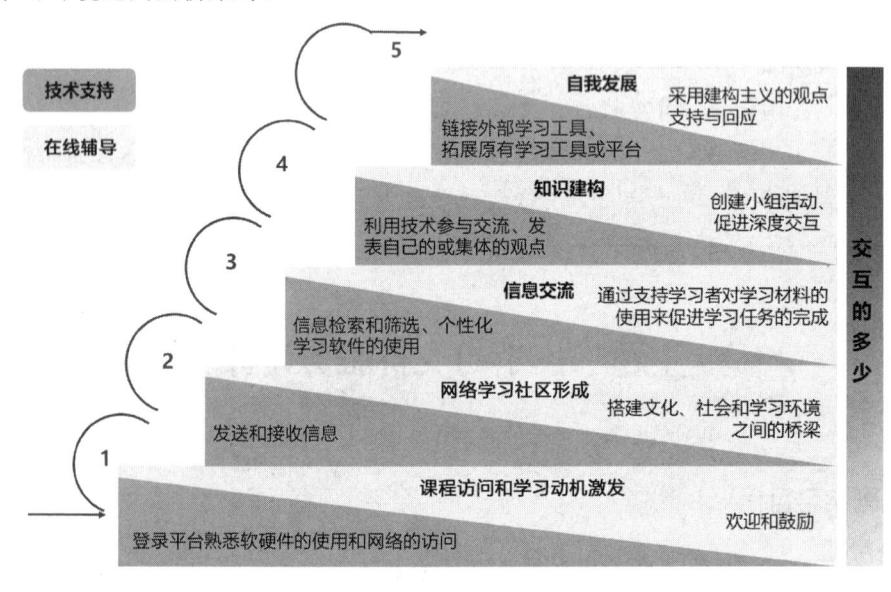

图 7.2.1　在线学习和辅导五阶段模型

陈丽（2011）在 Brindley 对学习支持服务分类的基础上，根据学习支持服务活动的功能、性质及远程教育的实践，对学习者需要的支持进一步加以细化，将学习支持服务分为教学支持、管理支持、学习技能支持、技术支持、同伴支持、校外支持、情感支持等。这里将在陈丽对学习支持服务分类的基础上，将教学支持改为学习过程支持，强调按照学习过程来开展对应的学习支持服务设计，同时将同伴支持和校外支持纳入情感支持，扩大原先情感支持的范围，如图 7.2.2 所示。

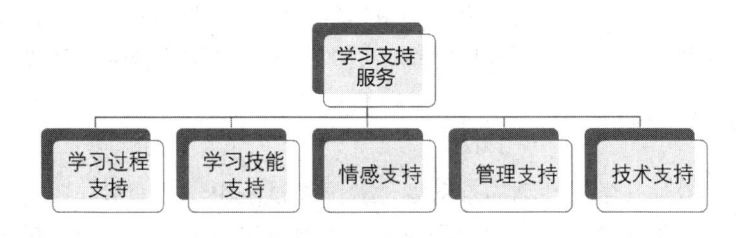

图 7.2.2 学习支持服务的分类

一、学习过程支持设计

学习支持服务需要贯穿学习者学习过程始终，需要在课程开始前进行详细周密的考虑与设计，并在课程开展过程中的正确时间予以推送。因此，在设计对应的学习支持服务之前，需要考虑学习者在不同学习阶段可能遇到的困难。一般来说，学习者可能遇到的困难及对应的支持服务如表 7.2.1 所示。

表 7.2.1 学习者可能遇到的困难及对应的支持服务

学习阶段	学习者可能遇到的困难	对应的支持服务
课程学习开始之前	心理准备、动机、时间安排、获得家人和朋友的支持等	相关沟通技巧、课前辅导
课程学习初期	制订学习计划、听说读写技能、利用材料自学	培养学习技能
第一次作业前	按时完成作业、作业的自我评估、压力管理、写作技巧	作业辅导
作业提交后	阅读评语、改正错误	作业反馈、补充讲解
课程学习中期	评价自己的学习或取得的进步	组织相关活动
考试前	复习、考试压力、考试技巧	考试辅导
考试后	战胜挫折	课程学习反馈、总结收获

在课程学习开始之前，学习者可能遇到心理准备、动机、时间安排、获得家人和朋友的支持等方面的困难，我们可以为他们提供相关沟通技巧、课前辅导等支持服务。在课程学习初期，学习者可能遇到制订学习计划、听说读写技能、利用材料自学等方面的困难，我们需要进行相关的设计，以培养学习者的学习技能。在第一次作业前，学习者可能面临按时完成作业、作业的自我评估、压力管理、写作技巧等方面的困难，我们可以为他们提供相关的作业辅导。在作业提交后，学习者可能遇到阅读评语、改正错误等方面的困难，我们可以为他们提供对应的作业反馈及补充讲解。在课程学习中期，学习者可能比较迷茫，会遇到评价自己的学习或取得的进步等方面的困难，我们可以组织相

关活动促进学习者之间的交流及合作。在考试前，学习者可能遇到复习、考试压力等方面的困难，这就需要对学习者进行相关考试辅导。在考试后，学习者可能会因为考试成绩不理想而产生受挫情绪，需要战胜挫折，我们可以为他们提供课程学习反馈，帮助他们总结收获，进而建立自信心。

综合学习者在学习过程中可能遇到的困难，我们发现学习过程支持设计可以从以下方面入手：组织学习活动、培养学习者的学习技能、发起并保持支持性联系、学习过程跟踪与学习过程数据记录。下面着重介绍组织学习活动、发起并保持支持性联系、作业反馈、学习过程跟踪与学习过程数据记录，后面单独讲述学习技能支持设计。

（一）组织学习活动

课程的主讲教师是学习活动的推动者，教师通过组织学习者参与各种学习活动来管理学习过程，以此引导学习者理解课程内容并获得知识和技能的发展。学习者在参与各种学习活动的过程中，通过交互和协作的方式学习。组织学习活动的第一步就是在课程平台上发布学习活动说明。课程每个单元最好有一个专门的论坛板块，在学习开始前，教师在单元论坛上为每个活动建立一个主题，并发布学习活动说明。在发布学习活动说明之后，教师需要鼓励学习者进行讨论、交流，对学习者的观点给予评价，并适时总结学习者的观点。

（二）发起并保持支持性联系

教师与学习者之间的联系无论是教师发起的，还是学习者发起的，在支持学习者学习方面都具有重要的作用。教师在课程学习的整个过程中都应该与学习者保持联系。教师可以通过电子邮件与学习者保持联系，让学习者感受到教师的存在，师生之间保持持续的沟通会让学习者有安全感，感觉处于良好的学习环境之中。电子邮件的内容可以包括：

- 学习进度提醒；
- 鼓励学习者完成学习活动；
- 提醒作业提交时间；
- 告知学习者在论坛中发布了重要信息；
- 要求学习者与同伴进行交互；
- 建议学习者安排好学习时间；
- 让学习者知道教师可以随时提供帮助。

比如，在英国开放大学 H808 课程的学习过程中，教师给学习者发送了 58 封电子邮件，这些电子邮件主要分为 4 类：（1）学习进度和重要信息发布提醒；（2）重要学习活动及其要求说明（重复论坛中的学习活动说明）；（3）主动了解学习者的学习进度；（4）回答学习者的疑问。可以看出，在在线学习中，教师主动发起并保持支持性联系对学习者来说至关重要。此外，教师还经常参与微信群、论坛讨论。

（三）作业反馈

在线学习中的作业是学习者和教师沟通的重要桥梁。学习者可以通过作业了解自己对课程的掌握程度，即回答"我学得怎么样"，还可以根据作业调整自己的学习节奏。教师可以通过作业了解学习者的学习情况，更重要的是学习支持服务师可以定期通过作业向学习者反馈他们的学习情况，并对他们进行学习方法等方面的指导。为学习者提供作业反馈可能是学习支持服务师工作中最重要且耗时最多的部分，英国开放大学十分重视作业反馈。作业反馈既是学习支持的重要组成部分，也是评价设计中的关键内容。

（四）学习过程跟踪与学习过程数据记录

随着大数据技术、学习分析技术和可视化技术的发展，学习过程数据的重要性日益凸显。学习者在学习过程中产生的数据是其认知方式的体现，能充分反映其学习风格、学习能力、思维发展等。在线学习可以记录学习者在学习过程中产生的数据，通过运用学习分析技术对这些数据进行分析，可以发现学习者的薄弱环节，为学习者提供更加优质的学习资源和学习支持服务，激励学习者继续学习。通过对学习者进行学习过程跟踪与学习过程数据记录，可以及时发现问题，从而为学习者提供更加精准的学习支持服务。

在线学习平台本身可以记录大量学习者的外显行为数据，如点击数据、学习进度数据等。但除这些外显行为数据之外，还需要关注学习者发布的具体内容（引发讨论），以及学习者个人的反思、自我报告数据、社交媒体活动数据等，并且需要进行记录存档。

随着可视化技术和学习分析技术的发展，这些数据可以实时反映学习者的学习状态，包括学习进度、学习过程中遇到的问题等，我们可以据此为学习者提供更好的学习支持服务，促进学习者的学习，并为持续优化课程的设计提供保障。这也是目前学习分析的前沿方向。如今，已经出现了很多可视化分析工具，教师可以根据需要进行选择，如 Infogram、ECharts、Tableau 等。

二、学习技能支持设计

优秀的学习者是指那些可以深入学习任何一门课程的人，他们之所以有望获得成功，主要是因为他们拥有高超的学习技能。在线学习要求学习者具备较强的技能（如信息技能），而这些技能并非天生就有，而是需要发展与培养的。许多学习者学习在线课程时所使用的学习技能是从传统教育中获得的，因而可能不适合在线学习，许多学习者在课程学习初期缺乏在线学习应具备的有效学习技能。普通高校的学生可以通过协同学习或者非正式对话掌握部分学习技能，然而在线课程的学习者没有这样的便利条件。因此，在线课程需要为学习者提供学习技能支持，帮助学习者获得在线学习乃至终身学习需要的技能。同样以英国开放大学为例，其在课程学习各阶段提供的学习技能如表 7.2.2 所示。

表 7.2.2　课程学习各阶段提供的学习技能（陈庚，陈丽，郑勤华，2013）

课程学习各阶段	学习技能
课程学习前	完成作业的技能、选择合适的学习策略、阅读技巧、做笔记、协作技能、语言技能、写作技能、使用数学和统计的技能、制订学习计划、信息技能
课程学习初期	获取学习资源的技能、利用材料自学的技能、自我计划技能、反思技能、交流技能、寻求帮助的技能、利用技术支持学习的技能
第一次作业前后	作业管理技能、自我监控技能、反思技能、交流技能、利用技术支持学习的技能、自我评价技能、批判技能
第二次作业前后	协作技能、作业管理技能、自我监控技能、反思技能、交流技能、利用技术支持学习的技能、批判技能、自我评价技能
课程学习中期	反思技能、交流技能、批判技能、自我评价技能、自我调节技能、利用技术支持学习的技能
考试前后	复习技能、压力管理技能、考试技能、批判技能、反思技能、自我评价技能、交流技能、利用技术支持学习的技能

可以看出，在课程学习的不同阶段，学习者所需要的技能不同，但有些一般性学习技能是任何时候都需要的。一般性学习技能是指可应用于一系列课程的技能，如阅读技能、做笔记的技能、复习技能等。除此之外，在线学习还要求学习者具备一些特殊的技能，如利用技术支持学习的技能、自我监控技能、自我评价技能等。在线课程主要通过学习活动培养学习者的学习技能，因此学习支持服务设计与学习活动设计紧密相关。

三、情感支持设计

在线学习中学习者需要自主安排学习，身旁没有教师和同伴，因此常常会感到孤独，缺乏学习的氛围和情感支持。情感支持其实是学习支持中非常重要的一部分，在线学习中情感支持的设计可以从以下几个方面入手。

（一）建立教师存在感

社区大学研究中心（CCRC）为了探究学习者辍学的原因，开展了一系列研究，这些研究表明：学习者觉得在线课程中他们和教师的联系比面对面教学少，当教师没有给予他们"关心"时，他们表示很失望，因为他们感到孤独，而当教师始终如一地、有目的地与他们互动时，他们会有教师存在感（Jaggars et al., 2013）。此研究结果告诉我们：在学习者开展在线学习过程中，教师积极地、明显地与学习者交互非常重要。在研究报告的结尾，研究者指出了以下几点。

- 当教师鼓励学习者通过多种渠道提问并迅速回答问题时，学习者认为教师的反馈很及时；
- 学习者会区分整合到课程中的技术工具是否是明确且具有价值导向的，教师可以通过将技术整合到常规学习活动中，并明确告诉学习者何时及如何使用基于技术的资源来建立价值导向；

- 可以在课程中插入教师与学习者互动的音频或视频，打造良好的教师形象；
- 每周实时聊天，为学习者提供个性化指导，并为学习者提供了解教师的机会，然而实时聊天的参与率往往较低，教师可以制作一个灵活的聊天时间表，并设置学习者应参与的最少次数；
- 给学习者一个清晰的讨论主题有助于激发更有意义的互动；
- 如果教师不在讨论区持续参与，学习者可能觉得自己参与是在浪费时间；
- 除分数之外，学习者还期望得到教师对作业的详细反馈；
- 教师可以征求学习者对课程的反馈，并根据这些反馈改进课程。

那么，如何建立教师存在感呢？大家可以参考模块四中的相关内容。

（二）同伴支持设计

英国学者尼克（Nicol）和迪克（Dick）研究发现，正在一同参与学习的同伴往往比教师更能为学习者提供更多的学习视角和策略，可以帮助学习者提高学习积极性和认清评价标准。在英国开放大学的一个小规模调查中（Asbee，Simpson，1998），英国开放大学要求学习者按照相对重要性对来自家人和朋友、学习支持服务师、其他学习者及院校其他部门的支持进行排序。调查结果为：学习者认为来自家人和朋友的支持最为重要（32%），其次是学习支持服务师（29%），接着是其他学习者（21%），最后是院校其他部门（17%）。由此发现，同伴（其他学习者）支持被在线学习者视为一种很重要的支持，其重要程度几乎和学习支持服务师的支持等同。

同伴的支持可以降低学习者的孤独感，同时学习者也能通过了解同伴的学习情况，激励自己努力学习。随着在线教育中协作学习的普遍开展，同伴已经成为学习者学习环境的重要组成部分。因此，在线学习中的学习活动都应涉及同伴支持，通过要求学习者将任务发布到论坛上，阅读同伴的帖子，给自己感兴趣的帖子回复这种方式建立与同伴的联系。在建立联系的同时，学习者从具有不同工作经验的同伴身上也能收获不少有益的东西。学习者与同伴的交互对提高学习者学习的主动性，以及体现教学的社会性方面具有特殊的意义。同伴支持不仅可以降低在线教育机构的支持成本，更重要的是它对促进在线学习有着十分积极的作用。要想增强同伴支持力度，需要设计更多生生交互的活动，如基于资源的主题探究学习、基于问题的小组讨论学习、基于任务的协作学习、在线反思和同伴评价等。

（三）创建学习社区与学习共同体

1. 创建学习社区

学习社区（包括网络社团等）能够加深成员之间的友谊和增强凝聚力，形成良好的文化氛围，还可以帮助学习者建构自己的身份，消除学习过程中的焦虑情绪和孤独感，促进在线学习环境中的情感交流。前期的研究中通过创建网络社团来培养学习者的社会存在感，从帮助学习者克服心理困难的角度出发，建构了辅导教师组建和维护网络社团的过程与任务模型（王志军，2012），如图 7.2.3 所示。

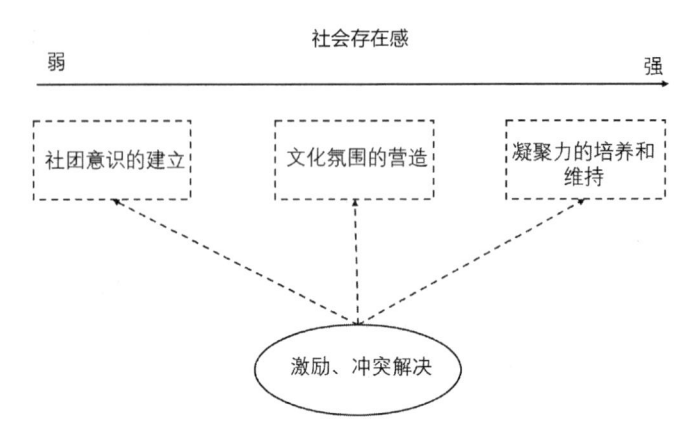

图 7.2.3　辅导教师组建和维护网络社团的过程与任务模型

该模型以培养学习者的社会存在感为主线，辅导教师在组建和维护网络社团的过程中需要完成社团意识的建立、文化氛围的营造、凝聚力的培养与维持 3 项社会存在感由弱到强的任务，这 3 项任务始终伴随着学习者激励和社团冲突解决。该模型既是辅导教师组建和维护网络社团的过程与任务模型，也是学习社区的形成和发展模型。基于该模型，辅导教师的职责和各阶段的任务如表 7.2.3 所示。

表 7.2.3　辅导教师的职责和各阶段的任务

社会职责	心理困难	过程	具体任务
构建社会交互环境	缺乏归属感	社团意识的建立	帮助学习者建立自己的人际关系网络；介绍社团与社团活动，吸引学习者；明确社团角色分配与分工；制定社团运行规则
营造文化氛围	缺乏归属感 缺乏认同感	文化氛围的营造	制定社团礼仪与规范；引导学习者遵守社团礼仪与规范；在运行中发展社团独特的文化
开展深层次交互活动	缺乏归属感 缺乏认同感	凝聚力的培养和维持	培养社团成员的依附感、归属感、向心力和集体荣誉感
	过于焦虑 学习自信心不足	激励	鼓励学习者友好、民主地对话和协商；提供及时的有建设性的反馈
引导交互发展方向	缺乏认同感	冲突解决	解决社团成员之间的冲突

此外，了解维护学习社区的方法也至关重要，下面重点介绍社团意识的建立和文化氛围的营造。

在社团意识的建立方面：（1）辅导教师将自己介绍给所有的学习者，拉近与学习者之间的距离；（2）给学习者提供各种工具，帮助他们顺利完成第一次基于网络的沟通；（3）要求学习者相互进行自我介绍；（4）提供机会展示学习者的相似点。

在文化氛围的营造方面：（1）制定社团礼仪与规范，为良好文化氛围的形成奠定基础；（2）通过辅导教师的示范和对规范的执行，引导学习者遵守社团礼仪与规范；（3）在运行中发展社团独特的文化。

2. 创建学习共同体

创建学习共同体是学习支持服务师的任务之一，它对消除学习者的孤独感，以及在群体协商和对话的基础上进行意义建构具有重要意义。然而，学习共同体不会自动产生，它是在共享性、协作性学习活动中形成和发展起来的。它需要以学习材料中精心设计的学习活动为基础，师生通过努力来促使其形成。在学习过程中，教师为学习者提供学习信息并指导其参与学习活动，而且会评价学习者的学习和帮助学习者进行合理有效的意义建构。而学习者作为信息加工的主体，需要在学习共同体中积极参与互动，主动且优质高效地进行意义建构。课程中设计了大量开放的且具有一定复杂性和真实性的学习任务，能够激发学习者参与学习活动的兴趣。有了特定的学习任务，不同的学习者可能有不同的观点和思路，也就有了讨论和交流的必要。在有讨论和交流需求的基础上，教师要求学习者在每个学习活动中都贡献自己的观点，并回复他人的问题，引导学习者积极与他人交互，从而形成学习共同体。学习支持服务师还鼓励小组开展协作学习活动，每个小组要提交一个"作品"，以用于组间相互交流。

要想创建学习共同体，需要注重以下几点。

- 精心设计学习活动。
- 对学习共同体的协作情况进行评价。
- 运用技术（如文件共享、笔记共享）来创建和支持学习共同体。
- 鼓励在论坛、博客、微信群中开展讨论。
- 进行角色扮演。
- 监控学习共同体的学习进度。
- 交换学习共同体成员。
- 记录协作工作的具体细节。
- 控制学习共同体的规模（人数）。
- 鼓励跨机构或跨专业的协作。
- 教师、学习者、专家都应该对协作工作的情况进行评价。

在创建学习共同体的过程中，可能会遇到需要根据学习者的兴趣对不同背景的学习者进行配对，以及团队中的部分学习者学习兴趣和参与度不高等挑战。针对这些挑战，有以下几条建议。

- 从由 2 名成员组成的小组开始，然后每个小组扩展到 3~4 名成员。
- 提前计划好跨机构或跨专业的活动。
- 由某些现实问题引入。
- 将优秀小组的协作作为案例。
- 将相关说明及时发布到网上。
- 让学习者提交反思报告。

- 将小组协作的成绩作为最终成绩的一部分。
- 在分配小组活动之前预先设计好评分方案。

四、管理支持设计

约翰·丹尼尔指出，有支持的在线学习的关键组成部分是有效的管理和后勤支持（Moisey, Hughes, 2008）。一般来说，学习者存在如何注册、如何选择合适的课程、如何获得课程学习材料、如何评定成绩、通过什么途径查询考试成绩、如何预防剽窃、如何获得学历和学位证书等问题。这些问题涉及的就是在线学习中的管理支持，它对保证在线学习的顺利开展具有重要作用。

（一）课程选择指导

一些学习者，尤其是那些离开学校很长时间的学习者，最初并不知道自己适合学习什么样的课程，有的学习者最初甚至觉得根本没有适合自己的课程。在课程平台希望更好地推广课程和从学习支持角度考虑的学习者辍学率之间，需要找到一种平衡，那么课程选择指导的作用就凸显出来。课程选择指导一般包含课程概述、课程预览材料、学习者对课程的评价、教学和评价方式、学习满意度调查等内容。这里以英国开放大学的 H808 课程为例，介绍如何为学习者提供课程选择指导。

（1）课程概述：主要介绍课程的目标群体、课程的学习方式、课程提供的资源等（这门课程主要面向想要了解在线学习实践及从事继续教育或教育培训的人员）。

（2）课程的学费：英国开放大学的部分课程是面向其他国家的，学习者可以选择自己所在的国家进行学费查询，并在该页面直接注册课程。

（3）学习内容：介绍课程内容及组织方式、课程目标、与职业相关的知识和技能。其中，课程目标是 PDF 格式的，该文档从知识与理解、认知技能、关键技能、实践和专业能力 4 个方面进行阐述。

（4）入学条件：介绍注册这门课程的条件，即学历和英语水平。学习 H808 课程的条件是具有本科学历，由于这门课程是纯英语教学，因此必须具备学习研究生课程的英语水平（非英语国家的学习者在注册时要求提交一篇英语论文证明自己的英语水平），建议学习者在学习此课程前做一些准备工作，如熟悉课程中需要使用的工具等。

（5）证书：介绍学完 H808 课程可以获得哪些证书。

（6）对身有残疾的学习者的帮助：详细介绍对身有残疾的学习者的特殊帮助。

（7）学习材料：介绍学习者能够获得的资源及学习者需要准备的资源。学习者能够获得的资源包括专门的网站、在线学习指南、线上资源、学习活动（个人或小组）、论坛、博客、WiKi 等；需要准备的资源包括麦克风、能够连接网络的计算机、支持动画、视频播放的浏览器。学习者学习 H808 课程对计算机软硬件的要求。

（8）教学与评价：介绍学习支持服务师的作用，以及课程的评价方式。

（9）课程的截止日期。

（10）学习这门课程的学习者选择的其他课程：列出学习这门课程的学习者选择的其他课程。

（11）学习者对这门课程的评价：介绍之前学过这门课程的学习者对课程的评价。

（12）其他信息：这门课程共30学分，在介绍中说明1学分大概需要花费10小时的学习时间，方便学习者根据自己的时间来决定是否学习课程。

从上述内容可以发现，在注册课程之前，学习者可以通过网站详细了解课程的信息，包括课程内容、学习方式、使用的资源与工具、评价方式、能够获得的支持、需要花费的学习时间等，这些信息可以帮助学习者根据自己的兴趣和需求来选择合适的课程。课程组将学习者看作用户，从这个角度出发，可以看出他们的学习支持服务意识。大卫·西沃特曾指出，大型学习者学习支持系统的性质与服务业是非常相似的，在效能和效率兼备的情况下，去满足用户的要求，这是在竞争市场中取得成功的关键。此外，完备的管理支持还应该包括相关内容通知，如教学和考试的安排、各类工作人员的联系方式等。

（二）预防剽窃

为了维护学术标准，课程组应该在课程指南、作业指南中强调禁止剽窃，并向学习者说明课程是如何检测学习者是否有剽窃行为的。课程组可以借助各类软件对学习者的作业进行检测。一般来说，学习者的作业需要与以下资源进行对比。

（1）其他学习者的作业。

（2）课程学习材料。

（3）课程提供的参考文献。

（4）网上可获取的其他资源。

目前，很多工具都具有预防剽窃的功能。例如，Word是常用的办公软件，通过只读模式的设置能够使文档不轻易被复制、修改，诸如将Word文档转换成图片，其强大的保密功能能够保证文档不被盗取，并且方便共享者使用。课程组可以借助一些工具，对学习者作业的重复度进行查询，如PaperWord、PaperPass、PaperAsk等都具有论文查重功能。

（三）FAQ设计

FAQ是英文Frequently Asked Questions的缩写，中文意思是"常见问题"。在课程开始前，需要创建一个"常见问题页面"，呈现各种各样的问题，通过内置的形式，由平台自动化推送与解答。这里所说的问题既可以包括技术问题，也可以包括学习问题，如以往的学习者通过电子邮件发送给辅导教师的问题或在社区论坛中发布的问题、学习者之前没有回答正确的问题及辅导教师认为学习者应该提出的一些问题，示例如下。

- 作业获得较低分数的常见原因是什么？
- 不按时提交作业会有什么影响？

- 这门课程对我的专业学习或发展有何帮助？

五、技术支持设计

技术支持是学习者顺利开展学习的重要保障。在线课程需要专门的技术人员来解决学习者学习过程中所遇到的技术问题，如网络原因或浏览器原因引起的平台故障问题等。在课程开始前，技术人员需要充分保证课程传输的流畅性及完整性，同时还需要对课程的辅导教师进行全面培训和技术指导，帮助他们熟悉在线教学平台的操作及解决可能遇到的基本技术问题，从而保障在线教学的顺利开展；在课程运行过程中，技术人员要随时关注学习者所反馈的技术问题，并迅速给予回应；在课程结束后，课程组根据在线课程整体运行情况、课堂互动情况和学习者线上学习情况等，针对反馈的问题及时发布指南，优化技术支持，进一步提升平台的功能。

根据在线学习和辅导五阶段模型，技术支持包括登录平台熟悉软硬件的使用和网络的访问，发送和接收信息，信息检索和筛选、个性化学习软件的使用，利用技术参与交流、发表自己的或集体的观点，链接外部学习工具、拓展原有学习工具或平台5个方面。这些方面都需要专门的设计，技术支持与教学情境密切相关，不同的学习情境需要的技术支持是不同的。ClassIn是"最大限度还原线下课堂"的教与学一体化平台，下面我们详细介绍ClassIn平台的技术支持设计。

1. 登录平台熟悉软硬件的使用和网络的访问

登录平台熟悉软硬件的使用和网络的访问是技术支持的第一步，也是激发学习者进学习动机的重要举措。如图7.2.4所示，ClassIn平台主要从5个方面来帮助学习者登录平台熟悉软硬件的使用和网络的访问，即使用说明、硬件配置、常见问题、更新日志及移动版（其他版本的说明），其中使用说明和常见问题对学习者而言是最重要的技术支持。

图7.2.4 ClassIn平台的"技术支持"界面

如图 7.2.5 所示，ClassIn 平台为学习者提供软件下载、注册和登录说明。

下载 ClassIn

登录 ClassIn 官网：www.eeo.cn

选择对应的版本进行下载。

下载成功后，请按照安装提示进行安装。

注册和登录 ClassIn

请用手机号码注册 ClassIn（新增支持国际手机号码），注册之后会收到短信或语音验证码。

输入手机号码和验证码，点击"下一步"，完成注册。

注册完成后，输入手机号码和密码即可登录。

图 7.2.5　ClassIn 平台的软件下载、注册和登录说明

如图 7.2.6 所示，ClassIn 平台帮助学习者在课前确认相关硬件的准备情况，帮助学习者顺利进入平台开展学习。

课前准备

显示器	1280X720分辨率
处理器	I3以上
内存	2G以上
系统	Win7以上(Windows) Mac OS X10.9以上(Mac)

开课前，记得确认您的耳麦是好的~要注意，它是要带有麦克风的耳麦哦~
没有麦克风，大家就无法听到您说话啦！

图 7.2.6　ClassIn 平台课前确认相关硬件的准备情况

如图 7.2.7 所示，ClassIn 平台提供了界面具体模块的功能介绍，帮助学习者了解各模块的功能，便于学习者操作和使用。

2. 发送和接收信息

在线学习需要为学习者提供及时发送和接收信息的支持，保证学习者与他人的交流顺畅。ClassIn 平台提供了与好友私聊和班级群聊两种交流功能，该功能与社交媒体的交流功能类似，可以帮助学习者在学习过程中随时随地开展定向交流。

3. 信息检索和筛选、个性化学习软件的使用

在线学习以学习者的自主学习为主，进行自主学习的学习者十分需要技术支持。技术支持首先要保证学习者可以方便快捷地访问学习平台上的学习资源与学习活动，并进行顺畅的学习，在此基础上还可为学习者提供相关学习工具，如效能工具、交流工具等。ClassIn 平台内嵌了资源中心及题库，学习者可以进行信息检索和筛选，自主学习感兴趣的内容。

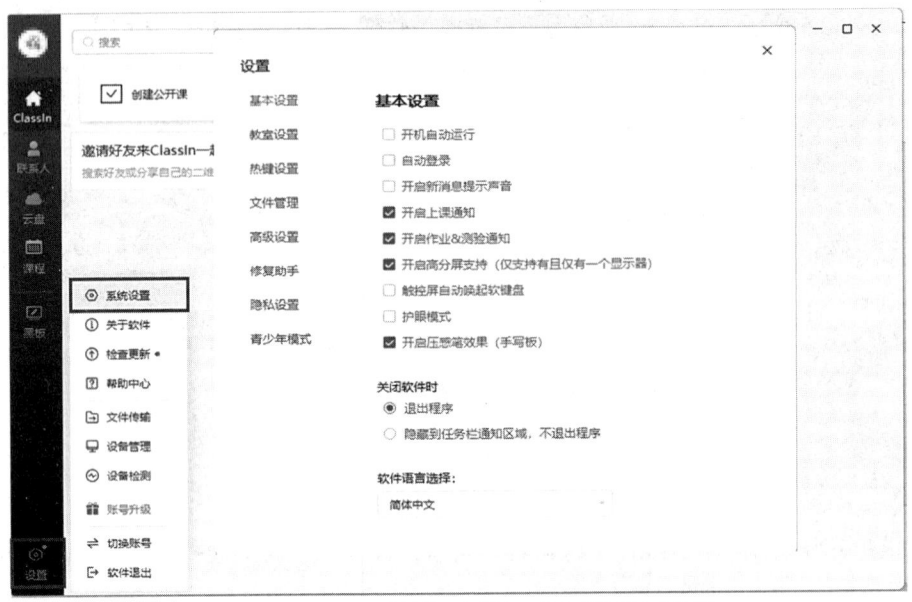

注：系统设置可以根据您的日常使用习惯调整软件，包括中、英文系统语言的选择。

图 7.2.7　ClassIn 平台界面具体模块的功能介绍

4. 利用技术参与交流、发表自己的或集体的观点

在线学习十分注重学习者与他人的交互，所以技术支持下的共同体学习需要得到关注，如在线学习社区中的功能支持（关注、评价、好友推荐等），在线讨论、视频会议等的技术支持也十分重要，技术支持团队可以提前创建好交流的群和社区，准备好对应的同步、异步交流工具，供学习者选择。除了异步交互，ClassIn 平台还支持同步交互，包括在黑板上操作、课上实时聊天、上台分享、举手发言等，学习者可以利用技术参与交流、发表自己的或集体的观点，如图 7.2.8 所示。

选择移动 —— 点了它，你就可以拖动黑板上的内容了。

画笔 —— 用彩色的画笔，可以画出醒目的标记，让教师快速注意到你。

打字 —— 画笔写字可能太慢了，所以你还可以和教师及其他同学一起在黑板上打字。

截图 —— 你可以截教室里的图像，还可以截电脑桌面上的图像到黑板上，你打算怎样来用它呢？打开你的脑洞吧！

删除 —— 写错了？它可以帮助你删除黑板上多余的图片和文字！

图 7.2.8　ClassIn 平台为学习者提供的交互功能

5. 链接外部学习工具、拓展原有学习工具或平台

虽然课程前期会做很多学习支持服务设计，但是大多数情况下，学习者更加倾向遇到问题时直接询问学习支持服务人员，所以创建技术支持服务群，直接连接一线的学习者，在他们提出问题时提供具体的解决方案这一支持服务对学习者来说更加有效。这就需要链接外部学习工具、拓展原有学习工具或平台。ClassIn 专门设立了一批小助手，实时给用户提供直接的帮助，迅速解决用户的问题。

活动 2 学习支持服务设计

（该活动由导学与学习支持服务设计师主导，其他成员配合完成）

活动目标：明确学习支持服务在在线课程中的重要性，思考课程的学习支持服务设计，为后续构建学习支持服务体系奠定基础。

活动时间：大约 90 分钟。

活动步骤：

步骤 1：独立思考。

思考：在课程学习过程中，学习者可能遇到哪些困难？应如何通过提供学习支持服务来帮助他们坚持学习？

课程学习各阶段	学习者可能遇到的困难	对应的支持服务
课程学习前		
课程学习初期		
第一次作业前后		
第二次作业前后		
课程学习中期		
考试前后		

步骤 2：框架设计。

确定困难的等级，设计课程学习支持服务的框架。

步骤 3：细化设计。

考虑框架之下各个板块的具体设计，让学习支持服务设计落地，建构起本课程的学习支持服务体系。

这里提供一些优秀样例供大家参考，大家可以发散思维、拓展维度，并对每个维度进行更加细致的设计。

工具与方法支持：头脑风暴法；How Might We 分析法（我们可以如何）。

样例一："宝贝厨房健康营养餐计划"的学习支持服务体系

"'陷阱'还是'馅饼'——大学生消费必修课"的学习支持服务体系

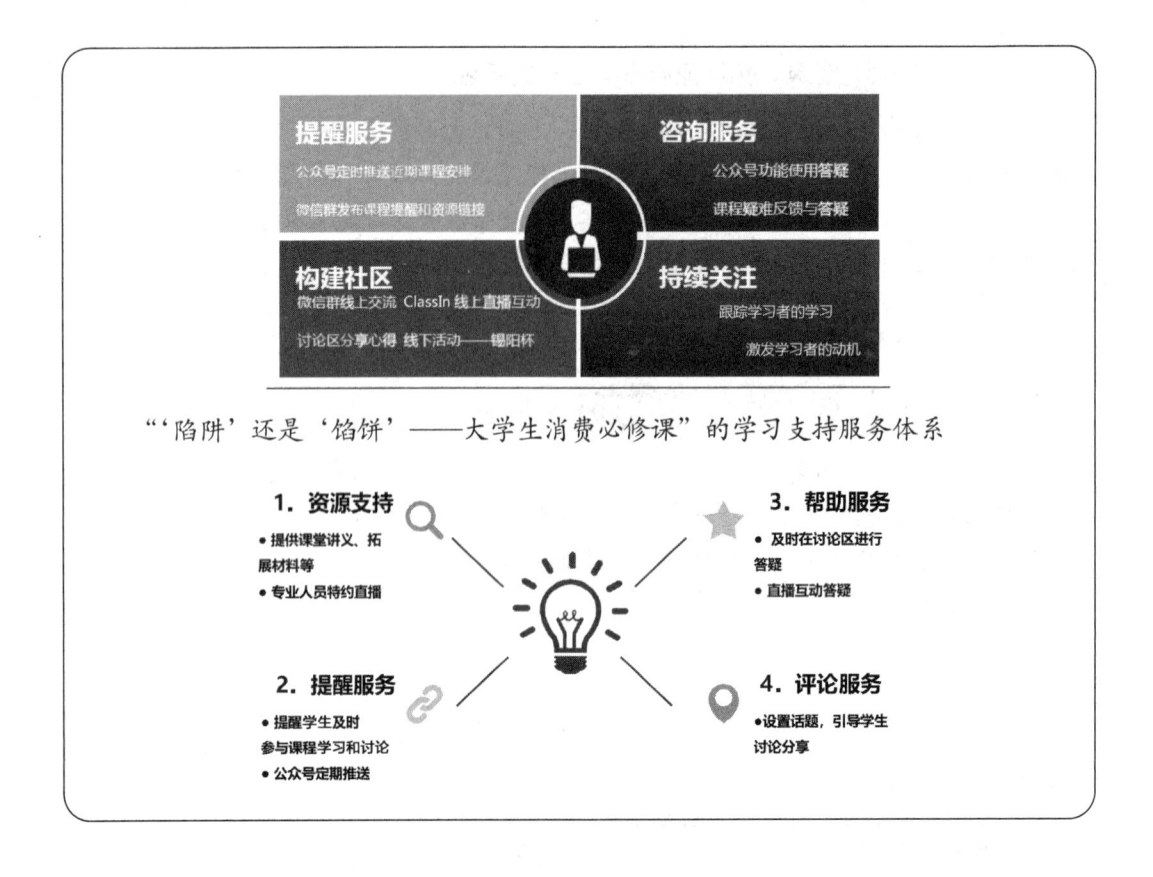

主题三 动态视觉设计

主题学习目标

1. 理解动态视觉设计在在线课程设计中的重要性及具体的设计维度；
2. 采用设计思维的理念，灵活开展所选课程的动态视觉设计。

动态视觉设计包括学习内容的可视化表征、情境化学习代理或角色设计、课程的整体视觉效果设计和宣传可视化设计3个方面。学习内容的可视化表征也是学习资源设计与开发的重要内容。在线学习中学习者的注意力难以集中，学习内容的可视化呈现是降低学习者认知负荷、促进学习者深度理解有难度且文字难以表述的内容的重要方式。情境化学习代理或角色设计是以动画为表现形式的课程中情境创设的重要方式。课程的整体视觉效果设计和宣传可视化设计可以提升课程的标识度和形成良好的品牌效应，吸引更多的学习者参与学习，是扩大课程受众面和提升课程影响力的重要方式。

一、学习内容的可视化表征

文字是传达信息最常用的载体,但海量文字的涌现往往伴随着信息超载和数据过剩。对于比较复杂的内容,文字的传达具有抽象性,理解的难度比较大。此外,随着碎片化学习的流行及多媒体表达元素的"加持",人们很难静下心来阅读大篇幅复杂的文字。因此,在在线课程设计与开发过程中,我们要根据内容的复杂程度及学习者的需求,对学习内容进行可视化表征,降低学习者的认知负荷,提升学习者的学习效率与体验。

学习内容的可视化表征可以分为数据类内容和非数据类内容的可视化表征,不同类型的内容有不同的加工处理方法(唐家渝等,2013)。"一图胜千言",数据类内容的可视化比较简单,通常采用柱状图、折线图、饼状图、雷达图等呈现,可帮助学习者更好地理解内容。可视化方式的适用情况如表 7.3.1 所示。

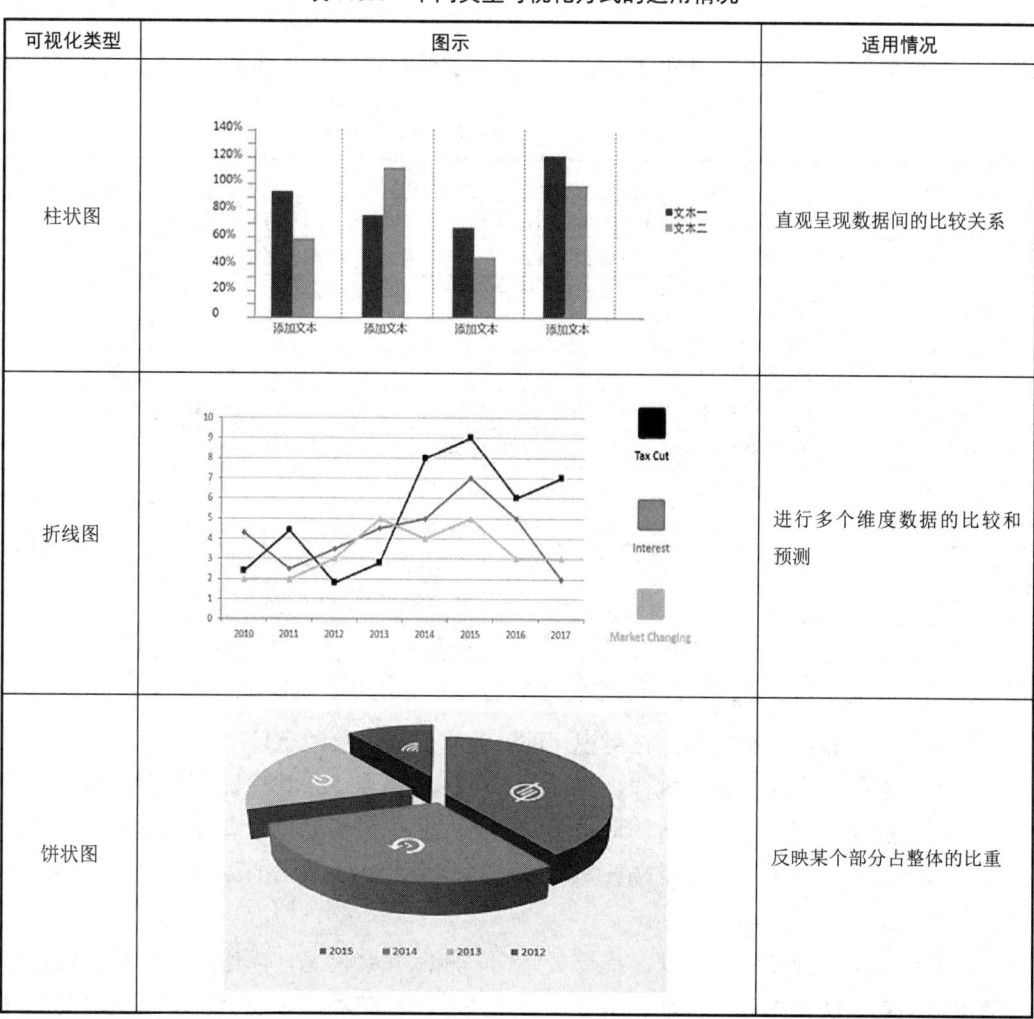

表 7.3.1　不同类型可视化方式的适用情况

可视化类型	图示	适用情况
柱状图		直观呈现数据间的比较关系
折线图		进行多个维度数据的比较和预测
饼状图		反映某个部分占整体的比重

续表

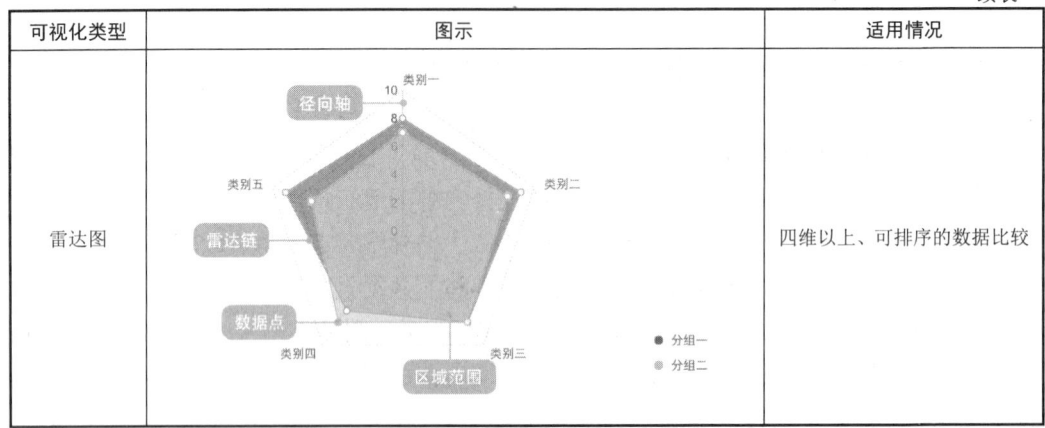

可视化类型	图示	适用情况
雷达图		四维以上、可排序的数据比较

对于非数据类内容的可视化表征，国际上的多媒体学习研究专家迈耶（2006）提出了多媒体学习设计的 12 条原则。这些针对初学者提出的多媒体学习材料设计开发的原则也是我们对学习内容进行可视化表征应该遵循的重要原则，具体如表 7.3.2 所示。

表 7.3.2　多媒体学习设计的 12 条原则

名称	内容
聚焦要义原则	在排除多媒体授课中不相关的单词、图片、声音等之后，学习者的学习效果会更好
提示结构原则	在添加强调基本材料组织的提示线索之后，学习者的学习效果会更好
控制冗余原则	以图片、叙述 2 种形式呈现信息所产生的学习效果比以图片、叙述、文字 3 种形式呈现信息所产生的学习效果好
空间邻近原则	当相对应的文字和图片同时出现在页面或屏幕上时，学习者的学习效果会更好
时间邻近原则	当相对应的文字和图片同时呈现但非连续呈现时，学习者的学习效果会更好
切块呈现原则	将所学材料分块呈现，而不是不间断呈现，这样产生的学习效果会更好
预先准备原则	如果学习者预先了解了一些主要概念的名称和特征，那么他们会在相关课程中学得更好
双通道原则	与动画和屏幕上的文字相比，学习者借助图片和叙述产生的学习效果会更好
多媒体原则	学习者从文字和图片中学到的知识往往比单单从文字中学到的多
个性显现原则	如果采用对话风格而非正式风格来呈现文字，那么学习者的学习效果会更好
原音呈现原则	相比于采用机器合成的声音来讲解多媒体课程，采用真人讲解的方式更能促进学习者的学习
形象在屏原则	当将演讲者的图像添加到屏幕上时，学习者学习多媒体课程的效果不一定获得提升

同时，对于非数据类内容，在可视化的过程中，还需要注意以下事项。

（1）考虑学习者视觉认知规律，对内容进行形象化表达。处理好文字和图像的使用频次，尽可能使用图表方式表达，以吸引学习者的眼球、帮助学习者理解信息的含义，同时在选择图像时，还需要注重选择与文本内容相关度高、清晰的图像，并且应保证图像表达的信息的合理性与科学性。

（2）对文本进行简洁化处理，提炼关键词、删除冗余信息，降低认知负荷。以恰当的结构化形式呈现文本可以帮助学习者快速厘清整体框架和内在逻辑。课程组需要先深入理解内容，厘清思路，然后选择合适的图表来表示文本之间的转折、并列、对比、强调、因果等关系，使其具有条理性，从而帮助学习者更好地把握重难点。

（3）当一个版面需要呈现很多信息过时，可以对版面进行节奏化处理。首先，将相关度高的内容汇聚到一起，再通过留白、加辅助线的方式进行段落层次划分；其次，通过将文字加粗、加大、更换颜色等方式凸显关键词；最后，通过对齐处理使整个画面整齐有序。

（4）对难以理解且静态图像难以表达的信息，可以采用动态的形式呈现。从信息的传播来看，动态呈现信息更容易吸引受众的注意力（孙瑶，王坚，2020）。将信息以动态的形式呈现，一方面可以更好地传递深层次的信息，另一方面可以给学习者更深刻的情感体验。如图 7.3.1 所示，如果要讲解的内容较复杂且文字较多，用动态的图表代替文字会更有利于学习者理解。

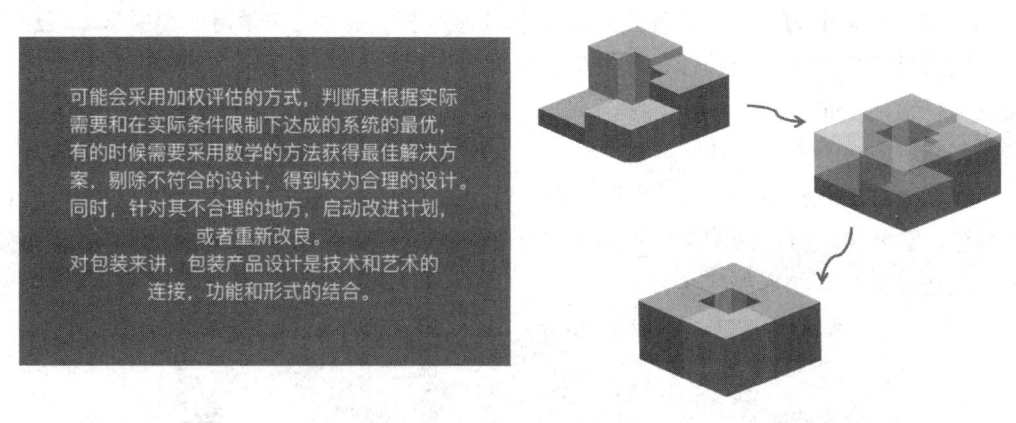

图 7.3.1　用动态的图表代替文字

在设计过程中，设计者可以通过改变画面中文字或图片运动的顺序、延伸的方向、转场的方式、停顿的时间来控制学习者的阅读速度（吴烨，2016），从而将主体信息传递给学习者，利于学习者组建自己的内容体系，进行深层次加工。同时，在设计过程中要依据课程内容的层级设置转场的方式与时间，进行合理的过渡，同一层级转场的方式与时间要保持一致；当要过渡到下一层级时，需要增加停顿的时间，以此来提醒学习者学习内容的调整。

二、情境化学习代理或角色设计

在情境化在线课程中，通常会用鲜活的动画人物或拟人化的形象来设计相关的学习代理或角色。这类学习代理或角色会给学习者一种情境感，它们既可以作为课程的辅导教师，也可以作为学习伙伴或者自身的形象及实习者（詹泽慧，2011）。研究发现，情境化学习代理或角色具有以下作用：提供学习引导，避免学习者迷失方向；通过表情动作等吸引学习者的注意力；通过语言文字或其他方式为学习者提供学习反馈；为一组对话（交互）提供开始信号；通过表达情感提高学习者的学习积极性；作为辅导教师或学习伙伴随时为学习者提供帮助；根据学习者的反馈与其进行适应性交互（Johnson et al., 2000）。同时，作为学习伙伴的学习代理或角色可以为学习者营造一个社会化的交互场景，使整个学习过程更加有趣，有利于减轻学习者之间因时空分离产生的孤独感和无助感（詹泽慧，2011）。

在远程教育领域，这类学习代理或角色通常也被称作智能教学（学习）代理或角色。学习代理或角色的设计涉及形象、能力、信息传递、情绪状态和交互5个方面（詹泽慧，2011）。形象是指学习者所能感知到的学习代理或角色的外部特征，如长相、表情、性别、声音和动作等。一个好的学习代理或角色的能力通常位于学习者的最近发展区。学习代理或角色为了激发学习者的学习动机、影响学习者的学习态度等，会向学习者进行信息传递。例如，在特定的学习环节，学习代理或角色通过对话框向学习者展示相关的学习内容，提示可采用的学习方法等，以减轻学习者的学习压力。在学习过程中学习代理或角色需要调动学习者的积极性、激发学习者的学习热情、给予学习者情绪反馈及与学习者共情，这属于情绪状态方面。学习代理或角色与学习者的交互方式、交互内容等也需要引起重视。

在商业化的在线课程中，通常会创设学习代理或角色。图7.3.2所示为火花思维创设的角色，包括方块猴、圆圆鼠、三角兔3个角色。这些角色的形象设计非常巧妙，有效地将图形元素与动物形象相结合。

图 7.3.2　火花思维创设的角色

多纳英语课程创设了多纳、饼干兔、橡果鼠、汉堡猫、热狗狗、果冻象、面包棍鳄鱼等角色。这些角色贯穿所有的学习情境，跟学习者开展深度的互动，深受学习者的欢迎，具体如图7.3.3所示。

图 7.3.3　多纳英语课程创设的角色

三、课程的整体视觉效果设计和宣传可视化设计

课程的整体视觉效果设计和宣传可视化设计包括配色方案选择和模板设计、Logo 和

封面设计、导航和界面设计、宣传方案可视化设计等。

（一）配色方案选择和模板设计

1. 配色方案选择

配色方案是整个在线课程视觉化和风格化的重要体现，作为设计的根基，它贯穿整个课程设计过程。优秀的配色方案可以让学习者轻松辨别课程内容的相关性和层级关系。因此，在选择配色方案时，不仅需要注意色彩的搭配，还需要注意整体的一致性与层次感。总体来说，设计者需要注意以下 3 个方面。

（1）确定整体风格。在线课程的重点是学习内容、学习资源、学习活动和学习评价等。课程整体风格的设计应该尽量简约，防止喧宾夺主。设计者应该根据课程受众和课程性质确定主色调，课程的受众不同，对颜色的偏好也不同。根据不同属性色彩分布，儿童比较喜欢活泼的、轻快的、可爱的色彩，而中年人偏好稳重的色彩；文史哲类课程和理工科类课程的整体风格是不一样的，文史哲类课程常用自然的色彩，理工科类课程常用稳重的色彩。同时，在线课程主色的明度和饱和度都不宜过高，否则可能导致学习者视觉上的疲劳，也不利于学习者把握重点。在确定主色后，辅助色的选择要与主色相协调，强化整体风格，使整个画面更加饱满，应尽量选择同色系或互补色等作为辅助色；点缀色所占面积比较小，可选择明度高的颜色来提醒、引导学习者参与课程学习。

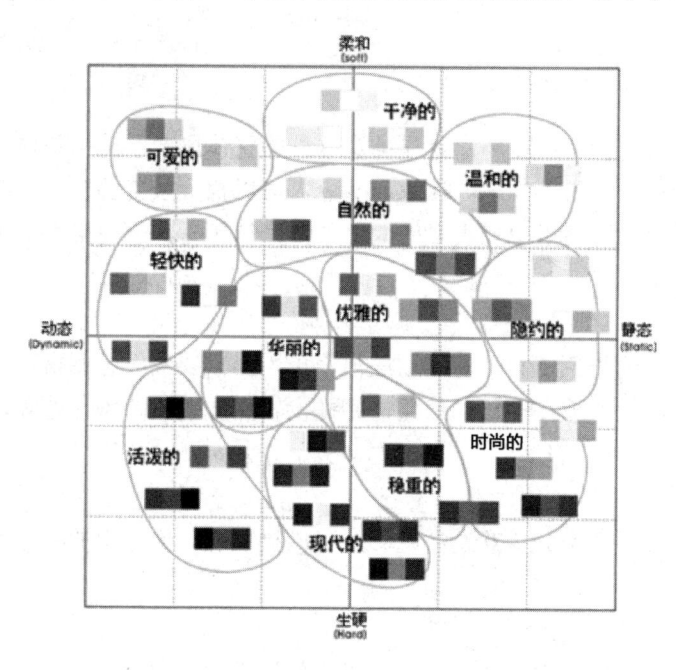

图 7.3.4 不同属性色彩分布

（2）色彩的正确搭配。首先，使用的颜色最好不要超过 3 种，因为超过 3 种难以把控。其次，在设计时要明确不同色彩的搭配，参考图 7.3.5 所示。邻近色搭配是一种保守但基本不会出色的搭配；互补色搭配对比强烈，为了保证整体和谐统一，可以采用点缀色调和、混色调和、渐变调和等手段来调整；对比色搭配有节奏张力，因此被广泛应用。在在线课程中，要想使色彩搭配更加和谐，可以遵循以下诀窍：当一种颜色纯度较高时，另一种颜色应该纯度低或明度低；当选择同色系时，只调节其明度和纯度即可。

（3）色彩情感的匹配。设计者应注重色彩情感的匹配，不同颜色所表达的情感是不一样的。红、黄、橙属于暖色，蓝色属于冷色，绿色属于中性色。冷暖色会产生两极的情感，所以要根据课程的性质和学习者的需求来选择颜色。同时，设计者还应注意颜色的隐喻，比如黄绿渐变可以体现事物发展的过程，颜色由浅到深可以表示程度的变化。

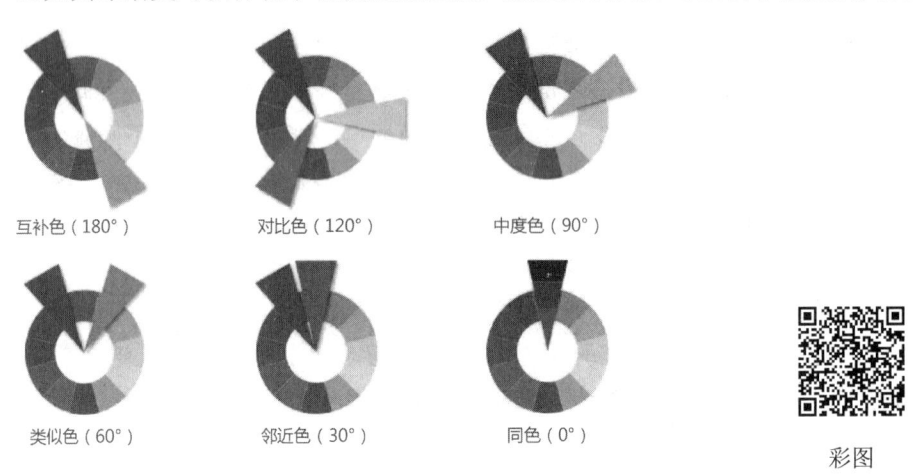

图 7.3.5　不同色彩搭配方法

除此之外，在配色时还有一些小技巧：首先确定课程的整体风格，根据整体风格确定主色调，然后选取辅助色。如果不知道如何选取颜色，可以找一些自己喜欢的图片，通过取色笔选取对应的颜色，网络上也有大量的配色方案值得参考，下面推荐几个配色工具。

① Material Palette。

这是一款带有预览功能的配色工具，它的用法很简单，你只要找出想要搭配的两种颜色，它就会显示出两种颜色搭配在一起的效果，并提供较深或较浅的颜色选项，以及其他可能用到的颜色。

② Flat UI Colors。

该网站采集了扁平化设计中十分受欢迎的色彩，可以提供任何你看中的色彩，同时提供不同的色彩搭配方案。

③ Coolors。

这是一款可以让你简单、快速选色的工具，可以为你提供配色的灵感，该网站每次会为你挑选由 5 种颜色组合而成的调色盘，并显示颜色的代码，你可以快速选取使用，或者锁定其中的几种颜色，又或者通过调整亮度、饱和度、色温等查看不同的配色方案，来快速配色。

④ Color Cube。

这是一款强大的配色神器,可以快速分析图片并生成色卡,它可以对屏幕显示的任意一个界面取色,方便用户收藏喜欢的颜色,通过对图片颜色进行统计和分析,可以直接导出 PS 色板,也可调节精度获得最佳分析。

除此之外,还有诸如 Skala Color、Adobe Color CC 等网页版配色工具来为配色提供支持。

2. 模板设计

模板化是保证内容质量的重要方式。好的模板能够体现专业度、细致度,不但有利于呈现统一的视觉效果,提升课程的质感和美感,给学习者以专业之感,而且能够帮助学习者将注意力集中在应关注的重点上面,降低学习者的认知负荷,提升学习效果。模板设计包括 PPT 模板的设计、课程导学手册模板的设计等。

在进行模板设计时,要注意以下几点:首先,要统一版式,确定好标题、正文、图片等区域,将所有元素整合在规整的网格中,以保持整体的视觉统一;其次,同一层级的字体和字号、转场方式等应保持一致,不同层级的有所区别,可以用颜色加以区分;再次,PPT 模板和动画模板要统一各个章节的标题页、目录页等;最后,课程导学手册模板要统一内容的编排顺序。

例如,在设计"在线课程设计与开发"这门课程的 PPT 时,首先根据配色方案将绿色作为背景色、主体文字设置为白色,采用橙色进行强调,右上角放学校的 Logo,同一层级采用统一的字体和字号。如表 7.3.3 所示,封面居中呈现章节标题和授课教师的姓名、联系方式等内容,章节标题和其他内容之间添加了一条白线;目录页添加了白色菱形框,并在白色菱形框内添加绿色文字来强调这一页为目录页,而且用小菱形框展示每一节的标题;内容页的标题与具体内容均为白色,通过字号大小区分标题与内容,并在右侧留白供教师使用。之后各个章节的封面、目录页、内容页均以此为模板,采取统一的排版设计。

表 7.3.3 PPT 模板设计

PPT 的封面	PPT 的目录页	PPT 的内容页

彩图

（二）Logo 和封面设计

1. Logo 设计

美观、醒目的 Logo 不但有利于学习者快速识别相关的课程,而且能够传达课程的核心理念、特色、价值取向等。相比语言，Logo 更易于广泛传播，它所包含的信息更准确，并且容易形成群体价值和归属感。

在 Logo 设计的过程中，要把复杂的内涵用简洁的形式来表征，通过文字与图片的巧妙组合，以简洁、鲜明的表现形式，实现在有限空间内的视觉识别功能，进而达到激发学习者的兴趣、加深记忆的目的。

Logo 的设计一般遵循以下流程：首先，确定 Logo 的用途、风格和理念；然后，确定 Logo 的配色，可以结合总体配色方案和使用环境确定 Logo 的配色；最后，尝试画草图，再简化设计，可以将与课程相关的元素添加到 Logo 中，如机械类课程的 Logo 可以添加齿轮、链条等元素，写作类课程的 Logo 可以添加钢笔等元素，历史文化类课程的 Logo 可以添加特色的纹样元素，同时要遵循简单的原则，避免出现过多的颜色和过多的元素。

Logo 的设计应注重图形的造型美、意与形的综合美。图形的造型美是指在设计 Logo 时，要在有限的空间内创建出具体的艺术特征，给人们展示美好、动人、和谐与悦目的形象；意与形的综合美是指在设计 Logo 时，要将体现意境、想象的意象美与体现运动、变化、均衡等组织结构的形式美相结合，将意象的内在美和形式的外在美相统一。

"在线课程设计与开发"课程的 Logo 设计方案如图 7.3.6 所示。

图 7.3.6 "在线课程设计与开发"课程的 Logo 设计方案

2．封面设计

封面设计跟 Logo 设计有相同的目的——易于识别、易于记忆、形成标识，但封面所占的空间比 Logo 所占的空间大得多，因此可以承载更多的内容、融入更多的元素、做更加丰富的设计。一个好的封面设计与内容、主题风格都密切相关，在线课程中无论是动画封面还是 PPT 封面、导学手册封面都应该呈现统一的视觉效果，从而更好地宣传课程。

在进行封面设计之前,需要先明确封面包含哪些元素,确定封面的尺寸、图片、标题和色彩搭配,要注意课程平台原有的配色对封面的影响和平台对课程封面尺寸的要求。在设计封面时需要把握以下原则:定位明确、导向突出、色彩分明、构图合理,并且要设计好课程封面的文案,通常文案包括一个主标题和一个副标题,主标题可以直接呈现课程的名称,也可以用简短、直白的文字说明课程的价值(如10分钟教你用手机录制课程),还可以在最后放置课程团队相关信息。此外,课程封面在设计过程中还需遵循一定的规范。中国大学 MOOC 平台出台的课程封面设计规范如图 7.3.7 所示(中国大学MOOC,2019)。

图 7.3.7　中国大学 MOOC 平台出台的课程封面设计规范

图 7.3.8 所示为"在线课程设计与开发"的封面设计稿。

图 7.3.8　"在线课程设计与开发"的封面设计稿

课程封面设计第一版由于背景色为白色,而承载课程的平台"中国大学 MOOC"的背景色也是白色,导致封面传上去以后,根本看不出效果,因此需要对封面设计进行调整。在二次设计时,设计者结合课程的整体配色方案,在课程封面中添加渐变色,同时在背景中融入了"Online Course Design & Development"4 个单词,营造立体感,能够引起学习者注意,让学习者快速抓取重点并留下深刻的印象。

（三）导航和界面设计

1. 导航设计

在在线学习过程中，学习者有较强的自主性，导航设计在避免信息过载导致迷航、学习兴趣降低等方面发挥着巨大的作用，可以帮助学习者快速访问课程内容，为学习者带来良好的学习体验，同时导航也能帮助设计者对课程进行更新与维护，使课程的设计更加合理，降低辍学率。当前，在线课程平台提供的课程导航主要有 5 种：水平导航、垂直导航、标签导航、后向导航和学习路径导航。下面对这 5 种导航的优缺点进行分析。

（1）水平导航。

水平导航是十分流行、常见的课程导航。水平导航通常位于屏幕顶端，与显示次级导航项的下拉菜单结合使用。水平导航简单明了，结构清晰，几乎每个学习者都会使用，可帮助学习者轻松地在在线课程中找到自己想要学习的内容，而不会花过多的时间在理解导航设计方面，对只需要在导航栏中显示有限数量项目的在线课程来说，水平导航是理想的选择。图 7.3.9 所示为"互联网+教育：理论与实践的对话"课程中的水平导航。

图 7.3.9　"互联网+教育：理论与实践的对话"课程中的水平导航

（2）垂直导航。

如图 7.3.10 所示，这种在侧边栏一个接一个排列的导航是垂直导航，又叫侧边栏导航，它也可以与子菜单一起使用，以获取其他信息，学习者可以根据导航栏中的关键资源和单元目录链接随意跳转到本单元的其他页面。导航模式的可用性研究表明，人们更倾向于使用导航菜单位于页面左侧的垂直导航。

（3）标签导航。

标签导航以标签的形式组织和汇聚内容。用户在生成相关内容时只需要加上相应的标签，就能够快速汇聚课程中加了该标签的所有内容。这种导航可以有效地解决内容的过度结构化问题，也能够帮助学习者快速找到对应的学习内容。图 7.3.11 所示为"互联网+教育：理论与实践的对话"中的标签导航。这种导航的实现依赖机器的自动加标签和人的手动加标签两种形式。

（4）后向导航。

后向导航可能是最基本且使用最广泛的在线课程导航。"下一步"和"上一步"按钮以类似幻灯片显示的箭头形式出现，通常是在线课程中的默认标准选项，用在页面的末尾。

图 7.3.10　中国大学 MOOC 平台的垂直导航

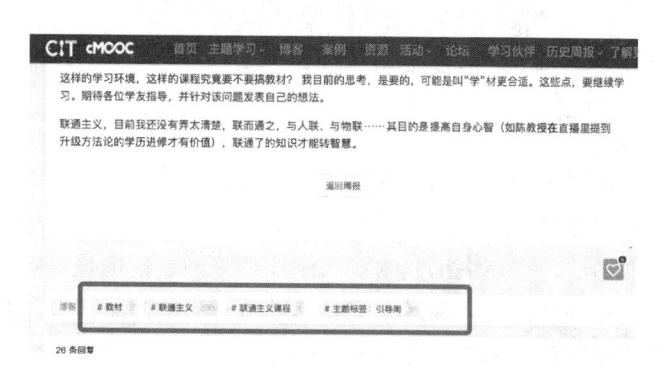

图 7.3.11　"互联网+教育：理论与实践的对话"中的标签导航

（5）学习路径导航。

学习路径导航是根据知识点的逻辑顺序，采用学习路径的形式，给学习者的学习路径做出可视化表征的一种导航方式。学习路径导航通常与一定的学习情境相结合，用背景图片创设情境，让学习者在情境中学习。学习路径导航可以让学习者轻松地了解课程学习的路径、当前学习的状态及与最终目标之间的差距。它还可以提高在线课程的美学价值，使其中包含的图像更具吸引力。通常，这种导航上面的按钮具有很多交互功能。图 7.3.12 所示为"都都数学"的学习路径导航。

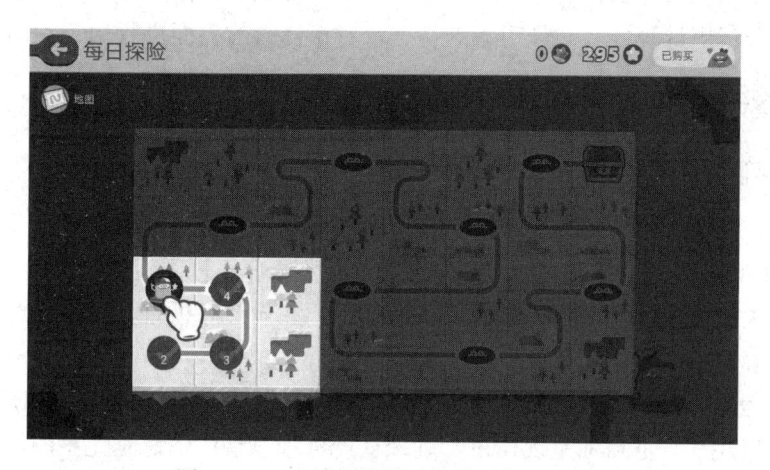

图 7.3.12　"都都数学"的学习路径导航

在选择好课程的导航形式后，在进行导航标签设计时，应掌握以下要点。

- 使用简单明了的标题：清楚地表达每个导航链接，尽量简单、凝练。
- 使用与课程背景相关的图标：最好是学习者熟悉的图标。
- 采用引人注目的图形和独特的配色方案，只要确保与整体在线课程设计相吻合，就可以避免混淆并保持所有内容的完整性。
- 在发布课程之前，需要对导航链接进行测试：在某些情况下，课程一开始可能正常运行，但是当它恢复到初始状态时，可能引发一些链接错误，因此检查页面中的每个导航链接非常重要。

2. 界面设计

在线课程的界面设计不同于其他领域的界面设计，既要遵循基本的界面设计原则，也要遵循信息设计的原则，同时要考虑在线学习环境的特性。基本的界面设计原则包括界面简洁、重点突出、为输入法让出空间、情境设计等。结合在线课程的性质和界面设计的相关知识，为满足学习者移动端学习的需求，在进行界面设计时，应从布局设计、信息呈现设计和交互设计方面进行考虑。

布局设计应考虑学习者的一般习惯，并保持整体一致，减少学习者发现和探索信息的时间，提高学习者的学习效率。

在设计时要为信息呈现分配较大的屏幕空间，可以采用分段呈现、提亮颜色、横屏布局等手段。

信息呈现设计可以从选择合适的字号、使用缩略图呈现图像、以分层的方式呈现信息等方面来优化界面设计。

关于交互设计，既要考虑交互的效率，也要关注学习效果。设计者可以通过简洁交互、定制导航地图等手段来完善界面交互设计，支持学习者个性化的学习流程，改善学习效果。

除此之外，在实际操作过程中，界面设计容易受到平台限制，我们可以在平台设计的基础上充分考虑课程性质与学习者的特征，对可修改的界面进行相应的调整和修改。

（四）宣传方案可视化设计

1. 海报设计

宣传是在线课程推广的重要工作，当前在线课程主要借助社群、海报及公众号等进行宣传，其中海报是宣传方案的重要组成部分。课程海报不同于其他海报，其主要目的是呈现课程的关键信息，从而吸引学习者参与学习。在设计海报时，需要注意以下几点。

（1）明确海报的宣传环境。

在线课程的海报主要通过新媒体宣传，因此需要结合移动端的特性来确定海报的尺寸，根据海报尺寸有重点地呈现信息，确保在一屏中呈现的信息是完整的，由于海报容量有限，一些重点信息也可放在配合海报宣传的推文中。同时，设计者要考虑人们在移动端阅读的舒适度，并对字号进行调整。

（2）确定海报的风格和配色。

设计者可基于课程整体配色方案进行海报设计，选择扁平化和简约的风格。正文内容可使用白色、黑色等低饱和色，标题和重点内容可用高饱和色强调。

（3）遵循排版设计的基本原则。

在进行海报设计时，应遵循排版设计的四大基本原则。

- 亲密：将相关因素归为一组，有助于组织信息，增加学习者对海报的认知。

- 对齐：各元素根据一定的视觉联系来排版，使海报看起来更清晰。
- 重复：同一层级的文字、颜色、空间位置等都应该是一致的，用重复来保证视觉上的统一。
- 对比：通过明暗对比、大小对比、粗细对比等方式提升海报的视觉效果。

"在线课程设计与开发"的海报	
呈现简要信息的海报	呈现详细信息的海报

图 7.3.13　优秀海报示例

| 在线课程设计与开发 |

以中国大学 MOOC "在线课程设计与开发"为例，在进行海报设计时，课程设计团队进行了多次修改，修改过程如表 7.3.4 所示。

表 7.3.4 "在线课程设计与开发"的海报设计方案

图案	设计思考与出现的问题
宣传海报第一版	设计思考：参考了其他课程的宣传海报，对课程重点信息进行了筛选，结合手机屏幕的大小确定了海报的尺寸。 出现的问题： （1）没有考虑到课程整体配色与重点信息的呈现，海报信息不完整、布局凌乱。 （2）没有体现出课程的特点 彩图
宣传海报第二版	设计思考：对课程重点信息进行了筛选，将与课程整体配色相搭配的橙色、黄色作为主色调，结合手机屏幕的大小确定了海报的尺寸。 出现的问题： （1）海报风格与课程不相符、不统一。 （2）缺少"课程内容体系"、开课机构（江南大学）、课程平台（中国大学 MOOC）的信息呈现，海报信息不完整、不清晰。 （3）"课程师资"和"课程特色与亮点"两个标题用圆角矩形框出来，与背景对比不够明显，没有达到预期的凸显关键词的效果。 （4）星星等图案属于冗余内容，对课程宣传起不到任何作用，只会增加学习者额外的认知负荷 彩图

续表

图案	设计思考与出现的问题
宣传海报第三版	设计思考：选用与课程配色方案一致的绿色和黄色及绿黄渐变色为海报的主色调，对需要呈现的重点信息进行重新筛选，确认海报上包括"雄厚师资团队""系统化课程体系""课程特色与亮点"等内容，并对这些内容进行排版设计。 出现的问题： （1）开课单位信息不清楚。 （2）各个模块没有对齐、同一模块字体大小不一致。 （3）为了填充右下角的空白，再次添加了课程的Logo，显得冗余。 （4）行间距和字体大小不一致，并且两排字之间的间距大于标题到具体内容的间距等 彩图
宣传海报第四版	设计思考：添加开课单位、开课平台图标至海报顶端；对齐各个模块，调整各个模块字体大小；确定海报上包括"开课时间""教师团队""课程内容体系"，并增加了简短的课程介绍；规划好行间距、字间距和海报的整体布局，删除了不必要的横线，让海报在视觉上不那么拥挤。 出现的问题： （1）各个模块的字体大小不一致。 （2）标题与正文仅字体大小不同，区别不明显，视觉效果仍显拥挤。 （3）上下白色半透明矩形的使用，缩小了海报的可用空间，影响了视觉效果 彩图

2. 公众号设计

和海报相比，公众号推文可以容纳更多的内容，因此可以更详细、具体地呈现课程

| 在线课程设计与开发 |

的重要信息。但与海报设计相同，在对公众号进行设计时，除了重要信息呈现，组织排版也是十分重要的。公众号设计应注意的要点如下。

（1）字体大小：根据学习者的特征对字体大小进行设计，当推文主要面向老年人时，字体大小建议在 16 号左右；当推文主要面向青年人时，字体大小建议在 12 号左右。

（2）字间距与行间距：为了有利于学习者整体阅读同一行内容，字间距和行间距建议为 1.5 至 2 倍，并且段与段的间距要大于行间距。

（3）配色：正文内容建议选择低饱和度的颜色，标题建议选择高饱和度的颜色。

（4）信息的呈现方式：纵向呈现能加强文本内容的可读性与学习者的可接受性。

（5）信息分块：可以在节与节之间插入分割线，也可以通过加粗、放大文字来强调节标题，并且可以在每节开始处插入图片、视频等来加强层级设计。

活动3　动态视觉设计

（此活动由动态视觉设计师主导完成）

活动目标：根据课程的选题、学习者的特征及各要素的设计，思考课程的动态视觉设计，包括配色方案、模板、Logo、封面、宣传方案的设计等。

活动时间：90 分钟。

活动步骤：

步骤1：确定课程的配色方案。

步骤2：结合配色方案，设计模板、Logo、封面及宣传方案。

这部分没有明确的步骤，重要的是结合课程的设计理念，大胆创新，自主设计，完成能够抓住学习者眼球的动态视觉设计，帮助课程进行更好的推广。

下面为大家介绍两门课程的动态视觉设计。

样例一："绘装惠修"课程（新手装修课）的动态视觉设计

1. 配色方案与模板设计

整体色调选用蓝色，主要采用皇家蓝#4169E1。从心理学角度来说，蓝色是能给人带来精神慰藉的颜色，给人以恬静、舒适之感，是家居布置的首选颜色。

#4169E1

此外，采用同色系配色。

彩图

2. Logo 及课程代理形象设计

Logo 整体勾勒出房屋的形状，代表装修、家装，主体部分以卡通形象小东为主，并在其中设计了"东"字，整体蓝白相配，以蓝色为主，用白色线条辅助，给人一种沉稳、恬静、舒适的感觉，具体如下图所示。

彩图

为了能够给用户提供及时的帮助与服务，课程专门设计了支持服务助手——小东，扮演智能助手的角色。

彩图

样例二："'陷阱'还是'馅饼'——大学生消费必修课"的动态视觉设计

1. 配色方案与模板设计

绿色代表健康、活力，是充满希望的颜色，同时绿色也是安全的象征，并且可以缓解眼睛的疲劳，所以配色方案以绿色为主，整体呈现简洁的基调。黄色代表金钱，符合这门课程"避开金钱消费陷阱"的主题，所以选用黄色作为配色。

彩图

2. Logo 及课程代理形象设计

根据课程视频背景色设计了两种明暗风格的 Logo。

彩图

Logo 的底部图案代表陷阱，中间是一个带有人民币符号的金钱，上端是个钩子，代表这门课程，人民币符号（"￥"）最上面部分像一个对号（"√"），代表金钱要用对，不花冤枉钱。

> Logo 的含义：这门课程将教会大家正确消费，避免陷入消费陷阱。
>
> 课程代理——警察小安：
>
> 彩图
>
> 让卡通风格的人物警察小安为学习者讲授知识点，符合课程幽默、轻松的风格。界面以浅色调为主，给学习者温馨的感觉，卡通风格拉近了课程与学习者的距离，给人舒适感，营造了轻松、舒适的学习氛围。

模 块 总 结

本模块介绍了在线课程设计与开发中期系统设计的后 3 个方面：学习指导设计、学习支持服务设计及动态视觉设计。

在线学习是一种学习者自我导向的学习。学习引导的作用在于帮助学习者为未来学习的开展做好准备，更好地投入学习，并在课程学习过程中一步一步地引导学习者顺利完成学习。课程导学作用于课程开始前，并贯穿课程开展始终。一门课程的导学设计应该包括课程整体导学设计、课程章节导学设计、学习活动参与指导设计及学习资源使用指导设计。课程整体导学设计包括课程基本信息介绍、课程目标与学习内容介绍、学习安排介绍、学习要求与学习评价介绍、学习工具与平台介绍、课程学习指导书的编写等方面；课程章节导学设计包括各章节的目标与内容介绍、学习建议及相关提醒等；学习活动参与指导设计包括活动步骤、支架、反馈、样例等；学习资源使用指导设计包括资源介绍、获取方式、一些内容的重点标注等。所有的学习指导都可以采用视频、音频、动画或者文本等多种呈现形式。章节导学、学习活动参与指导与学习资源使用指导是层层深入地帮助学习者了解章节，做好学习参与准备的重要方式。其核心都是为了促进学习者的学习。课程导学的设计是在线课程设计与开发中容易被忽视却十分重要的一项内容。我们需要做的是站在学习者的角度，考虑学习者的学习体验与感受，进行引导设计，并恰当运用媒体形式，完成相关材料的开发。

在线学习教与学相对时空分离的特征，使得学习者在学习的过程中会因为遇到各种问题和困难而难以坚持，因此需要提前了解学习者可能会遇到的学习困难并提供对应的学习支持服务。当前学习支持服务可分为学习过程支持、学习技能支持、情感支持、管理支持、技术支持 5 类，每种类型都包含许多设计要点。在学习支持服务的设计过程中，我们应该遵循的是"服务前置"的设计理念，即提前考虑学习者会遇到的学习困难和问题，做好对应的精细化设计。前期的设计很重要，但是更重要的是在过程中的精准推送及问题的及时解决，很多问题可能是我们无法提前预料到的，学习者一旦遇到困难，解决问题的及时性非常重要。除前期设计及过程中的推送之外，我们还需要在多轮课程的运行中总结出学习者遇到的共性问题，不断迭代学习支持方案，为学习者创造良好的学习体验。

动态视觉设计可以让课程风格化、整体化，创造良好的视觉效果；动态表征与可视化呈现内容，促进学习者的理解；动态呈现内容，吸引学习者注意，防止认知疲劳；吸引学习者参与，提升课程标识度和品牌效应。在线课程的动态视觉设计包括学习内容的可视化表征、情境化学习代理或角色设计、课程的整体视觉效果设计与宣传可视化设计等。动态视觉设计重点与难点在于信息动态化设计，需要根据具体内容选择合适的动态化表征方式，信息动态化设计与呈现是降低课程学习认知负荷、促进学习者深度理解有难度但文字又难以表述的内容的重要方式。

模块八

设计与开发篇——后期开发与评价

模块概述

本模块面向在线课程设计与开发的第三阶段——开发与评价，即落实前期的设计方案，发布并运行课程，并在此过程中收集用户的反馈，形成迭代方案，不断完善和发展课程。本模块为大家提供了大量设计、开发与迭代过程中会用到的工具，并提供了在线课程设计与开发的评价参考指标，帮助大家完成课程的评价、反思与改进。

后期开发与评价是落实课程的设计，以及不断完善课程的重要方式。由于在线课程的设计与开发是一项系统性工程，在本模块的学习过程中，项目组需要结合前期的系统性设计，选择一个知识点完成对应的课程原型整体设计和样例开发，从而最终落实上述设计。

模块学习目标

1. 能够运用相关设计工具完成课程原型整体设计和样例开发；
2. 基于课程原型和样例与项目团队和目标用户进行沟通，不断优化与完善课程的设计方案、原型和样例；
3. 形成持续迭代的课程设计与开发理念，并在过程中收集资料，不断完善课程设计；
4. 了解课程的评价参考指标，在设计过程中有意识地对照指标，深入推进课程设计。

模块知识结构图

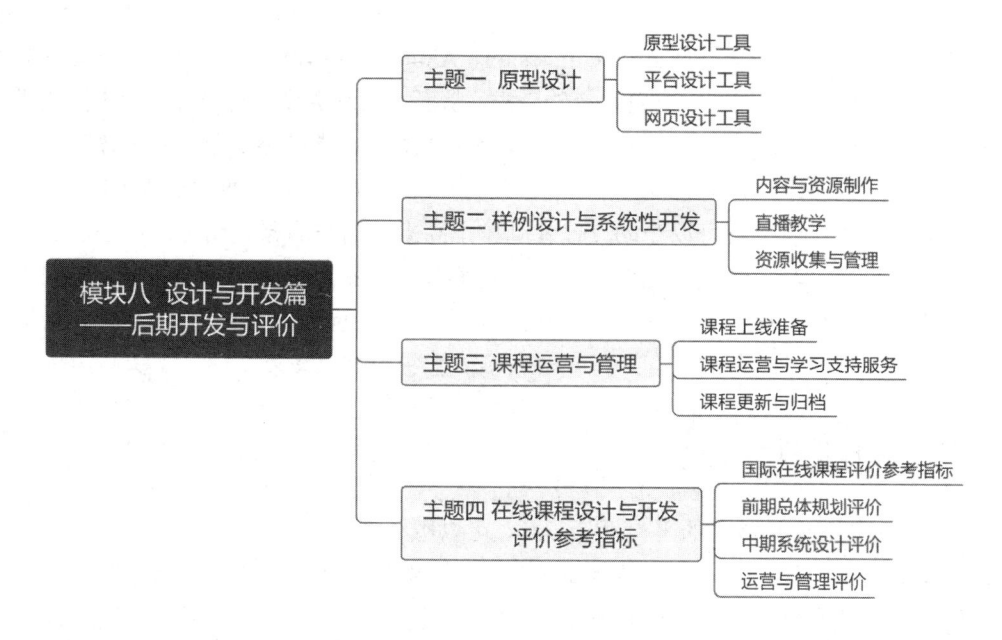

```
模块八 设计与开发篇
——后期开发与评价
├── 主题一 原型设计
│   ├── 原型设计工具
│   ├── 平台设计工具
│   └── 网页设计工具
├── 主题二 样例设计与系统性开发
│   ├── 内容与资源制作
│   ├── 直播教学
│   └── 资源收集与管理
├── 主题三 课程运营与管理
│   ├── 课程上线准备
│   ├── 课程运营与学习支持服务
│   └── 课程更新与归档
└── 主题四 在线课程设计与开发评价参考指标
    ├── 国际在线课程评价参考指标
    ├── 前期总体规划评价
    ├── 中期系统设计评价
    └── 运营与管理评价
```

主题一　原型设计

主题学习目标

1. 利用相关原型设计工具，结合课程前期的总体设计制作课程原型，呈现课程最终的效果；

2. 基于课程原型与项目团队和目标用户沟通，收集反馈信息，完成课程设计方案并修正原型。

原型设计的内容一般包括界面与整体风格设计。原型设计效果接近模型，类似于演示课程，可以呈现课程开发后的整体效果，它不仅能帮助设计者确认用户需求，也是后续资源开发的依据，是检验在线课程设计方案是否可行的关键。在与目标用户沟通时，用文字、草图沟通可能无法表述清楚课程设计的细节或容易产生歧义，并且长篇累牍的文件也会降低目标用户沟通的积极性。原型可以让用户直观地感受课程，让用户了解自己的学习需求能否被满足，同时它能让设计者和目标用户更好地表达自己的想法，提高沟通效率。原型的制作成本和演示成本相对较低，能够帮助设计者及时改进课程设计，避免直接开发造成的损失。除此之外，原型设计还有助于相关人员提前熟悉课程，及早开始课程的宣传与推广。在此推荐一些原型设计工具、平台设计工具和网页设计工具以供大家选用。

一、原型设计工具

常用的原型设计工具包括 Adobe InDesign、Axure、墨刀等，主要为设计者提供原型设计与开发平台，能够反映用户对系统的需求，从而大大减少设计与开发过程中因需求不明确而反复修改的无效工作。以 Axure 为例，它不仅能制作静态的页面，还能添加交互动作，是进行原型设计的最佳工具之一，能够助力在线课程平台的界面与整体风格设计。

Axure 原型设计工具可以帮助设计者制作出高水准的产品原型图，快速创建应用程序和网站线框图。其包含大量元件库，允许随意构建草图、线框图、流程图及不同类型的产品模型，还可以设计不同样式的交互内容。在原型设计工具中，此工具较为精细、复杂，可以实现非常复杂的交互，但耗时较多，上手也相对较慢。

二、平台设计工具

创客贴、Canva 是常见的平台设计工具，可以用于课程的原型设计。其中，创客贴是一款简单好用的设计工具，拥有涵盖海报、卡片、邀请函等多个领域的海量精品模板和丰富的字体，且模板中的元素都可修改（可替换成自己的素材内容），足以应对大部分应用场景。它不仅提供高清的图片素材，还集合了许多矢量素材，方便设计者使用。设计者可以在空白画布上从零开始设计，也可以使用现成的模板快速设计。创客贴网页界面如图 8.1.1 所示。

图 8.1.1　创客贴网页界面

三、网页设计工具

网页设计是网站设计的一部分，是网站设计的前端。很多网页设计工具可以快速搭建网页，不需要输入代码。新手用户可以使用模板设计网页，专业用户可以使用前端技术设计网页，常用的网页设计工具包括 Webydo、Adobe Dreamweaver 等。

以 Webydo 为例，如图 8.1.2 所示，Webydo 是一个网站设计及托管平台，可以帮助网页设计师摆脱传统的网站设计流程，能够将设计自动转换成 HTML5 网站，系统自带拖放式文字编辑功能，可以控制所有的设计组件，同时可以轻松地上传元素，还有大量的模板可以套用。用户在此过程中无须做任何手动编程工作，该工具注册后可以免费试用 30 天。

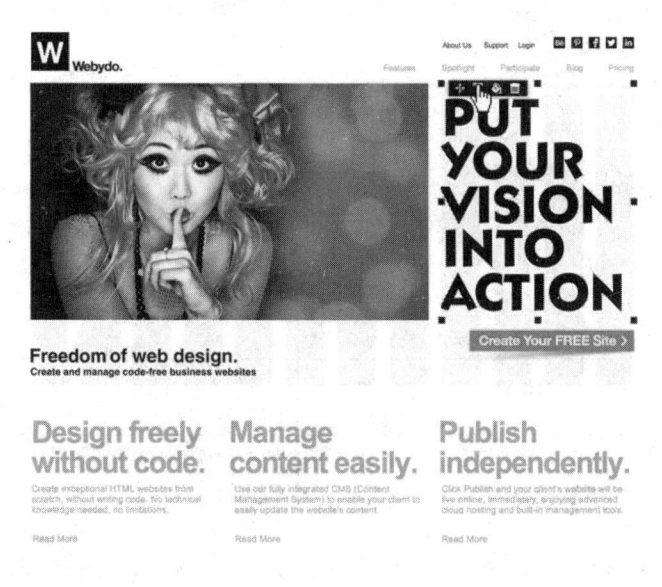

图 8.1.2　Webydo 网页界面

活动 1　课程原型设计

（由项目组的项目经理组织各成员协作完成）

活动目标：借助课程模型图工具，进行课程原型设计。

活动时间：大约 180 分钟。

活动步骤：

步骤 1：发布任务。

至此，我们已经完成在线课程的第一轮设计，在这个过程中我们开展了头脑风暴，确定了选题，并初步设计了课程的各要素，那么本阶段的任务总结我们之前的设计，以结构化的方式展现设计，形成设计原型——课程模型图，这将成为最终设计方案的基础。

步骤 2：课程模型图工具介绍。

这里为大家介绍由英国开放大学提供的课程设计工具：课程模型图（见表格）。借助课程模型图构建出的课程模型能清晰地呈现课程资源开发的整体思路，同时也是一份翔实的工作备忘录（任岩，2015）。

课程名称：	
项目组名称： 课程关键词：	课程概要描述： （1）为什么——课程拟解决的教育问题。 （2）为谁——课程的学习者。 （3）什么——课程目标与设计理念。 （4）借助什么——平台与工具。
1.指导与支持 （课程导学设计、学习支持服务设计）	2.内容与体验 （内容体系设计、学习资源设计）
学习支持（如模块指导、网页、音频、视频、交互、软件、词汇表、学习规划）； 考试辅导（如考前指导、网页、音频、视频、交互、软件、论坛、英国开放大学现场讨论会）； 图书馆服务（如指南、网页、音频、视频、交互、软件、英国开放大学图书资源）； 易获得性支持（如易指南、网页、音频、视频、交互、软件）	核心学习材料（如网页、音频、视频、交互、软件、实践设备、作业安排）； 学习技巧材料（如网页、音频、视频、交互、软件）； 其他学习支持工具与材料（如网页、音频、视频、交互、软件、实践设备、作业安排）
3.反思与表现 （学习评价设计）	4.交流与合作 （学习活动设计）
OCAS（分级连续考试，如作业/项目/考试）； OES（分级的模块单元末考试，如作业/项目/考试）； AFL（不分级的学习测试，如作业/项目/考试）； 反思（如指南、音频、视频、学习刊物、交互、软件）； 个人发展计划（如指南、音频、视频、交互、软件等）	与辅导教师（如个别辅导、论坛、英国开放大学现场讨论会）； 与同行（如顾问或管理者、交互、软件）； 更广泛的实践交流（如论坛、英国开放大学现场讨论会、交互、软件）

课程模型图除包含一些基本信息（课程名称、项目组名称、课程关键词）之外，还包含课程概要描述，具体涉及以下几个方面。

（1）为什么——课程拟解决的教育问题。

（2）为谁——课程的学习者。

（3）什么——课程目标与设计理念。

（4）借助什么——平台与工具。

此外，课程模型图还包含4个重要的模块。

（1）指导与支持：涵盖所有需要考虑的支持服务，指向的是课程导学设计和学习支持服务设计，由课程辅导教师和导学与学习支持服务设计师完成。

（2）内容与体验：指向的是内容体系设计和学习资源设计，还关注学习者在与学习资源交互的过程中，由课程学习资源自身特征引发的心理状态，包括对学习资源易用、有用等的满意程度，以及愉快感、成就感等主观心理感受。这部分由课程主讲教师、项目经理、动态视觉设计师合作完成。

（3）反思与表现：指课程的考核，即学习评价设计，由学习设计师主导完成。

（4）交流与合作：关注在学习资源中设计大量引导教师与学习者、学习者与学习者，以及他们与学校外部相关机构交流与合作的活动，指向的是学习活动设计，由学习设计师主导完成。

步骤3：合作完成课程模型图，并利用工具制作出课程原型。

根据项目组内的分工，合作完成课程模型图，在此基础上利用Axure墨刀等工具制作出课程原型，要求反映出课程整体的界面设计，体现各要素设计的大致思路。这里为大家提供两个课程原型设计样例作为参考。

参考样例一："绘装慧修"课程原型设计

参考样例二："'陷阱'还是'馅饼'——大学生消费必修课"课程原型设计

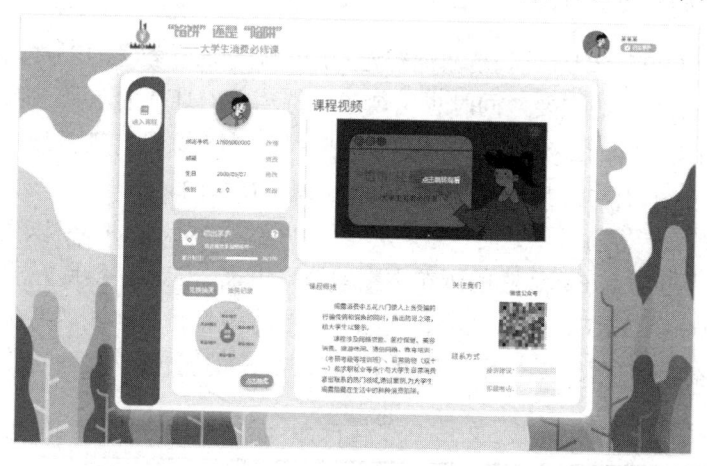

工具与方法支持：课程模型图、课程原型制作软件。

主题二　样例设计与系统性开发

主题学习目标

1. 借助相关工具与方法，基于前期的设计方案，选择一个具体知识点完成课程样例的设计；
2. 通过课程样例收集用户反馈，完善整体的课程设计方案和样例。

在确定课程整体设计方案后，需要以课程的某一章为样例，进行尝试性开发，了解课程后续开发过程中可能遇到的问题，并将其作为课程后续开发的参照。在样例设计与后续课程系统性开发的过程中，学习资源的制作是重要内容，学习资源的质量在很大程度上决定了在线课程的质量。这就要求设计的样例具有代表性，应包括课程设计方案中多种形式的学习资源。学习资源的制作主要包括引用或改编现有资源、自主开发新资源两种方式。在学习资源制作过程中，需要处理大量的文本、视频和音频资料，完成预设资源的制作后，在课程进行过程中，还需要收集学习者的生成性资源，这就意味着我们需要投入大量的时间和精力。在此过程中，好的工具能帮助我们更快、更好地完成高质量的学习资源制作，及时收集与转录资料，取得事半功倍的效果。这里为大家推荐一些非常实用的工具。

一、内容与资源制作

（一）动态幻灯片制作

PowerPoint（PPT，幻灯片）是教师普遍应用的辅助课堂教学的工具，其以单线条的"线性思维"满足教学的需要，同时也出现了支持动态幻灯片的工具，包括 Focusky、AxeSlide、Prezi 等。Focusky 是一款多媒体幻灯片制作软件，其打破常规，采用从整体到局部的演示方式，具有思维导图式的呈现效果，模仿视频的转场形式，支持生动的 3D 镜头缩放、平移和旋转等特效，更便于学习者理解和记忆知识。Focusky 以逻辑为引导，使创意无限的想法与观点在无边际的画布中生动演绎出来，能够获得良好的教学效果。另外，其支持 HTML、EXE、ZIP、App、视频、PDF 等多种输出格式，为在线课程设计与开发提供了基本保证。表 8.2.1 所示为 PPT 与 Focusky 的比较。

表 8.2.1　PPT 与 Focusky 的比较

对比内容	PPT	Focusky
布局方式	幻灯片堆叠式	画布式

续表

对比内容	PPT	Focusky
内容展现方式	线性的、局限的	非线性的、开放的
内容变化方式	进入、强调、退出等	放大、缩小、进入、退出等
媒体兼容性	支持多种媒体插入（需要控件）	支持多种媒体插入
输出格式	PPT、PPTX、PDF	HTML、EXE、ZIP、App、视频、PDF 等

注：信息获取时间为 2022 年 12 月。

（二）在线动画制作

教学中引入动画是一个形象思维的过程，动画可以形象、具体地展示情境化的教学内容，使学习者更好地理解抽象性内容。Flash、Articulate、Authorware、来画动画已被广泛应用于交互式课件的制作。

支持移动端免费应用的"皮影客"软件也被大量应用于教育领域，其采用模块化、组合式的动画制作方式，将动画制作的过程分解为场景选择、人物选择、添加道具、设计动作等模块，图 8.2.1 所示为皮影客任务设计界面。用户只需根据故事情节进行选择、组合即可完成动画制作。这种制作方式让动画制作变得简单、有趣，也为没有专业知识背景的普通人制作专业的动画清除了一定的技术障碍。

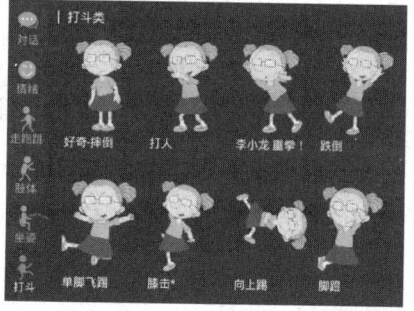

图 8.2.1 皮影客任务设计界面

（三）图像编辑

在线课程授课的过程中，有一些需要演示的内容，有时还需要对重要内容不断地进行勾画与标注，这就是我们经常所说的圈点标注（或圈点批注）。ZoomIt、小 Q 画笔、Annotable、MockuPhone、SnapPen 均是支持圈点标注的工具。以 ZoomIt 为例，图 8.2.2 所示为它的功能界面，该工具具有强大的屏幕放大与屏幕标注功能。

除此之外，拼图酱、长图拼接大师作为专门的图像拼接工具，可以帮助用户进行图像拼接；Remove.bg 软件为用户提供了强大的图像抠图功能；而大家熟知的 Adobe Photoshop 为用户提供了强大、全面的图像编辑功能。

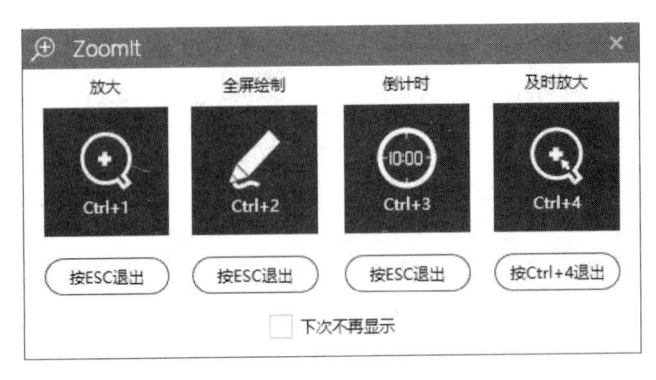

图 8.2.2 ZoomIt 的功能界面

（四）绘图

常用的绘图工具包括 Assembly、Sketches、Paper、Amaziograph 等。其中，Assembly 是一款适用于移动端的，使用积木法创作贴纸、图标、场景的矢量图形设计工具。用户可利用其素材库（包含各种基本形状、符号、贴纸）进行分层、堆叠和定位，并且可以进行专业输出。它素材丰富，可将素材智能组合、复制、翻转、旋转等，在移动过程中设有智能辅助线，可实现自动对齐，并可以通过取色器获取更多颜色。业余爱好者可以使用基本形状、预制贴纸进行基础创作，专业人士可购买专业版软件获取超过 100 种形状及更多功能，以创作高质量作品。

（五）H5 移动微课制作

微课是服务于教育管理、教学教研、教育服务的，其综合了文字、图片、视频、音频等类信息的微型资源。移动微课是指基于移动互联网，利用移动终端，将文字、图片、视频、音频等资源进行推送的一种微课。移动微课能够大大降低教师录制微课的技术门槛和时间成本，也为教师由"关注技术"向"关注内容"转变提供了极为有利的条件。H5（第 5 代 HTML）就是典型的新型网页开发技术，能够辅助教师进行教学信息的展现。表 8.2.2 所示为 PPT 与 H5 课件的优劣势比较。

表 8.2.2 PPT 与 H5 课件的优劣势比较

	PPT	H5
优势	信息展示方便，思路清晰，制作门槛低	跨平台设计，极易传播，能够实现良好的互动，轻便小巧
劣势	不方便共享文件，不能实现师生互动	制作稍显麻烦，对教学元素支持力度不够，不利于展示复杂信息，在无网络的情况下无法使用

快片儿是一款功能强大的 H5 幻灯片制作工具，其制作简单、轻松易学、便于传播，以滑动翻页为交互形式，便于新手用手机拍摄、制作并上传"卡片式微课"。此外，支持

免费制作移动微课的软件还包括易企秀、小影等。

（六）视频录制

为支持多种学习方式的新型在线网络视频课程的开发，满足用户通过移动端学习网络公开视频课程的需求，一些专业的录屏工具受到广泛的关注。视频录制工具可分为两类：第一，以 Camtasia Studio、EV 录屏、汗微·微课宝、屏幕录像专家等为主的屏幕录制工具；第二，以 ScreenToGif、GifCam、LICEcap 等为主的 GIF 动画录制工具。

1．屏幕录制工具

Camtasia Studio 是美国 TechSmith 公司出品的一款功能强大的屏幕录像和编辑工具，其支持屏幕动作录制、视频剪辑，具有简便易学的特点。Camtasia Studio 降低了在线视频课程的制作技术门槛和对设备的性能要求，众多优点使其成为目前国内众多用户进行在线视频制作的首选工具。表 8.2.3 所示为 4 种屏幕录制工具的对比。

表 8.2.3　4 种屏幕录制工具的对比

工具	初始界面复杂性	导入视频格式	生成视频格式	适用人群
Camtasia Studio	中文界面，界面简单、清晰	支持 MP4、WMV、AVI 等多种格式	MP4 视频格式、GIF 动画格式、EXE 可执行文件格式等	大众人群
EV 录屏	中文界面，界面简单、清晰	无须导入视频	MP4、AVI、WMV、FLV 等主流格式	大众人群
汗微·微课宝	中文界面，界面简单	MP4、PPT 等多媒体素材	MP4、FLV 格式	大众人群
屏幕录像专家	中文界面，较为复杂，选项较多	只能是 WAV 格式	MP4、AVI、WMV、GIF 等主流格式	专业人员，有一定的音频、视频制作基础

注：信息获取时间为 2022 年 12 月。

2．GIF 动画录制工具

Screen ToGif 是一款开源免费的 GIF 动画录制工具，支持屏幕、网络摄像头和草图 3 种内容记录方式。其编辑器功能强大，既可以编辑录音，也可以编辑其他来源的 GIF 动画，还可以快速录制屏幕上的指定区域，将内容直接保存为 GIF 动画文件。在录制过程中，用户可以同时运行其他应用程序。其支持内容导出为 GIF 动画、视频，还可另存为项目，以供日后编辑。表 8.2.4 所示为 3 种 GIF 动画录制工具的对比。

表 8.2.4　3 种 GIF 动画录制工具的对比

对比内容	ScreenToGif	GifCam	LICEcap
核心功能	GIF 动画与视频可互转；支持录制摄像头；支持录制画板；支持多种编辑功能	支持逐帧录制和编辑；支持多种编辑功能；支持多种导出格式	支持录制更高质量的 GIF 动画；支持暂停和继续录制；支持指定最大每秒帧数
是否支持修改录屏窗口大小	支持使用数值修改录制窗口大小	录制窗口可显示大小，但不能输入数值修改	支持使用数值修改录制窗口大小
是否支持编辑	支持，且功能非常强大	支持，且可以逐帧编辑	不支持
界面语言	简体中文等多种语言	英语	英语
下载	软件包版、安装版、便携版	免费版	免费版
操作系统	仅 Windows	仅 Windows	Windows 和 MacOS

注：信息获取时间为 2022 年 12 月。

（七）视频编辑

在线教学视频的制作在录屏、图片处理的基础上，更为重要的是对视频的编辑。常用的视频编辑工具包括 Adobe Premiere、Adobe Effects、剪映、爱剪辑、Quik、会声会影、Final Cut Pro X 等。

PC 端的工具应用较广的为 Adobe 公司推出的 Adobe Premiere，该工具具备采集、剪辑、调色、美化音频、字幕添加、输出等一系列功能，能处理大批量素材、实时预览、高效剪辑，能满足用户创建高质量微课作品的需求，并且简单易学。Adobe Premiere 对计算机的配置要求较高，该工具的界面截图如图 8.2.3 所示。

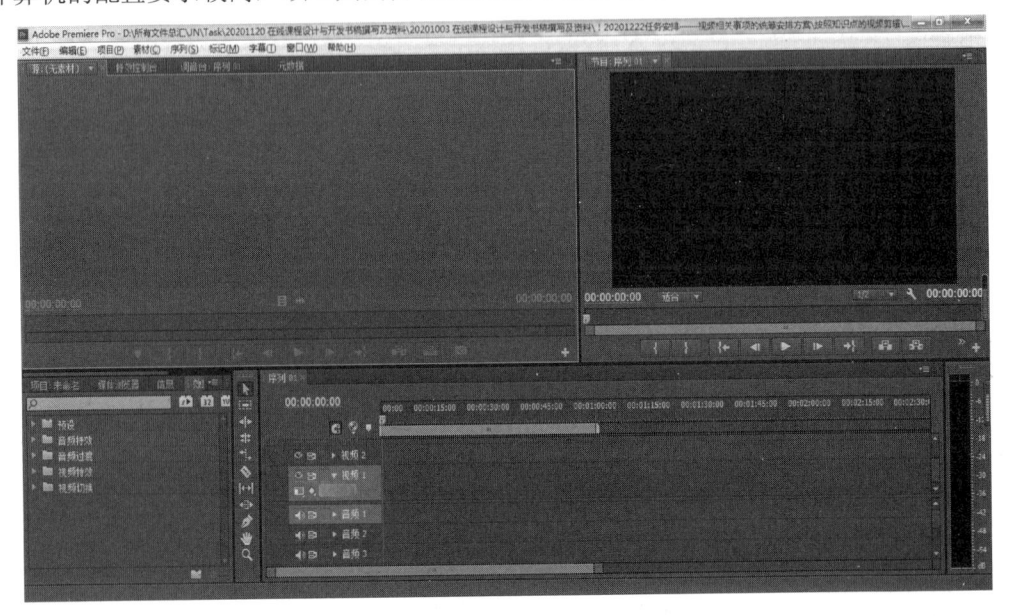

图 8.2.3　Adobe Premiere 的界面截图

剪映是一款视频编辑应用，具有全面的功能，支持变速、降噪，有多样滤镜效果及丰富的曲库资源，能够支持简单的微课制作。

值得一提的是，短视频制作如今十分流行，Quik 是 iOS 和 Andriod 平台的短视频制作工具，只需要轻按几下便可制作出炫酷的视频。其主要支持把手机里的照片或视频快速做成一个小短片，操作非常简单，利用自带的转场和合适的音乐便可以制作一段 15 秒到几分钟的视频。同时，其可以对每个片段进行自定义。该工具供用户免费使用，且无须注册账号，也可以开启或关闭自带的水印，基本的视频编辑功能都具有。表 8.2.5 所示为部分视频编辑工具的功能对比。

表 8.2.5 部分视频编辑工具的功能对比

工具	主要适用平台	主要功能	适用情境	适用人群
Adobe Premiere	PC 端（支持系统：Windows、MacOS）	（1）多轨道视频叠加剪辑； （2）多种滤镜效果调整； （3）音轨混合器支持音频编辑与调整； （4）特效添加与应用； （5）添加与编辑字幕	电视编导与制作、视频（专业）编辑	视频编辑爱好者、专业人员
Adobe Effects	PC 端（支持系统：Windows、MacOS）	（1）图形、视频处理； （2）强大的特技功能； （3）多层叠加剪辑	视频编辑与特效制作	视频编辑爱好者、专业人员
剪映	PC 端（支持系统：Windows、MacOS）；移动端（支持系统：iOS、iPadOS、Android）	（1）手机、平板、电脑三端草稿互通； （2）AI 高阶功能提高剪辑效率； （3）音频、特效等海量优质素材	视频编辑与特效制作	大众人群
爱剪辑	PC 端（支持系统：Windows）；移动端（支持系统：iOS、Android）	（1）操作简单； （2）超清画质； （3）专业的特效和滤镜效果； （4）多语种 AI 自动加字幕	视频编辑与特效制作	大众人群
Quik	移动端（支持系统：iOS、Android）	（1）自动采集视频精彩点，支持自动剪辑视频； （2）多样化视频风格； （3）节奏同步、速度控制、画面抓拍等强大的编辑功能； （4）高分辨率且支持一键分享到多平台	视频编辑、特效制作与分享	大众人群

注：信息获取时间为 2022 年 12 月。

（八）音频编辑

在课程制作的过程中，音频编辑十分常用，既可能是简单的音频剪辑，也可能是剪辑音乐的片段，还可能是制作自己创作的音频内容，并为音频添加混音与特效。总体来说，音频编辑主要包括音频的拼接与剪辑、专业混音与制作两个方面。常见的音频编辑工具包括 Adobe Audition、Apowersoft 免费在线音频编辑、Audacity、Cubase、TwistedWave 等。

以 Adobe Audition 为例，Adobe Audition 是专业的音频编辑工具，支持 Windows 和 MacOS，软件界面非常友好并且可以方便地和其他套件集成，如图 8.2.4 所示。作为成熟的音频编辑工具，其具有先进的音频混合、编辑、控制和效果处理功能，支持同时录制多个音源及外部插件（如 VST）的嵌入。该工具还具有一流的音频修复功能，允许在录音中抓取噪音的样本，从整个文件中删除不需要的声音，还可以通过智能降噪和自动修复来消除噪音。另外，其还可以保存经常使用的操作，并定制工具的界面，使其符合自己的工作习惯。尽管该工具的费用不低，但能够为音频专业剪辑人士提供强大的音频处理功能。

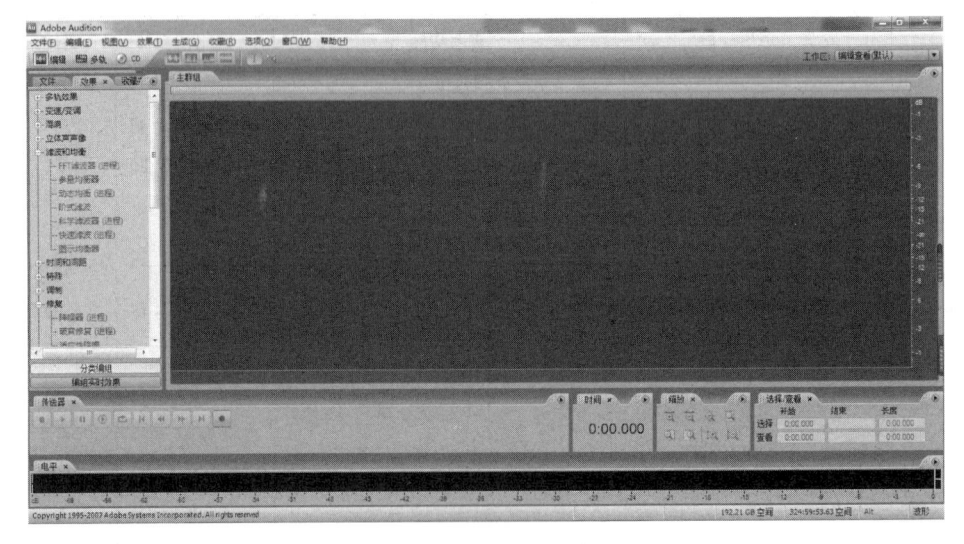

图 8.2.4　Adobe Audition 的界面

对新手来说，TwistedWave 不像其他音频编辑工具那样需要进行各种复杂的操作，能够满足新手的需求。TwistedWave 是一款简单易用的音频编辑工具；它分为两个版本，适用于 Mac 的客户端和网页版的 Twisted Wave Online。二者的功能和界面都非常类似，网页版的优点是使用方便，无须下载软件，在浏览器中就能使用，但是需要先上传音频到服务器才能开始剪辑，对于较大的音频或者在网络不好的情况下不是很友好；客户端虽然需要安装到本地，但是使用起来更加稳定。

（九）视频字幕制作

在制作与编辑在线视频资源时，为了保障视频内容的传播效果，避免因为主讲人的发音问题等造成内容理解偏差，往往需要在视频中嵌入相应的字幕，有时甚至需要一次性批量导入与生成字幕。因此，视频字幕制作工具对编辑与生成完整的视频资源来说尤为重要。除运用 PS 工具进行字幕的编辑与批量导出之外，常见的视频字幕制作工具还包括绘影字幕、网易见外、蜜蜂剪辑、Arctime 等，这些工具涉及自动化添加字幕的功能。

视频字幕制作工具的功能对比如表 8.2.6 所示。

表 8.2.6 视频字幕制作工具的功能对比

工具	适用平台	主要功能	收费/免费
绘影字幕	PC端、移动端	（1）视频字幕翻译配音； （2）多语言识别、互译（超14种语言的互译），支持制作双语字幕； （3）视频原字幕提取； （4）字幕时间轴匹配，基于视频时间轴自动切分并对齐字幕	收费
网易见外	PC端	（1）视频智能字幕：智能提供视频双语字幕服务。 （2）音频转写翻译：基于智能语音识别技术，将中英文音频信息快速转录，生成文本信息。 （3）字幕文件翻译：精准翻译字幕文件。 （4）图像识别翻译：支持多国语言的图片翻译。 （5）会议同传：实时双语字幕，扫码一键分享	收费
蜜蜂剪辑	PC端	（1）语音转文字自动生成字幕； （2）丰富的字幕素材库	免费
Arctime	PC端	（1）支持字幕文本的手动编辑与自动翻译； （2）支持自动化语音转字幕和AI文字转语音制作配音； （3）支持 SRT、ASS 外挂字幕格式； （4）根据音频自动切分时间轴； （5）支持特殊字幕效果（字幕特效）的制作； （6）工程文件跨平台通用，支持多人协作	收费

注：信息获取时间为 2022 年 12 月。

二、直播教学

在线直播教育打破了空间的限制，通过网络平台将分散在全国各地的学习者集中在一起，通过网络传输视频、音频等教学资源进行授课，也打破了时间上的限制，基于网络授课的教学资源方便储存、传输，方便学习者反复学习。

表 8.2.7 从互动的角度，对直播教学工具进行了分类，分为音视频直播+录播和在线互动直播。

表 8.2.7 直播教学工具分类[①]

分类	工具名称	收费情况
音视频直播+录播	千聊、荔枝微课、哔哩哔哩	个人使用免费
在线互动直播	腾讯会议、QQ、企业微信、抖音、ClassIn、Zoom	部分功能收费

[①] 来源于微信公众号"实用教育技术"。

1. 音视频直播+录播工具

以千聊为例，千聊是一个专注于知识分享的直播平台。其操作简单，音视频课程资源可永久保存，方便学习者重复收听，学习者可随时复习与回顾。其支持教师语音讲座直播、语音 PPT 直播、音视频互动、音视频录播、打卡等。其不足之处在于，无法实现教师和学习者在线直播互动，只能通过文字交流的方式进行互动。

图 8.2.5 所示为哔哩哔哩"课堂"模块界面，用户可选择观看来自中国教育电视台、清华大学、北京大学等平台及教育机构的免费直播及点播课程，教学内容极为丰富。

图 8.2.5 哔哩哔哩"课堂"模块界面

2. 在线互动直播工具

目前，诸多工具支持在线互动直播的进行，包括腾讯会议，ClassIn、Zoom、抖音等。腾讯会议稳定性高，语音、视频传输效果好，能够支持双向多通道语音、视频通信，通过双向的"共享屏幕"功能，可以实现软件操作类课程的在线演示和学习者指导（柴媛媛，王卫国，2020）。ClassIn 是一款一对多直播互动教学软件，提供视频授课、学习答疑、试题练习等服务，能够还原线下面对面互动式教学的在线教室。图 8.2.6 所示为 ClassIn 支持的教学课堂，图 8.2.7 所示为 ClassIn 为教师教学提供的互动工具。

图 8.2.6 ClassIn 支持的教学课堂

图 8.2.7 ClassIn 为教师教学提供的互动工具

三、资源收集与管理

（一）文件扫描工具

将文件进行扫描是实现纸质文件数字化的重要途径，即用户可以快速、便捷地运用扫描工具将纸质文件转化为电子图像文件，以实现在计算机上检索、查询、浏览、编辑、分享等，是一种高效的学习资源整理方法。常用的文件扫描工具包括白描、扫描全能王、TextGrabber、迅捷文字识别、福昕扫描王等，表 8.2.8 对常用的文件扫描工具进行了对比，这些支持文件扫描的工具包含高超的文字识别与扫描技术，具有突出的识别与校对、文档扫描与编辑、多国语言识别与互译功能，可用于拍照翻译文字、文件转录、纸质书阅读笔记摘录、截图文字内容提取等。此外，TextGrabber、迅捷文字识别等工具已经可以支持语音识别与转换，为用户提供了更多的便利。

表 8.2.8 常用的文件扫描工具的对比

工具	识别流程	主要功能	功能定位	准确度	免费/收费	PC 端/移动端
白描	拍摄/选择照片→直接识别→识别结果	（1）图片扫描与文字识别（支持手写字的识别），支持生成扫描件； （2）批量扫描与识别； （3）自动识别文档边界、自动裁剪； （4）自由选区，识别结果翻译； （5）自由编辑、校对、分享	文字识别与翻译	一般	部分功能收费	PC 端、移动端

续表

工具	识别流程	主要功能	功能定位	准确度	免费/收费	PC端/移动端
扫描全能王	拍照/选择照片→选择整页识别/局部识别→获得识别结果	（1）图片转文本，支持40种语言的文本转换； （2）图片自动切边与美化； （3）支持多设备同步； （4）支持无线打印； （5）高级功能下可自由合并、拆分、编辑、分享、压缩PDF文件	文字识别、格式转化、PDF编辑	较高	高级功能收费	PC端、移动端
Text Grabber	[英文版] 拍照/选择照片→裁剪图片（也可直接识别）→直接识别→识别结果	（1）拍照翻译并转文本，支持60多种语言的文本转换，可翻译100多种语言； （2）语音翻译与转换，支持语音与文字的双向转换； （3）离线扫描与转换； （4）批量识别； （5）识别结果自动备份与实时保存； （6）支持自由编辑、分享、保存	文字识别与翻译	高	收费	移动端
迅捷文字识别	选择照片→选择转换项→直接识别→识别结果（设置效果、进行裁剪等）	（1）即时拍照、连续拍摄、表格识别、拍照翻译； （2）智能裁边、手动调节图片识别参数； （3）识别文字，自由编辑、复制、校对、翻译、分享； （4）导出文档自动排版、有序保存管理、快捷检索、批量操作； （5）连续识别文档并生成扫描件	文字识别与翻译	一般	高级功能收费	PC端、移动端
福昕扫描王	拍摄（可选单拍或连拍）/选择照片→直接识别→识别结果	（1）扫描纸质文件，快速生成电子文档； （2）图片转文字，可识别10种语言文字，导出可编辑、复制、保存或分享的TEXT文本，也可直接转换为PDF文件； （3）高清证件扫描，保护证件安全； （4）多种文件格式自由转换，一键分享	文件识别与翻译	较高	部分功能（如图片转PDF）收费	移动端

注：信息获取时间为2022年12月。

除了以上梳理总结的，还有很多具有相似功能的工具可支持图片扫描与文字识别，如洋果扫描王、猫图鹰扫描仪、扫描仪PDF、OCR扫描王、闪电识字等。在实践过程中，用户可根据具体的需求，选择合适的工具开启文件扫描。

（二）文件存储工具

云存储服务是一项通过网络访问来实现维护管理数据的业务，其存储管理可以实现自动化和智能化，提高存储空间的利用率、降低运营成本、避免资源浪费。常见的文件存储工具包括百度云盘、腾讯微云、One Driver、iCloud、坚果云等，不同软件的功能侧重点略有不同，如支持线上协作、聊天室聊天等。

（三）语音收集与转录工具

语音收集与转录是指利用录音工具收集语音，再充分利用先进的转写、听写、命令词识别等语音技术，将语音转成文字的过程。语言收集与转录工具能够有效地通过对教学课件、办公文档等进行朗读的方式减轻视觉的压力，还能够为教学课件、教学文档配音。

讯飞快读是科大讯飞旗下的一款文字转语音工具，具有配音功能、语音朗读功能，支持传图读字、人工输入文字、PDF/Word/PPT 朗读、网页文章朗读，可用于在线配音、微课配音制作、语音通知等。常见的语音收集与转录工具还包括讯飞听见、微软听听、录音啦、语音合成助手等，表 8.2.9 对其进行了详细的对比。

表 8.2.9 常见的语音收集与转录工具的对比

工具	适用设备	收费情况	功能介绍
讯飞听见	Android、iOS App，电脑网页端	新用户可免费体验 15 分钟，会员 88 元/年	（1）多种语言可选，支持中英混合转录；（2）可选择专业领域，提高准确率；（3）支持对转写结果实时编辑，可导出多种格式；（4）信息安全管理体系认证，保障隐私安全
录音啦	Windows 客户端、Android App	新用户可免费试用 180 分钟，可办理月卡、年卡及永久会员	（1）文字转语音可实现多角色文字合成、背景音乐合成，并且实现多种格式输出；（2）可以实现语音转文字及英文识别、分段识别等功能；（3）支持音频微处理，可进行文件切割，调节播放语速、声音大小等
语音合成助手	Android、iOS App	免费使用次数有限，无限次使用需付费	（1）智能语音合成：专业配音，一键合成。（2）导出 MP3 文件：生成的 MP3 文件可以复制到 U 盘或者内存卡里面播放。（3）蓝牙播放：可连接蓝牙音箱播放，不导出文件也可使用。（4）海量背景音乐：支持添加背景音乐，个性化定制背景音乐

注：信息获取时间为 2022 年 12 月。

（四）知识管理工具

广义上说，"知识管理"不但包括对知识的管理，而且包括对与知识有关的各种资源和无形资产的管理。狭义的知识管理主要是知识本身的管理，包括知识的创造、获取、加工、储存、传播和应用（盛小平，2002）。常见的知识管理工具有印象笔记、有道云笔记等。

其中，印象笔记是一款跨平台记事应用，具有强大的资源存储、共享、搜索功能，支持 Google Chrome、Safari 等主流浏览器。搜索是印象笔记最具特色的功能，也是区别于其他云笔记软件的核心。印象笔记利用云技术帮助教师进行教学资源的搜索、管理和储存，支持与他人协作共享资源，快捷地搜索到自己的笔记记录，还可以搜索到图片内的印刷体中文和英文。

相比之下，有道云笔记的主要功能体现在：分类整理笔记，高效管理个人知识，快速搜索，分类查找，安全备份云端笔记，存储永不丢失的珍贵资料；文件同步自动完成，不用复制下载；支持图片及文档类附件，无限增长的大存储空间，轻松实现多地点办公。表 8.2.10 所示为知识管理工具的对比。

表 8.2.10 知识管理工具的对比

工具	适用平台	主要功能	特色功能	免费/收费
印象笔记	iOS、Android、Windows、MacOS、小程序	（1）支持所有设备同步； （2）一键保存微信文章、微博动态或网页内容； （3）内置管理任务清单； （4）内置思维导图，快速梳理思路； （5）文档扫描识别； （6）智能深度搜索笔记	深度搜索、团队协作	一般功能免费、高级功能收费
有道云笔记	网页端、iOS、Android、Windows、MacOS、小程序	（1）专业强大的编辑器，支持 5 种文稿类型； （2）内嵌 OCR 扫描、语音速记、PDF 转 Word、代办、日历等多种先进的工具，多渠道内容一键收藏； （3）多端数据实时更新同步，随时随地查看、处理笔记，支持多人协作共创文档	文稿编辑、效率工具	一般功能免费、高级功能收费
OneNote	Windows、MacOS、Android、iOS 等	（1）多文件分区管理； （2）以编写备忘录、绘制白板、拍摄或插入照片等多种方式创建笔记； （3）标签、搜索、排序、分区、密码保护等多种功能； （4）支持协作与共享，云端存储，多设备同步	文件分区、自由画布	部分版本免费

注：信息获取时间为 2022 年 12 月。

（五）在线协作编辑工具

在线协作编辑旨在促进师生、生生之间更好地进行交流与获得认知的提升，石墨文档、腾讯文档、一起写、Tower、有道云协作、Teambition、Samepage、Google Docs 等众多软件均能够提供支持。表 8.2.11 对部分在线协作编辑工具进行了介绍。

表 8.2.11 部分在线协作编辑工具

分类	名称	表格	文档	文件	文件夹	可评论	手机支持	免费/收费	免费限制	附加功能
文档类协作工具，支持多人线上合作	石墨文档	是	是	是	是	是	是	个人版免费	15人协同	文字识别、翻译、录音转文本等
	一起写	是	是	否	是	否	是	个人版免费	权限和安全等功能	无
	腾讯文档	是	是	否	否	否	是	基础版免费	无限制	PDF编辑、语音录入、文字识别
	Microsoft Office	是	是	是	是	是	是	收费	购买后无限制	无
	金山文档（WPS）	是	是	是	是	否	是	收费增值服务	50人，不能导出	文档修复、数据恢复、屏幕录制等
	Google Docs	是	是	是	是	是	是	收费扩容	200GB	无
	Witeboard.com	否	否	否	否	否	是	免费	无	多人协同白板
	Processon.com	否	是	否	否	否	是	有免费版	3人协作，9个个人文件	多人协同作图应用
在线办公类工具，往往集成了文件文档任务分配、聊天权限管理等功能	Samepage	否	否	是	是	是	是	收费	购买后无限制	设置任务提醒
	Tower	第三方	第三方	是	是	是	是	基础版免费	10人以下免费	团队管理
	Teambition	第三方	第三方	是	是	是	是	基础版免费	10人以下免费	企业管理、专业管理
	有道云协作	是	是	是	是	是	是	体验版免费	3人以下免费	组织架构管理、权限设置

注：信息获取时间为2022年12月。

1. 文档类协作工具，支持多人线上合作

石墨文档是一款轻便、版面简洁的在线协作文档工具，PC端和移动端全覆盖，可以实现多人同时在同一文档及表格上进行编辑和实时讨论，以及会议记录和资料共享等工作，可以实时将操作保存在云端；教师可创建文档，邀请学习者编辑，学习者即时勾画评论。

2. 往往集成了文件文档任务分配、聊天权限管理等功能

Tower是一款团队协作工具，支持在线讨论、任务指派管理、文件共享、日程安排、

查看在线文档，其专注于发挥协作、监督、评价功能。其支持在线浏览与在线文件协作编辑，任务日程安排提醒，组周报与个人周报总结。Tower 作为协作学习平台，有效地连接与管理学习者，包含以小组和项目为单位的共享学习资源模块、协作交流模块、学习管理模块。

（六）数据可视化工具

数据可视化技术可直观地呈现海量数据，越来越受到人们的关注和重视。在掌握了学习者学习过程中行为与认知方面的数据之后，对其进行可视化分析，会更好地推动学习者的学习进程，这里推荐一些简单的数据可视化工具，便于教师在实际操作中进行选择（帆软，2022）。

1. Infogram

Infogram 是一款推出较早的在线制作工具，用户可以使用其免费模板创建图表，下载生成的图表，或将这些图表嵌入网站中。该工具支持实时数据刷新，制作的图表支持在多终端展示。其缺陷是不支持中文。

2. ECharts

ECharts 由百度前端技术部开发，基于 JavaScript 的数据可视化图表库，为用户提供直观、交互丰富、可高度个性化定制的数据可视化图表。即使不懂得编程语言，该工具丰富的示例库也可以帮你生成较完善的图表。如果懂一些编程语言，那么该工具可支持你按照自己的想法进行改进和个性化定制。此外，该工具支持丰富的可视化类型（除了常规图表，还有多维数据可视化的图表等），支持个性化定制，赋予用户对数据进行挖掘、整合的能力，缺点是如果想进行进阶的图表编辑或创作，对没有编程基础的人来说可能不太友好。

3. 百度图说

百度图说是基于 ECharts 的一款"傻瓜式"图表工具，支持网页在线制图。百度图说提供动态图表模板，即使没有编程基础，使用百度图说也能制作出动态可交互的 H5 图表。该工具支持制作地图图表，并且操作简单，填入数据后可自动生成图表，支持自行修改参数实现个性化图表制作，同时支持在线保存和导出图片。

4. Tableau

Tableau 是一款知名度很高的数据可视化工具，用户群体庞大。Tableau 将数据运算与美观的图表完美地结合在一起，很容易上手，用户可以用它将大量数据拖放到数字"画布"上，转眼间就能创建好各种图表。该工具可以连接动态数据源，将各种图形混合搭配形成定制视图，操作简单，并且能够将创建的交互图形轻松地分享到网站或博客上，缺点在于免费版的功能有限，收费版价格比较昂贵。

5. FineBI

FineBI 是一款国产的商业智能软件，主打的是数据分析，操作非常简便，拖曳就能自动生成图表，还带有智能图表推荐功能，而且内置的可视化图表很丰富，制作可视化仪表板或者可视化大屏很方便。除了炫酷的数据可视化，还包含数据分析过程中的数据处理、建模，对数据分析来说也是一款很好的工具，并且可供免费使用。

6. 花火 hanabi

花火 hanabi 是一款在线动态图表制作工具，提供了丰富的图表模板，不仅支持动态图表，还支持静态图表。其提供大量图表模板，可以轻松制作各种精美的动态图表，并支持以 GIF 和 MP4 的文件格式导出，创建的交互图形能轻松地分享到网站或博客上。

7. 图表秀

图表秀是一款在线图表制作工具，它可以帮你快速制作各种传统图表和高级可视化图表。图表秀最大的优势在于，模板更具有实用性，图表秀基于不同行业的实际需求内置了许多类型的模板。该工具操作简单，上传 Excel 或者 CSV 格式的数据文件，图表就可以自动生成，实用性强，可快速满足一些基本需求。

8. Wordle

Wordle 翻译为词云或文字云，是一款在线生成词云图的工具。如图 8.2.8 所示，它是对网络文本中出现频率较高的"关键词"予以视觉上的突出，形成"关键词云层"或"关键词渲染"，从而过滤掉大量的文本信息，使浏览网页者只要一眼扫过文本就可以领略文本的主旨。

图 8.2.8 Wordle 词云图

它可以快速分析文本或网站的词频，并以多种风格展示，且支持文字字体选择和用户自定义颜色。用户做完词云图，生成图像后还可以保存在网络之中供你查看、下载及与好友分享。在制作前，你需要确保电脑上安装了 Java。同时，由于 Wordle 目前只支持英文，你需要在 Excel 或记事本里先将中文信息转换成 Wordle 可以识别的语言，即英文或数字。

（七）PDF 阅读批注工具

PDF（Portable Document Format）是一种便携式文档格式，是我们日常学习和工作中很常见的文件格式。在 PDF 阅读器浏览、编辑、分享等多样的功能中，对文档内容进行批注是阅读与再表达时不可或缺的一环。阅读批注工具能够有效支持标记重点内容，用户可以借助 PDF 阅读器中的高亮、下画线、删除线等标注笔记，其还支持用橡皮擦工具擦除不合适的内容。同时，其还能够添加阅读感想，借助 PDF 阅读器中的文本工具或笔记工具，在文档的任何位置输入新的文本，并修改样式。

常见的 PDF 阅读批注工具包括 Adobe Acrobat、福昕阅读器、PDF Expert、LiquidText、Marginnote 等。以 Adobe Acrobat 为例，适用于 Mac/Windows PC 端，主要功能包括快速编辑 PDF 文档、实现多格式转 PDF，以及集成于微软 Office 中一键转换 PDF。

活动 2　具体设计实现，落实样例开发

活动目标：以具体章节为例，落地实施开发，呈现最终设计样例。

活动时间：大约 2 周。

活动步骤：

步骤 1：小组讨论，选定章节。

各小组组内展开讨论，共同商定最终要进行设计与开发的章节。

步骤 2：结合选定章节，按照之前的设计理念并行开展设计与开发，落实之前的设计思路，具体的分工如下。

（1）教学内容的设计与录制（课程主讲教师主导）。

（2）平台与工具的选择、相关界面的设计（动态视觉设计师主导）。

（3）学习活动的设计、编写与实现（学习设计师主导）。

（4）学习资源的设计与开发（课程主讲教师主导）。

（5）学习支持服务的设计与开发（导学与学习支持服务设计师主导）。

（6）学习评价的设计与开发（学习设计师主导）。

（7）课程导学的设计与开发（课程辅导教师主导）。

要求：要在样例中体现现有的设计理念，并对设计理念进行可视化表征。由项目经理协调好各方面的工作，并完成最终的设计汇总。

工具与方法支持：各类制作工具与方法教程及优秀样例。

活动3　反思样例设计与开发过程，修改设计方案

活动目标：通过样例设计与开发发现前期设计中存在的问题，进一步完善前期的设计方案。

活动时间：大约4小时。

活动步骤：

导入：前期我们经历了两轮的设计，并且形成了设计思路，结合具体章节，开发出了样例。在此过程中，我们会发现想法与现实之间存在差距，有些想法可能在提出时很完美，但是在具体实现时难度极大。对应部分的设计同样如此，按照设计的想法来说很完美，但在实际操作过程中会遇到诸多问题，那么本次活动就是：反思样例设计与开发过程中存在的问题，修改设计方案。

步骤1：小组讨论各自在样例设计与开发过程中遇到了哪些问题。

步骤2：结合发现的问题，说一说前期设计中需要做出哪些对应的调整。

步骤3：个人进一步修改和调整设计方案。

主题三　课程运营与管理

主题学习目标

1. 能够为课程的上线做好准备；
2. 能够运用课程运营与管理的策略进行课程管理；
3. 在课程设计与运行的过程中培养学习者的自主学习能力；
4. 形成持续更新迭代课程的意识，及时收集用户反馈，完善课程；
5. 及时归档课程中的生成性成果，持续迭代优化课程。

课程完成所有开发，并不意味着课程建设的结束。课程中所开发的所有资源、活动等都应该上传至平台，为课程上线做好准备，让课程按照预期的设计正常运营。同时，随着课程上线，课程运营正式开始，在此过程中要做好管理和学习支持服务，从而帮助学习者了解如何使用课程、按照学习进程完成学习任务，并最终取得良好的学习效果。课程运营过程中要及时根据学习者的学习情况，对内容做出适度更新和调整，课程结束

后要及时做好归档。因此，这里主要介绍课程上线准备、课程运营与学习支持服务、课程更新与归档。

一、课程上线准备

在课程正式对外开放之前，应该上传至平台，完成所有审查工作，确保课程遵循各级各类管理规则、保证课程按照预期的设计在平台上顺畅、无误地加以呈现，规划好课程的运行时间与管理规则，设计好系统性的宣传与推广方案，吸引目标对象参与课程的学习。

（一）上传至平台并完成审查

1. 课程上传至平台与所有要素核对

将课程研发出来的所有成果按照课程的总体设计上传至平台，完成所有要素的核对工作。对照课程前期的总体设计方案，安排具体人员，对所有材料进行核对，确保对课程站点和所有学习材料都进行了测试，保障所有材料都表述清晰、无误，确保课程能够正常访问及课程各项任务都有明确的时间节点。

2. 安排学习者进行试学

试运行与开放课程，安排几个学习者试着注册和参与课程学习，记录过程中遇到的问题，并做出进一步的优化和调整，确保学习者能够顺利参与学习。

3. 相关机构审查

如果是依托特定单位开发的课程，通常需要在上线之前提前提交一系列课程上线审查表。我国对在线课程的管理也日益规范和严格，课程上线前需要完成一系列审查工作。2022年7月，北京市率先在国内颁布了《北京市数字教育资源内容审核实施办法（试行）》。在线课程作为数字资源的一种也在审核范围之内。内容审核要坚持"上线必审、更新必审、审必到位、审必留痕"的原则，要重点围绕政治性、科学性、适用性和规范性，采用机器审核和人工审核相结合的方式，加强上线审查和更新复查。其中，科学性审核应保证数字教育资源的内容真实、准确地反映客观事实，符合科学和事物发展的客观规律。不得出现学术谬论、常识性错误或与事实不符的表述。适用性审核应保证数字教育资源的内容符合学生身心发展规律和认知能力，不得出现惰化学生思维能力、影响学生独立思考、违背教育教学规律的内容。在审核流程上，数字资源审核上线发布至少需要经过生产单位、主管单位和资源平台单位三级审核。通过定期或不定期的方式进行抽查、检查，及时发现内容审核中存在的问题。同时，应建立问题数字教育资源投诉举报机制，数字教育资源动态评价机制等，形成迭代更新、持续优化的资源供给与服务生态。未来对在线课程的审核将会越来越严格，我们在设计与开发过程中应该对相关规范有清楚的认识。

（二）确定上线时间并规划注册方式

在线课程在正式上线之前，应该确定具体的上线时间，课程中每个主题活动或者任务的推进时间，课程中关键任务与作业的开始时间与截止时间一定要非常具体，并且应在课程开始之前、课程运行过程中，以多种方式明确地告诉学习者。

在课程上线运行和宣传推广前，需要规划好课程的注册方式，以便感兴趣的人无障碍地参与课程学习，对课程产生良好的第一印象。

（三）设计系统性宣传与推广方案

在线课程，尤其是开放性在线课程，为了确保能够被更多受众知晓、引导学习者关注与参与课程，一定要重视课程的宣传与推广方案的设计。课程可以通过多种渠道设计系统性宣传与推广方案。

宣传与推广方案的设计可以参考动态视觉设计部分的内容。课程宣传与推广方案设计的核心即通过多种渠道尽可能获取目标用户。除通过海报、公众号等宣传与推广课程之外，还可以借助哔哩哔哩、抖音等公共性平台宣传与推广课程。商业领域的课程通常采用电话推销、免费试学、有奖推荐等方式来获取用户。

课程宣传与推广方案应该清晰地告知课程的开设平台、目标受众、特色、开始时间和结束时间、注册方式等关键信息。

目前，大部分在线课程采用的是基于微信群、QQ群、微信公众号、微信服务号、学术会议等的推广方式。

二、课程运营与学习支持服务

（一）组建课程运营团队

在线课程的运营相对于课堂教学，其难度要大很多，需要持续投入时间和精力。在课程正式上线之前，课程应该组建相应的运营团队。运营团队既包括课程平台的运维团队，又包括为了促进学习的发生、控制和评价学习结果组建的专家团队和学习支持服务团队。课程运营团队需要思考以下几个问题：

- 课程的每个主题、模块、单元由哪些角色负责？
- 不同的学习活动由哪些角色提供支持？
- 如何协调运营团队不同角色的分工以保持课程学习的一致性？
- 在课程运行期间，如何确保对学习者、教师的技术支持？

例如，在cMOOC"互联网+教育：理论与实践的对话"这门课程中，就有专门的技术支持人员全程参与课程，同时每个学习主题配有一名或者多名主题教师与学习支持服务人员。主题教师会参与课程前期总体设计与规划的关键会议，从而保持认识和理念的一致性，另外主题教师会根据课程组的设计，对所负责的主题进行进一步的设计。为了保证不同角色的分工及课程学习的一致性，一方面，课程安排了专门的学习支持服务人员；另一方面，课程组也会对每个主题的学习支持服务人员进行专门的培训。

（二）正式课程运营与提供学习支持服务

在线课程运营的核心是获取学习者、激活学习者、提高留存率、产出内容、学习者推荐等。

要想管理好在线课程，教师需要有高超的社交技巧，让学习者能够参与到课程讨论当中，并且觉得比较舒服。比如，教师尽量采用谈话的方式与学习者沟通，尽量多叫他们的名字；让学习者将个人的照片放在个人简介中。教师要有较强的时间管理能力，在课程运行之前，需要做好所有的安排，并提前明确地告知学习者这些安排。

在线课程运行的过程中，第一周最难。教师需要帮助学习者熟悉课程平台的使用，了解课程的运行方式，课程整体的推进计划及课程对学习者的要求。同时，课程开展过程中要及时发布公告和提醒，促进学习者参与线上学习，采用一些能够将平时的学习行为纳入课程最终评价的评分策略。课程运营团队需要在课程开展的过程中，给学习者提供针对性的学习支持服务，如作业反馈、组建学习共同体、组织和维护学习社团等。学习支持服务的核心就是帮助学习者、支持学习者、创设良好的学习体验、提升学习的效率和质量。

同时，在线学习中交互面临多种多样的挑战，在课程运营阶段，良好的师生互动可以帮助学习者理解新学的知识和技能、提高学习积极性。前期研究中发现了一些在线学习中交互面临的挑战和建议，可以为课程的运营提供参考（王志军等，2018），如表8.3.1所示。

表 8.3.1 在线学习中交互面临的挑战和建议

面临的挑战	建议
教师需要在教学实践中收集各种各样的信息，而参与教学的人员非常少，如没有其他人的帮助，教师将面临巨大的信息收集工作	根据课程内容和课程规模聘请多名课程助教，或在班级中招募志愿者帮助收集信息
学习者之间不愿意进行交互，每个人都是自定步调，特别是在合作学习中	设计一些能够建立起学习者之间的信任的学习活动，让学习者在交互的过程中获得对教师、同伴和其他实践者的信任及支持
需要预先指定分组、角色和同伴交互时，学习者不喜欢被分配到的任务、角色	让学习者能够从学习环境的视角来查看整个课程，从而了解在学习过程中所要参与的学习活动，在形成整体认识以后，更好地参与到学习中

续表

面临的挑战	建议
由于缺乏引导者，在线学习过程中的交互深度不够	将不同类型的交互活动进行存档，为日后的课程学习提供参考样例； 在课程开始前为学习者提供清晰的课程目标与学习目标； 为每个活动设置负责人
交互过程可能因为延迟而达不到理想的效果，如学习者的问题得不到及时的反馈	让交互和形式类型多样化，实现学习者与教师、学习者与学习者、学习者与教学内容的积极交互
在基于社交软件或平台的交互中与学习内容相关的交互内容少	将学习者已有的社交网络作为传递知识的跳板
在线交互活动学习者的参与度不高，在交互过程中实质性贡献较小	布置反思报告之类的作业，让学习者对自己的交互活动进行反思； 给学习者足够的时间参与学习材料的学习，并通过会话反思其学习活动； 营造一个学习者积极参与交互的学习环境，鼓励学习者参与各种交互，培养其交互过程中的成就感、满足感和归属感

（三）自主学习与时间管理工具

1. 思维可视化工具

思维可视化是指用图示或图示组合的方式，把原本不可见的思维结构、思考路径及方法呈现出来，使其清晰可见的过程。将思维可视化运用到教育教学中，能够将零散知识系统化、隐性思维显性化。作为有效的思维可视化工具，思维导图正受到越来越多的关注，在教学过程中可根据教学设计方案和教学情境选择不同的使用方式，如作为讨论交流工具、小组汇报工具、反思工具、评价工具、创作工具等。

幕布、WorkFlowy 是两款常用的大纲笔记工具。其中，幕布是一款结合了大纲笔记和思维导图的头脑管理工具，帮助用户用更高效的方式和更清晰的结构来记录笔记、管理任务、制订计划，甚至是组织头脑风暴。幕布软件免费版能够满足普通用户的基本使用需求，高级版本引入了更多功能，表 8.3.2 对比了免费版和高级版的功能。

表 8.3.2 幕布梳理

类型	文档主题数量	思维导图模式	演示模式	插入图片	文档高级样式	思维导图高级风格	回收站文件永久保留
免费版	300 条	√	√				
高级版	无上限	√	√	√	√	√	√

除此之外，XMIND、MindMaster、Processon、Imindmap、Omnigraffle 等软件同样可实现思维可视化功能。以 XMind 为例，其提供大量原创思维导图主题和配色，能够满足教学过程中的不同需求。用户可根据需求，选择制作经典的思维导图、鱼骨图、组织架构图、时间轴等。XMind 支持在图中插入图标、图片、标签、超链接、语音备注及文件

等相关辅助材料，不同颜色的标注和教学资料的插入会起到事半功倍的效果，对知识点的整理大有裨益。XMind 思维导图如图 8.3.1 所示。

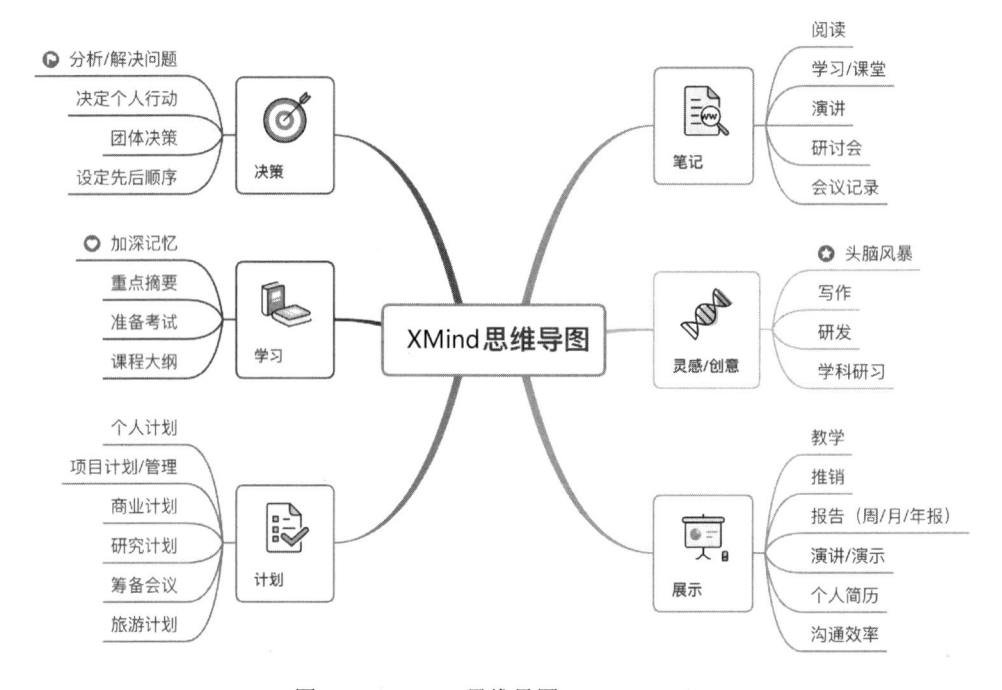

图 8.3.1　XMind 思维导图（zyc，2020）

2. 自主学习与时间管理工具介绍

在线课程学习具有泛在性的特点，体现在学习时间、学习地点、学习方式可由学习者自主决定，同时这也对学习者的学习自主性提出了要求。因此，如何在在线学习中管理时间、充分利用时间，是提高在线学习效果的关键。自主学习与时间管理工具作为一种效率型工具，主要用途是提醒并督促学习者完成所设定的任务，提高学习者的时间控制能力与利用效率。自学学习与时间管理 App 以"番茄工作法"为原理，由弗朗西斯科·西里洛于 1992 年创立。常见的自主学习与时间管理 App 包括番茄 ToDo、Forest 专注森林、Timing、滴答清单、极简待办、小日常、番茄自习室等。

以番茄 ToDo 为例，其核心包括 3 个步骤：计划、执行、记录与回顾。如图 8.3.2 所示，计划可驱动学习，可将计划加入待办集，并设计待办类型、计时方式和计时时间。执行模块一个番茄钟为 25 分钟，采用倒计时模式，时间为 0 可以休息 5 分钟，也可以自定义"工作"时间。如图 8.3.3 所示，记录与回顾能够帮助用户了解当天总番茄数、被打断的原因和各类型任务完成的番茄数，总结自己的最佳工作时间段、哪些任务需要进行更细的划分，以及番茄钟最常被中断的原因，进而逐渐掌握预估时间的方式和避免因自身因素中断番茄钟。

图 8.3.2 番茄 ToDo-待办设置

图 8.3.3 番茄 ToDo-统计数据

三、课程更新与归档

在结束一学期的在线课程教学后，工作并没有结束，还需要对课程所有的材料进行归档。为进一步完善课程、提升课程质量，需要思考下一期课程的更新之处。

（一）课程更新

课程更新既包括课程运行过程中的小更新，也包括课程运行结束后的系统性更新。

尽管在课程设计之初我们努力做到以学习者为中心，但是预先设计并不能覆盖所有的用户，也难以覆盖运行过程中会遇到的所有情况。在正式运行时，往往还会基于用户的反馈，形成一些创新性资源及内容。一些小的修改与调整可以在课程运行过程中完成，但是比较大的修改与调整，则需要在一轮课程运行结束后，进一步结合课程目标与学习者的需求，修改和调整原有的设计与开发方案，进一步完善课程。图8.3.4所示为我们在中国大学MOOC平台上运行"在线课程设计与开发"这门课程时前三轮的迭代和完善。

课程1.0
52段教学视频（11段选修视频），共702分钟
62项拓展材料
59道测试题，初步学习指导设计

- 强化设计实战篇
- 缩减拓展资源，减轻学习者压力
- 完善课程导学设计、编写导学稿
- 增加优质产品案例
- 进一步丰富题库
- 对用户更加友好的媒体视觉设计

课程2.0
54段教学视频（4段选修视频），共616分钟
40项拓展材料
95道测试题
完善的章节导学、学习活动参与指导、资源使用指导

课程3.0
54段教学视频（8段选修视频，7个选修文本），共759分钟
40项拓展材料
完整的导学体系、支持体系、评价体系

- 微调课程结构
- 压缩理论基础
- 增强实践操作指导
- 强化课程互动
- 增加3个综合设计案例
- 优化学习支持

图8.3.4 "在线课程设计与开发"的迭代过程

（二）课程归档

在课程实施结束后，我们需要对所有课程材料进行归档，尤其是对课程运行过程中的数据和生成性资源进行归档，它们是优化和完善课程的重要素材和参考。此外，还可利用课程平台开展自动化的学习行为分析、调查学习者对课程学习资源与学习活动的评价及反馈，了解存在的问题，从而修正与完善课程，提升课程的质量。

课程在运行的过程中会用到非常多的资料，包括视频、图表、实验、案例、评价、教程、文本等，我们应做好这些资料的管理。特别是在课程运行过程中，基于学习者的深度参与还会生成很多课程作品，包括图表、实例、模型、设计方案、报告等。我们需要管理好这些材料，并对它们进行更新，以便在后续课程中重复使用，并且进一步促进课程的更新和迭代。

首先，我们需要采用多种方式来分享和存储所有的课程资源，可以用服务器、云盘、硬盘、光盘等存储。

此外，当完成一些在线讲座、在线直播的时候，也要有意识地把这些资源积累起来。这些也是课程更新所依据的重要素材。在前文课程内容设计中，我们提到了内容分块。分块的内容和资源组织形式，也便于我们随时嵌入新的内容，更新内容体系。

当我们遇到学习者的优秀课程作业、作品等，可以在征得学习者同意的情况下，将这些资源转化为课程的资源。一般情况下，学习者还会因为要放到课程中，选择进一步完善这些资源，这些资源可以成为后续学习者的重要学习示范。

同时，每次课程运行结束后，都应该做一次课程总结，思考哪些地方做得比较好，哪些地方还需要进一步完善，也可以通过设计调查问卷的方式，听取学习者的意见和建议。

最重要的是，作为一个课程设计与开发者，我们应该时刻记住，课程建设没有完成时，永远都是进行时。在课程建设过程中，我们会发现非常多的内容和资源都可以为我所用，可以帮助我们不断优化和完善课程。

活动 4　发布课程，收集反馈

活动目标：收集多方面的反馈，为后续课程的演化和发展获取思路。

活动时间：大约 2 周。

活动步骤：

导入：设计思维强调"用户体验至上"，任何"产品"只有在投入使用后才能获得最精准、最广泛的反馈，因此要想对我们的设计做进一步的改进，就需要获得多方面的反馈。为了收集到最大范围的反馈，进行更加彻底的迭代与更新，这里为大家提供 3 种获取反馈的思路，大家可以按照以下步骤进行。

步骤 1：组内"用户"体验。

由项目组中担任用户的成员进行学习和体验，从用户的视角提出当前设计存在的问题，然后各部分成员认领自己负责的部分，再进行修改、调整。

步骤 2：寻找课程的目标用户（3~5 名），让他们进行学习和体验，调查其满意度。

邀请目标用户进入课程，开展学习，并根据学习的体验与感受，按照 SWOT 分析法给出的框架，让他们对该课程的设计给出点评与建议。

优势
当前课程的优点有哪些？

劣势
当前课程的不足有哪些？

威胁
当前课程的潜力有哪些？
例：
01：面向教育的时代诉求
02：上级文件的要求引领
03：相关部门的指导支持
04：试点学校的实践示范

机会
当前课程的设计面临哪些机会？

（课程分析 S W O T）

姓名：		课程名称：	
维度	需要改进之处		修改意见
导学	缺少课程导学		加入课程导学（文本材料或视频）
课程内容			
学习活动			
……			
整体感受：			

步骤3：班级内成果汇报，获得指导教师及同伴的评价与反馈。

既然已经实现了样例的开发，大家就可以在班级内彼此展示各自小组的设计，进而获得来自教师及其他小组的评价与反馈，考虑到时间的缘故，可以采用以下几种方式展示设计。

方式1：进入平台实际演示，通过录制课程学习指导视频，来展示课程的设计及运行方式。

方式2：通过制作PPT并附上图片，来展示课程的设计及运行方式。

方式3：为课程制作一部宣传片，传达课程的设计理念和具体运行方式。

方式4：多种方式结合或者你们认为更好的方式。

工具与方法支持：角色扮演法、SWOT分析法。

活动反馈："用户至上"的理念应该贯穿整个课程设计与开发过程，来自真正参与了课程的学习者的反馈与建议才是课程设计与完善最有价值的信息。因此，在实现了样例开发后，需要进一步收集来自学习者的反馈。无论采用什么方式，只要收集到了对自身设计有帮助的反馈，就可能为课程的迭代提供新的思路。

主题四　在线课程设计与开发评价参考指标

主题学习目标

1. 了解国际在线课程评价参考指标；
2. 结合提供的在线课程设计与开发评价参考指标，反思及优化课程的设计与开发。

为了评价和保障高质量的在线课程建设，国际上发布了众多在线课程评价参考指标。这些指标可以帮助我们审查和完善所开发的课程。这里将对国际已有的典型在线课程评价参考指标做一个系统的介绍。这些指标因出发点不同，在评价的方式、侧重的评价点方面存在差异，在线课程设计与开发人员可以根据自己的需要选择适合的作为参考。

一、国际在线课程评价参考指标

（一）MOOC 质量参考框架

MOOC 质量参考框架（Quality Reference Framework for the Quality of MOOC）由欧洲大规模在线开放课程质量联盟（MOOQ）基于国际 ISO/IEC 40180 在线学习质量标准和 MOOQ 开展的一系列混合研究成果编制开发，于 2019 年 11 月公开发布 1.1 版本（Stracke，2019）。该标准由阶段（Phases）、视角（Perspectives）和角色（Roles）3 个维度构成。其中，"阶段"包括分析、设计、实施、实现和评价 5 个环节，以及各个环节的子环节和相应的关键步骤。"视角"指在不同阶段关注和解决的 3 个方面：教学法、技术和策略。教学法关注如何设计和开发，技术关注如何实现和实施，策略则关注如何提供和管理。"角色"包括参与 MOOC 开发的设计者、促进者和提供者三大责任方。该标准既适用于新 MOOC 的开发，也适用于对已有 MOOC 的评价与改进。它为 MOOC 的开发和质量评价提供了一个通用框架，包括关键步骤和对应的质量核对单，方便使用者结合不同情境进行调整和应用，旨在促进 MOOC 设计与运行过程中持续性改进周期的形成。

（二）QM 高等教育质量标准

QM 高等教育质量标准（Quality Matters Higher Education Rubric）由国际在线教育质量保障非营利性机构 Quality Matters 基于认证机构、国际组织编制的最佳实践标准及在线教师和教学设计师团队的实践经验开发，用于评价高等教育阶段在线课程或混合式课程的设计，支持同行评审机制及促进课程的持续改进（Quality Matters，2018）。首版标准发布于 2003 年，于 2018 年发布第六次修订版。该标准的使用者包括教师与教学设计师、社区大学等。该标准包括课程概述与简介、学习目标（能力）、评价与测量、教学材料、学习活动与学习者交互、课程技术、学习者支持、可访问性与可用性 8 个一级指标和 42 个二级指标。各个指标依据其重要性被赋予 1～3 分值权重用于计分评价，当课程得分达总分的 85% 即可获得 QM 认证。QM 标准评价维度较为全面，影响力较大，在国际上得到了广泛应用，其核心特征在于尤其关注课程各要素间的一致性，强调以目标为核心开展课程设计，确保学习者获得预计的学习结果。

（三）在线教育评价标准

在线教育评价标准（Rubric for Online Instruction，ROI）由美国加利福尼亚州立大学奇科分校于 2003 年开发，最新版修订于 2009 年。ROI 标准主要用于教师对课程进行自我评价，或为将线下课程重新设计为线上课程提供指导；为设计一门新的在线课程提供操作指导；为认证和优选示范课程提供依据。该标准包括学习者支持与资源、在线组织与设计、教学设计与呈现、学习者学习评价、技术支持的创新教学、学习者反馈的使用6 个一级指标和 25 个二级指标。每个指标提供基础（Baseline）、高效（Effective）和典范（Exemplary）3 个等级的具体评价标准。该标准体现了在线课程从设计到运行的发展性过程，并可作为教师发展在线教学知识和技能的评价依据。

（四）Blackboard 示范课程项目评价标准

Blackboard 示范课程项目评价标准（Blackboard Exemplary Course Program Rubric）由美国 Blackboard 技术公司于 2000 年开发，最新版修订于 2020 年。该标准旨在认定和推广高质量课程设计的最佳实践，具体包括课程设计、交互与协作、评价和学习者支持 4 个一级指标、16 个二级指标和 53 个三级指标。其中，Blackboard 评价标准对交互与协作维度指标的设计相比于其他标准更为具体，除交互策略外，还强调学习社区的开发及交互的组织与管理。每个指标采用 1~5 分制进行评价，标准总分为 191 分，并规定课程得分达到总分的 85%以上，认定为"示范级"；达到总分的 80%~85%，认定为"具有吸引力级"；达到总分的 70%~80%（不包括 80%），认定为"有待改进级"。

（五）Canvas 课程评价核对单

Canvas 课程评价核对单（Canvas Course Evaluation Checklist）由美国 Instructure 公司 Canvas 学习管理系统于 2018 年开发，标准 2.0 版本完成于 2022 年。该标准旨在支持 Canvas 课程设计师和教师提高课程质量，促进学习者的学习和发展，包括课程信息、课程内容、学习评价和课程可访问性 4 个一级指标和 38 个二级指标，其中 10 个指标被列为基础性指标。每个指标按照其重要程度被赋予一星、二星和三星分值权重。一星指在线学习要素设计所必须符合的标准，其中 10 项为基础性指标；二星指能够提升课程价值的设计，称之为"最佳实践"；三星指指标能够有效地提高学习者的学习水平，被列为典范设计实践。

（六）CVC-OEI 课程设计评价标准

加州虚拟大学-在线教育倡议课程设计评价标准（The California Virtual Campus-Online Education Initiative Course Design Rubric）由美国加利福尼亚社区学院在线教育倡议专业发展小组于 2014 年开发，旨在确保课程质量，以促进学习者的成功并满足现有的课程质量监管和认证要求，最新版本修订于 2020 年（California Virtual Campus-Online Education Initiative, 2020）。该标准的评价维度设计结构清晰，包括内容呈现、交互、评价、可访问性 4 个一级指标、11 个二级指标和 44 个三级指标。其中，CVC-OEI 评价标准在美国《康复法》(*the Rehabilitation Act*)第508条的指导下尤其强调在线课程的可访问性设计,对构成要素的呈现方式和辅助技术要求制定了明确的指标,以保证残疾学习者的学习机会。每个指标以额外示范元素(Additional Exemplary Elements)、一致的(Aligned)和不完整的(Incomplete)3种等级进行评价,并以交互式文档的形式提供给使用者,依据某门课程勾选相应的等级进行评价,同时每个二级维度下提供评价文本框,用以记录信息或留下改进意见。

(七)纽约州立大学在线课程质量核对标准

纽约州立大学在线课程质量核对标准(Open SUNY Course Quality Review Rubric,OSCQR)由美国纽约州立大学在线学习联盟于2014年开发,最新4.0版本修订于2021年。与其他评价标准不同,OSCQR旨在指导教师提高在线课程设计的质量和效率,而并不是将其作为在线课程评价或质量保障程序。该标准包括课程概述与信息、课程使用技术与工具、设计与排版、内容与活动、交互、评价和反馈6个一级指标和50个二级指标。其中,OSCQR相较于其他评价标准对在线课程的视觉设计和排版布局进行了更详细的指标制定,如设计符合逻辑、一致、整洁的布局,提倡采用一致的配色方案和图标,并且还强调了课程中的语法和拼写问题。指标项采用5个等级进行评价,分别为呈现充分(Sufficiently Present)、需要小范围修改(Minor Revision)、需要中等修改(Moderate Revision)、需要大规模修改(Major Revision)和不符合(Not Applicable),此外每个指标后面还提供了"改进计划"一栏,用于使用者制定修改方案。

(八)高质量学习与教学评价标准

高质量学习与教学评价标准(Quality Learning and Teaching,QLT)由美国加利福尼亚州立大学奇科分校于2011年开发,第三次修订版于2022年发布。该标准旨在帮助教师明确能够促进学习的在线课程典范设计实践,为质量评价和改进在线教与学提供标准参考。该标准包括课程概述与介绍、学习者学习与评价、教学材料和使用的资源、学习者交互、促进与教学、教与学技术、学习者支持与资源、可访问性与通用设计、课程总结与结课环节、移动平台准备情况10个一级指标和58个二级指标,其中24个指标被列为高质量在线课程的核心要素。相比于其他评价标准,其对课程总结与结课环节进行了指标编制,强调了课程结构设计的完整性,还对移动平台的内容呈现和操作要求等方面制定了相关的标准。

(九)高质量在线课程倡议评价标准

高质量在线课程倡议评价标准(Quality Online Course Initiative,QOCI)由美国伊利诺伊州在线网络(Illinois Online Network)和伊利诺伊州虚拟大学(Illinois Virtual Campus)

于 1998 年开发,最新 4.4 修订版于 2017 年发布(Illinois Central College,2017)。该标准旨在完善在线课程问责制,为教师开发高质量在线课程,确定在线课程设计的最佳实践,对在线课程进行评价和认定提供有效的工具。该标准的评价维度的设计较为全面,包括教学设计、交流与协作、学习者评估与评价、学习者支持与资源、教学材料与技术、可访问性、课程评价 7 个一级指标、27 个二级指标和 97 个三级指标,并提供了对应的质量评价核对单,方便使用者实施评价。其中,QOCI 标准相较于其他评价标准在学习者评估与评价维度的标准编制更为全面,具体包括评价目的、评价策略、成绩评定、反馈方式及评价管理 5 个子维度;教学材料与技术维度指标的编制也较为详细,强调了网页设计标准及多种媒体的设计标准。各指标的评价划分为优秀(Exceeds)、达标(Meets)、有待完善(Developing)、未体现(Non-Existent)、不符合(N/A)5 个等级。

二、前期总体规划评价

从国际上的系列标准可以看出,不同质量评价标准的侧重点存在差异,同时对课程进行分层级的质量评价也是国际上多个在线课程评价标准的通用做法。欧洲大规模开放在线课程质量联盟提出的 MOOC 质量参考框架包括分析、设计、实施、实现和评价 5 个环节,并且从教学法、技术和策略 3 个方面及设计者、促进者和提供者 3 类角色对在线课程的质量进行考量,其维度十分全面,与我们提出的设计与开发的过程模型一致。因此,这里基于该 MOOC 质量参考框架,结合前文提出的在线课程设计与开发理念模型和过程模型,以及相关质量评价标准,制定以下参考指标作为设计者和开发者评价及反思在线课程设计与开发质量的支架。需要说明的是,这个支架中列出了较多细节,在线课程设计与开发过程中尽可能借助这些支架完善课程。

(一)A-1 组建课程团队

步骤	关键子步骤	质量检查清单
A-1	组建课程建设与运营团队	
	定义项目团队所需角色,组建项目团队,启动在线课程设计与开发	项目团队由哪些角色构成? 各个角色由哪些人员构成?
	确定项目团队人员构成,确保团队多样性,涵盖各类角色核心代表	哪些角色来自团队内部? 哪些角色需要聘请或委托外部人员?
	确定项目团队人员来源	每个角色负责的工作是什么
	组建由课程内容专家、学习支持服务师、技术专家等角色组成的课程团队	课程的每个主题、模块、单元由哪些角色负责? 不同的学习活动由哪些角色提供支持?
	将每个主题、模块、单元分配给相应的内容专家负责	如何协调运营团队不同角色的分工以保持课程教学的一致性
	确定每个主题、模块、单元的学习支持服务人员及其负责的任务	

续表

步骤	关键子步骤	质量检查清单
A-1	**组建课程团队**	
	估算课程设计与开发的持续周期、成本、工作量、工作时间	课程项目设计与开发进度如何安排？ 学习材料、资源、技术开发、课程运维等其他隐性成本是多少？有哪些可用预算？ 预算如何分配
	估算学习材料、资源开发和技术开发等人员的聘请成本	
	估算课程运营成本	
	制定经费预算，进行成本效益分析	
	编制项目进度推进核查单	

（二）A-2 选题与用户分析

步骤	关键子步骤	质量检查清单
A-2	**选题与用户分析**	
	基于要解决的实践问题进行创新性课程选题或确定性课程选题	创新性课程选题解决了实践中的哪些问题？满足了什么关键需求？ 已有的课程改编为在线课程后，能够满足哪些需求？有何价值？ 是否做了学习者需求调研
	确定与课程学习内容、技术能力、先前在线学习经验一致的目标用户	目标用户的需求是什么？ 用户分析是否包含与课程内容相关的用户关键要素（如性格特征、生活习惯、社会交往习惯、学习此类课程的经验、自身需求、学习情境）？ 市场的需求是什么？ 其他利益相关者有哪些要求
	构建用户画像、同理心地图或用情境故事法开展用户分析，确定痛点、需求、学习情境，预测学习过程中的问题与困难	
	预测用户学习完课程后的学习结果	
	收集其他利益相关者的要求	

（三）A-3 课程目标与内容体系设计

步骤	关键子步骤	质量检查清单
A-3	**课程目标与内容体系设计**	
A-3-1	课程目标设计	
	根据课程拟解决的问题确定课程目标	课程目标是否反映了希望学习者了解和理解的内容？ 课程目标是否具有综合性和概括性？ 课程目标是否反映课程的基本内容和问题？ 课程目标的设计是否与课程定位、设计理念一致
	根据目标用户的知识掌握情况、信息素养水平确定课程目标	
	根据课程内容和目标用户特征，确定整体学习设计和目标	
	呈现课程目标	课程目标是否呈现在课程显眼的位置

续表

步骤	关键子步骤	质量检查清单
A-3	课程目标与内容体系设计	
A-3-2	学习目标设计	
	根据所期望的学习成果定义学习目标	学习目标针对哪种水平的学习者（如新手、中级、高级）？
	根据学习周、主题、单元、模块、活动、任务等定义学习目标	学习目标如何定义（如知识、技能、能力、主题驱动、内容驱动、目标群体驱动、任务驱动）？
	以目标用户为中心设计学习目标	每个学习目标是否与课程目标、设计理念相一致？
	根据课程定位、课程设计理念和目标用户的特征设计学习目标的评价方式	学习目标的表述是否明确、具体？
		学习目标是否可观察、可测量？
	呈现学习目标	是否从学习者的视角编写学习目标？
		如何评价学习目标是否达成（形成性评价、每周小测、多项选择、作品提交、论文、期末考试）？
		学习目标是否呈现在相应的学习单元中
A-3-3	内容体系设计	
	采用需求驱动的方法确定课程内容（如用户需求和市场需求）	影响内容的类型和数量的关键因素是什么（如市场需求、用户需求、学习目标）？
	确定课程的整体设计思路（包括理念、原则、呈现顺序等）	内容结构如何确定（如基于学习者初始水平和经验知识，或单元、模块等规模）？
	根据课程定位，明确课程的重点和难点	课程内容体系设计是否结构化、体系化？是否符合逻辑？是否与课程定位、课程设计理念相符？能否满足目标群体的需求？
	将学习目标与课程内容、持续时间进行匹配	
	系统安排内容，并可视化整体结构	课程内容体系设计是否符合课程目标？是否与学习目标相匹配？重难点是否明确
	有课程导入、内容层级和总结升华	
A-3-4	内容设计方式	
	确定课程内容体系的设计方式：直接应用、改编或自编	是否可以直接应用已有课程或教材中的内容体系？如果不可以，是否有足够的时间、精力、资源自编课程内容？
		根据课程受众、目标和定位，能否改编已有内容，使其适用于当前课程？
		考虑自编与改编的成本，确定哪部分需要自编或改编及哪部分可以直接应用
	直接改编、重组或者选用已有材料	所选材料是否适合当前课程定位和课程目标？
		备选材料是否适合不同能力水平的学习者？
		所选材料是否具有时效性和权威性？
		所选材料的使用成本是否可控
A-3-5	具体内容组织与呈现	
	将学习内容划分为单元、模块等，分块呈现，支持学习者控制学习节奏和内容呈现	是否将学习内容分块呈现？
		是否支持学习者对内容呈现的控制？
	使用多种媒体表征方式呈现学习内容，适应学习者的多种学习风格，降低学习者的认知负荷	所选媒体表征方式的特性是否适合相应的学习内容？能否达到最佳的呈现效果？
	利用标题、项目符号、编号、粗体等格式设置凸显内容层级和重要内容	内容呈现能否有效地降低学习者的认知负荷？
		内容呈现是否凸显层级和重要信息

（四）A-4 设计理念选择

步骤	关键子步骤	质量检查清单
A-4	**设计理念选择**	
	根据用户的基本需求、期望需求、兴奋需求，选择恰当的设计理念	哪类需求最关键？ 选择何种设计理念才能满足关键需求
	根据课程的选题与用户分析、课程目标与内容体系设计、开发成本等关键信息确定课程的设计理念 从学习理论的视角出发，选择设计理念：行为-认知主义、社会-建构主义、联通主义 从学习方式的视角出发，选择设计理念：项目式学习、理解性学习、游戏化学习、基于任务的学习、体验式学习、基于问题的学习……	何种理念能帮助目标用户针对学习内容达到学习目标？ 课程目标属于布鲁姆认知层级哪一层？ 课程采用哪种学习原则（如自我调节学习、直接指导、反思性学习、协作学习、情境创设）？ 结合学习目标，课程将使用哪些学习方式？ 学习原则和方法将如何传达给学习者（如定位模块、介绍性单元、任务指南）
	根据课程定位确定课程设计理念	课程设计理念是单一理念还是多理念混合使用，不同理念指导课程哪些要素的设计
	思考设计理念对后续各要素设计的指导意义	设计理念对各要素的设计提出了什么要求？有何指导意义

三、中期系统设计评价

（一）B-1 平台与工具选择

步骤	关键子步骤	质量检查清单
B-1	**平台与工具选择**	
	根据课程定位、课程目标、学习者特征、课程设计理念定义课程平台所需功能 确定课程平台的选用或开放方式 确定所需的技术工具，以促进互动、交流、协作和学习社区建设 确定需要引入的外部技术支持或服务 确定平台搭建和运营需要使用的硬件基础设施 获取所用平台或技术工具的使用许可和权限	现有平台能否支持课程运行，如果能，平台对课程设计有何要求？如果不能，如何整合其他平台或设计开发新平台？ 如何定义、选择和添加所需的模块和功能？ 不能添加到课程平台中的外部工具将如何集成到课程平台中？ 课程将为学习者提供哪些技术支持？ 课程平台搭建和运营需要用到哪些硬件基础设施？ 是否获得了所用平台或工具的使用许可和相关权限
	分析所选平台或工具对课程教与学的适用性	是否符合课程目标、内容和理念？ 是否有助于学习目标的达成？ 是否有助于促进学习参与和主动学习？ 能否提供支持创新型的学习方法、学习资源？ 能否提高学习者的学习效率
	借助 SECTIONS 模型等论证所选媒体工具的可行性	是否符合目标用户的特征和学习风格？ 目标用户能否轻松获取该媒体工具？ 是否具有较高的易用性和可靠性？ 开发、使用和维护成本如何？ 能否满足课程教与学的需求？ 能否支持课程所需的各种交互？ 所在院校机构能否为媒体工具的选择和使用提供支持？ 是否支持网络连接，建立学习社区？ 数据安全和隐私保护如何

续表

步骤	关键子步骤	质量检查清单
B-1	提供技术使用支持信息	课程提供哪些技术使用支持和服务？
	确定技术配置和维护方案	如何收集、使用和分析数据，以便根据隐私情况进行学习分析和支持？
		数据将如何收集和用于课程运行以外的其他目的（如学术研究）？
		如何开展技术的配置和维护工作
	综合分析各个工具的特点，考虑各个工具之间的相互支撑关系，整合不同工具	不同技术工具在课程中起到何种作用？如何整合所选工具
	撰写平台与工具的选择方案	是否形成了具体、清晰的平台与工具选择方案

（二）B-2 学习资源设计

步骤	关键子步骤	质量检查清单
	学习资源设计	
B-2	初步设计，完成学习资源规划表（包括学习内容/模块/知识点、资源列表、媒体表现形式）	使用了哪些不同类型的媒体呈现课程内容（如视频讲座、文本、动画、虚拟现实）？能否满足学习者的学习需求？
	确定资源获取方式：选取或引用现有资源、自主设计与开发	如何设计媒体？媒体设计是否遵循迈耶多媒体学习设计原则？
		文本类学习资源是否使用对话风格编写？
	确定和设计所有媒体：视频课、配有音频讲解的文本、配有音频讲解的演示文稿	是否利用案例或模板为学习者提供脚手架？内容排版是否易于阅读？
		是否提供多种内容，支持学习者根据兴趣选择？
		是否为学习者提供参考书目或参考材料？
	明确学习资源与学习活动的关系，提供资源使用说明	是否为高级学习者提供额外的资源和外部资源？
		学习者是否可以根据自身情况调整学习（控制学习进度、学习顺序、资源分享）？
	……	是否允许学习者在学习过程中参与资源共建（更新已有资源、创建学习制品）？
		是否允许学习者对资源质量进行评价？
		是否为学习者搭建或模拟现实生活场景，使学习者在模拟的应用场景中进行学习？
		是否设计了促进资源持续生成的学习活动
	根据内容与学习目标优化学习资源的设计： • 确定其质量与课程内容的拟合度，择优筛选 • 结合数目，考虑资源的呈现节奏 • 考虑资源设计的理念 • 标明来源 • 考虑学习者的获取方式 • 考虑媒体表现形式的设计	学习资源是否符合学习者的认知特点？是否契合学习主题？是否能帮助学习者达成学习目标？
		学习资源是否科学严谨、能清晰、完整的表达学习内容、跟上学术发展前沿和最新动态？
		学习资源是否考虑到学习者的不同兴趣、能力和学习方式？
		是否提供查看指定格式多媒体文件所需插件的链接？
		如果要求学习者访问外部资源，是否提供了资源访问与使用指导
	确保选择与引用的课程资源是开放的、明确公开版权许可的，或已获得使用这些材料的许可	所有引用的材料或资源是否都正确引用？
		是否已获得所用资源的使用版权许可

（三）B-3 学习活动设计

步骤	关键子步骤	质量检查清单
B-3	**学习活动设计**	
	依据学习活动规划表，进行整体性学习活动设计	影响活动类型的关键因素是什么？ 学习活动的目的是什么（如促进学习参与、促进交互、培养高阶能力、促进知识生成）
	根据所选的教学方法和原则设计学习活动： • 基于现实生活设定真实的任务 • 实践活动 • 模拟实验 • 教育游戏 • 访谈或与从业者和领域专家互动 • 在线研讨会 • 促进社会交互的活动 • 促进学习者融入学习环境的活动 • 促进学习者之间互动的活动 • 促进协作的活动	学习活动的设计是否与课程目标相一致，是否有助于学习目标的达成？ 学习活动的设计是否逐步增加难度和任务量？ 学习者如何查看学习进度（如进度条、每周生成的反馈或清单）？ 教学存在（专家、辅导员、教学助理）如何在学习活动中体现（如专家访谈、与从业者互动、专家网络研讨会、每周、每两个月的专家问答、现场小组讨论）
	结合学习活动规划表梳理学习活动设计，考虑其数目与类别设计是否合理，对学习活动进行分类： • 自主学习活动 • 师生交互活动 • 生生交互活动 • 选修与必修	活动设计是否能激发学习者的内在兴趣？ 是否营造了师生会话的情境？ 是否提供了自我评价的机会？反馈是否明确？ 是否适时给予学习者过程性反馈？是否有助于营造教师存在（如参与真实问题的解决并提供高质量的反馈）？ 活动设计是否有利于培养社区意识和社会存在感？是否有助于生生之间发生促进性交互？是否明确具体活动规则与评价规则？是否提供明确的学习活动指导？ 哪些是强制性活动？哪些是可选活动
	结合具体章节，进行学习活动的编写 为每个学习活动编写清晰、明确的说明	是否明确说明学习活动的目标、时间、步骤和反馈方式等信息？ 是否为学习者成功完成学习活动提供建议和支持
	对照学习活动设计核对单，对每个学习活动的目标、时间设置、步骤、反馈设计进行检查	此学习活动与上下文内容联系是否紧密？ 学习活动与哪个学习目标相对应？ 判断学习者达到目标的标准是什么？ 该活动是否值得花那么长的时间完成？ 学习者是否愿意花那么长的时间完成？ 该活动花费的时间是否包含在单元学习总时间之内？ 学习步骤是否循序渐进、可行？ 完成活动目标的关键行为是什么？ 学习活动步骤说明是否明确具体、可操作？ 学习活动的完成是否有统一的答案？ 如果有统一的答案，学习者能否得出这些答案？是否标出了可能的出错点？ 如果没有统一的答案，是否为学习者提供了思路？ 如果是没有统一的答案且需要学习者动手做的活动，是否提供了完成活动需要的资源和工具

（四）B-4 学习评价设计

步骤	关键子步骤	质量检查清单
B-4	学习评价设计	
B-4-1	评价方案的设计	
	根据课程目标与学习者特征，结合课程设计理念与课程内容，确定评价目标、评价内容、评价方法，制定评价方案	影响测试和评价理念的决定的关键决定因素是什么？ 课程遵循哪种评价设计理念？采用了哪些对应的评价方法？ 评价的内容是什么？如何评估学习目标的达成度？ 学习评价是否与学习目标、学习内容和学习活动相一致
	设计形成性和总结性评价工具，使其符合学习者特征，与学习内容、学习目标和学习活动相一致： • 具有自动反馈功能的测试 • 能够测量和评估特定学习结果的评价工具（如画板、思维导图、概念图） • 能够记录和支持协作学习的工具 • 嵌入游戏化徽章评价系统 • 基于真实场景的开放式任务 • 提供实用的自我评价和同伴互评策略与技术（如数字视频、在线表格、聊天和反思工具）	是否告知学习者每次评估指向对应的学习目标？ 使用的评价工具是什么（如自检、小测验、同行评审评价、小组合作）？ 是否包括多种评价工具？ 是否将学习者多样的学习风格考虑其中？ 是否将学习者的学习行为与课程成绩进行明确关联，评价学习者参与，并提供明确的衡量参与质量与数量的机制？ 是否采用多次、适量、真实的方法来评价学习者对内容的掌握程度？ 是否综合运用形成性评价和总结性评价等多种评价方式促进主动学习？ 是否支持学习者开展自我评价和同伴互评？ 学习评价是否贯穿整个学习过程
	为各个评价内容建立对应的评价标准 • 确定评价维度 • 确定能力水平 • 给出说明描述	是否包括3~5种能力水平？ 评价标准的说明是否清晰且有意义？ 说明描述是否说明了可观察和可观测的成绩差异？ 说明描述是否清晰阐明了给定标准对每种能力水平的期望？ 说明描述是否说明了给定条件下各能力水平之间有意义的成绩差异？ 是否提供了清晰的评价量规或评分标准
	提供差异化的和可选的评价方式，以区分能力水平 如有必要，提供课程证书和学分认定	学习者如何从测试和评价中获得结果？ 提供了哪些类型的可选评价方式？ 提供了哪些类型的强制性评价方式？ 评分工作如何开展？ 提供了哪些证书及如何评定和发放？ 提供了哪些学分及如何评定和发放
B-4-2	反馈设计	
	提供详细且易于理解的评价说明（指南），包括评价方式、评价时间、作业提交方式、作业样例、学分认定等	学习者是否清楚课程评价方式？ 为帮助学习者了解课程评价方式，做了哪些准备

续表

步骤	关键子步骤	质量检查清单
B-4	学习评价设计	
B-4-2	确定反馈内容、反馈方式和反馈时间 提供学习报告以帮助学习者检查学习进度	将提供哪种类型的反馈？ 如何设置提供反馈的时间点？学习者是否能获得及时有效的反馈？ 自动反馈设计是否与题目相关？测试题目嵌入时间是否符合学习节奏？嵌入题目数是否适量？运行是否无误？ 学习数据和学习分析将如何用于反馈？ 教师反馈中是否包含学习者提交作业的优缺点？是否提出切实可行的意见？ 反馈形式是否多样（文本、音频、视频）？ 对于不同类型的反馈，需要哪种支持

（五）B-5 学习指导设计

步骤	关键子步骤	质量检查清单
B-5	学习指导设计	
B-5-1	整体导学	
	按课程时间节点或"由整体到细节"的思路总体规划导学设计，初步完成导学设计规划表	是否按照一定逻辑对课程导学进行了整体的规划
	介绍课程的关键信息，如课程类型、课程内容、课程目标、评价标准、学习方式与建议等	课程简介是否准确概述课程基本内容？是否能吸引学习者参加课程？ 是否对课程学习形式、学习目的等信息进行了说明
	提供教师简介和课程团队的基本信息	是否提供专业性的教师简介、照片或视频等信息？ 教师简介是否包括个人背景、感兴趣的领域、除教学外的个人爱好等帮助建立教学存在感的要素
	编写详细的课程内容介绍	是否用可视化的方法来表征课程主题与内容结构？ 课程内容介绍中是否清晰表述了各个模块应取得的学习成果及解决的问题
	通过可视化图表呈现学习安排	是否明确说明学习内容、学习时长、主要学习任务？ 是否明确说明如何开展学习及如何快速找到相关要素？ 是否提供课程重要时间节点说明
	提供课程学习要求及评价机制	是否对在线讨论参与规则、评分、作业提交等参与期望进行了说明
	提供课程学习平台和工具的使用指南或引导工具	是否为学习者提供合适的技术要求说明指南和可能环境使用指导
	提供课程学习指导书 明确学习任务量	是否明确说明该学科所需的先决知识和/或能力要求？ 是否对学习者交流互动、网络礼仪、学术诚信等进行了说明？ 是否使用谈话的语言风格编写学习指导？ 排版与内容布局是否突出重点、结构清晰？ 学习指导手册中是否涵盖学习者在学习中可能遇到的大部分问题？是否为学习者提供关于如何高效学习的建议

续表

步骤	关键子步骤	质量检查清单
B-5	学习指导设计	
	模块或章节导学	
B-5-2	按照预设的学习路径提供对应的模块和章节学习指导	导学中是否包括该章节的主要内容、所要达到的学习目标、章节学习建议（所需完成的任务及顺序）、相关提醒与提示等信息的说明
	学习活动参与指导	
B-5-3	为学习活动编写参与指导，包括活动步骤及相关工具支撑	提供的活动步骤是否详细、连贯、遵循"由浅入深"的原则？ 对于难表述的活动是否提供了相关案例支持？ 是否提供了活动所需的工具及资源？ 活动指导中是否明确了活动目标与完成时间？ 是否提供了相关分析或其他附加资源？ 是否提供了鼓励性话语
	学习资源使用指导	
B-5-4	为提供给学习者的资源编写使用指导	是否对资源内容进行了精准的介绍？ 是否对关键内容进行了重点标注？ 是否提供了最为方便的资源获取方式？ 如果是外文资源，是否进行了翻译

（六）B-6 学习支持设计

步骤	关键子步骤	质量检查清单
B-6	学习支持设计	
	学习过程支持	
B-6-1	思考学习者在学习过程中可能遇到的困难 分类汇总、确定困难的优先级，确定课程学习支持服务框架 明确教师在学习支持中的作用，以及课程提供的具体支持服务类型	在不同学习阶段，学习者可能遇到哪些问题？针对这些问题，设置了哪些支持服务帮助他们持续参与学习？ 是否明确告知学习者课程各个模块提供的支持服务？ 是否明确告知学习者教师提供的支持服务类型和内容
	在课程材料中预设学习支持	是否以有序、高效、有吸引力的方式介绍教学材料和概念？ 是否提供指导和脚手架策略支持学习者的学习、帮助学习者获得参与学习活动所需的技术能力？ 是否指导学习者以有意义的方式处理内容（如指导学习者在视频中做笔记）？ 是否提供多元、个性化、可选择的学习机会？ 是否赋予学习者选择权，鼓励学习者提供课程经验探索新概念和新视角？ 是否有效地帮助学习者在课程内容与实践生活间建立联系，并指导他们将生活经验和在课程中获得的知识概念融入课程学习和未来的职业生涯

续表

步骤	关键子步骤	质量检查清单
B-6	学习支持设计	
B-6-1	为相关学习活动提供学习支持	是否为课程每个单元设置专门的论坛板块？是否为每个活动建立一个主题？ 教师是否为推进学习者讨论交流做出努力？是否对学习者的观点给予反馈，适时总结学习者观点
	课程各要素的设计以学习者特征为基础，考虑文化和语言背景及知识基础有关等因素	学习支持服务设计是否符合课程学习者的学习特点？是否尊重其身份背景与文化
B-6-2	情感支持	
	确定与教师的交流方式 确定同伴之间的交流方式 确定小组之间的交流方式	是否有让学习者相互认识和交流的活动（自我介绍、暖场）？ 是否帮助学习者与其他人建立联系？ 教师的支持和表述是否有亲和力？ 是否从学习者的视角来表述各类学习支持
B-6-3	管理支持	
	提供常见问题列表 提供校园政策信息及链接 提供资源和服务链接（提供抄袭、剽窃等行为规定的说明文档或链接）	是否帮助学习者解决常见问题？ 是否明确告知学习者所提供的政策和资源服务及获取方式？ 是否提供专门的文档说明课程如何检测学习者是否有剽窃或抄袭行为
B-6-4	技术支持	
	提供课程有关技术的信息，包括如何获取，最低配置要求等 向学习者说明技术支持及获取方式 说明使用技术工具（网站、软硬件）所需的技能，并提供相关的使用指南和资源支持	是否为学习者提供了平台的基本操作说明？ 是否有专门的技术人员负责解决学习过程中的技术问题？ 是否建立专门的技术支持群提供即时指导与反馈？ 是否说明了使用技术工具的要求，并提供相关的使用指南和资源支持

（七）B-7 动态视觉设计

步骤	关键子步骤	质量检查清单
B-7	动态视觉设计	
	根据课程目标学习者与课程主题，确定课程的配色方案	课程主色调是否与课程目标用户特点相一致
	结合配色方案，进行模板、Logo、封面及宣传方案的设计	所有材料是否规定了统一的模板 Logo 是否易于识别且能够传达课程理念？ 封面设计、宣传材料等是否体现课程关键信息？ 所有材料是否有统一的 Logo
	提供直观、一致、操作便捷的课程导航	导航是否一致、高效，易于寻找和使用？ 是否使用简洁明了的标题？ 是否使用学习者熟悉的图标
	提供符合多媒体设计原则的界面设计	排版布局是否考虑学习者的阅读习惯？是否具有逻辑性、一致性和整洁性，易于浏览？ 文本和背景之间是否有足够的对比度、字体大小是否合适，便于内容查看？ 是否对文本各级标题进行格式化处理，改进文档结构以提升可读性？ 是否恰当地使用颜色传达重点信息？ 内容较复杂且文字较多时，是否有效使用图形或图表进行呈现

| 在线课程设计与开发 |

四、运营与管理评价

步骤	关键子步骤	质量检查清单
C-1	**课程运营**	
	为课程平台运维、促进学习过程发生、控制和评价学习结果建立专家团队	是否有系统的宣传方案? 学习者注册是如何组织的? 在课程运行期间,如何确保对学习者、教师的技术支持
	确保对课程站点和所有的学习资源进行试点测试	课程运行前是否对课程站点和所有学习资源进行了试点测试
	确保课程平台管理员、设计者和促进者之间进行持续的交互,以及时发现问题并提出改进建议	课程运行期间不同角色如何协调和分工?采用何种沟通机制
	协调不同促进者的促进任务	课程运行期间促进者如何协调和分工?采用何种沟通机制
	重视学习者个人主页设置,以促进学习过程中的互动和协作	课程运行期间,如何确保学习者及时获得课程信息和学习反馈
C-1-1	**学习支持服务(创建教师存在感)**	
	课程开始前教师做自我介绍	教师的自我介绍是否具有吸引力,且包括关键信息
	通过电子邮件、论坛等与学习者保持联系	是否提供教师的联系方式及学习反馈、学习支持的时间? 是否适时提供学习进度说明? 是否提醒作业提交时间? 是否在各个章节开始时提供学习时间安排的建议
	确保为学习者提供定期反馈与答疑	教师如何提供反馈和答疑? 作业反馈是否能向学习者及时反映其学习情况? 是否告知学习者定期答疑的时间
	监控与维护课程讨论秩序,促进论坛讨论	如何组织论坛讨论? 是否创建了相关讨论秩序与管理规则? 是否尊重多样性的表达、及时处理不恰当的评论? 是否安排2~3名促进者管理论坛,负责将问题提交给专家,并向学习者提供反馈和支持? 是否将学习者的问题作为新的讨论主题? 通过何种方式激励学习者参与讨论,生成有价值的内容
C-1-2	**学习支持服务(创建学习共同体)**	
	促进学习社区与学习共同体的形成: 基于主题和专业领域创建感兴趣的子社区 构建具有类似兴趣群体的学习者社区	是否安排社区教学助理,鼓励学习者友好、民主地对话和协商,并向学习者提供反馈和支持? 学习者能否发布任务和活动经验,以及学习成果,以获得评论和反馈
	促进协作学习小组的形成,鼓励和支持学习者参与合作活动: 根据学习者的熟练度进行分组	是否为学习者提供充足的时间与其他学习者互动? 小组协作如何实现? 如何促进组内和组间的沟通? 运用何种技术支持协作学习? 是否引导学习者保存协作工作的细节、监控小组学习进度? 是否通过同伴反馈、评分等方式开展同伴互评? 是否在学期末让学习者提交小组合作反思报告? 是否将小组协作成绩作为最终成绩的一部分

续表

步骤	关键子步骤	质量检查清单
C-2	**生成性学习支持服务**	
	及时更新过程性学习资源	是否每周更新视频、论坛帖子的评论？ 是否每周提供学习者的优秀成果和案例
	针对课程设计中未预设到的、学习者遇到的问题，给予及时的支持	是否及时对学习者遇到的问题进行反馈并提供支持，而且更新至常见问题列表中
	对学习过程进行跟踪	是否能通过课程平台的数据可视化与学习分析技术，向学习者实时反馈其当前学习状态（如学习进度、学习中遇到的困难）
C-3	**学习者反馈**	
	支持学习者以匿名方式针对课程设计、课程内容、技术易用性、可访问性、课程体验等方面进行评价反馈	是否支持学习者对课程进行评价反馈？ 学习者通过何种方式对课程进行评价反馈 学习者何时对课程进行评价反馈
C-4	**改进与优化**	
	根据学习分析与评价、学习者反馈对课程进行改进与优化	哪些意见可以随时修改？ 哪些意见可以指导下一轮系统修订？ 生成性资源整合在哪个部分能够在后续课程中发挥最大作用
	对已完成学习的学习者和教师进行调研，提出修改意见	
	将优秀的生成性资源整合到课程中	

活动5 迭代设计，形成最终方案

活动目标：进一步迭代设计，完善之前各要素的设计，完成最终的设计稿。

活动时间：大约1周。

活动步骤：

步骤1：结合课程质量评价参考指标，反思当前的设计。

（1）平台与工具选择：反思平台与工具的使用对教与学的促进作用。

（2）学习活动设计：检查整个学习活动，考虑学习活动的编写是否合理，进行修改与完善。

（3）学习资源的设计：对照学习资源核对单，进行各方面的确认。

（4）学习评价的设计：结合学习评价核对单，优化课程的学习评价。

（5）对照课程质量评价参考指标对课程进行整体性检验与自查。

步骤2：通过他人反馈、自我核对与评估两方面的数据，对课程样例进行迭代设计。

步骤3：结合样例的设计与开发，以课程模型图为基本框架，按照分工，撰写设计稿。

步骤4：项目经理汇总各部分的设计，形成设计稿。

> **活动反馈：**
> 课程的设计其实可以看作持续性的过程，需要不断地修改、完善。大家可能面临一个较为困难的过程，但是请相信，不断迭代与完善只会让设计更好，坚持下来吧，把每次"再设计"都当作一次"新设计"。

模 块 总 结

后期开发与评价阶段主要是促使前期的设计方案落地，发布并运行课程，收集用户反馈，形成迭代更新方案，完善和发展课程。这个阶段包括原型设计、样例开发、系统性开发、发布试用、运行、用户反馈和迭代更新等方面的任务。

原型设计是一种具体的设计表达形式，本质上也是一种开发，因此被归到第三阶段。本模块为大家提供了大量的原型设计、平台设计及网页设计工具。

先开发原型、再开发样例有利于根据需要灵活调整、优化课程整体的设计方案，提升开发的效率和质量。这一阶段要注意收集用户的反馈，以更好地系统性开发课程。

课程运行与管理要求教师具备高超的社交技巧，以便让学习者参加讨论等活动，并且觉得比较舒服。课程开展过程中要及时发布公告和提醒，促使学习者参与线上学习，而且可以委派其他教师帮忙组织课程反馈，提供必要的支持服务。特别要注意课程运行过程中收集用户的反馈与意见，用于后续课程的优化与完善。

迭代更新既包括课程运行过程中针对小问题的快速迭代，也包括每轮课程结束后系统性的迭代与修改。需要综合采用多种方式来分享和存储所有的课程资源，既包括自主开发的，也包括课程中的在线讲座和在线直播，还包括学习者生成的一些优秀作品、每轮课程结束后的总结等。课程设计与开发者应该时刻记住，课程建设没有完成时，永远都是进行时，保持这种建设认知。

课程的评价贯穿课程设计、开发和实施的过程，相关人员需要持续对课程进行反思和迭代。本模块提供了一些课程评价参考标准，旨在为课程设计与开发者提供一个持续反思自身课程设计的框架，帮助课程设计与开发者持续完善课程的设计与开发。

附录 A

课程体验与分析报告模板

"×××"课程体验与分析报告

一、课程简介

基本信息,包括网址、开设单位、首页等。

课程概述,包括设计理念、学习目标、教学策略、组织形式等。

二、课程导学设计

课程是如何给予你学习指导、帮助你进行学习的?可以从课程开始前、课程学习过程中两个角度来进行说明。作为学习者,你的感受如何?

三、内容体系设计

课程包括哪些内容?各部分内容是以何种媒体形式呈现的?这样的内容结构和呈现方式给你带来的学习体验是怎样的?

四、学习资源设计

课程提供了哪些类型的学习资源,这些学习资源是否有帮助到你更好地学习相关内容?

五、学习活动设计

这门课程设计了哪些学习活动?这些学习活动你参与了吗?你的感受如何?请结合学习活动规划表完成学习活动的梳理。

六、平台与工具选择

该课程选用了哪些平台与工具,你的体验如何?

七、学习支持服务设计

在学习过程中你遇到了哪些困难？课程有为你提供相应的学习支持服务吗？这些学习支持服务有帮助到你解决学习困难吗？如果有，请详细谈谈你的感受。

八、学习评价设计

课程是否注重评价？如果注重，那么其采用了何种评价理念？具体的评价标准是怎样的？

九、总结与评价

在学习过程中，你有哪些好的学习体验，又有哪些不好的学习体验？

该课程有哪些可借鉴之处？存在哪些问题？

附录 B

课程设计报告模板

"×××"课程设计报告

一、项目组成员及分工与角色分配

1.1 成员

1.2 分工与角色分配

二、选题由来

请根据在生活中发现的问题,以及课程需要解决的问题来确定选题。

三、内容框架与结构的确定

四、课程目标设立与设计理念选择

五、平台与工具选择

六、学习活动设计

七、学习评价设计

八、导学设计

九、学习支持服务设计

十、动态视觉设计

十一、最终设计呈现(以某章节为例)

附录 C

学生设计作品参考

往届学习者组成了多个在线课程设计与开发团队，并生成了多个优秀样例。优秀设计报告、项目汇报视频和设计感想等资源可登录中国大学 MOOC 平台"在线课程设计与开发优秀样例"部分查看。

样例一 《绘装惠修》

解决的问题

用户不懂装修、装修雷区多、不知道找谁装修。
（1）用户对装修知识不了解或一知半解。
（2）行业透明度差，用户有选择障碍。
（3）装修下来身心俱疲，费心、费力、费钱。

面向的对象

25～35 岁有装修需求的人群。

项目组成员

江南大学教育技术学专业 2018 级学生
胡亚梅（项目经理）
李娜、彭志扬（学习设计师）
彭政东（课程主讲教师）
程心雨（导学与学习支持服务设计师）
沈诗淼（媒体视觉设计师）
谢金凤（用户）

样例二《"陷阱"还是"馅饼"——大学生消费必修课》

解决的问题

随着人们消费水平的不断提高，消费日益多元化，商家谋利"花招"不断更新，社会上出现了各种诈骗手段，令人防不胜防。涉世未深的大学生不仅是各种消费的主力群体，还是诈骗分子瞄准的主要对象，每年高校学生被骗金额平均超万元。大学新生们的入学季不幸成为"被宰季"。当前消费陷阱层出不穷，一些大学生对生活费的花销盲目、无计划，自主消费经验少，消费理念不够成熟，易产生攀比、追逐潮流的心理，维权能力薄弱，在日常消费中容易陷入消费陷阱。

面向的对象

18～24岁大学生

项目组成员

江南大学教育技术学专业 2018 级学生
张祺晖（项目经理）
刘旻迪（学习设计师）
余承珂（课程主讲教师）
赵林萌（导学与学习支持服务设计师）
金萍（媒体视觉设计师）
李硕、许泽丹（用户）

样例三《宝贝厨房健康营养餐计划》

解决的问题

当今社会，很多年轻父母工作比较繁忙，没有时间带孩子，也没有时间给孩子做顿营养又美味的饭菜。很多家庭照顾孩子、给孩子做饭的主力是老年人（爷爷、奶奶、外公、外婆），但老年人做的可能是比较传统的菜肴，不太懂得孩子不同成长阶段的科学营养搭配。孩子处在长身体的关键时期，饭菜营养均衡十分重要，老人做的传统菜肴难以满足上述需求。一些孩子比较挑食，且外面的食物种类多样、口味更好，很多孩子不爱吃家里的饭菜，更爱吃零食和快餐。一些老年人因为带孩子来到大城市，失去了原有的社交圈，除了带孩子、做家务，缺少自己的社交，在城市中缺乏社会存在感，常常感到孤独。

面向的对象

50～70岁家中有孙子、孙女、外孙或外孙女的老年人

项目组成员

江南大学教育技术学专业 2016 级学生
程亮（项目经理）
孙天晨、李可茹、余新宇（学习设计师、媒体视觉设计师）
李兴悦（课程主讲教师）
张训报（导学与学习支持服务设计师）
周德国（用户）

样例四《动手创造世界——小学趣味科学课》

解决的问题

2017 年小学科学课程标准中强调了"科学素养"这一概念，要求小学科学课程按照立德树人的要求培养小学生的科学素养，掌握基本的科学方法，认识科学的本质，树立科学思想，并能运用科学知识处理实际问题。但目前的科学课程存在基础条件不均衡，师资力量匮乏；没有采取适宜的教学方式，过度关注理论知识的教授，忽略了它的实践性、综合性；科学知识与中学物理、化学、生物知识之间存在一定的知识断层等问题。此外，教育部研究发现，相比科学理解能力，小学生的科学探究能力和科学思维能力有待提高。

因此，从如何培养学生的创新实践能力和科学思维出发开设此课程，希望赋予科学课程更强的趣味性。本课程在课程标准的基础上，整合知识，创造情境，倡导学习者从玩中学、从做中学，注重激发学习者的学习兴趣。本课程旨在帮助学习者提高综合能力，锻炼逻辑思维，培养动手制作能力，发现与解释生活中的现象，解决实际问题。

面向的对象

小学五至六年级学生

项目组成员

江南大学教育技术学专业 2016 级学生
巴安妮（项目经理）
陈旭（学习设计师）
郝璐迪（课程主讲教师）
葛鹏栋（导学与学习支持服务设计师、用户）
马莹（媒体视觉设计师）

样例五 《小小理财师——7~9 岁孩子的财商初养成》

解决的问题

当今社会，父母越来越重视孩子金钱观的培养，但目前的财商课程大多面向年龄较大的儿童，然而这类人群的金钱观已经初步形成，再想对其进行引导是很困难的。因此，为了弥补财商启蒙教育这一块的缺失，确定了这一主题。课程目标是给予 7~9 岁孩子正确的金钱观引导，帮助家长对孩子进行启蒙教育。

面向的对象

7~9 岁孩子

项目组成员

江南大学教育技术学专业 2018 级学生
吴芝健（项目经理）
陈博、张诗淇（学习设计师）
卢子星（课程主讲教师）
易烜（导学与学习支持服务设计师）
刘其楠（媒体视觉设计师）
张薇、巩彦斐（用户）

样例六 《"毕"经之路——教育技术学本科生发展与去向规划》

解决的问题

尚未明确自我发展规划的教育技术学专业本科生，对本专业的毕业去向及不同未来去向应该如何做准备等问题不了解，相关的知识基础较为薄弱，因此该课程面向教育技术学专业本科生，以大一至大四阶段的学习规划和毕业规划为主题，帮助他们在关键时刻有更多选择。

面向的对象

江南大学教育技术学专业全体本科生

项目组成员

江南大学教育技术学专业 2018 级学生
杨虎梅（项目经理）
蓝方翊、刘涛（学习设计师）
吕柏纬、巴桑卓嘎（课程主讲教师）
李永婷（导学与学习支持服务设计师）

萨仁娜（媒体视觉设计师）
李林（用户）

样例七《马拉松彩虹志愿者"云"培训》

解决的问题

1. 传统线下志愿者培训较低效，缺乏评价机制，费时、费力且效果欠佳。
2. 志愿者培训缺乏系统性与专业性，片面的培训难以培养素养全面的志愿者。
3. 枯燥的理论讲授既难以吸引学习者并激发其学习兴趣，又难以支持技能学习。
4. 高校学生获取信息的渠道不一，缺乏志愿服务交流答疑平台，容易由于信息壁垒，错过志愿服务的机会。

面向的对象

想要报名成为马拉松志愿者但未接受相关培训的高校学生

项目组成员

江南大学教育技术学专业 2019 级学生
虞昕培（项目经理）
席少剑（学习设计师）
苏晨予、岳婷（课程主讲教师）
沈柯（导学与学习支持服务设计师）
闫千慧（媒体视觉设计师）
王飞阳（用户）

样例八《X 小时速成——男士成功 Change 之路》

解决的问题

1. 市面上缺乏专门针对男性穿搭和护肤的课程，当代男性青年群体对此有一定的需求，但缺乏获取资源的有效渠道。
2. 对穿搭和护肤有需求的男性群体，渴望系统性指导。
3. 当代男性青年穿搭呈现单一化趋势，社会刻板印象认为男性不应过多打扮自己，他们可能因着装不当而失去很多宝贵的学习、就业机会，甚至自身发展受到影响。
4. 护肤品逐渐成为生活的必需品，男性护肤品市场增长快。新一代大学生对护肤品日益重视，大学生成为穿搭和护肤消费市场的崛起势力。

面向的对象

18~26 岁具备一定自主学习能力的一二线城市高校学生

项目组成员

江南大学教育技术学专业 2019 级学生
董佳怡（项目经理）
杨智超（学习设计师）
韩冰（课程主讲教师）
裴亚丽（导学与学习支持服务设计师）
张灵琳（媒体视觉设计师）
杨晗琦（用户）

样例九《成人练习生——大学生性教育》

解决的问题

在中国传统文化的影响下，人们普遍"谈性色变"，而且大部分的家庭教育和学校教育都没有直面这个问题，导致很多青少年没有学习这方面的知识，从而在后来的情感经历中遇到很多"亲密关系"所带来的麻烦，甚至不懂得拒绝"性骚扰"，缺乏正确的避孕知识，这很有可能给现阶段的大学生带来承担不起的"意外"，甚至严重影响其学业和人生发展。此外，当前在线课程领域暂时没有特别完善且交互性、实效性很强的性教育课程，该课程的设计旨在通过我们自己积累的专业知识和构想，打造一个创新的性教育在线课程学习平台。

面向的对象

大学生

项目组成员

江南大学教育技术学专业 2019 级学生
曾思瑜（项目经理）
董禹彤、唐嘉（学习设计师）
高健、郑又菘（课程主讲教师）
计欣宇（导学与学习支持服务设计师）
马丽娜（媒体视觉设计师）
王晋明（用户）

样例十《藏在古诗词里的中国历史》

解决的问题

在全球化时代背景下，文化软实力日益成为综合国力的重要组成部分，而中华民族

5000多年的悠久文明和灿烂文化正是我国文化软实力的集中体现。加强青少年对中国历史的了解，对增强其文化自信，引导青少年坚定地走中国特色社会主义道路具有深远意义。初中历史课程涵盖我国从古到今的时代变迁，也涵盖国际上历史的演变，是学生了解中国时代更迭、国际历史形成的重要途径。然而，当下的历史课堂教师教学的侧重点偏向知识的传授，学生大多停留在对重要历史事件的背诵，以应付阶段性考试为目标，较少有学生主动了解历史、探究历史。因此，该课程旨在借助古诗词，将历史事件与古诗词巧妙融合，让学生在古诗词蕴含的历史故事中学习历史、回顾历史、探究历史，从而提升国家认同感。

面向的对象

初中生

项目组成员

江南大学教育技术学专业2019级学生

沈硕文（项目经理）

何宁波、韩露（学习设计师）

芦镜羽（课程主讲教师）

胡梦蝶（导学与学习支持服务设计师）

牛若影（媒体视觉设计师）

谭永杰（用户）

参考文献

[1] Abrami P C，Bernard R M，Bures E M，et al. Interaction in distance education and online learning：Using evidence and theory to improve practice[M]. Boston：Springer，2012：49-69.

[2] Anderson T，Dron J. Three Generations of Distance Education Pedagogy[J]. The International Review of Research in Open and Distance Learning，2011，12（03）：80-97.

[3] Anderson T. Getting the mix right again：An updated and theoretical rationale for interaction[J]. International Review of Research in Open and Distance Learning，2003，4（2）：65-65.

[4] Andrew Ells. Video Conferencing for Synchronous Sessions：Food for Thought[EB/OL]. （2013-07-23）[2022-04-28］. https://teachonline.asu.edu/2013/07/video-conferencing-for-synchronous-sessions-food-for-thought/.

[5] Arcuria P，Chaaban M. Best practices for designing effective rubrics[EB/OL]. （2019-02-08）［2022-04-28］. https：//teachonline.asu.edu/2019/02/best-practices-for-designing-effective-rubrics/.

[6] Asbee D S，Simpson O. Partners，families and friends：Student support of the closest kind[J]. Open Learning：The Journal of Open，Distance and e-Learning，1998，13（3）：56-59.

[7] ASU Teach Online. Learning Objectives Builder [EB/OL]. （2022-05-04）［2022-06-10］. https：//teachonline.asu.edu/objectives-builder/.

[8] Baldwin S J，Ching Y H，Friesen N. Online course design and development among college and university instructors：An analysis using grounded theory[J]. Online Learning，2018，22（2）：157-171.

[9] Baldwin S J，Ching Y H，Hsu Y C. Online course design in higher education：A review of national and statewide evaluation instruments[J]. Tech Trends，2018，62（1）：46-57.

[10] Baldwin S J，Ching Y H. Online course design：A review of the Canvas course evaluation checklist[J]. International Review of Research in Open and Distributed Learning，2019，20（3）.

[11] Blackboard Inc. Are Your Courses Exemplary？[EB/OL].（2022-04-01）[2022-06-10]. https://www.blackboard.com/resources/are-your-courses-exemplary.

[12] Bonk C J，Lee M M，Reeves TC，et al. Trends and Issues in Instructional Design and Technology[M]. New York：Pearson，2015：250-259.

[13] Brookhart，Susan M. How to create and use rubrics for formative assessment and grading[M]. Alexandria，VA：Association for Supervision & Curriculum Development，2013.

[14] Butler University. Keep Calm and Study On：Home[EB/OL].（2022-02-07）[2022-04-28]. https://libguides.butler.edu/keep-calm-and-study-on?_ga=2.22322495.507927290.1650335840-537254347.1650335840.

[15] California State University，Chico. Exemplary Online Instruction | The Rubric[EB/OL].（2009-04-02）[2022-06-10]. https：//www.csuchico.edu/eoi/rubric.shtml.

[16] California State University，Chico. Quality Learning & Teaching（QLT）[EB/OL].（2022-05-11）[2022-06-10]. https://www.csuchico.edu/tlp/course-development/qlt/ index.shtml.

[17] California Virtual Campus-Online Education Initiative. CVC-OEI Online Course Design Rubric. Online Network of Educators[EB/OL].（2020-04-06）[2022-06-10]. https：//onlinenetworkofeducators.org/course-design-academy/online-course-rubric/.

[18] Campbell P，Cleveland-Innes M. Educational presence in the community of inquiry model：The student's viewpoint[C]//Proceedings of the 21st Annual Conference on Distance Teaching and Learning，2005.

[19] CAST，Inc. The UDL Guidelines[EB/OL].（2021-10-15）[2022-04-28]. https://udlguidelines.cast.org/.

[20] Chickering A. W，Gamson，Z. F. Seven Principles of Good Practice in Undergraduate Education [J]. New Directions for Teaching and Learning. 1991，（47）：63-69.

[21] Churches，A. Bloom's Digital Taxonomy [DB/OL].（2008-01-01）[2022-04-28]. https://www.researchgate.net/publication/228381038_Bloom's_Digital_Taxonomy.

[22] Colin J，Marsh. Key Concepts for Understanding Curriculum[M]. London & NewYork：Routledge Falmer，2004.

[23] Colorado State University. Course Design：Best Practise [EB/OL].（2022-01-01）[2022-04-28]. https://tilt.colostate.edu/courseDD/instructorResources/bestPractices.

[24] Connie Malamed. Chunking Information for Instructional Design[EB/OL].（2009-9-30）[2022-4-27]. https://theelearningcoach.com/elearning_design/chunking-information/.

[25] Crook C，Schofield L. The video lecture[J]. The Internet and Higher Education，2017，34：56-64.

[26] Downes，S. Connectivism and Connective Knowledge [DB/OL].（2012-03-21）[2022-04-28]. https://www.downes.ca/files/books/Connective_Knowledge-19May2012.pdf.

[27] ECLearn. Online Course Design[EB/OL].（2022-04-13）[2022-04-28］．https：//eclearn.emmanuel.edu/courses/1390874/pages/online-course-design-principles.

[28] Emmanuel College. Course Goals vs Learning Objectives[EB/OL].（2021-1-25）[2022-04-27］．https://eclearn.emmanuel.edu/courses/1390874/pages/course-goals-vs-learning-objectives？module_item_id=13057008/.

[29] European Alliance for the Quality of Massive Open Online Courses（MOOQ）. The Quality Reference Framework（QRF）[DB/OL].（2019-11-29）[2022-06-10］．http://mooc-quality.eu/wp-content/uploads/2019/11/Quality_Reference_Framework_for_MOOCs_v11.pdf.

[30] Fosteras. Curating Instructor Presence in Online Education[EB/OL].（2018-08-17）[2022-04-28］．https：//blogs.oregonstate.edu/inspire/2018/08/17/curating-instructor-presence-in-online-education/.

[31] Garrison D R，Anderson T，Archer W. Critical inquiry in a text-based environment：Computer conferencing in higher education[J]. The Internet and Higher Education，2000，2（2-3）：87-105.

[32] Garrison D R，Anderson T，Archer W. Critical thinking，cognitive presence，and computer conferencing in distance education[J]. American Journal of distance education，2001，15（1）：7-23.

[33] Garrison D R，Arbaugh J B. Researching the community of inquiry framework：Review，issues，and future directions[J]. The Internet and Higher Education，2007，10（3）：157-172.

[34] Garrison D R，Anderson T，Archer W. Critical inquiry in a text-based environment：computer conferencing in higher education[J]. Internet & Higher Education，1999，2（2-3）：87-105.

[35] Guo P J，Kim J，Rubin R. How Video Production Affects Student Engagement: An Empirical Study of MOOC Videos[C]. New York：Proceedings of the First ACM Conference on Learning@ Scale Conference. 2014.

[36] Hayden K. Best of the best in online instruction effective strategies for designing online activities[C]//In 25th Annual Conference on Distance Teaching & Learning. 2009：1-5.

[37] Hibbert M. What Makes an Online Instructional Video Compelling?[EB/OL].（2014-04-07）[2022-04-28］．https：//er.educause.edu/articles/2014/4/what-makes-an-online-instructional-video-compelling.

[38] Holmberg，B. Guided didactic conversation in distance education[M]. Distance education：International perspectives. London：Croom Helm，1983：114-122.

[39] Illinois Central College. Quality Online Course Initiative（QOCI）[EB/OL].（2017-05-04）[2022-06-10］．https://icc.edu/faculty-staff/teaching-learning-center/teaching-online-at-icc/qoci-quality-online-course-initiative/.

[40] iNACOL. National Standards for Quality Online Courses V2[DB/OL].（2011-10）[2022-04-29］. https：//aurora-institute.org/resource/inacol-national-standards-for-quality-online-courses-v2/.

[41] Instructure Inc. Course Evaluation Checklist v2.0. Instructure Community[EB/OL].（2019-12-21）[2022-06-10］. https：//community.canvaslms.com/t5/Canvas-Instructional-Designer/Course-Evaluation-Checklist-v2-0/ba-p/280349.

[42] Jaggars S S，Edgecombe N，Stacey G W. Creating an Effective Online Instructor Presence[J]. Community College Research Center，Columbia University，2013.

[43] Jessica C. Best Practices for Teaching Online[EB/OL].（2019-08-22）[2022-04-28］. https：//teachonline.asu.edu/2018/09/best-practices-for-teaching-online/.

[44] Jill G. Instructor Presence Series Part 5：Engagement and Facilitation [EB/OL].（2020-09-24）[2022-04-28］. https：//www.miamioh.edu/regionals/eccoe/news/2020/09/instructor-presence-5.html.

[45] Johnson W L，Rickel J W，Lester J C . Animated Pedagogical Agents：Face-to-Face Interaction in Interactive Learning Environments[J]. Intl J Artificial Intelligence in Education，2000，11（1）：47-78.

[46] Koumi J. Learning outcomes afforded by self-assessed，segmented video–print combinations[J]. Cogent Education，2015，2（1）：1045218.

[47] Lane M L. Three Kinds of MOOCs [EB/OL].（2014-02-01）[2022-04-28］. http://lisahistory.net/wordpress/2012/08/three-kinds-of-moocs/.

[48] Liang M Y，Bonk C J. Interaction in blended EFL learning：Principles and practices[J]. International Journal of Instructional Technology & Distance Learning，2009，6（1）：3-16.

[49] Mary Loder. Best Practices for Large-Enrollment Online Courses，Part 2：Managing groups，peer review，and other peer-to-peer interactions [EB/OL].（2018-10-02）[2022-04-28］. https://teachonline.asu.edu/2018/10/best-practices-for-large-enrollment-online-courses-part-2-managing-groups-peer-review-and-other-peer-to-peer-interactions/.

[50] Matthew Guyan. 5 Ways To Reduce Cognitive Load In eLearning[EB/OL].（2013-11-1）[2022-4-27］. https://elearningindustry.com/5-ways-to-reduce-cognitive-load-in-elearning.

[51] Mayer R E，Moreno R. Nine ways to reduce cognitive load in multimedia learning[J]. Educational psychologist，2003，38（1）：43-52.

[52] Moisey S D，Hughes J A. Supporting the online learner[J]. The theory and practice of online learning，2008：419-439.

[53] Moore M G，Kearsley G. Distance education: A systems view of online learning[M]. Cengage Learning，2011.

[54] Patti Shank PhD CPT. Designing and Teaching Online Courses with Adult Students in Mind[EB/OL].（2013-03-14）[2022-04-26］. https://www.facultyfocus.com/articles/

online-education/designing-and-teaching-online-courses-with-adult-students-in-mind/.

[55] Philip, Maryrose. Best Practices for Designing Effective Rubrics [EB/OL].（2019-02-08）[2022-04-28]. https：//teachonline.asu.edu/2019/02/best-practices-for-designing-effective-rubrics/.

[56] Pilbeam R. Learning Design[EB/OL].（2020-03-19）[2022-04-28]. https：//teachonline.asu.edu/2020/03/learning-design/#.

[57] Popham W J. Modern educational measurement：Practical guidelines for educational leaders[M]. 3rd ed. Boston：Allyn and Bacon, 2000.

[58] Quality Matters. Course Design Rubric Standards[EB/OL].（2018-07-01）［2022-06-10］https：//www.qualitymatters.org/qa-resources/rubric-standards/higher-ed-rubric.

[59] Robinson M. Approaches for Course Introductions [EB/OL].（2020-04-08）［2022-04-28］. https：//teachonline.asu.edu/2020/04/approaches-for-course-introductions/.

[60] Romiszowksi A J. Developing Auto-Instructional Materiala[M]. London：Kogan Page, 1986.

[61] Rowntree D. Teaching Through Self-Instruction[M]. London：Kogan Page, 1990.

[62] Salmon G. E-moderating：The key to online teaching and learning[M]. New York & Oxon：Routledge, 2012：288.

[63] Salmon G. E-moderating：The Key to Teaching and Learning Online（second edition）[M]. 2nd ed. London：Taylor & Francis Books Ltd, 2003.

[64] Sarkar S. A Brief History of Online Education[EB/OL].（2020-03-16）［2022-04-28］. https://adamasuniversity.ac.in/a-brief-history-of-online-education/.

[65] Schiefele U. Interest, learning, and motivation[J]. Educational psychologist, 1991, 26（3-4）：299-323.

[66] Sewart D, Richardson M. Counseling and advisory service for adult learners：An Open University perspective[J]. International Review of Education, 1977, 23（4）：425-437.

[67] Shah D. A Decade of MOOCs：A Review of MOOC Stats and Trends in 2021[EB/OL].（2021-12-14）［2022-04-28］. https://www.classcentral.com/report/moocs-stats-and-trends-2021/.

[68] Shea P, Bidjerano T. Learning presence：Towards a theory of self-efficacy, self-regulation, and the development of a communities of inquiry in online and blended learning environments[J]. Computers & education, 2010, 55（4）：1721-1731.

[69] Siemens G. Connectivism：Learning as network-creation[J]. ASTD Learning News, 2005a, 10（1）：1-28.

[70] Siemens G. Connectivism：Learning as network-creation[J]. ASTD Learning News, 2005, 10（1）：1-28.

[71] Siemens G. Oientation：Sensemaking and way finding in complex distributed online

[71] infommation environments [D]. Aberleen：Universty of Aberdeen Doctoral disetaton. 2011：80.

[72] Siemens，G. Connectivism：A learning theory for the digital age[J]. International Journal of Instructional Technology and Distance Learning，2005b，2（1）：3-10.

[73] Stracke C M. The Quality Reference Framework for MOOC Design[C]//European Conference on Technology Enhanced Learning. Springer，Cham，2019：673-677.

[74] SUNY Online. The SUNY Online Course Quality Review Rubric OSCQR[EB/OL]. （2022-01-10）[2022-06-10］. https://oscqr.suny.edu/.

[75] Trust T，Pektas E. Using the ADDIE Model and Universal Design for Learning Principles to Develop an Open Online Course for Teacher Professional Development[J]. Journal of Digital Learning in Teacher Education，2018，34（4）：219-233.

[76] van Leusen P. Assessments with Rubrics [EB/OL].（2013-08-13）[2022-04-28］. https://teachonline.asu.edu/2013/08/assessments-with-rubrics/.

[77] Youell A. What is a Course? [DB/OL].（2011-12-14）[2022-04-28］. https://www.hesa.ac.uk/files/What-is-a-course_2011.pdf.

[78] AppSo. 有了这些,你可以少传 800 次文档｜专题·文档协作[EB/OL].（2016-01-18）[2022-04-28］. https://www.ifanr.com/app/597659?f_ww=1.

[79] 艾瑞咨询. 2020 年中国在线教育行业研究报告[EB/OL].（2021-01-17）[2022-04-28］. https：//www.iresearch.com.cn/Detail/report?id=3724&isfree=0.

[80] 艾瑞咨询. 淘金时代结束：2018 中国在线教育行业发展研究报告[EB/OL].（2019-02-19）[2022-04-28］. https：//www.iresearch.com.cn/Detail/report?id=3336&isfree=0.

[81] 曹良亮,衷克定. 在线学习者学习行为特点的初步探讨[J]. 中国远程教育,2012,（3）：56-61，96.

[82] 陈丹，祝智庭."数字布鲁姆"中国版的建构[J]. 中国电化教育，2011，（1）：71-77.

[83] 陈庚，陈丽，郑勤华. 中英网络教育质量保证的比较研究—基于学习过程的视角[R]. 北京交通大学（重点教学改革与建设项目结题报告），2013.

[84] 陈丽，逯行，郑勤华."互联网+教育"的知识观：知识回归与知识进化[J]. 中国远程教育，2019，（7）：10-18，92.

[85] 陈丽，王志军，特里·安德森. 远程学习中的教学交互原理与策略[M]. 北京：中国广播电视大学出版社，2016.

[86] 陈丽，王志军. 三代远程学习中的教学交互原理[J]. 中国远程教育，2016，（10）：30-37，79-80.

[87] 陈丽. 术语"教学交互"的本质及其相关概念的辨析[J]. 中国远程教育，2004a，（3）：12-16，78-79.

[88] 陈丽. 远程教育[M]. 北京：高等教育出版社，2011：245-246，277-279.

[89] 陈丽. 远程学习的教学交互模型和教学交互层次塔[J]. 中国远程教育，2004b，（5）：

24-28，78.

[90] 陈丽."互联网+"时代教育哲学与教育原理的演变与发展[J]. 中国远程教育，2019（07）：9.

[91] 陈丽. 教育信息化2.0：互联网促进教育变革的趋势与方向[J]. 中国远程教育，2018（09）：6-8.

[92] CIT cMOOC. 课程评价设计[EB/OL].（2021-07-26）[2022-07-26]. https：//cmooc.bnu.edu.cn/pingjia/.

[93] 德斯蒙德·基更. 远距离教育基础[M]. 丁新，译. 北京：中央广播电视大学出版社，1997.

[94] 丁兴富，王龙. 麻省理工学院开放课件运动评述[J]. 中国电化教育，2004，(10)：74-78.

[95] 丁兴富，谢泂. 英国开放大学的教学质量优于牛津大学？——英国高等教育质量评估及其对我国的启示[J]. 电化教育研究，2006（1）：58-63.

[96] 冯晓英. 在线辅导的策略：辅导教师教学维度的能力[J]. 中国电化教育，2012，（8）：40-45.

[97] 郭晓珊，杨现民，李冀红. 在线课程资源动态生成模式设计与应用[J]. 现代远程教育研究，2015（6）：79-88.

[98] 何克抗. Internet网络与教育革新[J]. 国际学术动态，1997（10）：1-6.

[99] 黄天慧,郑勤华. 英国开放大学的学习支持服务案例研究——以"数字化学习"课程为例[J]. 开放学习研究，2016，（6）：14-20.

[100] 加里森 D R，安德森 T. 21世纪的网络学习：研究与实践框架[M]. 丁新，译. 上海：上海高教电子音像出版社，2007.

[101] 教育部. 关于实施"新世纪高等教育教学改革工程"的通知[EB/OL].（2000-01-13）[2022-04-28]. http://www.moe.gov.cn/srcsite/A08/s7056/200001/t20000113_162627.html.

[102] 教育部. 国家精品课程建设工作实施办法[EB/OL]. （2003-05-12）[2022-04-28]. http://www.moe.gov.cn/s78/A08/gjs_left/s5664/moe_1623/s3843/201010/t20101018_109657.html.

[103] 教育部. 合作共赢，开创数字教育新局面：世界慕课大会召开[EB/OL].（2020-12-11）［2022-04-28］. http://www.moe.gov.cn/jyb_xwfb/gzdt_gzdt/moe_1485/202012/t20201211_505017.html.

[104] 教育部. 教育部关于一流本科课程建设的实施意见[EB/OL].（2019-10-30）[2022-04-28]. http://www.moe.gov.cn/srcsite/A08/s7056/201910/t20191031_406269.html.

[105] 金才兵，陈敬. 好课程是设计出来的[M]. 北京：机械工业出版社，2015：13-15.

[106] 柯蒂斯·邦克，伊莲·邱. 激励和留住在线学习者的100个活动：TEC-VARIETY应用宝典[M]. 陈青，彭义平，译. 北京：中央广播电视大学出版社，2016：71，

113，139，148.

[107] 课思课程中心. 培训课程开发模型与工具大全[M]. 2版. 北京：人民邮电出版社，2018：47.

[108] 李秋菊，王志军，陈丽. xMOOCs中的教学视频设计要点：基于案例的视频分析研究[J]. 远程教育杂志，2014（6）：95-102.

[109] 李爽，王海荣，崔华楠，郑勤华. 在线学习服务师职业标准框架探索[J]. 中国远程教育，2021（3）：12-23，76.

[110] 李爽，张艳霞，喻忱. 基于4C/ID模型的自主学习活动设计及教学应用[J]. 现代远程教育研究，2015，(5)：85-93.

[111] 李爽. 在线教学的教与学整合[J]. 新课程评论，2020，(Z1)：16-23.

[112] 李爽. 在线学习支持服务理论与方法[M]. 北京：北京师范大学出版社，2021：26.

[113] 理查德·E. 迈耶. 多媒体学习[M]. 牛勇，邱香译. 北京：商务印书馆，2006：237.

[114] 理查德·弗雷曼. 远程学习材料的设计与开发[M]. 蒋国珍，译. 北京：中央广播电视大学出版社，2008：33-34.

[115] 刘兰兰，蒋晓，李世国. 情境故事法在产品设计开发中的应用[J]. 包装工程，2007，（12）：233-235.

[116] 罗志恒. 数据分析之用户画像方法与实践[EB/OL]. （2021-02-22）[2022-04-26]. http://www.itongji.cn/report/99993528?navid=1.

[117] 任岩. 英国开放大学课程设计工具及其应用效果[J]. 中国远程教育，2015（1）：61-64.

[118] 首都教育. 北京市教委：数字教育资源上线至少须经三级审核[EB/OL]. （2022-07-27）[2022-08-05]. https://mp.weixin.qq.com/s/xWwgF8wevjZJyuErua4ydg.

[119] 孙洪涛，陈丽，王志军. 远程学习工具交互性研究[J]. 中国远程教育，2017，（4）：33-41，80.

[120] 孙瑶，王坚. 新媒体背景下视觉动态设计应用研究[J]. 西部皮革，2020，42（16）：10.

[121] 唐家渝，刘知远，孙茂松. 文本可视化研究综述[J]. 计算机辅助设计与图形学学报，2013，25（3）：273-285.

[122] 特里·安德森，王志军. 希望/冒险：大规模开放网络课程（MOOCs）与开放远程教育[J]. 中国电化教育，2014，（1）：46-51.

[123] 托尼·贝茨. 技术、电子学习与远程教育[M]. 祝智庭，译. 上海：上海高教电子音像出版社，2007：33-34.

[124] 托尼·贝茨. 数字化时代的教学[M]. 刘永权，武丽娜，译. 北京：北京中央广播电视大学出版社，2016：332-340.

[125] 王楠. 在线学习活动设计模型研究[J]. 中国远程教育，2014（4）：31-34.

[126] 王跃. 远程教材编写方法[M]. 北京：高等教育出版社，2010：51，107-108.

[127] 王志军, 余新宇. 在线课程设计与开发: 要素、理念模型与过程模型[J]. 开放教育研究, 2022, 28 (03): 81-92.

[128] 王志军, 陈丽, 陈敏, 李彤彤. 远程学习中学习资源的交互性分析[J]. 中国远程教育, 2017, (2): 45-52, 80.

[129] 王志军, 陈丽, 韩世梅. 远程学习中学习环境的交互性分析框架研究[J]. 中国远程教育, 2016, (12): 37-42, 79-80.

[130] 王志军, 陈丽, 郑勤华. MOOCs的发展脉络及其三种实践形式[J]. 中国电化教育, 2014 (7): 25-33.

[131] 王志军, 陈丽. 联通主义学习的教学交互理论模型建构研究[J]. 开放教育研究, 2015, 21 (5): 25-34.

[132] 王志军, 陈丽. 联通主义学习理论及其最新进展[J]. 开放教育研究, 2014, 20 (5): 11-28.

[133] 王志军, 陈丽. 如何有效设计高质量的MOOCs——基于认知目标分类和交互分析框架的思考[J]. 现代远程教育研究, 2014 (6): 59-68.

[134] 王志军, 陈丽. 远程学习中的概念交互与学习评价[J]. 中国远程教育, 2017, (12): 12-20, 79.

[135] 王志军, 陈丽. 联通主义: "互联网+教育"的本体论[J]. 中国远程教育, 2019, (8): 1-9, 26, 92.

[136] 王志军, 刘璐, 杨阳. 联通主义学习行为分析方法体系研究[J]. 开放教育研究, 2019 (4): 18-30.

[137] 王志军, 特里·安德森, 陈丽, 孙雨薇. 远程学习中教学交互研究的趋势与问题[J]. 中国远程教育, 2018 (4): 69-78, 80.

[138] 王志军, 闫洪新. 在线课程的设计与开发[J]. 终身教育研究, 2017 (1): 58-63.

[139] 王志军, 赵宏, 陈丽. 基于远程学习教学交互层次塔的学习活动设计[J]. 中国远程教育, 2017, (6), 39-47, 80.

[140] 王志军. 远程教育中"教学交互"本质及相关概念再辨析[J]. 电化教育研究, 2016, (4): 36-41.

[141] 王志军. 在线辅导中网络社团的组建和维护: 辅导教师社会维度的能力[J]. 中国电化教育, 2012 (8): 46-50.

[142] 吴烨. 电影片头片尾中的信息可视化设计[J]. 南京艺术学院学报（美术与设计）, 2016 (6): 185-188.

[143] 武法提. 目标导向网络课程的课程设计[J]. 中国电化教育, 2006 (4): 78-81.

[144] 武法提. 网络课程设计与开发[M]. 上海: 高等教育出版社, 2007: 5-8.

[145] 徐玲, 陈庚, 郑勤华. 英国开放大学课程学习的启示与思考——《学术英语》课程的学习体验[J]. 中国远程教育, 2014 (7): 24-30, 44.

[146] 杨九民, 杨文蝶, 陈辉, 吴长城, 皮忠玲. 教学视频中的教师手势起作用了吗？基

于 2000-2021 年 40 篇实验和准实验研究的元分析[J]. 现代远程教育研究，2022（1）：92-103.

[147] 杨明全. 当代西方谱系学视野下的课程概念：话语分析与比较[J]. 比较教育研究，2012，34（3）：62-66.

[148] 詹泽慧.远程教育中的智能教学代理：角色、设计要素与应用方式[J].现代远程教育研究，2011（04）：76-82.

[149] 钟启泉. 概念重建与我国课程创新——与《认真对待"轻视知识"的教育思潮》作者商榷[J]. 北京大学教育评论，2005（01）：48-57.

[150] 钟启泉. 课程论[M]. 北京：教育科学出版社，2007：141，112.

[151] 朱莉·德克森. 认知设计：提升学习体验的艺术[M]. 简驾，译. 北京：机械工业出版社，2016：41-43.

[152] 中国大学 MOOC. MOOC 课程封面设计规范[DB/OL].（2019-10-21）［2022-04-26］. https://nos.netease.com/eduos-static/rules.pdf.

[153] zyc. XMind 超强入门完全指南[EB/OL].（2020-04-02）［2022-04-26］. https://mac.orsoon.com/news/867447.html.